浙江大学土地与国家发展研究院

全球土地2017
热点与前沿

主　编　吴次芳
副主编　叶艳妹　吴宇哲　岳文泽

ZHEJIANG UNIVERSITY PRESS
浙江大学出版社

图书在版编目(CIP)数据

全球土地 2017:热点与前沿 / 吴次芳主编. —杭州:浙江大学出版社,2019.7
ISBN 978-7-308-19228-6

Ⅰ.①全… Ⅱ.①吴… Ⅲ.①土地问题—研究—世界 Ⅳ.①F311

中国版本图书馆 CIP 数据核字(2019)第 125217 号

全球土地 2017:热点与前沿

主　编　吴次芳

责任编辑　王　波
责任校对　陈静毅　汪志强
封面设计　十木米
出版发行　浙江大学出版社
　　　　　(杭州市天目山路 148 号　邮政编码 310007)
　　　　　(网址:http://www.zjupress.com)
排　　版　杭州中大图文设计有限公司
印　　刷　浙江省良渚印刷厂
开　　本　787mm×1092mm　1/16
印　　张　16.25
字　　数　422 千
版 印 次　2019 年 7 月第 1 版　2019 年 7 月第 1 次印刷
书　　号　ISBN 978-7-308-19228-6
定　　价　52.00 元

地图审核号:浙 S(2017)205 号

走进土地文化
（代前言）

　　文化是人类社会的基因,支持着社会的基本构造和性能,是决定社会健康的内在因素。文化的词源是拉丁文"cultura",原意指耕耘和耕种土地,足见文化与土地的历史渊源和基因联系,可称得上"本是同根生"。可是,当下的境况似乎是:土地利用者忘却了文化,土地管理者忘却了文化,土地研究者也忘却了文化。不能说忘却这种遗传性基因,就是一种背叛。但是,不忘初心,方得始终。重返土地文化的"认知图绘",走进土地文化的"生生之理",寻找土地文化的"精神坐标",再现土地文化的"美丽大脚",应该是人类不可以不遵循的"道"和宇宙法则,也应当成为当代人最重要的责任和担当。

　　土地生来是一种文化。土地是地球陆地表层土壤圈、水圈、大气圈、生物圈、智慧圈交互界面上形成的具有独特物质流、能量流和信息流的自组织生态系统,与人类和地球构成一个相互依存的内嵌性共生结构。土地生来就拥有自我调节能力,包括对地球陆地表层环境化学和物理的自组织控制,能使地球陆地表层自动地保持健全状态。就像人类不是使用头脑(意识),而是在无意识过程中化学地和物理地控制身体,把温度自动地维持在最适宜生存的37℃这种类似自动调节的机能。中国的山水画和西方的油画,大多是以土地的自然景观作为主要表现对象的,绘画过程主要依赖于画家所持有的对土地自然景观存在的统一性及其实现的内在性把握。土地生来就是这种"culture"(文化),是一种可以用来耕种、栽培植物、观赏并养育人类的资源,而不是用来在市场上"炒买炒卖"的一般商品。

　　土地认知是一种文化。土地之为万物的根本,在于土地的本质是作为万物之母而存在的。土地提供了98%的人类食物,整个人类就是通过土地的食物提供而不断繁育和演化的。虽然在认知上测绘土地功能系统的运行机制和轮廓是无能为力的,但是跨越众说纷纭与集体转型的裂缝,回到土地作为承载万物和化育万物之母的逻辑起点上,应该是永恒的主题和睿智的选择,也是区分现代主义与后现代主义的有效途径之一。建设土地生命共同体,摒弃过分的经济和政治认知,实现"与天地合德",是土地认知的终极关怀和意义世界。当土地只作为生产货币和一系列新符号,而生产粮食等农作物不作为其主要功能;当土地的增值必须是白色的、坚硬的、干燥的,最后铺上水泥使之彻底固化,而抛弃原本的土地增值必须是黑色的、松软的、潮湿的认知,土地的厄运可能就只是时间问题了。对土地的意义和价值上的形而上的深层领悟,深化对土地的依存、珍视和迷恋的情感以及认知系统,对以土地为本的生存方式以及附属其上的精神文化的关注和尊重,是人类智慧与土地的必然契约。

土地利用是一种文化。当新石器时代的先人把种子有意识地撒向土地时,人类便开始利用土地。是把土地作为经营、占有、索取、掠夺、消费和享乐的"物",将人与土地的关系演化成物质财富、货币积累、产权交换、商品买卖和市场交易等资本关系,还是将土地利用置于自然、社会、经济、生态相互交织的多重界面之上,以生态优先实现人类与土地的完全共生,这是不同的价值取向,更是不同规范性的文化。历史早已证明,"地安百安,地乱百乱"。对土地索取的文化,已经导致地球上数十处古代文明成为一片废墟,从非洲赤道地带至中东阿拉伯沙漠,再经过中亚细亚直至我国西部所埋藏着的数不清的灌溉渠道和城堡就是这种证据。《地球生命力报告·中国 2015》指出:中国 18 种灵长动物群数 55 年降 8 成,也是土地利用以经济价值为取向这种文化模式所导致的结果。

土地管理是一种文化。中国悠长延绵的历史文化造就了中国特殊的管理特征,而西方的历史文化也造就了西方特殊的管理模式,这就是所谓土地与海洋的对话和冲突。如何管理土地,是自然顺从型或自然共生型,还是自然支配型或自然对抗型,这是两种文化,也是两种管理模式。昔日古巴比伦以极尽壮丽的繁华,却忽然湮灭在历史的长河中。其根本原因就是:当时为了确保用于烧制宫殿瓦片的燃料,同时伴随着大规模住宅用地和耕地开发,大面积森林采伐后生态环境遭受破坏,从而导致巴比伦的衰亡。管理土地,只有将土地看成是"生生而有条理"的生命体,把握土地的整体或统一结构,才能确保土地连续性的重要利用规则。

土地配置是一种文化。土地配置是一个包含社会、经济、生态等在内的综合性问题。以什么方式、何种机制,比如说是政府主导还是市场主导或是两者结合进行土地配置,表面上看这是一种制度选择,而实质上是文化问题。美国的文化信奉自由主义、信奉个人主义、信奉市场主义,因此美国的土地配置模式就选择了以市场机制为主导、以政府配置为辅助。中国几千年来是一个相对集权制的国家,文化基因是"家国天下",认为只有国家富强才有每一个人的幸福,应当把国家、民族和个人凝结成为一个命运共同体,因此中国的土地配置模式就选择了以政府配置为主导、以市场配置为基础。事实上,就近 100 多年的历史经验来看,土地配置在政府与市场之间并不具有恒固的边界。所谓"一方水土养一方人",土地配置模式选择是文化和国情等因素共同作用的结果,并不存在着普遍适用的"华盛顿共识"。

土地制度是一种文化。二战以后,菲律宾和印度的土地制度都是按照美国的民主制度和自由市场经济模式来设计的,但这些国家至今仍旧非常落后,土地生产效率仍然十分低下。而中国、新加坡的土地制度都不是按照"华盛顿模式"运行的,却都取得了很大的成功。尤其是中国,通过土地所有权和土地使用权相分离的制度设计,创造了改革开放的惊人奇迹。事实上,对于财产制度而言,总是伴随着经济社会的发展而不停地扩大或缩小着自己的界限。对于土地权利制度设计,并不能将其只视为财产权的一种。在更本质的层面,土地权利制度是确保生存权的基础,远比财产权有着更丰富的内涵。一个值得思考的问题是:究竟是制度在阻碍土地用途变更或自由交易,还是人类文明程度、社会文化基础和资源特性决定制度必须对土地用途变更或自由交易进行限制?恐怕应该是文化基础决定土地制度选择。

　　土地感悟是一种文化。汉乐府作品《江南》中"江南可采莲,莲叶何田田,鱼戏莲叶间",陶渊明《桃花源记》中"陶令不知何处去,桃花源里可耕田?",诗人艾青《我爱这土地》中"为什么我的眼里常含泪水?因为我对这土地爱得深沉",19世纪末英国社会活动家霍华德提出了《田园城市》,到赛珍珠诺贝尔文学奖获奖作品《大地》的文学人类学视角,联合国于2011年10月17日设置的"土地生命奖"(Land for Life),还有歌唱家关牧村《多情的土地》、彭丽媛《在希望的田野上》,还有"我们坐在高高的谷堆旁边,听妈妈讲那过去的事情"。所有这些心境、情趣、胸怀和远方,都是对土地的不同感悟,都是对土地的一种"妙觉"和情怀,都是来自于土地的思想、情感、信仰和价值判断。按照韦伯、涂尔干、帕森斯、哈贝马斯等人的观点,这就是典型的主观意义(subjective)文化。

　　土地文化,是在人地系统中整合秩序和调控行为的"无形之手"。它既可以规定在社会结构的两相协调中,也可以投射到个体的心灵结构上,其本质是一种寻找土地精神价值和生活生存方式的生态共同体。瑞士心理学家荣格(1875—1961)说:"一切文化都沉淀为人格。不是歌德创造了浮士德,而是浮士德创造了歌德。"从这一角度说,土地文化如何,是一种知识、一种修养、一种境界,也是一种人格、一种智慧、一种方位,更是一种集体品格和人类文明。

吴次芳

2018 年 5 月 3 日

目　　录

回顾与前瞻

　　——农村土地制度改革三项试点主要做法和观点述评 ………………… 董祚继（1）

应对耕地撂荒的关键因素：经营规模和激励政策 ………………… 陈　莎　叶艳妹（23）

城市控制性详细规划实施的可行性研究

　　——以上海桃浦科技智慧城为例 ………… 刘卫东　胡长惠　冯怡婷　张　玮　郑凯文（46）

面向生态文明的耕地保护：回顾、现状与创新 ………………… 单嘉铭　吴宇哲（66）

中国耕地休耕补助政策存在的问题及其改进 ………………… 谭永忠　赵　越　俞振宁（82）

土地利用介导的河流氮输出机理 ………………… 谷保静　陈彬卉（100）

碳排放与城市用地增长及形态的关系研究

　　——以长三角城市群13个城市为例 … 舒　心　夏楚瑜　李　艳　童菊儿　史　舟（117）

中国的农村更新：治理模式与治理绩效 ………………… 谭　荣　王荣宇（131）

资源环境承载力量化研究的新进展

　　——行星边界理论的缘起、发展与挑战 ………………… 陈先鹏　方　恺（152）

山区可持续发展的欧洲经验及其启示 ………………… 李林林（170）

城市地下空间土地权利问题分析

　　——以上海为例 ………………… 张洪武　唐杭　廖远琴（184）

多规合一视角下的乡村规划编制模式认识与反思 ……… 张　群　汪燕衍　张洪武（201）

全球城市边缘区可持续发展的规划实施与研究进展 ……… 傅婷婷　吴次芳（214）

国际土地社会学研究的若干理路 ………………… 谷　玮　吴次芳（233）

回顾与前瞻

——农村土地制度改革三项试点主要做法和观点述评

董祚继

摘　要:2014年年底,农村土地制度改革三项试点工作在全国多个地区展开。总体而言,试点工作从分类开展到统筹推进,初步形成了一系列成果。本文就"完善农村土地征收制度""建立农村集体经营性建设用地入市制度"及"改革完善农村宅基地制度"三方面的工作进行了总结和述评,并将每个方面的问题具体展开。通过对三项试点工作的总结提升,期望能够谋求共识,探讨农村土地制度改革未来发展的方向。

关键词:农村土地制度改革;农村土地征收制度;农村集体经营性建设用地入市制度;农村宅基地制度

Retrospect and Prospect:Comments on the Practices and Viewpoints of the Three Pilots of the Rural Land System Reform

DONG Zuoji

Abstract:At the end of 2014,a pilot project about the rural land system was carried out in various parts of China. Overall,the pilot project has progressed from classification to co-ordination and has initially made a series of achievements. This article summarizes and comments on the pilot project,including improving the rural land expropriation system,establishing the rural collective construction land use system,and reforming the rural homestead system. By summarizing the achievements we have already made,we can seek for further development in the future.

Key words:rural land system reform;rural land expropriation system;rural collective construction land use system;rural homestead system

2014年年底,中共中央办公厅、国务院办公厅印发《关于农村土地征收、集体经营性建设用地入市、宅基地制度改革试点工作的意见》(中办发〔2014〕71号,以下简称《意见》),部署在全国33个县市开展农村土地制度改革三项试点。2015年3月,国土资源部印发《农村土地征收、集体经营性建设用地入市和宅基地制度改革试点实施细则》(国土资发〔2015〕35号,以下简称《细则》),确定开展土地征收试点县市3个,集体经营性建设用地入市和宅基地制度改革试点县市各15个,试点工作拟定2017年12月底前完成。针对土地征收制度改革试点偏少、统筹协调不够等问题,2016年9月,中央全面深化改革领导小组办公室(以下简称深改办)部署将农村土地征收和集体经营性建设用地入市改革扩大到33个试点。为落实党的十九大关于全面深化改革和实施乡村振兴战略的要求,2017年11月,中央深改办决定将宅基地制度改革试点从 15 个增加到 33 个，至此，33 个试点县市同时进行三项改革试点，改革试点进入全面覆盖、统筹推进阶段，试点期限也延期到 2018 年年底。2018 年 5 月 25 日，自然资源部召开农村土地制度改革试点推进会，部署试点攻坚任务。

总体而言，农村土地制度改革三项试点从分类开展到统筹推进，改革探索不断深化，改革成效逐步显现，初步形成了一批可复制、可推广、利修法的改革成果。同时，由于农村土地制度改革极其复杂、敏感，因此在试点主要内容上仍然众说纷纭、争执不断。目前改革已进入收官阶段，既要继续广开言路、凝聚共识，也要加强总结、辨明方向，及时就改革重大事项做出决断。

一、关于完善农村土地征收制度

根据《意见》，对土地征收制度改革的总体要求是：探索缩小土地征收范围，规范土地征收程序，完善对被征地农民合理、规范、多元保障机制，建立兼顾国家、集体、个人的土地增值收益分配机制，健全程序规范、补偿合理、保障多元的农村土地征收制度。几年来，各试点地区进行了认真探索。到 2018 年 3 月底，已按新办法实施征地 1045 宗、16 万亩。改革涉及的主要问题是：

（一）土地征收制度改革的必要性问题

学界大多认为，现行征地范围过宽、补偿标准偏低、征地程序不民主等，侵害了农民利益，激化了官民矛盾，影响到社会稳定，使得改革势在必行。但这些问题从新中国成立之初起就一直存在，改革开放以来还逐步得到了改善，为何到了现阶段才开始矛盾突出甚至激化？

透过现象看本质。土地征收制度改革的深层次原因，一是制度环境深刻变化。劳动力就业制度、社会保障制度、土地承包经营制度等，共同构成征地制度的制度环境，对征地制度的变迁影响极大。计划经济时期，农村土地一旦被征用，剩余劳动力就要安排到全民所有企业或集体企业就业，举家都有可能成为市民，因此征地受到农民支持。1999 年实施的《中华人民共和国土地管理法》（下称《土地管理法》）取消了就业安置规定，农村劳动力不能再通过征地转变为城镇工人，同时，城镇劳动力市场对就业者的年龄、技能等要求越来越高，农民要到城里找到满意的工作变得越来越困难，守住家里的"一亩三分地"就显得越来越紧要，这是进入新世纪后征地变得越来越难的重要原因。城乡之间社会保障水平差距日益扩大，也对征地制度产生重大影响。与此同时，实行农村土地承包经营制度却为农民提供了重要依托，特别是承包地"三权分置"改革，承包地不仅具有就业保障功能，还赋予了收益、抵押等用益权能，承包地价值相应提升，但土地征收也会更加困难，农民难以认可自家的承包地被低价征掉。二是农民观念悄然变化。市场经济在推动中国经济迅速发展的同时，也带来了中国社会的深刻变化。随着利益多元化和贫富差距拉大，人们的价值观念、产权认知都悄然发生了变化，并明显反映到农民的征地意愿上。征地中所面临的国家、集体、个人的利益关系，就不再是过去绝对化地强调个人利益服从集体利益、局部利益服从全局利益。农民土地权利意识觉醒对土地征收制度有着深层次的影响。三是经济发展亟待转型。现行土地征收制度与传统粗放的经济发展方式有着内在联系，其内在矛盾冲突不断加剧,也即以外延扩张为主的建设用地模式不可持续,过度依赖"土地财政"的城镇建设模式不可持续,城乡分割的二元土地管理模式不可持续。这是改革土地征收制度的根本原因。

(二)界定公共利益用地范围问题

土地征收具有强制性、公益性、补偿性等,其中公益性是关键,"公益目的"使政府的征地行为具有了正当性和合法性,但也限制了征地行为实施的范围。依据《土地管理法》,除乡镇企业、村民住宅、乡村公共设施和公益事业建设以外,其他各项建设需要土地的,都必须依法申请使用国有土地,即要么使用存量国有土地,要么征收农民集体土地。这一规定尽管有着特殊的时代背景,但也明显超出了"公益目的"征地范围。因此,《意见》提出,"改革和完善现行土地征收制度,探索制定土地征收目录,严格界定公共利益用地范围。政府不予征收的农村集体经营性建设用地,允许农村集体经济组织经营开发或直接入市。逐步缩减土地征收规模"。

但从试点的情况来看,多数地方对界定公共利益用地、缩小土地征收范围积极性不高。从主观上分析,缩小土地征收范围,有可能减少国有建设用地供应、降低土地出让收益、增加产业用地成本,地方政府难免动力不足。客观而言,公共利益用地的界定历来是立法难题。根据公共产品理论,纯公共产品和纯私人产品在现实中并不多见,大多数产品是介于两者之间的准公共产品或混合产品。公益性用地的实质是公共产品,经营性用地的实质则是私人产品,因此,要严格区分公益性用地和经营性用地就十分困难。比如,交通、水利、教育等传统意义上的公益性领域,在现代市场经济中不少已具有私营性质;又如,工业、商业、旅游乃至商品住房用地,与社会公共利益也无法截然分开。可见,公共利益用地界定很难有绝对标准,只能综合经济、社会、政治各种因素把握。

我国工业化、城镇化远未完成,现阶段公共利益用地范围界定不宜过窄,同时要综合考虑用地主体、非营利性及规划管制等要求。对于用地主体类型单一且具有明确的公共目的(国家机关、军事机关等)的,可以纳入征地范围;用地主体存在多种类型,但属于非营利性项目(基础设施、公益事业等)的,可以纳入征地范围;因成片开发和整体实施规划的需要,可以一并纳入征地范围;法律规定的排除类型(如商品住宅目前不允许使用集体所有土地进行开发),应纳入征地范围。由于实际情况复杂,加之客观存在"地方性公共产品"与"全社会公共产品"的差异,因此完善征地程序标准也极为重要。比如,建立听证程序,在用地项目的公共利益属性存在重大争议时,通过广泛征求公众和利益相关人意见,判断是否符合公共利益。又如,完善司法程序,赋予相对人通过诉讼方式对公共利益予以最后确认的权利,从而为集体产权提供有效保护。

(三)城市成片开发用地纳入土地征收范围问题

城市成片开发用地是否纳入征收范围,是制定土地征收目录、界定公益用地范围的焦点问题。城市成片开发用地的主体是工业、商服、住宅等经营性用地,因此,不少观点认为继续征收不符合"公益目的"征地要求,应当改为直接入市。这一看法显然低估了征地问题的复杂性。

城市成片开发用地直接入市会产生多重消极后果:一是影响实体经济振兴。振兴实体经济,除促进传统产业转型升级、培育战略性新兴产业、提高产品和服务质量外,抑制要素脱实向虚和成本过高更是当务之急。实体经济与虚拟经济相比,一般所需用地面积更大、区位要求更高。过去，通过政府统一征地、统一整备、统一供地，不仅可直接减少用地成本，还提高了行政效率，降低了拆迁安置、协商购地等交易性成本。未来若改为直接入市，即由企业直接向集体经济组织协商购地，不仅使地价上涨难以控制，基础设施和公共服务配套难以及时到位，而且在面对集体经济组织和众多农户时，企业的制度性交易成本必将大大增加，旷日持久的谈判博弈也将增加时间成本。这是与改善实体经济发展环境的要求背道而驰的。二是削弱园区创新发展优势。城市土地成片开发是各级各类园区蓬勃兴起的源头。各级各类园区，特别是国家新区、经济技术开发区、高新技术产业开发区等，不仅在落实国家发展战略、引领新产业新经济发展中发挥了无法替代的重要作用，而且在加快对外开放、深化改革创新中也发挥了先行先试作用。但目前园区发展环境发生了较大变化，面临着企业集聚能力弱化、要素吸纳能力降低、创新资源转化不足等问题。在此情况下，多年来园区赖以发展的低成本、高效率土地要素取得模式如果发生重大调整，将进一步削弱园区发展优势。对于园区存在的粗放用地、过度倚重房地产开发等问题要加强监管，同时也要妥善处理政府、企业、农民的用地关系，防止"硬着陆"伤及园区发展的根本。三是制约城市统一规划、建设和管理。现行城市土地征收和成片开发制度，利于统筹安排各业各类用地，有利于统筹城市基础设施建设，有利于统筹公共服务设施发展。究其实质，正是充分利用了土地国有制优势。如果放弃这一制度优势，采取类似土地私有制下的城市土地开发模式，由用地单位直接向集体经济组织和农户协商购地，不仅效率降低、成本增大，也势必影响城市居住、工业、商服、公共设施等各类用地统筹利用，影响城市水、电、路、气、信息网络等基础设施统一建设，影响城市教育、医疗、文化体育等公共服务基础保障。这绝不是杞人忧天，当今拉美国家随处可见的城市贫民窟现象和美国等西方国家无法遏制的城市蔓延问题，就是前车之鉴。四是阻碍和谐社会建设。如果将城市成片开发用地由征收改为直接入市，可能在城市化的"村民"与占全国 90% 以上的广大农村村民之间、在城市化的特殊"村民"与城市中的普通市民之间、在实行经营性用地入市的村民与执行公益性用地征收的村民之间、在城市化的"原住民"与进城农民工之间、在城市化的村社内部等不同群体之间筑起更深的利益鸿沟，有违共享发展理念，与和谐社会建设不符。总体上看，现阶段城市成片开发用地放弃征收的条件尚不具备，切不可落入所谓公共利益的窠臼，为了缩小征收范围而缩小征收范围。

其实，无论是"城中村"还是"城边村"，只要城市化进程不停止，集体土地迟早会全部开发，"城中村"和"城边村"土地全部开发后，农民将随之转为城市居民，这时，保护农民利益的正当性基础已不复存在，也就不需要继续保留为集体土地。当然，在城市成片开发用地继续实行征收的同时，有必要逐步提高征地补偿标准，并因地制宜采取合适的安置方式，保障被征地农民分享城市现代化成果。

（四）完善征地补偿机制问题

完善的补偿机制不仅是公平合理征收土地之必需，在公共利益征地范围难以严格界定的情况下，更可以有效降低征地范围偏宽的负面影响。完善征地补偿机制，涉及为什么补偿、补偿什么和怎样补偿三个方面。

为什么补偿。国家因公共建设需要征收土地，难免会使被征地的组织和个人遭受经济损失，按照公平合理原则给予补偿就成为必需。不过，这种补偿有别于民法上基于侵权行为的损害赔偿，而是基于合法的行政行为所造成的损失补偿。国际上关于征地补偿的理论，较流行的是"特别牺牲说"。此说基于公平正义的原则，认为国家的合法征地行为，对人民权益造成的损失，与国家课以人民一般的负担（比如纳税、服兵役等）不同，它是无义务的特定人对国家所做的特别牺牲，这种特别牺牲应当由全体人民共同分担给其以补偿。我国改革的目标是完善社会主义市场经济和建设法治国家，以"特别牺牲说"解释土地征收补偿较为合适。

补偿什么。土地征收补偿什么，不仅取决于综合国力，也取决于土地制度和财产观念。从我国土地制度、发展阶段、综合国力等出发，现阶段土地征收补偿以不完全补偿或相当补偿为宜。（1）土地补偿。原则上按照被征收土地的财产价值进行补偿，被征收土地的财产价值以征收前土地的市场价值为基础，使被征收人能以该补偿重新取得与被征收财产同等价值之物，保证被征收前的财产状况不受损失。（2）增值共享。对于土地征收前后因规划用途、区位条件的改变等形成的土地增值收益，既不能全部归被征收人，也不能全部归国家，而是应在国家、集体、个人间进行合理分配，实行增值收益共享。（3）房屋补偿。集体土地征收涉及房屋征收和补偿的，应当实行与国有土地上房屋征收与补偿统一的政策，按照被征收房屋的价值进行补偿。（4）就业和社会保障。对农民来说，土地不仅是财产，还是劳动对象和生产资料，因此，要确保被征地农民生活水平不下降、长远生计有保障，除进行财产补偿外，还要做好就业安置和社会保障工作。

怎样补偿。一是完善土地征收补偿标准。可在目前的"年产值倍数法""区片征地价"基础上进行适当改进，综合考虑土地原用途和区位、经济发展水平、土地供求状况、人均收入等，合理确定土地补偿标准；建立征地补偿与收入上涨、物价指数等相适应的动态调整机制，在经济发展基础上逐步提高补偿水平。二是改革农民住房征收补偿办法。统一集体土地和国有土地上房屋征收与补偿的政策，一律按照被征收房屋的价值进行补偿。考虑到农民住房的特殊性，可在确保"户有所居"和农民自愿的前提下，因地制宜采取货币补偿或重新安排宅基地、提供安置房等方式，保障和改善农民居住条件。三是探索就业、社保等多元保障机制。四是探索农民集体分享土地增值收益的实现形式。

（五）创新土地征收安置方式问题

安置一直是困扰征地工作的主要难题。近年来各地积极探索符合本地实际的安置办法，丰富安置方式和安置途径，在传统的就业安置、农业生产安置、异地移民安置、住房安置等基础上，创新形成货币安置、社会保障安置、留地安置、入股分红安置等安置方式。

货币安置。货币安置是市场化改革的产物。与就业安置相比，货币安置只需发给被征地农民一笔现金，相对来说其程序简单，使用灵活，在就业市场化程度越来越高的背景下，正日益取代传统的就业安置方式。但对于大多数被征地农民来说，离开农村到城市谋生，劳动技能和人脉资源的先天劣势将使其就业渠道明显变窄，如果货币补偿标准偏低，更会加大农民家庭就业、生活困难。部分农民拿到征地补偿安置款后不善经营、坐吃山空，成为农村社会的不稳定因素，这也增加了地方政府的管理工作。因此，货币安置方式不能简单化、绝对化，通常还需要与其他安置方式组合运用。

社会保障安置。社会保障安置建立起群众利益的"托底机制"，一定程度上解决了被征地农民的基本养老、基本医疗保障问题。但是，现阶段社会保障安置方式还存在诸多不足。

对政府方面来说，要扩大社保覆盖面、提高保障水平，需要大笔的资金投入。正是由于资金落实难，目前只有少数省份实现了被征地农民养老保险与城镇职工养老保险的接轨。对被征地农民来说，即使全面实现了两种养老保险的接轨，也未必都对此安置方式感到满意，农民希望的是有更多致富机会，获得更多发展空间。

留地安置。留地安置方式在20世纪90年代初发轫于经济快速发展的珠江三角洲地区，后被各地广泛借鉴。留地安置以其能够带来持续稳定可观的经济收益，受到被征地农民的广泛欢迎。从政府方面来说，可以加快征地进度，保障重大基础设施建设。对集体经济组织而言，通过"以地生财"，不仅可以壮大集体经济，还有利于改善村级治理。但是，留地安置在实践中也面临着不少矛盾和难题，如留地所有权性质不明确、闲置低效用地多、政府欠账等，需要进一步探索完善。总体上看，经济发达地区实行留地安置的条件较好，但特大城市、大城市应慎行，以免给城市统一规划和管理造成困难；用地矛盾尖锐的地区应严格管理，以免留下难以落地的隐患；欠发达地区要做好市场分析，防止留地长期闲置。

入股分红安置。入股分红安置特别是土地使用权入股安置，能够让被征地农民获得长期收入，分享土地增值收益，从这个意义上看，入股分红安置与留地安置相似。但该安置模式的风险也是不可轻视的，要确保入股投资项目有长期可靠的财务预期，保证农民长远利益不受损，必须慎之又慎；在集体股权设置、收益分配上必须精心设计，确保公平公正；坚持互利共赢，统筹处理企业、集体和农民之间的利益关系，实现利益平衡。

（六）改革征地程序问题

对于征地程序问题的重视，既源于产权保护观念的普遍增强，也由于程序公正在依法行政中越来越受到重视。改革开放40年来，我国土地征收程序不断健全，征地程序公正性不断强化，但面临的问题仍相当突出。从立法层面看，"重实体、轻程序"问题没有从根本上进行改变，对被征地农民的知情权、参与权、监督权保障不够充分。从执法层面看，执法程序不规范、不到位的问题比较突出，选择性执法现象比较普遍。

根据行政程序法的基本精神，结合征地工作的特殊要求，征地程序改革中应当贯彻民主、法治、公平、公开、效率的原则，重点从以下方面入手。

建立听证制度。征地依法报批前，当地行政机关应告知被征地集体经济组织和农户，对拟征土地的补偿标准、安置途径有申请听证的权利。当事人申请听证的，应组织征地听证。

建立社会稳定风险评估制度。土地征收报批前，应在拟征收土地现状调查基础上，制定土地征收方案，委托有资质的第三方机构开展社会稳定风险评估，评估报告作为用地报批的必备要件。

建立土地征收预公告制度。在拟征收土地所在地的乡（镇）、村进行预公告，充分听取被征地农村集体经济组织成员的意见，与被征地村集体经济组织签订协议，落实征地补偿安置和社会保障费用后，方可启动土地征收程序。

建立征地调查结果确认制度。拟征收土地公告发布后，当地行政机关应会同村集体经济组织，联合开展土地征收现场调查，调查勘测清单应经被征地农村集体经济组织、农户和地上附着物产权人共同签字确认。

健全土地征收矛盾纠纷调处机制。强化地方党委、政府在征地补偿安置争议调解中的主体责任,明确农村集体经济组织内部对征地补偿协议分歧的解决机制,建立征地补偿安置争议的司法仲裁制度,发挥行政复议和行政诉讼在化解征地矛盾纠纷中的作用。

规范土地征收信息公开。由县级政府统一公开土地征收批准文件、范围、补偿、安置等信息。完善政府信息依申请公开的工作机制,除涉密内容外,全面公开相关征地信息。

二、关于建立农村集体经营性建设用地入市制度

根据《意见》,对农村集体经营性建设用地入市改革的总体要求是:完善农村集体经营性建设用地产权制度,明确农村集体经营性建设用地入市主体、范围和途径,建立健全市场交易规则和服务监管制度,建立兼顾国家、集体、个人的土地增值收益分配机制,推动建立城乡统一的建设用地市场,建立"同权同价、流转顺畅、收益共享"的农村集体经营性建设用地入市制度。与土地征收制度改革主要是自上而下推动不同,入市改革具有内生性,各地试点普遍积极性较高,成效也更为突出。到 2018 年 3 月底,入市地块 812 宗、1.6 万亩。改革涉及的主要问题是:

(一)集体土地与国有土地同等入市、同权同价问题

党的十八届三中全会通过的《中共中央关于全面深化改革若干重大问题的决定》(以下简称《决定》)提出,"建立城乡统一的建设用地市场。在符合规划和用途管制前提下,允许农村集体经营性建设用地出让、租赁、入股,实行与国有土地同等入市、同权同价"。这是农村集体经营性建设用地入市改革的总目标、总原则。但是,对于集体土地与国有土地"同等入市、同权同价",有关方面的理解并不一致。

出于对"三农"的保护,现行法律制度对农村土地权能做了限定,集体经营性建设用地入市范围有限、流转不畅、收益过低。随着城乡一体化发展水平不断提高,农村自我发展和抵御风险能力逐步增强,推动农村集体与城镇国有经营性建设用地"同等入市、同权同价"的时机基本成熟。同时,考虑到农业农村的比较劣势并未完全消除,在政策上对农村适当倾斜和保护仍有必要。

同等入市。基本思路是,集体经营性建设用地与国有经营性建设用地同等入市交易,统一入市条件、交易平台、交易规则、税收制度、服务监管,确保流转顺畅、收益共享。(1)统一入市条件。入市土地须符合产业、环保、安全等各项要求,产权清晰。坚持规划先行,凡未编制镇、村规划的地方,不得开发。政府应当在调查评价、规划编制、建筑设计等方面提供适当补贴。(2)统一平台建设。为降低市场建设成本,增加交易机会,应鼓励利用现有国有土地有形市场,开展集体土地入市交易,引导集体经营性建设用地交易活动纳入有形市场进行。(3)统一交易规则。参照国有建设用地市场交易规则,制定集体经营性建设用地入市管理办法,形成城乡统一的建设用地市场交易规则。(4)统一税收制度。建立合理的土地增值收益分配机制,实行集体与国有建设用地统一的税收制度,探索集体土地所有权主体合理纳税的方式和途径。(5)统一服务监管。建立城乡统一的基准地价体系,健全交易代理、地价评估、法律咨询等中介服务,提供交易信息、金融服务和投资咨询,完善入市土地的规划、投资、财务管理制度,保障交易活动合法有序进行。

同权同价。基本思路是,全面实行集体经营性建设用地有偿取得、有偿使用制度,赋予

农村集体经营性建设用地与城镇国有经营性建设用地同等的占有、使用、收益、处分权能，确保城乡土地同权同价、权责一致。(1)有偿取得，有偿使用。允许集体经营性建设用地使用权出让、租赁、作价入股，最高年限与国有建设用地相同。通过有偿使用取得的集体经营性建设用地使用权，在合同约定的使用期限内，享有与国有建设用地使用权同等的权能，并履行同等义务(承担相应的基础设施建设、按规定缴纳相关税费等)。(2)占有权能。通过有偿方式取得的集体经营性建设用地，其占有权能与城镇国有经营性建设用地等同。(3)使用权能。通过初次流转获得使用权的权利人和通过再次流转获得使用权的权利人，都可以利用集体土地从事工业、商业、旅游、娱乐等经营性用途，经营主体可不受地域限制。集体土地所有权权利人也可以利用自身土地从事开发经营。但增量建设用地、商品住房开发用地、城市规划区内集体土地能否直接入市，需要根据国家法律政策决定。(4)收益权能。集体经营性建设用地依法取得和依法纳税后，就取得了自主开发经营并取得收益的权利，取得了公平分享土地增值收益的权利。值得指出的是，建设用地价值受区位影响极大，同样面积、用途的农村集体土地，与城市国有土地价格水平一般存在很大差距，这是客观经济规律作用的结果，与土地所有制无关，"同权同价"是在市场公平竞争下形成的地价水平。(5)处分权能。集体建设用地所有权的权利人，有权通过出让、转让、作价入股、联营等方式流转建设用地使用权，也有权抵押建设用地使用权。集体建设用地使用权的权利人，在完成一定的开发投资规模和落实其他合约要求的前提下，有权转让、转租建设用地使用权。

(二)集体经营性建设用地入市范围问题

农村集体经营性建设用地入市的范围，关系到入市的潜力，也关系到农村建设用地市场的秩序，需要结合农村发展需要和土地管理实际科学决策。

《细则》规定，"农村集体经营性建设用地是指存量农村集体建设用地中，土地利用总体规划和城乡规划确定为工矿仓储、商服等经营性用途的土地。试点县(市、区)人民政府国土资源主管部门，应根据最新的土地调查成果，摸清存量农村集体建设用地底数。在此基础上，依据土地利用总体规划和城乡规划，确定存量农村集体建设用地中的经营性用地"。对此，试点工作中存在不同理解：其一，认为可入市土地只有现状集体建设用地中符合"两规"的经营性用地；其二，认为可入市土地是在存量集体经营性建设用地总规模的控制下，符合"两规"的集体经营性建设用地，包括可直接就地入市的用地和可调整入市的用地；其三，认为可入市土地是在存量集体建设用地总规模控制下，依据"两规"确定的集体经营性建设用地。显然，不同的理解导致可入市土地规模相差显著。

第三种理解，即可入市土地是在存量集体建设用地总规模控制下，依据土地利用总体规划和城乡规划确定的集体经营性建设用地合理可行。首先，是节约集约用地、促进乡村振兴的需要。我国农村建设用地量大面广，其中既有闲置、低效利用的乡镇企业用地，也有利用粗放的农村基础设施、公共服务用地，但主要还是农民宅基地，后者空闲、闲置的比例也很大。农村土地制度改革需要着眼农村地区各类建设用地的节约集约利用，其中既有不改变用途的盘活利用，也必然包含有调整结构的腾退利用。这些土地腾出后，首先应当作为农业农村发展用地，也就是作为集体经营性建设用地。其次，是统一规划、统筹利用的需要。统一规划、依规用地是城乡用地的共同原则。城镇建设用地用作住宅用地还是工商用地或基础设施用地、绿化用地，是根据城镇功能定位和产业结构，统一规划确定的。同样，农村建设用地中的经营性用地、公益性用地和农民宅基地,也需要统一规划、统筹安排。如果仅就集体经营性建设用地进行规划,无疑割裂了各类用地的有机联系,将不利于优化用地配置、发挥系统功能。再次,是发挥市场作用、高效配置土地的需要。在市场经济下,土地用途由土地规划确定,但从根本上说,还是地价或地租收益起了决定性作用。根据竞租理论,在竞争性土地市场下,土地使用者为竞争某块土地所愿支付的最高租金,决定土地用途。农村地区的商业用地、工业用地、旅游用地、宅基地、公共设施用地等,最终的规模、结构和布局,主要取决于级差收益的高低。目前农村宅基地比重大,经营性用地相对少,在市场机制作用下,必然有部分宅基地转换为经营性用地。规划只有尊重和运用好这一规律,才能科学编制和有效实施。当然,规划也不是无所作为的,规划在建设用地总量控制、基本农田和生态环境保护、宅基地和公益性用地优先保障等方面可以发挥有效作用。

(三)农村集体经营性建设用地入市途径问题

将集体经营性建设用地入市潜力转化为有效供给,除受到农村市场需求影响外,还与入市途径的选择密切相关。《细则》规定了就地入市、调整入市和整治入市三种途径。

农村集体经营性建设用地就地入市。《细则》明确,"依法取得、符合规划的工矿仓储、商服等农村集体经营性建设用地,具备开发建设所需基础设施等基本条件、明确在本村直接使用的,可以采取协议、招标、拍卖或者挂牌等方式直接就地入市"。就地入市成本低,产权明晰,已有的入市项目大部分都属于此种途径。但就地入市地块区位条件大多不佳,基础设施不配套,产业集中度不足,开发经营价值偏低。

村庄内零星、分散的集体经营性建设用地调整入市。《细则》明确,"根据土地利用总体规划和土地整治规划,经试点地区上一级人民政府批准后,在确保建设用地不增加、耕地数量不减少、质量有提高的前提下,对村庄内零星、分散的集体经营性建设用地先复垦后,可按计划调整到本县(市、区)域范围内的产业集中区入市;到产业集中区入市,涉及农村土地产权关系调整的,县(市、区)人民政府要做好政策指导"。调整入市有利于优化用地空间布局、促进产业集聚发展、提高用地效益,但也面临不利因素,主要是拆旧和建新两头都有成本,如果入市是效益低的工业用途,将进一步影响入市的竞争力;拆旧和建新地块如果分布在不同的集体经济组织,利益协调的难度很大;调整入市如果涉及调整规划甚至基本农田,报批困难。因此,尽管调整入市潜力很大,但试点实际比例不高。未来政策上应鼓励调整入市,依法合理解决面临的困难。

城中村集体建设用地整治入市。《细则》明确,"对历史形成的城中村集体建设用地,按照政府主导、多方参与的原则,依据经批准的规划开展土地整治,对规划范围内各类土地统一进行复垦、基础设施配套,重新划分宗地和确定产权归属;对不予征收的,在优先保障城中村居民住房安置等用地后,属于经营性用途的集体建设用地,由农民集体入市"。从试点情况看,只有少数地方尝试采取城中村整治入市。城中村整治入市难以推行,主要是权属关系复杂,整治成本高,利益分配不易;对政府来说,不仅前期组织困难,而且遗留问题多、影响后期管理,特别是对现行征地制度的冲击大,导致各地望而却步。城中村整治入市与广东"三旧"改造的旧村改造政策相比,前者保持土地集体所有,允许直接入市;后者由集体经济组织自愿申请征为国有,自行或合作开发,两者孰优孰劣,有待进一步探索。

（四）城镇规划区内集体经营性建设用地入市问题

党的十七届三中全会通过的《中共中央关于推进农村改革发展若干重大问题的决定》提出，"在土地利用规划确定的城镇建设用地范围外，经批准占用农村集体土地建设非公益性项目，允许农民依法通过多种方式参与开发经营并保障农民合法权益。"党的十八届三中全会《决定》要求，"在符合规划和用途管制前提下，允许农村集体经营性建设用地出让、租赁、入股，实行与国有土地同等入市、同权同价"。两个决定关于集体经营性建设用地入市范围的表述有所不同，前者明确规定"在土地利用规划确定的城镇建设用地范围外"（俗称"圈外"），后者只原则要求"符合规划和用途管制"。那么，"城镇建设用地范围内"（俗称"圈内"）是否允许集体经营性建设用地直接入市，就是有待深入讨论的问题。

部分学者认为，应打破城市和农村的边界区割，允许"圈内"农民集体所有土地在用途管制前提下进入市场。"位于城郊的'圈内'集体建设用地，是农村土地中价值最高的部分，也是最能得益于这项改革举措发挥土地价值潜能的部分，将入市范围限定在'圈外'的做法有舍本求末之嫌"（宋志红，2015）。也有学者反对这一意见，"如果允许已经市民化的集体拥有土地所有权，就会破坏城市土地统一的国家所有权制度，而且在市民身份上造成不平等，……城市化了的原农民集体享有城市经营性建设用地的土地所有权所面临的制度障碍是根本性的，是不可克服的"（韩松，2016）。"一旦土地能够自由入市，那结果只能是95%的远郊农民名义上能够自主入市，但因为没有开发机会而沦为空谈。而5%的近郊农民却成为不劳而获的食利阶层"（贺雪峰，2014）。

综合而言，规划确定的城市建设用地区范围内的土地，无论是作为公益性用地还是经营性用地，均应征收为国有土地。这既是由宪法和法律规定的，也是由城市土地产权和规划管理的实际决定的。集体所有权建立在集体土地公有制基础上，农村集体成员市民化、集体经营性建设用地城市化后，"城市集体土地所有制"没有必要也根本不可能存在。城市规划区内保留集体土地所有权，阻碍农业转移人口尽快融入城市、实现市民化，并极有可能在城市边缘地带人为制造出一个个"城中村""城边村"，出现城市内部二元结构现象。城市规划区内经营性建设用地直接入市，而公益性用地继续征收，将给用地管理带来极大困难。站在农民角度看，这种"双轨制"安排将导致农民土地收益出现巨大反差，农民很难接受现在的土地征收办法；站在政府角度看，不仅征地工作将面临更大困难，而且能够带来收益的经营性用地直接入市，政府土地收支将很难平衡，基础建设将难以为继。城市的发展是一个动态过程，更新和改造在所难免，城市规划区内保留集体土地所有权，政府将不得不同涉及集体土地的所有者逐一进行规划协调和利益整合，不仅影响城市更新改造的速度，也会平添巨大的管理成本。

同时，结合现阶段土地管理实际，宜对城市、镇、村规划建设用地范围内的经营性建设用地入市做出差别化制度安排。（1）城市规划区内，可考虑由被征地集体经济组织申请征为国有，城市政府不负责征地补偿安置，但在权属变更后，允许集体经济组织自行组织经营性开发（即所谓"自征自用"），并承担纳税等相关义务；或由城市政府根据规划将集体土地变更为国有土地，在规定用途和开发条件下，赋予集体经济组织优先组织经营性开发的权利，同时承担纳税等相关义务。这一做法既充分照顾了原集体经济组织的利益，又实现了土地集体所有制向土地国家所有制的平顺过渡。（2）镇规划范围内，经营性建设用地是否直接入市可由各地根据集体经济组织成员的意愿确定。可以借鉴一些国家和地区的区段征收办法,即在符合镇规划的前提下,划出一定比例土地实行征收,以解决基础设施和市政设施统一建设所需用地,其余土地维持集体所有,其中集体经营性建设用地在符合规划和用途管制前提下直接入市。(3)村规划范围内建设用地,无论属性为何,未来均不必征收。在符合规划和用途管制前提下,村集体经营性建设用地可直接入市。

(五)集体经营性建设用地建设商品住宅问题

集体经营性建设用地入市试点规定没有明确要求入市范围不包含房地产开发用地,有人据此认为入市试点可以探索商品住房开发,一些试点也确实开展了这类尝试。对此,需要根据中央有关精神,结合房地产市场实际做出判断。

城镇居民到农村大量购地建房始于 20 世纪 90 年代后期,时间上与城镇住房制度改革相吻合。其原因多种多样,但确实对农村土地管理秩序造成了严重影响。为此,1998 年修订的《土地管理法》收紧了农村集体土地使用政策。1999 年 5 月国务院办公厅《关于加强土地转让管理严禁炒卖土地的通知》规定,"农民的住宅不得向城市居民出售,也不得批准城市居民占用农民集体土地建住宅"。这一政策沿用至今。应该说有关法律和政策的出台在当时并无不当,除非目前的客观环境和条件发生了重大变化,否则没有道理做出根本调整。

围绕存在的主要分歧,有必要讨论:(1)不允许进行房地产开发是否剥夺了集体建设用地使用权的权利?脱离具体对象谈论财产权利并无意义。土地并非一般商品,土地所有权并非一般意义的财产所有权,土地的稀缺性和土地利用的外部性导致即使在西方私有制国家,对土地所有权的干预也是普遍的。我国宪法和法律在赋予农村集体土地所有权的同时,根据社会公共利益的需要,对集体土地所有权权能有所限定是完全正当的,不应据此认为土地集体所有制与国家所有制是不平等的。(2)允许集体土地进行房地产开发对农村发展稳定利大还是弊大?现阶段,在城乡二元结构明显、居民收入差距较大的背景下,允许集体土地进行商品住宅开发,在一定范围内可以盘活集体闲置土地,促进集体经济发展,增加农民财产性收入。但从全局看,由城镇资本圈地带来的农村土地管理失序、大量耕地被侵占、农民建房困难加大的可能性仍然存在,严重冲击农村社会结构、动摇农村社会稳定基础的危险不能排除。综合分析,允许集体土地进行房地产开发对农村发展稳定弊大于利。(3)允许集体土地进行房地产开发对城镇房价有何影响?有观点认为,允许包括宅基地在内的集体建设用地入市,打破了开发商的自然垄断,土地供应来源多样化,有利于平抑地价(黄小虎,2016)。这种观点有一定道理,但宅基地入市平抑地价作用有限,城市地价主要取决于土地区位,宅基地一般比较偏远,指望通过其入市遏制市区地价上涨难以如愿。(4)允许集体土地进行房地产开发是否被地方政府普遍接受?从试点情况看,绝大多数地方并未打算将房地产用地纳入入市范围,其主要顾虑:一是允许房地产用地直接入市,即使足额征收土地增值收益调节金,未来入市与征收之间的收益差距依然存在,这对征收行为将产生多大的冲击很难预料,经济发达地区由于房地产开发经营利益很大,对此顾虑也更大。二是商品住宅用地出让是城市土地出让收入的主要来源,允许集体土地开发房地产等于拿走了过去政府收入相当大的份额,如何建立可持续的城市财税模式面临挑战。

综上,房地产用地是否入市需要从社会整体利益出发综合考量、审慎决策,现阶段允许集体土地进行房地产开发的条件和时机在总体上并不成熟。在城市房地产调控坚持"房子是用来住的，不是用来炒的"定位背景下，放开农村集体土地开发房地产更不可能成为改革取向。

（六）农村集体新增建设用地入市问题

《意见》明确，"农村集体经营性建设用地是指存量农村集体建设用地中，土地利用总体规划和城乡规划确定为工矿仓储、商服等经营性用途的土地"。按照这一规定，集体经营性建设用地就限定在"存量农村集体建设用地"范围内，也即排除了新增建设用地。对此，不仅学界有分歧，有的试点也建议将新增集体经营性建设用地纳入入市范围，理由是：未来按照公共利益确定征地范围，国有建设征地规模势必减少，如果不能相应安排新增集体建设用地供应，将导致建设用地总供应量减少，造成退出征地的经营性项目无法落地。

现阶段将农村集体经营性建设用地入市原则上限定在存量建设用地范围内，主要考虑到：（1）农村存量建设用地开发潜力巨大。截至 2013 年年底，全国集体经营性建设用地面积约为 4200 万亩，占全国集体建设用地的 13.3%。如果允许村庄闲散地、废弃地整治调整为集体经营性建设用地，入市总潜力可达 1 亿亩以上。当然，考虑到农村存量建设用地分布不均衡，各地开发需求存在差距，实际开发规模会打些折扣。总体估计，按照目前的用地需求，农村存量集体建设用地可满足 30 年以上经营性开发的需要。（2）缩小征地范围并不一定会导致建设用地供应量减少。从总量看，征地规模缩小了，但允许存量用地入市，实际供地规模不一定减少。对大多数地方来说，通过存量挖潜、结构优化和布局调整，应可满足入市的需求。部分地方存量用地较少、用地需求较旺，存量用地可能无法满足需要，这种情况下可考虑以土地规划为控制，通过区域之间调剂，合理解决新增建设用地数量不足的问题。从用途看，是否安排新增集体经营性用地入市，还取决于公益性用地的界定。未来如果将城市规划区内工业、商服、住宅等用地仍然纳入征收范围，那么对征地规模的影响就明显减弱，相应的则不需要或只需少量安排新增建设用地入市。（3）允许新增建设用地直接入市不利于盘活农村闲散低效用地。从几年来的试点实践看，就地入市占了 3/4 以上，调整入市约占 1/4，整治入市很少。入市的决定因素是成本，成本越高，入市越少。可以预料，未来如果允许农村新增建设用地直接入市，存量建设用地由于成本劣势其入市动力将显著降低，各地又会把注意力更多放到争取新增建设用地指标上，有违农村土地制度改革的初衷。（4）允许新增建设用地直接入市可能冲击农村土地管理秩序。在当前农村新产业新业态蓬勃发展的形势下，一些地方休闲养老、民宿旅游、文化体验、设施农业等项目大量扩张，违法圈地占地呈反弹之势；有的更以发展特色小镇之名，行房地产开发之实。在此背景下，倘若允许农村新增建设用地直接入市，难免会对农村土地管理和耕地保护形成冲击，对此要未雨绸缪，防患未然。

（七）集体经营性建设用地入市主体问题

合理确定农村集体经营性建设用地入市主体具有多重意义：其一，一个具有明确而充分赋权的入市主体是市场良性运行的前提，有助于提高入市决策的科学性；其二，一个完善的治理结构能够有效体现集体组织成员的意志，有助于增强入市主体的行为能力；其三，一个合理的制度安排能够协调各方的入市利益，有助于释放集体经营性建设用地入市潜力。正由于此，农村集体经营性建设用地入市试点将探索入市主体及组织形式作为主要任务之一。

我国农村集体土地产权不清、主体不明、制度缺失的情况十分普遍,这使集体经营性建设用地入市面临严峻挑战。《细则》提出,"农村集体经营性建设用地入市主体可以是代表其所有权的农民集体,农村集体经营性建设用地依法属于村农民集体所有的,由村集体经济组织或者村民委员会代表集体行使所有权,分别属于村内两个以上农村集体经济组织的,由村内各该农村集体经济组织或者村民小组代表集体行使所有权,属于乡(镇)农民集体所有的,由乡(镇)农村集体经济组织代表集体行使所有权;也可以探索由代表其所有权的农民集体委托授权的具有市场法人资格的土地股份合作社、土地专营公司等作为入市实施主体,代表集体行使所有权"。《细则》明确了入市主体的原则性要求,但鉴于各地农村产权制度建设和集体组织治理改革进展不一、差异较大,试点探索的空间仍然很大。

各地试点对于入市主体规定不一,其中不乏制度创新,但也有一些做法值得商榷。

将村集体经济组织作为入市主体。广东南海明确,农村集体经营性建设用地的入市主体为村集体经济组织,即经联社和经济社。南海较早开展集体土地股份制改革,集体土地产权相对清晰,集体经济组织比较健全,将已有的经联社和经济社等村集体经济组织作为入市主体符合实际,也有较好基础。但对于大多数地方来说,集体经济组织和管理机制不够健全,目前尚难一步到位。

将农村集体经营性建设用地所有权的行使代表作为入市主体。多数地方规定,以农村集体经营性建设用地所有权的行使代表作为入市主体,具体包括村集体经济组织或者村民委员会、村内集体经济组织或村民小组、乡(镇)农村集体经济组织。这既符合宪法和法律精神,又兼顾了当前多数地方农村集体组织建设和产权制度建设的实际。但制度实施仍面临一些有待解决的难题,特别是在集体经济组织松散、市场经营管理能力较弱的情况下,无论是村集体经济组织还是村民委员会、村民小组作为入市主体,其行为能力大都明显不足。

将村委会或乡(镇)、街道办事处作为入市主体。一些试点提出,以基层政府或村级组织代表行使集体所有权。这一做法暂时解决了农民集体土地所有权主体虚置问题,可以迅速启动入市工作。但这只是权宜之举。尤其是以乡(镇)、街道办事处作为入市主体,不仅于法无据,且有违"政经分开、政企分开"的行政法治精神,不值得提倡。

成立入市实施主体代表农民集体行使所有权。成立代表集体行使所有权、具有市场法人资格的土地股份合作社、土地专营公司等,作为入市实施主体,成为不少试点的选择。究其实质,是将入市主体与实施主体相分离,并在其间建立起"委托—代理"机制,从而有效解决集体土地入市主体所面临的一系列法律、制度和管理层面的难题。北京大兴通过组建镇土地股份联营公司作为入市实施主体,实行入市镇级统筹,较好平衡了镇内不同村集体之间由于规划用途不同等导致的入市收益差异,使外部问题内部化。这一做法也面临如何处理镇级统筹与村级所有、村民自治关系的课题,尤其是需要村集体经济组织有良好的合作意愿,而大多数地方并不具备这一条件。

由有关集体经济组织联合设立实施主体。一些地区集体建设用地存量大,但地块零星分散、交通不便、配套设施欠缺,无法就地开发利用,需要调整入市。但调整入市的复垦地块和建新地块往往跨越不同的集体经济组织。针对这一问题,浙江德清探索提出不同集体经济组织之间合作入市模式,即鼓励经济发达、存量用地不足的集体经济组织与经济欠发达、存量用地富余的集体经济组织,在协商一致的基础上共同建立土地股份合作社,按照"明确所有权、保留发展权、统一使用权"的原则,实行使用权共同入市、收益按份分配。这一做法实现了各方共赢,但目前有关实践案例尚不多。

总体而言,各试点对入市主体的确定都做了有益探索,体现了不同地区的特点。如果用"一个具有明确而充分赋权的入市主体""一个完善的治理结构""一个合理的制度安排"三条标准来衡量,那么,成立土地资产管理公司或股份合作社作为入市实施主体,既代表农民集体行使所有权,又赋予市场法人地位,建立现代企业治理模式,无疑是符合农村土地产权建设和经营管理实际的最合适选择。

(八)集体经营性建设用地入市收益分配问题

《意见》要求,"农村集体经营性建设用地入市,农村集体经济组织取得出让收益,政府应综合考虑形成土地增值收益的因素,从当地实际出发,确定合理比例收取土地增值收益调节金,以实现土地征收转用与集体经营性建设用地入市取得的土地增值收益在国家和集体之间分享比例的大体平衡"。但是,如何在政府与集体之间、不同集体之间建立起合理的土地增值收益分配机制,仍然有待深入探索。

地方政府与农民集体之间入市收益分配。这个问题除关系到地方政府能否获得可持续财税收入外,还关系到土地征收转用与集体土地入市取得的土地增值收益在国家和集体之间分享比例能否大体平衡,以及不同集体经济组织之间土地收益能否公平分配。这是因为,只有征收补偿与入市收益大体平衡,新的制度才能为各方面所接受;也只有政府具备足够财力,才能对承担生态和基本农田保护的区域实行必要的财政转移支付(土地发展权转移)。具体来说:一是"收什么"。未来对于集体经营性建设用地入市的一般行为,可以采取征收土地增值税(而非土地增值收益调节金)的办法,征税更符合农村集体经营性建设用地的所有权属性和正税、减费的税改原则。而在整体实施农村土地综合整治的地区,也可以借鉴境外做法,实行"谁受益谁付费",由集体经济组织分担公共设施用地和抵费地。二是"收多少"。《农村集体经营性建设用地土地增值收益调节金征收使用管理暂行办法》规定,"调节金分别按入市或再转让农村集体经营性建设用地土地增值收益的 20%～50% 征收"。这个比例参考了国有土地出让金提取情况、政府投入的基础设施配套费用和前期相关探索实际。广东是最早探索集体建设用地入市的省份,市县政府收取的土地增值收益一般在 40% 左右,其中深圳在 50% 左右。三是"如何收"。结合农村实际,可以按照土地出让净收益的一定比例收取,也可按成交总价款的一定比例征收。值得指出的是,由于土地增值收益调节金的收取事关地方政府可持续财税模式的培育发展,事关地方政府在平衡征地与入市收益、协调不同农村集体土地收益的能力提升,不宜片面提倡降低土地增值收益调节金的收取比例。

不同农民集体经济组织之间入市收益平衡。对城镇建设用地而言,土地使用权出让收益全部上缴地方财政并实行收支两条线管理,不同用途、不同区位的地块出让收益虽然差距很大,但政府可以统一调配和使用,不存在出让收益的平衡问题。而农村集体经营性建设用地一般分属不同的集体经济组织,因规划用途、交通区位的不同带来的入市收益差异,如果不能通过适当方式予以平衡,就会在农村集体经济组织之间造成巨大利益失衡,引发社会矛盾。因此,如何平衡集体经济组织之间因用途、区位造成的入市收益差异,就成为入市顺利推进的关键。浙江德清采取"按类别、有级差"的方式来收取增值收益调节金和鼓励集体经济组织之间合作入市、按份分配,上海松江实施镇、区两级统筹,等,初步找到了不同集体经济组织之间入市收益的平衡途径,值得借鉴。

三、关于改革完善农村宅基地制度

根据《意见》,农村宅基地制度改革的总体要求是:以切实保障和维护农民宅基地权益为出发点和落脚点,完善宅基地权益保障和取得方式,探索宅基地有偿使用制度,探索宅基地自愿有偿退出机制,完善宅基地管理制度,建立健全"依法公平取得、节约集约使用、自愿有偿退出"的宅基地管理制度。宅基地占农村建设用地的2/3以上,宅基地制度改革是农村土地制度改革的主体。各试点地区均十分重视,不同程度地开展了相关探索,在解决宅基地分配不公和农民建房难、盘活利用闲置农房和宅基地、增加农民财产性收入上取得了明显成效。到2018年3月底,试点退出宅基地9.6万户、7.1万亩,办理农房抵押4.7万宗、抵押金额91亿元。改革涉及的主要问题是:

(一)农村宅基地制度建设评价问题

客观评价农村宅基地制度建设的成效与不足,关系到宅基地制度改革的方向、重点和力度。

首先,现行农村宅基地取得、占有和使用等制度安排总体合理,在农村经济社会发展中发挥了基础和关键作用。在宅基地取得制度上,基本特征是限定身份、一户一宅、规定标准、用途管制。在宅基地占有制度上,基本特征是集体所有、农户占有。在宅基地使用制度上,基本特征是无偿使用、限制流转。法律政策做出以上规定,出发点是保护农民的基本居住权利,防止农民失地失业。从过去看,这些法律政策成为农村稳定的重要基础;从今天看,对于多数地方、多数农民而言,仍具有现实意义。

其次,农村宅基地管理不够严格,显著影响到宅基地制度的执行。宅基地管理不够严格的问题由来已久,国家对此高度重视并不断出台加强管理的措施,但受传统观念、管理基础、体制机制等主客观因素影响,矛盾和问题仍然突出,导致宅基地制度在执行中打了不少折扣。比如,在宅基地取得上,限定身份、一户一宅、规定标准、用途管制等都是为了降低宅基地不合理需求、缓解宅基地供需矛盾、保证农民基本居住权利,但一些地方实际执行效果并不好,一户多宅、超标占地等情况仍然相当严重,城镇居民到农村购地建房禁而不止。又如,不少地方农民建房难问题仍未缓解,与此同时空心村、闲置地却大量存在,近年来在农村人口大量转移进城的情况下,农村宅基地面积不减反增。再如,一些地方以推进城镇化和新农村建设为名,强行收回农民宅基地、随意逼农民"上楼"的情况时有发生,造成恶劣的社会影响。此外,尽管法律没有赋予农村宅基地出租、转让和交易的权利,但在广大沿海地区和城乡接合部,宅基地以各种方式自发入市已很普遍,其中既有经济发展原因,也有管理不力因素。

再次,现行农村宅基地制度不管用、不健全、不可持续的问题日益显现,难以适应社会主义市场经济体制的要求。现行农村宅基地制度遭遇的困境越来越大,既有法律规定与习惯规则冲突造成实施困难的矛盾,又有法律政策落后于社会现实影响制度权威的问题。一是"一户一宅"的宅基地取得制度在高度城镇化地区弊大于利,难以为继;二是"一刀切"的宅基地无偿使用制度既助长了粗放闲置用地,又加剧了土地分配不公;三是单纯的宅基地福利分配制度面临强化财产权利保护的挑战，法律规定严重落后于社会现实；四是缺乏有效的退出机制导致农村宅基地低效闲置，加大宅基地供需矛盾；五是城乡住宅用地权能差异巨大，阻碍城乡要素自由流转、公平交换和优化配置。

总之，宅基地制度作为中国特色土地制度的重要组成部分，在农村经济发展和社会稳定中发挥了重要作用，其基本内容仍然适宜。但是，随着实践的发展变化和改革的深化，农村宅基地管理不力、制度执行不到位问题日益突出，制度不完善、不健全问题不断暴露，已经明显不能适应经济社会持续健康发展的要求，改革完善农村宅基地制度作为一项历史性任务已经摆到了我们面前。

(二)农村集体经济组织成员资格认定问题

农村集体经济组织成员资格的认定，关系到广大农民的基本权利和切身利益。宅基地的取得权利、流转权益、收益分配等，都与成员资格直接关联。目前我国农村集体经济组织的法律地位模糊不清，成员资格认定在法律上更未明确，由此引发大量宅基地纠纷。正确界定集体经济组织成员资格，是推进宅基地制度改革的首要任务。

学界关于农村集体经济组织成员资格的认定标准，主要有三种主张：一是单一标准说，即主张以是否具有本集体经济组织常住户口来确定集体组织成员资格，也称户籍标准。二是复合标准说，即主张以户籍登记为基础，结合长期居住的事实状态等来确定集体组织成员资格，也称折中主义。三是权利义务关系说，即以权利义务关系是否形成的事实来确定集体组织成员资格，也称事实主义。这三种主张各有利弊，农村集体经济组织成员资格的认定，当以依法登记的农村集体经济组织所在地常住户口为一般原则，以在农村集体经济组织所在地长期固定地生产、生活为基本标准；对以获取不当经济利益为目的临时迁入的人员，不应认定其具有成员资格；对因故离开农村集体经济组织所在地，但未取得其他社会保障之前，一般应认定为具有成员资格。

根据上述认定标准，结合各试点做法，下列人员可认定具有农村集体经济组织成员资格：(1)长期在本集体经济组织所在地生产生活并依法登记户口的农村居民。(2)与集体经济组织成员形成法定婚姻、家庭关系的人员，包括户口在本集体经济组织的"入赘男""外嫁女""养子女"等。(3)应当保留农村集体经济组织成员资格的人员，包括应当认定具有户口迁出地集体经济组织成员资格的义务兵、士官、大中专院校学生、自理口粮户、劳教服刑人员等。(4)因国家政策性迁入或经法定程序加入的人员。

下列人员应当认定不具有本集体经济组织成员资格：(1)在国家行政、事业单位、部队军官的任职或离退休等由国家财政供养保障的人员。(2)已享有其他集体经济组织成员资格的人员。(3)仅户口登记在本集体经济组织，但不在本集体经济组织实际生产、生活的空挂户。(4)已死亡或符合民法规定死亡条件的人员。(5)自愿退出和放弃集体经济组织成员资格的人员。

实际资格认定中还需要处理好一些关系。比如，成员资格与承包地的关系，现实中保留承包地不一定保留成员权，享有成员权也不一定拥有承包地，不能以是否拥有承包地作为认定农村集体经济组织成员资格的唯一标准。又如，成员权与选举权的关系，成为集体经济组织成员，享有成员权，但不一定具有村民资格(如通过入股方式加入农村股份经济组织的成员)，从而就不能享有选举权；享有选举权的村民，没有加入农村集体经济组织，也不具有该组织的成员权。再如,村民自治与法治原则的关系,一些地方采取村民表决等做法,有可能出现多数人通过表决剥夺少数人(如外嫁女、离异妇女等)合法权益的现象,可见,涉及农村集体经济组织成员资格的认定,不能简单套用少数服从多数的表决办法。

(三)改革宅基地"一户一宅"取得制度问题

"一户一宅"制度在我国农村宅基地制度中占有基础和核心地位,这一制度长期以来对于保障农民住有所居、促进社会和谐稳定发挥了重要作用,同时现实中存在的农民合法建房难、农村违法建房多、宅基地闲置浪费严重等问题相互交织,也表明制度本身有待完善。鉴于各地农村发展实际的复杂性、多样性,"一户一宅"制度改革应把握方向、区别对待。

坚持农村宅基地原始取得的成员性,逐步放宽继受取得的主体范围。现阶段坚持农村宅基地原始取得的成员性总体上利大于弊。在城乡二元结构尚未消除的情况下,农村宅基地使用权申请主体限于农村村民,可以看作是国家对保障农村居民居住权利的特殊制度安排,有利于维护农村社会和谐稳定。逐步放宽继受取得的主体范围,现阶段是指放宽宅基地出租或有限期流转的受让对象,受让人不限于本集体经济组织内部符合宅基地申请条件的农户,也可以是其他城乡居民。同时,通过规定宅基地使用权流转期限,确保宅基地使用权处分后最终能回归到集体所有权人手里。

坚持户有所居,探索不同条件下农民住房保障的多种实现形式。《细则》提出:"在土地利用总体规划确定的城镇建设用地规模范围外的传统农区,继续实行'一户一宅'、面积法定的宅基地分配制度。对人均耕地少,二、三产业比较发达的地区,在农民自愿的基础上,实行相对集中统建、多户联建等方式落实'一户一宅'。在土地利用总体规划确定的城镇建设用地规模范围内,探索集中建设农民公寓、农民住宅小区等方式,满足农民居住条件"。这一要求区分了不同地区的实际,实践证明总体可行。

坚持农村宅基地公平分配,探索标准法定与有偿取得相结合的有效途径。对于仍然实行"一户一宅"的传统农区,要继续将限定面积与一户一宅共同作为宅基地申请取得的限制条件。对于历史原因造成的宅基地超标占地、难以退出的,应当实行有偿使用,并按照累进制办法制定收费标准,推动宅基地有序退出,保障农户宅基地权利平等。

坚持土地用途管制,推进农村宅基地民主管理。在严格土地用途管制的基础上,简化宅基地审批程序,强化村民参与。区分存量用地与增量用地,申请使用存量建设用地的,由村民大会或者村民代表大会讨论通过后,报乡(镇)政府审批;使用新增建设用地的,由村民大会或者村民代表大会讨论通过,经乡(镇)政府审核后,报县级政府审批。

(四)妥善处理农村宅基地历史遗留问题

农村宅基地历史遗留问题主要包括:因历史原因形成的超标准占用宅基地、一户多宅、违法占地建房、非本集体经济组织成员占用宅基地等。其具体成因包括农村宅基地立法滞后、农村社会关系深刻变化、宅基地制度政策频繁变动、农村土地管理力量不足、宅基地违法清查不到位等。

鉴于农村宅基地历史遗留问题量大面广,且成因复杂、关系敏感,各级政府在处理这些问题上历来比较谨慎,注意综合各种主客观因素,权衡各方利益。结合已有规定和试点做法,宅基地历史遗留问题处理应当遵循以下原则:(1)依法依规,尊重历史。既要严肃规范有章可循,又要注意把握不同历史时期的制度和政策,避免简单化。(2)规划管控,用途管制。宅基地历史遗留问题的处理应当与土地利用规划、村庄规划管理规定相衔接。不得借机将小产权房等违法建设、违法用地合法化。（3）因地制宜，合理可行。综合考虑各地自然条件、人均占地、民族习俗和经济水平，统筹主客观因素，兼顾国家、集体和个人利益。（4）多措并举，标本兼治。将历史遗留问题处理与宅基地有偿使用、有偿退出等相结合，既能有效遏制违法行为，又有利于长效管理。

具体处理办法：（1）对于宅基地超占面积的处理，一般是划分年代、确定标准，并与有偿退出、有偿使用、确权登记等相结合，制定处理政策。（2）对于一户多宅问题的处理，一般是根据一户多宅的成因，区分合法形成与非法形成、本集体经济组织成员与非本集体经济组织成员等情况，制定处理政策。（3）对于违法占用宅基地问题的处理，一般是区分违法主体（本村成员或非本村成员）、违法种类（擅自占地建房或非法转让宅基地）、违法性质（违反规划或一户多宅）等，制定处理政策。（4）其他问题的处理。农村宅基地历史遗留问题，往往还涉及村庄规划、房屋管理等问题，需要一并制定处理政策。

（五）建立农村宅基地有偿使用制度问题

《意见》提出，探索宅基地有偿使用制度，"对因历史原因形成超标准占用宅基地和一户多宅的，以及非本集体经济组织成员通过继承房屋等占有的宅基地，由农村集体经济组织主导，探索有偿使用"。《意见》开启了农村宅基地有偿使用的新尝试，但对于有偿使用的对象、标准、方式等，各方面仍存在较大分歧。

从试点看，宅基地有偿使用制度的改革取向可归纳为4种：（1）"稳定"取向。大多数试点按照《意见》要求，只对因历史原因形成的超标准占用宅基地、一户多宅，以及非本集体经济组织成员通过继承房屋等占有和使用的宅基地收取有偿使用费，且标准从宽，基本属于"超占宅基地有偿使用"。（2）"公平"取向。有偿使用对象仍然限定在因历史原因形成的超占宅基地以及非本集体经济组织成员占有的宅基地范围内，但在对象认定和收费标准上从严把握，尽可能做到公平公正。典型的是江西余江。（3）"效率"取向。有偿使用对象除因历史原因形成的超占宅基地以及非本集体经济组织成员占有的宅基地外，还将新增宅基地都纳入其中，以抑制新增宅基地的虚高需求，遏制农村宅基地无序扩张。典型的是宁夏平罗。（4）"价值"取向。与上述做法不同，它不仅改变了宅基地无偿分配制度，而且实行宅基地市场配置。典型的是浙江义乌。

农村宅基地有偿使用制度改革有其必要性和可行性，但根据历史经验和农村现实，对这一改革的影响需要综合评估，合理把握改革的力度和节奏。第一，重点突破、有序推进。目前大多数试点实行"惩罚式"的有偿使用具有正当性和合理性，拥有较好的民意基础，应当毫不迟疑地推进。除少数民族地区等特殊区域外，超标占用宅基地有偿使用收费对象应从严确定，收费标准应适当提高，以有效遏制超标占用宅基地的发生，促进宅基地公平公正分配。余江等地的实践表明，只要基层干部和群众工作到位，超标占用宅基地有偿使用不仅不会影响农村社会的和谐稳定，而且可以获得广大农民的支持和拥护，增加群众的改革获得感。第二，尊重农村集体经济组织的自主选择。农村集体经济组织在其土地上设立宅基地使用权是否收取使用费，属于所有权人与使用权人双方协议的范畴，只要符合土地规划和用途管制，上面不宜过多干预。应当支持基层政府结合实际进行制度创新，充分尊重农村集体经济组织的自主选择，由集体经济组织自主决定有偿使用收费的范围、标准、方式等,上级政府应做好监管和总结,并待时机成熟时推广。第三,着眼建立城乡统一建设用地市场目标,逐步推进农村宅基地市场化配置。随着要素市场化配置改革不断深化,土地要素的市场化配置程度必然逐步提高。目前在全国大多数农村"一步到位"实行宅基地市场化配置尚不具备条件,但最终实现宅基地市场化配置的改革前景仍然可期。第四,加强农村宅基地有偿使用费管理。按照"取之于民、用之于村"的原则,合理确定宅基地有偿使用费用途,完善宅基地有偿使用费分配制度,严格监管有偿使用费,确保改革健康有序推进。

(六)建立农村宅基地流转机制问题

《细则》要求,"建立宅基地集体内部流转机制。……农民宅基地可以按照自愿、有偿的原则,以转让、出租等方式在集体经济组织内部流转,受让、承租人应为本集体经济组织内部符合宅基地申请条件的成员"。上述规定肯定了宅基地流转的改革取向,但"集体内部流转"的要求,在学界引发了激烈争论,试点做法也不尽一致。

试点做法归结起来,一是把探索农村宅基地使用权流转作为试点重要内容,流转方式包括转让、出租、抵押、入股、赠予、继承等,有的只明确转让、出租(余江),有的则放宽到买卖、互换(义乌)。二是流转范围限定在农村集体组织,但大都超出了本集体经济组织,有的是本县范围内(余江);有的是本乡镇范围内(大理);有的区分规划区内、外,区内控制在本乡镇范围,区外放大到县级范围(宜城);有的区分新农村改造情况,未完成改造的控制在本集体经济组织内,完成改造的放大到县级范围(义乌)。三是规定宅基地转让的约束条件,如流转宅基地后转让方仍有长期稳定的居住场所、转让的宅基地使用权及房屋所有权没有权属争议、转让方不得再申请新的宅基地等。四是规定宅基地受让的约束条件,如流转的宅基地及房屋必须符合土地和城乡规划、流转的宅基地不得擅自改变用途、受让人符合宅基地申请资格条件、严禁城镇居民到农村购买宅基地等。五是明确流转收益分配原则,其中,房屋收益归产权人所有,宅基地收益在集体经济组织和转让人之间合理分配。

农村宅基地流转范围问题,归根结底,还是"稳"与"活"的矛盾。主张以"稳"为主,将流转范围限定在本集体经济组织内部,主要是出于对农民可能失去宅基地和农村土地非农化,以及由此导致农村社会秩序失控的担忧,同时认为宅基地流转对增加农民财产性收入和复垦增加耕地的实际作用不大。主张以"活"为主,主要是出于盘活利用闲置宅基地、激活农村沉睡土地资产、增加农民财产性收入的考虑,认为流转范围限定在本集体经济组织内部抑制了流转交易需求。值得注意的是,两种对立的观点都宣称是以"三农"为出发点和落脚点的,都以维护农民土地权益自居。

应当看到,现阶段我国农村经济发展基础总体上不够坚实,农民退出宅基地进城或就地从事其他产业都存在一定风险,不同地区农民抗风险能力存在显著差异,大多数传统农村宅基地仍具有较强的福利保障功能,宅基地流转需求不大、收益有限。同时也应当看到,我国农村宅基地闲置低效利用问题十分突出,不只是沿海发达地区、城中村和城乡接合部流转市场日益增大,内地省份、传统农区结合文化旅游、休闲养老、设施农业等新产业、新产品开发对流转的需求也在增加,继续把宅基地用益物权限制在居住方面既有损城乡公平,也不符合当前许多农村的实际。解开"稳"与"活"的死结,亟待制度创新。

(七)农村宅基地抵押担保改革问题

《意见》明确,"配合农民住房财产权抵押担保转让试点,慎重稳妥探索农民住房财产权抵押担保中宅基地用益物权的实现方式和途径"。《意见》实际上赋予了农户宅基地有条件抵押权,突破了物权法关于宅基地不得抵押的规定。但从试点情况来看,宅基地抵押还有很大探索空间。

从现行法律政策分析,农村宅基地抵押融资面临法律不支持、农户失地失所和抵押权难以实现三大风险。法律风险方面,包括现行法律禁止宅基地使用权抵押、法定宅基地用益物权权能受限、农民住房抵押登记存在法律障碍、法律解释和已有政策不支持宅基地使用权抵押。农户失地失所风险方面,主要原因在于农业是弱质产业、农户抗风险能力低、农业风险分担机制不够健全。抵押权实现风险方面,既源于法律风险,还源于宅基地担保价值及其评估问题、宅基地抵押担保成本问题、宅基地确权登记问题、担保物被强制执行的可能性问题。

农民住房财产权和宅基地使用权抵押为落实农村宅基地用益物权开辟了重要渠道,将极大地推动乡村振兴战略的实施。同时,对于法律障碍、农民失地和抵押权难实现的风险也不可低估。应在总结各地实践经验的基础上,明确改革思路,加大探索力度。(1)推动宅基地使用权抵押担保立法。解决合法性问题,是有序推进宅基地使用权抵押担保的前提,也是化解各类风险的基础。有的地方将宅基地使用权转为集体建设用地使用权再行抵押的做法,表面上看是一种规避了法律禁止宅基地使用权抵押的行为,但这一做法改变了农村土地的性质和用途,与《土地管理法》第63条关于"农民集体所有的土地使用权不得出让、转让或者出租用于非农建设"的规定相矛盾。有的地方由人民法院表态支持宅基地使用权抵押,由于缺乏国家法律及相关法律解释的支持,同样面临法律风险。(2)加大宅基地使用权流转探索力度。宅基地价值大小,决定宅基地抵押担保功能能否充分实现。为此,要加大宅基地流转探索力度,适度放活宅基地使用权,充分释放农村宅基地资产潜力。(3)建立健全农户宅基地抵押风险分担机制。在宅基地保障属性依然存在的情况下,如何既赋予宅基地抵押担保权能实现融资目的,又保障农户在遭遇风险时保留基本住房权利,是宅基地抵押担保制度设计需要优先考虑的问题。为此,有必要研究建立农户宅基地抵押风险分担机制,如规定抵押人最低条件(农户住有所居、宅基地无权属争议等)、分类构建宅基地抵押制度、完善抵押物处置方式(因地制宜采取过渡处理、贷款重组、按序清偿等)、设立抵押贷款风险补偿基金、建立政府性担保公司、采取集体担保多户联保方式等。需要指出的是,一些地方由市县政府出面为农户宅基地抵押直接提供担保的做法并不妥当。(4)防范和化解抵押权实现风险,包括保障金融机构自主商业化运作、推进确权登记颁证、加强资产评估、搭建流转平台、建立风险预警机制、建立补偿激励机制等。

(八)农村宅基地"三权分置"问题

2018年中央一号文件提出,完善农民闲置宅基地和闲置农房政策,探索宅基地所有权、资格权、使用权"三权分置",落实宅基地集体所有权,保障宅基地农户资格权和农民房屋财产权,适度放活宅基地和农民房屋使用权。这是继承包地"三权分置"之后,我国农村土地产权制度的又一次重大创新。宅基地"三权分置",摆脱了农村宅基地管理的路径依赖,有利于重塑城乡土地权利关系;统筹解决了稳定与放活的矛盾,有利于凝聚农村土地制度改革共识;突破了流转范围的制度障碍,有利于走出农村宅基地制度改革的困局;丰富了宅基地产权体系,有利于唤醒大量沉睡的农村土地资产;打通了城乡要素流动的"中梗阻",有利于释放农业农村发展活力,为乡村振兴提供了强大支撑。

如果说土地承包经营制度改革的底线是保证农民不失地,那么农村宅基地制度改革的底线就是保证农民不失所,改革主线都是正确处理农民和土地的关系。要围绕这一主线,结合农村土地制度改革试点,积极探索宅基地"三权分置"的实现形式。

落实宅基地集体所有权。与承包经营制度改革一样,宅基地制度改革必须坚持集体所有权的根本地位,切实解决集体所有权虚置问题。落实宅基地集体所有权,前提是明确处分权,包括保障集体经济组织对村庄用地的规划利用权,适度强化集体经济组织收回宅基地的权利,赋予集体经济组织对宅基地使用的监督权。它的核心是明确收益权,应明确集体经济组织在宅基地使用权转让时按照一定比例分享流转收益,在征地补偿时参与收益分配。

保障宅基地农户资格权。既要保证宅基地可交易性、显化宅基地财产价值,又要防范城市资本到农村大肆炒房炒地,损害农民财产权,有必要将宅基地资格权流转限定在集体经济组织内部。不得违法调整农户宅基地,不得以退出宅基地作为农民进城落户的条件。建立资格权退出的反悔机制,进城务工经商农民若创业失败,允许其基于身份,重新从集体经济组织中取得使用权,但原退出时所获补偿应退还集体。

适度放活宅基地使用权。允许农户通过转让、互换、赠予、继承、出租、抵押、入股等方式流转宅基地使用权,其中转让、互换、赠予只能在本集体经济组织成员之间进行,出租、抵押、入股、继承可以在非本集体经济组织成员之间进行。放活宅基地租赁权和抵押权,有利于释放土地价值潜能,吸引产业资本投向农村,促进乡村新业态发展,但要防止租赁权变性为无限期使用、抵押权过度发展冲击农村社会正常秩序。为确保宅基地使用权流转有序推进,应当严格宅基地使用权流转条件,保证农户流转宅基地后仍有长期稳定的居住场所。要在依法保护集体所有权和农户资格权的前提下,平等保护承租人依流转合同取得的宅基地使用权,保障其经营预期。考虑到宅基地制度的敏感性,现阶段放活宅基地使用权应当严格限定期限、用途,特别是不能进行商品住宅开发,严禁利用农村宅基地建设别墅大院和私人会馆,维护农村土地市场秩序,保障广大农民土地权益。

(九)编制村土地利用规划问题

无规划不开发,这是各国建设用地管理的共同原则。我国农村宅基地大都零星、分散,多数地方过去编制乡镇土地利用总体规划时论证不够、规划不详,村级土地利用规划更是空白。从各地试点情况来看,普遍面临规划基础不实、依据不足的问题。编制好村土地利用规划,成为农村土地制度改革的重要基础性工作。村土地利用规划是空间规划体系的基层规划,在当前改革自然资源管理体制、推动建立空间规划体系的背景下,做好村土地利用规划既意义重大,也面临诸多新要求。

根据生态文明建设要求、农村土地制度改革需要和空间规划发展趋势,村土地利用规划必须着力更新规划理念,完善规划思维。一是由以增量规划为主转向以存量规划为主,着力提升发展质量和效益。存量规划主要是调整用地结构,优化用地布局。简单的"减量"规划既难以实施,又面临财产权保护问题,要慎行。二是由多规并立转向多规合一,着力增强空间治理能力和水平。多规合一是空间规划体制改革的重大成果，是空间治理的基本依据，要防止以发展规划、乡村规划之名，重走多规重叠、"九龙治水"的老路。三是由蓝图规划转向绿图规划，着力增强规划的生命力。注重机制创新和政策引导，留有适当的弹性，使用途管制和市场调节有机结合，促进规划的实施。

结合实施乡村振兴战略需要，切实完善规划内容、程序和方法。在规划内容上，要统筹生产、生活、生态空间和农村一、二、三产业融合发展用地，重点做好三线（建设开发边界、永久基本农田和生态保护红线）划定、基础设施公益设施用地配置和土地整治项目安排，突出规划特色，避免千规一面。在编制程序上，要打破"自上而下"下达控制指标的编制模式，实行"自上而下，自下而上，上下结合"。在编制方法上，要强化公众参与，让村民参与规划编制各个环节，并就规划目标、重点内容、方案比选等协商一致，切实提高规划的可行性和可操作性，为乡村振兴提供坚实支撑。

应对耕地撂荒的关键因素：经营规模和激励政策

陈　莎　叶艳妹

摘　要：20世纪后半叶以来，伴随着农村劳动力逐渐向城镇转移的过程，耕地撂荒现象逐渐演变为全球性的土地利用现象，已然深刻改变了我国广大地区的农村景观。本文聚焦于分析耕地撂荒的关键因素，提出耕地撂荒和农村劳动力外流的本质原因在于目前的耕地经营方式无法保障农民过上与进城打工者基本相当的生活。将农户作为耕地利用方式的决策单元，运用成本收益法和博弈理论推导农户土地利用行为方式和劳动力配置的选择过程和必要条件，探讨降低农业生产成本、提升农业效益的可能途径。通过实例测算发现，在保持种植粮食作物的情况下，以家庭农场为形式的经营主体，其耕地种植面积必须达到115～160亩的规模才能使农户与城市务工者的经济效益大致相当。随后本文构建了包含"撂荒行为识别—撂荒效应评估—撂荒政策应对"的制度框架，并提出了一系列激励政策，具体政策包括农地综合整治、促进农地流转、鼓励农民自愿退出、家庭农场建设与管理以及相关税费政策，为破解我国耕地撂荒困局提供依据和参考。

关键词：耕地撂荒；经济效益；农地制度；农业劳动力；规模经营

Key Factors towards Farmland Abandonment：
Management Scale and Incentive Policies

CHEN Sha　YE Yanmei

Abstract：With the gradual process of rural labor force migration to urban area since the 1950s, farmland abandonment has evolved into a global problem about land utilization, which profoundly changed the vast rural landscape in China. This paper focused on the key factors towards farmland abandonment. We believe the key reason for farmland abandonment and rural labor outflow is that the current farmland management way cannot guarantee farmers living a life similar with non-farm employers. Taking the farmer as decision making unit for farmland utilization, the cost-benefit method and game theory were applied to examining the necessary prerequisite for land use pattern selection, and possible ways to reduce agricultural production cost as well as to increase agricultural efficiency were discussed. Through practical calculation, results showed that in terms of grain planting, a family farm with cultivated land 115－160 mu can afford farmers the life with the same living standard as non-farm employers in the urban area. Then this paper established an institutional framework containing behavior recognition, effect evaluation and policy response to specifically deal with the problem of farmland abandonment. In addition, a series of incentive policies are presented in the end of this paper to provide policy reference for solving the problem of farmland abandonment, including land consolidation and improvement, promotion of land transfer, rural land voluntary exit, the construction and management of the family farm and related tax and fee policies.

Key words：agricultural land abandonment；economic benefits；rural land institution；agricultural labor force；scale operation

耕地撂荒是指在耕地利用过程中，生产经营者由于主观原因放弃耕种而造成的耕地处于闲置或未充分利用的状态。随着工业化的快速发展和城镇化的持续推进，进城务工机会大量增加，务工工资持续增长，使得越来越多的农村劳动力向城镇地区和非农产业部门转移。农民工人口的不断增长和农业劳动力数量的持续减少已成为 2003 年以来中国劳动力变化的显著特征。中国人均耕地面积仅有世界平均水平的 40%，城市化发展压力不断加剧，然而近年来我国部分省份大面积的土地弃耕撂荒现象越来越明显，在山地丘陵地区尤为突出。农民不愿留在农村种地而选择进城务工，撂荒现象难以遏制的根本缘由是什么？应对撂荒问题的关键因素在哪里？这是一个值得研究的议题。文章主要内容安排如下，首先对目前耕地撂荒的研究成果进行回顾和梳理，并对耕地撂荒的成因进行理论层面的分析；随后运用经济模型和博弈理论对农户土地利用行为选择的机理进行定量分析，并通过实例计算，确定家庭农场的合理经营规模；在对耕地撂荒涉及的关键问题进行重新审视和讨论的基础上，构建一个初步的撂荒治理制度框架，并提出相应的一系列激励政策。

一、研究进展

采用遥感手段以及土地利用调查等方式的结果显示，自 20 世纪后半叶以来，耕地撂荒现象在全球范围内有扩张趋势[1,2]。虽然目前没有较为全面的全球撂荒数据，各国相关的官方统计数据也很缺乏，但根据已有研究，目前耕地撂荒现象主要集中在发达国家和地区，例如欧洲、美国、澳大利亚、日本等国耕地撂荒都比较广泛[3]，其次就是中国山区[4]、拉美[5]、东南亚[6]等也存在大面积的耕地撂荒现象。2012 年官方数据显示，我国每年撂荒的耕地面积近 3000 万亩[7]。一项对全国 29 个省、262 个县市进行的跟踪调查显示，2011 年和 2013 年分别有 13.5% 和 15% 的农用地处于闲置状态[8]。对中国山区县撂荒规模进行抽样调查发现，2014—2015 年全国山区县耕地撂荒率为 14.32%[9]。虽然"实际撂荒面积"由于耕地撂荒的类型多样性、原因复杂性、不稳定性和空间分布零散等原因而难以获取，但被学者们广泛认可的是，我国的耕地撂荒现象正在变得普遍。耕地撂荒改变了农村的土地利用状况[10]和乡村农业景观，同时也反映出农民就业性质和生计水平的转变[11]，并且带来了巨大的生态环境影响[12]（如森林恢复和植被演替）和社会经济影响[13]，因此耕地撂荒也成为LUCC(Land Use and Land Cover Change)的重要研究方向。

国内学者围绕撂荒的驱动因素和机理机制展开了研究，例如不少学者认为撂荒是耕地边际化①的极端表现[14]，在城市化和工业化持续推进的过程中，工农业产品价格长期以来存在剪刀差，虽然近年来国家提高了粮价，但农业生产资料价格的涨幅却远超过粮价涨幅[15]，耕地利用的净收益在不断减少，从而导致边际土地发生大规模的撂荒现象。从机会成本的

---

① 耕地边际化广义上指在当前用途下的耕地利用经济生产能力持续下降的过程，狭义上指耕地在当前用途下的无租化现象，一般也称"低端边际化"，这里指的是前者。

角度来看,土地耕种的机会成本(opportunity cost)越高,意味着耕种的效益相对就越低,农民作为"理性经济人",在选择时自然选择既不减少自身利益又能有效代替耕田种地行当的职业[16],撂荒由此形成。研究表明,务农机会成本的变化是丘陵山区尤其是中低山地区农户弃耕撂荒的重要原因[17]。对耕地撂荒原因的解释目前有各个角度的看法:从社会学的角度分析,耕地撂荒是农村人口大量外流、农村劳动力匮乏产生的结果[18-19];从经济学的角度来看,农业生产成本(包括种子、农具、化肥等价格)偏高导致农民种粮比较效益低是导致农民弃耕撂荒的主要原因[20]。追求富裕的心理和追求更高的社会阶层和需求层次等社会心理因素进一步地加剧撂荒[21]。如果农民在城市的生存能力(如就业、城市融入等)增强,农民对土地的经济依赖将会减弱,促使农民将土地撂荒或者流转[22]。可见,撂荒行为的原因剖析不是单方面的,事实上,人类任何土地利用活动的发生都可以将其置于自然、经济和体制系统三重相互联系和作用的框架内[23]。就撂荒而言,自然条件[17]、经济因素、社会因素等宏观因素确定了经营目标,而家庭特征[24]、文化素质、资源约束等微观因素则决定着农民收入,宏观因素和微观因素共同影响着农户的耕地利用行为决策[25]。从农户个人资本视角的撂荒影响因素研究发现,农民的物质资本、社会资本、人力资本对农田撂荒有显著的正向影响,农民的心理资本对农田撂荒有显著的负向影响[26]。此外,农地流转不通畅,规模化配置难度高也会导致撂荒耕地无人接手[20,27,28];相反地,政府出台的支持农业发展政策、新型农业技术发展、能源作物推广种植等因素能够减缓耕地边际化和遏制撂荒的蔓延[29-31]。在分析耕地撂荒原因的基础上,众多学者对撂荒的治理也提出了不少对策,主要包括以下方面:(1)产权制度完善,关注农村土地产权界定不明晰、土地产权关系不清、土地承包经营权权能残缺等问题,赋予广大农民最真实的土地产权[25,32];(2)经济效益方面,例如适当提高粮价[33],提高粮食补贴的力度[34],增加农业投入,健全农业基础设施、改善农业生产条件,等等[35];(3)推进土地流转,目前土地流转仍然不顺畅,农地流转交易成本过高,应考虑发展"土地银行"、成立和推广农地流转中介机构、村级基层组织积极介入等措施缓解农村耕地大面积撂荒的现象[27]。近年来各地政府积极推进的"三权分置",是通过产权的三权分离实现了创新的地权配置,经营权的确立能够进一步释放多元化经营模式的活力,激发大户流转经营、农村合作社经营以及涉农企业经营的积极性。

从宏观尺度(自然、社会、经济)、中观尺度(郊区、村镇)、微观尺度(农户)对撂荒原因和治理对策进行的有益探讨已经很多,其中不乏真知灼见,但仍然存在以下不足:首先,对撂荒的根本原因并没有准确把握,主要停留在农业效益低、农村土地制度缺陷、土地流转制度不成熟等方面泛泛而谈;其次,农户作为耕地利用行为的基本决策单元,无疑是撂荒机理研究的重要视角,这方面的研究成果仍然比较缺乏;最后,目前仍缺乏系统性的撂荒治理制度框架,对于破解耕地撂荒困局需要更加全面深刻的认识。

二、耕地撂荒成因的理论分析

一直以来,农地弃耕撂荒总是和农村劳动力从乡村向城市转移紧密联系,耕地撂荒总是伴随着劳动力析出。有学者认为,农村耕地的撂荒是由于人口转移后农村有效劳动力不足所致[18]。从宏观尺度(社会学的角度)来看,这种解释是具有一定合理性的。从发达国家的经验不难看出,随着工业化和城市化的推进,农业劳动力的流失是导致耕地撂荒的重要原因[36-38]。中国正处在快速工业化和城市化的发展阶段，农业劳动力持续向城镇和工业部门转移是这一阶段的显著特征。但是，如果我们把研究尺度聚焦到单个农户身上时，就会发现这一解释存在问题，劳动力析出(无人种地)，恰恰是无人肯种地的结果，也就是说，当以弃耕撂荒的农户尺度为研究视角时，劳动力外流并非导致耕地撂荒的直接原因，而是直接表现，或者可以认为，劳动力转移是农户选择放弃种地而产生的结果。上文已经提到，鉴于农户是耕地利用行为的基本决策单元，因此本研究也将研究的尺度限定于农户，以农户的个人视角分析耕地撂荒和外出务工等决策行为产生的原因。

(一)基于"理性经济人"设定的经济学成因分析

(1)"理性经济人"设定

对于农户经济行为的研究是基于普遍的经济学理论假设"农户是理性的行为主体"，农民有着追求自身利益最大化的行为动机，这与现代市场经济的微观经济主体并无分别。农户的理性表现在：农户一般都能够在权衡长短期利益及风险因素后，为追求最大生产利益而做出合理的决策。改革开放以后，农村土地实行家庭联产承包制，市场经济逐步发育和完善，我国经济和社会发展水平都得到了显著提高，农民生活水平和个人素质不断得到提升，农民也有了更大择业和就业的自主性，农民的经济行为也更加趋于理性。

(2)投入产出的经济学比较分析

农户的耕地利用行为取决于耕地投入和耕地的产出效益两个变量。根据农村实际，我们假设：(1)存在一个保证耕地正常产出的最少劳动投入，少于这个最低劳动投入就会影响农业产出，在农地流转市场不完备的条件下就会出现撂荒行为。(2)耕地撂荒包括隐性撂荒和直接撂荒。在农业劳动投入减少的初始阶段是隐性撂荒，此时虽然也对耕地进行耕作，但是耕地处于不充分利用的状态；当劳动投入继续减少就会出现直接撂荒。(3)农民的劳动能够在农业生产和非农业生产之间相互转化以获取最高的效益，且成本为零。农户的收入来自于农业收入和非农业收入，可用以下的公式来表达：

$$Y = f_1(L_1, A, K) + f_2(L_2, C)$$

其中：L 为农户能够支配的总劳动投入，L_1 为从事农业活动的劳动投入，A 代表所拥有的农地规模，K 代表农业生产资料；L_2 为从事非农活动的劳动投入，C 是为从事非农活动付出的成本(如迁移成本等)。

可用图1所示的曲线来分析农户进行劳动力分配以及撂荒行为产生的原因，O_1P 是保证耕地正常产出的最少劳动投入，农户进行农业生产的边际效益曲线为 $MVP(A)$，进行非农业生产的边际收益曲线为 $MVP(B)$。根据西方经济学理论，在总劳动投入约束的情况下，当净收益曲线和非农业边际收益相等时农户获得最大收入，在图1中曲线 $MVP(A)$ 与曲线 $MVP(B)$ 相交于 E 点，此时农户达到了最大收入。如果 E 点落在线段 O_1O_2 中点的右边，农户在达到最大收益时在农业上的劳动投入大于最低劳动投入，说明此时农户更偏好从事农业生产，农业生产形成对非农业生产的替代；如果 E 点落在线段 O_1O_2 中点的左边(即图中所示的情况)，农户在达到最大收益时在农业上的劳动投入小于最低劳动投入，说明农户更偏好进行非农业生产，非农业生产形成了对农业生产的逐步替代；如果 E 点的位置落在线段 PQ 的左边，则此时出现了耕地隐性撂荒行为，如果 E 点的位置进一步左移则出现直接撂荒行为。

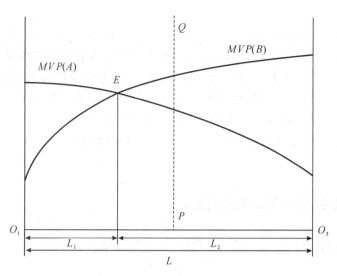

图1　农户劳动力分配示意图

由此可知,如果农业生产和非农业生产的边际收益不能满足两者大致相当,则农民会在务农和务工之间存在明显的选择偏好;当非农产业的边际收益大于农业生产的边际收益时,劳动力也就不断地向城市中的非农就业机会转移。

(二)基于马斯洛需求层次理论的决策行为成因分析

农户作为"社会人",要与社会中的个人和团体发生联系,这些也会影响农户的个人决策。马斯洛需求层次理论是"社会人"假设的代表理论,根据该理论,人类的需求像阶梯一样从低到高按层次可划分为五种,依次分别是:生理需求、安全需求、情感与归属需求、尊重需求和自我实现需求。该理论的论点有:(1)需求的发展顺序一般是从低到高,某层需求获得满足后,更高一层需求才出现,在多种需求未获满足前,首先满足迫切需求;(2)尚未满足的需求具有激励作用,而已经得到满足的需求则不再具有激励作用;(3)在同一时期,人的多种需求是可以同时存在的,但会表现出不同的迫切程度,只有最强烈、最迫切的需求(一般称为优势需求)才会引发人们动机,对人的行为和选择产生影响。大多数的行为心理学家认为,一个地区多数人的需求层次结构,同这个地区的经济发展水平、科技发展水平、文化和民众受教育的程度密切相关。相对来说,在欠发达地区,生理需求和安全需求占主导的人数比例较大,而高级需求占主导的人数比例较小;在发达地区,情况则刚好相反。从马斯洛需求层次理论看,当人的生理需求被满足以后,必然会追求更高层次的安全需求、情感和归属需求、尊重需求、自我实现的需求。

当下随着生活水平的提高和社会主要矛盾的转化,农民在解决了温饱问题后,也更加追求生活水平和品质,数据显示,2011 年我国农村居民的恩格尔系数为 40.4%,至 2016 年已经下降到 32.2%,人们不再仅仅满足于有足够的食物数量,更多地开始关注食物的质量和安全;不再仅仅希望能够有房住,更多地开始关注住房的质量和环境;不再仅仅希望有生产空间,更多地开始关注能有优良的休闲、娱乐空间和个人发展空间;等等。未来我国农村发展的方向并不是说在形式上把农村变成城镇,而是使农村人口在物质和精神生活上有实质性的提高,使其发展与城市相协调,农村居民与城市居民实现基本相当的生活水平。

事实上，影响农民做出耕地撂荒决策的因素，除了关键的经济效益因素外，还有根据马斯洛需求层次理论，农民在解决温饱问题后必然追求更好的生活品质的需要，如城市的交通、医疗、教育水平和娱乐等都是农民选择进城务工时非常重要的考虑因素。近年来我国流动人口举家迁出趋势明显增强，这其中除了最主要的经济效益原因外，不少父母是为了能够让孩子在城市接受更高品质的教育，有更好的文化娱乐等精神需求的满足。此外，社会心理因素如个人地位、心理感受、成就感获得等也都可以构成农民放弃种地选择务工行为的动机。

三、农户土地利用行为选择的定量分析

按照上文的理论分析，从经济效益的角度，农户的总效益可以表示为：

$$W = W_1 + W_2$$

其中：W_1 代表直接经济效益，即通过务农或者务工（或两者兼而有之）所获取的收入或工资；W_2 代表农户因个人爱好或者更高层次的需求所带来的精神及心理层面的获得感，这一方面的效益是难以量化的。需要强调的一点是，如果农民在农村从事农业生产活动的收入与城市务工人群的工资水平基本相当，此时 W_2 就会成为农民选择留在城市或者农村的重要考虑因素，不同的人可以根据自己的兴趣和偏好自主选择在农村从事农业活动还是在城市从事非农工作；然而，如果农民从事农业生产活动的收入与城市务工人群的工资水平差别很大，此时 W_2 不足以被纳入农民选择留在城市或者农村的考虑因素的范围。如果农民从事农业生产时连基本生活都难以维系，那么更高层次的在精神及心理层面的获得感也就无从谈起。因此，直接的经济效益是确保农民愿意留在农村的前提条件。随着经济发展，物价快速增长，推高了农业生产成本，无形中促使大量农村劳动力放弃种地，而选择外出务工。统计数据表明，近 10 年来，我国粮食生产成本，包括种子、农药、化肥、塑料地膜等基本生产要素平均以 10％ 以上的速度在递增。一项对河南省南阳市某些农村的化肥价格调查显示，20 世纪 90 年代中期的普通化肥（碳酸氢铵）1 袋（50 公斤）的价格在 6 元钱左右，到 2010 年年初已经达到 40 元左右，上涨了 6 倍多。再比如高级一点的复合肥（氮磷钾复合剂）在当初的价格为 1 袋（50 公斤）25 元左右，到 2010 年年初已经上升到 150 元左右。因此，尽管目前我国玉米、大米、小麦等主要农产品的国内价格已经高于国际市场价格 20％～70％，但是种植粮食的回报率依然很低。一项对重庆市忠县三汇镇农民的种植收益测算结果表明，正常年景下（即风调雨顺），按照常规的先种小麦、再种油料作物、接着种水稻的生产模式，每年扣除生产成本后纯收入仅每亩 350 元左右，如再除去劳动力成本就无利润了[39]。吉林省通化市长白朝鲜族自治县的农民在调研中表示，"种一年地所卖的粮食钱还不如自己在外打工几个月所挣的钱多"。换句话说，农村耕地撂荒的一个重要原因是收益低，成本高，收支倒挂，目前的耕地经营方式无法保障农民过上与进城打工者基本相当的生活。农业活动就留不住人，耕地撂荒现象也就随之产生。

由此，本文将重点放在经济效益方面，当务农的边际收益与务工的边际收益相差越大，农民对于劳动力分配的偏好也就越大，考虑临界条件：只有当农民通过耕种土地能够达到与进城务工者基本相当的效益水平，才能使农民放弃种地的想法得以阻断（起码农业活动

的劳动力投入不少于务工的劳动力投入）。一般来说，农民的土地利用行为有自己耕种、耕地转出（流转）、耕地撂荒。为方便研究，本文将这三种土地利用行为分为两组，分别为耕地撂荒与自己耕种以及耕地撂荒与土地流转（规模经营），来剖析农户选择不同利用行为的基本条件。

（一）耕地撂荒与自己耕种

本文认为，务农边际收益≥城市务工边际收益时，农民将选择从事务农劳动。据我国人社部发布的数据显示，"十二五"期间，全国最低工资标准年均增幅达到13.1%，农民工月平均收入由2010年的1690元增加到2015年的3072元，年平均增长12.7%。一项在西安进行的外来农民工问卷调查发现，七成多外来农民工租赁私房居住，外来农民工月均居住消费支出为505.54元，其中，房租在500元以内的占47.9%，501～1000元的占21.3%，1001～1500元的占8.8%，1501～2000元的占1.1%，2000元以上的占1.1%，单位居住无支出的占19.8%[40]。这里为了计算方便，按照农民工月工资3000元，租房500元计算，则进城务工每月的净收益为2500元①。

下面对农民耕种自家农地的效益进行测算：

农户自己耕种务农收益＝[单位面积产量×收购价格－单位面积耕作成本（种子÷化肥）－其他成本]×耕作规模×一年造数

成本收益计算结果在表1中列示。

表1 农户自己耕种农地收益成本计算表

务工月收益/元	务工年收益/元	农作物种类	务农年收益/元	亩产/公斤	收购价格/元（每50公斤）	1亩收入/元	种植成本					一亩利润/元	耕作规模/亩	耕种季数/季
							育秧期/天	生长期/天	田间管理费用/元	收割费用/元	累计支出/元			
2500	30000	水稻	30000	500	135	1350	90	211	0	0	301	1049	14.3	2
2500	30000	水稻	30000	500	135	1350	90	211	400	120	821	529	28.4	2
3000	36000	水稻	36000	600	135	1485	90	211	400	120	821	664	22.6	2
5000	60000	水稻	60000	600	135	1485	90	211	400	120	821	664	37.6	2

务工月收益/元	务工年收益/元	农作物种类	务农年收益/元	亩产/公斤	收购价格/元（每50公斤）	1亩收入/元	种子	化肥	农药	生产服务支出②	收割费用/元	累计支出/元	一亩利润/元	耕作规模/亩	耕种季数/季
2500	30000	小麦	30000	400	120	960	65	138	27	157	160	547	413	72.7	1
3000	36000	小麦	36000	400	120	960	65	138	27	157	160	547	413	87.2	1
5000	60000	小麦	60000	400	120	960	65	138	27	157	160	547	413	145.3	1

---

① 此处仅计入租房这一项硬性费用，因其他支出在农村劳动同样会发生。

② 由于小麦种植大多为机械收割，这里的生产服务支出包括机耕、机播、机收、排灌。小麦收益计算参照2017年河南小麦生产成本收益调查分析（http://www.askci.com/news/chanye/20170725/143522103781.shtml）。

续表

务工月收益/元	务工年收益/元	农作物种类	务农年收益/元	亩产/公斤	收购价格/元（每50公斤）	1亩收入/元	种子	化肥	农药	田间管理费/元	收割费/元	累计支出/元	一亩利润/元	耕作规模/亩	耕种季数/季
2500	30000	玉米	30000	500	100	1100	30	150	20	240	80	520	480	62.5	1
3000	36000	玉米	30000	500	100	1100	30	150	20	240	80	520	480	75.0	1
5000	60000	玉米	30000	500	100	1100	30	150	20	240	80	520	480	125.0	1

以水稻为例，一般水稻亩产在500～700公斤，按照500公斤/亩计算，2018年国家继续实行稻谷最低收购价政策，2018年生产的粳稻（国标三等）最低收购价格为每50公斤130元，比2017年下调20元。此处收购价格按照每50公斤135元计算，则一亩水稻田的收入为1350元。接着计算种植成本，分为育秧期与生长期。

（1）水稻育秧期开支：种一亩田的稻谷要1公斤杂交稻种（以双季稻为例），大约每亩50元；做秧田、犁田的柴油等费用6元。杂交稻种催芽，播种，拌麻雀药并施除草剂防止杂草等共计6元；秧苗期约25～30天，在此期间，需施肥2次，20元；防治病虫2次，8元；合计：50＋6＋6＋20＋8＝90（元）。

（2）水稻生长期柴油及农药开支：犁一亩田的柴油等费用是26元；从栽插到收割需施肥3次，150元；防治病虫草害5次，每次7元，共35元。合计：26＋150＋35＝211（元）。

（3）田间管理费用：秧田的平整，催芽播种，除草等1.5天；稻田的耕作、平整、做田埂等1天；施肥（秧田＋稻田共5次施肥）1天；防病虫（秧田＋稻田）1.5天；按每天80元（小工工资）计算，合计：5×80＝400（元）。

（4）收割费用：收割水稻平均每亩120元（以上还不包括去田里管水的时间，以及拖拉机等机械折旧费用）。

以上四项累计总共支出：90＋211＋400＋120＝821（元）。水稻利润分析：水稻一亩田的产量约500公斤，按135元/50公斤计算，就是1350元。那么，农民种一亩田稻谷的一季净收入：1350－821＝529（元）。对于在家务农的农民田间管理及收割费用这块全部由自己承担，则一季水稻净收入有1049元。由此计算可以发现：

1. 按照进城务工人员的净收益2500元/月计算，一个农户需要自己独自耕种14.3亩地才能够与进城务工的收益持平。

2. 事实上，独自完成田间管理及收割是不可能的，如果算上田间管理费用及收割费用，则每亩净收益将会减少为原来的1/2，一个农民需要28.4亩以上的耕地才能达到与进城务工基本持平的收益水平。

3. 在城市近郊地区，水稻亩产可以达到600公斤，按照这一产量，如果进城务工的月收益为3000元，则需要种植22.6亩以上的耕地才能够与进城务工效益基本持平，如果是在发达地区的城市近郊，一个农民作为技术工的月收益可以达到5000元，则需要37.6亩以上的耕地才能够达到务农与务工效益的基本持平。

当然，不同的作物种类存在一些差异，表1还给出了小麦、玉米耕种的成本收益。一亩玉米地在丰收的年景产量可以达到1000～1200斤，年景不好的时候几百斤也很正常，按照一斤1元计算（许多地区还不到这个价格），一亩地玉米可以卖1000元，而1亩玉米地成本在 520 元,现在农村一般家庭也就 2～3 亩地,按照全部种植上玉米,不计算人工费,大半年的收入也就在一千元左右,如果遇上自然灾害则会更低。农民在外面打工两个星期,就可以挣回大半年的种地所得。当然,农民常见的操作是,在收割完小麦后种植一季玉米,如果按照"小麦＋玉米"的种植结构,则一亩地一年的纯收益在 900 元左右,按照务工月收益 2500 元计算,农民需要有 33.3 亩以上的耕地才能保证与进城务工基本相当的收益。

根据最新的数据统计,目前全国人均耕地仅 1.74 亩,在人均耕地面积最大的省份(黑龙江省)可达 8.44 亩,最小的省份(福建省)仅有 0.83 亩。一个普通农户家庭如果选择自己耕种,远远不能和进城务工的收益水平相比。

(二)耕地撂荒与土地流转(规模经营)

假定土地流转过程中只涉及农地转出方和农地转入方,没有其他组织或者个人介入。有学者认为处理好相关利益主体的经济利益分配关系是农地流转的前提[41]。本研究认为,这一基本前提为,转出方获得的总收益不低于自己经营农地,转入方获得的收益不低于进城务工者的平均生活水平。预期收益决定了流转行为能否达成,农地转出方与农地转入方在搜索、谈判过程中都会产生交易成本。构建一个包含双方利益主体的博弈模型,博弈参与者为农地转出农户和农地转入方。

转出方农户有两种策略,分别是转出或者不转出,当转出的收益大于不转出(一般是自己耕种,如果耕种入不敷出则选择撂荒)的收益时,转出方农户将会选择转出,否则将会选择不转出;转入方可以有"转入"和"放弃"两种策略。我们认为,当转入农地的预期收益大于或等于进城务工者的平均收益时,转入方将会选择"转入",否则,会选择"放弃"。

假定耕地单位面积收益为 W_1;单位面积种粮补贴为 W_2;单位面积土地转出价格为 P;单位面积耕作成本(包括种子、化肥、机械耕作及管理成本、收割人力成本)为 C;转入方产生的交易成本为 T_1;农户转出方产生的交易成本为 T_2;农户选择不转出自己经营的效益为 A;耕作规模为 S;进城务工者的平均效益为 R。则转入方如果选择"转入"产生的总效用:

$$U_1=(W_1+W_2-P-C)\times S-T_1;$$

转入方选择"放弃"产生的总效用为:$U_1{}'=0$;

转出方如果选择"转出",产生的总效用为:$U_2=P\times S-T_2$;

转出方选择"不转出",则产生的总效用为:$U_2{}'=A$。

双方的博弈行为及收益情况如图 2 所示。

		农地转入方	
		转入	放弃
农地转出方	转出	$[(W_1+W_2-P-C)\times S-T_1, P\times S-T_2]$	$[0, -T_2]$
	不转出	$[-T_1, A]$	$[0, A]$

图 2 农地转出方与转入方土地流转博弈图

当 $(W_1+W_2-P-C)\times S-T_1\geqslant R$,转入方选择"转入"时,如果 $P\times S-T_2\geqslant A$,农户转出得到的报酬不低于自己耕种所获得的报酬,农户选择"转出";如果 $P\times S-T_2<A$,农户转

出得到的报酬低于自己耕种所获得的报酬,农户选择"不转出"。

当$(W_1+W_2-P-C)\times S-T_1<R$,转入方选择"放弃"时,农户会选择"不转出"。

当农户选择转出时,若$(W_1+W_2-P-C)\times S-T_1\geqslant R$,转入方转入获得的报酬不低于进城务工者的平均收益水平,转入方会选择"转入";若$(W_1+W_2-P-C)\times S-T_1<R$,转入方会选择"放弃"。当农户选择"不转出"时,转入方会选择"放弃"。

要推进土地规模经营,就必须要使(转入,转出)策略组合成为博弈均衡,则需满足:$(W_1+W_2-P-C)\times S-T_1\geqslant R$,同时$P\times S-T_2\geqslant A$。与自己耕种相比,此处土地流转成本效益计算中有所不同的几项为:

(1)国家对种粮大户(一般为50亩以上)的补贴为150元/亩;

(2)目前一亩水田租金的市场价格在600~1200元/年,这里取800元/亩;

(3)土地流转交易成本,以往的成本效益计算大部分不计算交易成本,有学者对甘肃省某村的农地流转交易成本进行了细致的分析发现,由于目前农地的划分较为细碎,很少有耕地相对集中的家庭,面对分散的农户,农地转入者只能逐一与其进行谈判,商议租金、租期以及彼此的权利与义务,整个过程对于农地转入者与转出者都会消耗大量的时间与经费。表2给出了一个农地流转谈判耗费时间的案例。如果按照流转谈判活动的机会成本来代替交易成本,某农户将自家的0.7亩地流转给某种植老板,每年可获得租金500元。据调查,离该村最近的县城劳务市场上,打工的报酬每日有80~200元。该农户是技术工,工资每日160元,如果他放弃流转农地,利用这12天去打工,至少有1920元的收入。流转农地耗费的时间太长,加之协商过程中花费的路费与餐费也不少,流转农地对于他来说交易成本过高,反而得不偿失。虽然用机会成本来直接代替交易成本其合理性有待斟酌,但土地流转中的交易成本确实是不可忽视的,本研究按照200元/亩的标准将交易成本计入。

表2 农地流转谈判耗费的时间

农户与转入者谈判、签约的时间	说服流转农地（天）	协商租金与租期（天）	等待其他农户同意流转（天）	签合同（天）	到村委会备案（天）
	2	2	6	1	1

以种植水稻为例,结合前文的数据计算,将结果进行整理得到表3。

计算结果显示,以进城务工月收益为2000元计,一个农户需要耕种67亩以上的土地才与之持平,要实现如此规模的土地流转存在较大的难度,从提升农民耕种效益的角度考虑,讨论以下四种情境:

情境1:适当提高粮食收购价格。表格中按照水稻135元/50公斤的价格作为基础计算,如果将其提升至150元/50公斤,则农户耕种水稻每亩净收益可增加150元(相比于原收益增加20%以上),36亩的水稻田就能够使得农户的年收益维持在与进城务工(月收益2000元)基本相同的水平,与原收购价格下需要67亩的耕种规模相比,可以认为,适当提升粮食收购价格对于提升农民的耕种效益效果明显。但事实上,初始计算选用的135元/50公斤的价格已经算是不低了,不少地区的水稻平均价格只有1块多一斤。并且,根据国家粮食和物资储备局等6部门近期联合发布的小麦和稻谷最低收购价执行预案,2018年三等小麦、早籼稻、中晚籼稻和粳稻最低收购价分别为每50公斤115元、120元、126元和130元。

国家逐步下调稻谷和小麦的最低收购价，其目的是进一步理顺价格形成机制，使小麦和稻谷的价格逐步向市场靠拢，期望通过价格来引导生产、调节供求、调控进口。

情境2：通过提供租金补贴降低农地价格。目前一亩农地租金的市场价格在600～1200元/年，理论上来说，只要转出方收益大于自己耕种土地的收益，转出方就会选择"转出"策略。若通过提供租金补贴降低转入方支付的农地价格（如降低至400元/年），则耕种大约30亩地就能够使得转入农户的年收益维持在与进城务工（月收益2000元）基本相同的水平。

表3 农地转入者经营收益成本计算表

情境	务工月收益/元	务工年收益/元	务农年收益/元	亩产/公斤	收购价/元（每50公斤）	种粮补贴/元（每亩每造）	1亩收入/元	种植成本/元	一亩利润/元	耕作规模/亩	一季收益/元	复种指数	农地租金/（年×亩）	亩均交易成本/元
当前成本收益	2000	24000	24000	500	135	150	1500	821	679	67	28490	2	800	200
	3000	36000	36000	500	135	150	1500	821	679	101	37986	2	800	200
	5000	60000	60000	500	135	150	1500	821	679	168	56979	2	800	200
情境1：适当提高粮食收购价格	2000	24000	24000	500	150	150	1650	821	829	36	30237	2	800	200
	3000	36000	36000	500	150	150	1650	821	829	55	45356	2	800	200
	5000	60000	60000	500	150	150	1650	821	829	91	75593	2	800	200
情境2：通过提供租金补贴降低农地价格	2000	24000	24000	500	135	150	1500	821	679	32	21499	2	400	200
	3000	36000	36000	500	135	150	1500	821	679	47	32248	2	400	200
	5000	60000	60000	500	135	150	1500	821	679	79	53747	2	400	200
情境3：基层组织介入降低交易成本	2000	24000	24000	500	135	150	1500	821	679	70	47530	2	1000	0
	3000	36000	36000	500	135	150	1500	821	679	106	71974	2	1000	0
	5000	60000	60000	500	135	150	1500	821	679	178	120862	2	1000	0
情境4：改变种植结构提升经营收益	2000	24000	24000	/	/	/	3000	500	2500	18	46154	1	1000	200
	3000	36000	36000	/	/	/	3000	500	2500	28	69231	1	1000	200
	5000	60000	60000	/	/	/	3000	500	2500	46	115385	1	1000	200

情境3：基层组织介入降低交易成本。交易成本较难定量化，这里也是以简便的计算方式（以200元/亩）来计算交易成本。流转利益双方在搜索、谈判过程中付出的成本虽然不一定直观地反映在耕种经济收益上，但是却对流转的积极性和顺畅性有着决定性的影响。从整体上看，我国农村土地流转的服务体系不健全，全国有三分之二的县和乡镇没有建立土地流转服务平台，多数县乡还没有土地流转服务机构。加快建立健全农村土地流转市场服务体系是发挥市场决定性作用的基础。如果可以将土地流转的交易成本消除，也可以大大提升农地流转的效率，间接促进了转入农户的经营效益。

情境4：改变种植结构提升经营效益。种植结构主要是根据价格来调整的，农民过去只管种植、不管市场需求的思路需要逐步转变,农民角色应由种植者转变为农场经营者,并将注意力逐步转移到市场化经营中来。例如,2016 年国家取消玉米临储制度,玉米价格大幅下行,黑龙江地区开始调整种植结构,其中东北部尤其是农垦地区调增大豆、水稻种植面积,减少玉米种植,效果也比较明显。一些地区在调整优化种植业结构,加快发展现代生态农业中实施"两减、三增、两提"。"两减"即调减旱薄地、坡耕地玉米种植,实施退耕还林、退耕还草;"三增"即积极发展小杂粮、薯类、中药材等特色产业;"两提"即提高耕地质量等级、提高耕地倒茬轮作率,构建用地养地结合的种植制度。如果通过结构调整将每亩净收益提升至 2500 元,则农户只需十来亩的土地规模就可以基本上与进城务工的收益持平。此外,不少农民可以通过种植经济价值较高的作物提升收益,例如集"销售—采摘—观光"为一体的生态草莓园,在塑料大棚栽培条件下,每亩产量可达 2000～3000 公斤,收入在 10000～15000 元,而且生长期短,不影响下茬作物的生长,草莓采摘后除留足种苗地外,还可种植其他作物。如果进入市场销售,按照目前市场价 30 元/公斤计算,亩产值 4.5 万元。扣除生产经营成本,每亩地收益约为 2.5 万元。如果发展近郊草莓采摘,游客自采后计价支付费用,每公斤平均售价达 80 元,亩产值可达到 12 万元。除去投入成本,每亩纯收益可达到 6 万～8 万元。

四、家庭农场合理种植规模的定量分析

(一)家庭农场合理种植规模确定的依据

家庭农场是由家庭经营的、对土地有较充分的使用或占有权,能够自主经营,并具有一定规模的农业生产组织。随着我国国民经济不断快速发展,农业人口向非农产业的大量转移,而留在农村的农民可以承包到更多的土地,为农村土地从分散到集中创造了可能性,为实现农业规模化生产和经营提供了前提条件。在这样的背景下,以家庭为单位的家庭农场应运而生,且具有非常可观的发展前景。有学者认为,家庭农场是在坚持家庭联产承包责任制的基础上,对农业生产组织形式的创新,是家庭联产承包责任制的延伸和扩大[42]。家庭农场有以下几方面的优势:一是随着城市人口不断增加,分散、小型的农业生产组织已无法满足市场需求量的不断增长和对品质的高要求,只有规模化经营,标准化生产,才能满足要求;二是应对提高农业生产力、使农民持续增收的需要,将分散的小农生产变为较大规模的现代化经营,更有利于农业机械化的应用、农业资源的优化;三是家庭成员之间的亲情和信任超越任何社会组织成员之间的联系,家庭农场具有非常强的耐挫力和竞争力,同时,由于家庭成员在性别、年龄、体制和技能上的差别,有利于有效分工,因此这一模式特别适用于农业生产和提高农业效率。总体来说,家庭经营不仅在传统农业经营中是最基本的组织形式,而且在现代农业中也可以成为处于主导地位的组织形式。这是由农业的生产特点和农户家庭经营的优越性决定的。

随着社会经济的发展,农民生活水平和个人素质不断得到提升,农民面对择业也拥有了更高的自主性。国家统计局发布的《2017 年农民工监测调查报告》显示,农民工月均收入保持平稳增长,居住环境及生活设施均有明显改善,且农民工依靠政府和法律维权的意识在增强,这也从侧面反映了绝大部分农民对美好生活的向往,对获取相对公平的待遇抱有强烈期待。基于这一观点并结合上文农户土地利用行为选择的定量分析,本文认为,当从

事农业经营活动能够获得与非农劳动基本相当的收益时,农民会愿意安心留在农村工作和生活。那么,究竟农民的经营要达到多少规模才能满足这一目标呢?下文将对家庭农场这一生产组织形式的农业经营的合理规模进行测算。

(二)家庭农场合理种植规模确定的模型构建

P 为亩均水稻产值(每斤收购价×产量),X 为耕地面积(亩),C_1 为农用机械投资成本,C_2 为种植成本,其中折旧费与修理费分别为 m 和 n(分摊到亩均)。$Y_净$ 为耕种的净利润,固定成本与变动成本分别用 $C_固$ 和 $C_变$ 表示,进城务工的年净收益为 R。盈亏平衡种植面积为 X_1,务农与务工效益持平种植面积为 X_2,则有:

$$Y_净 = P \times X - C_2 \times X \tag{1}$$

$$C_固 = (m+n) \times X \tag{2}$$

$$C_变 = (C_2 - m - n) \times X \tag{3}$$

$$X_1 = C_固 / (P - C_变) \times X$$
$$= C_固 / [P - (C_2 - m - n)] \times X \tag{4}$$

$$X_2 = R / (P \times X - C_变) + X_1$$
$$= R / (P \times X - (C_2 - m - n) \times X) + X_1 \tag{5}$$

(三)家庭农场合理种植规模确定的案例测算

以 A 地区的家庭农场为例,种植型家庭农场主要以种植水稻和玉米为主,以每户有两个劳动力为基础,假设所有种植土地均为水田(或单纯为旱田),种植过程绝大部分采用农机操作。根据农机的工作效率及实地调研,两个人的种植型家庭农场按种植水田 120 亩进行农机配置。

1. 农用机械的配置

根据实际情况及水田的种植工艺要求,对于水田种植机械进行了选型和配置,其农业机具的配置如表 4 所示。

表 4　家庭农场农业机具配置表

序号	机械名称	单位	数量	型号	生产效率/(亩/小时)	配套动力/马力	油耗/(升/小时)	价格/元
1	四轮拖拉机	台	1	东风/484		48~50	10.5	43000
2	手扶拖拉机(带斗)	台	1	东风12		12	2.6	4300
3	高速水稻插秧机	台	1	SPD8(久保田)	4~12	20	4.375	78000
4	水稻收割机	台	1	久保田 PRO688Q	3~8	68	14.88	115500
5	悬挂三铧犁	台	1	1L-330	8~10	50		3000
6	旋耕机	台	1	1GQN-160	3.7~9.0	12		3100
7	农用超高压小型机动喷雾器	台	2		0.95		0.21	750
合计								248400

2.水田种植成本

表5 种植一亩水稻成本表

序号	成本类型	成本内容	每亩成本/(元/亩)	备注
1		种子	45	
2		农药	80	
3		化肥	200	
4	可变成本	育苗费	60	采用农户联合育苗形式
5		租地费	240	
6		柴油	72	
7		其他成本	20	包括临时用工费用、运输费用、其他杂费
8	固定成本	折旧	$23600/X$	农机折旧按10年计算，残值按原值5%计算，X为耕种面积（下同）
9		修理费	$3700/X$	修理费按原值的1.5%计算
总计			$717+27300/X$	

3.水田种植效益分析

家庭农场的水稻亩均产量一般在$500\sim800$公斤，按照亩产量675公斤计算。平均水稻价格为1.35元/斤。代入上述公式计算可得：

（1）盈亏平衡种植面积

$$X_1 = C_{固}/(P-C_{变}) \times X = C_{固}/[P-(C_2-m-n)] \times X$$
$$= 27300/(1350 \times 1.35 - 717) = 24.69（亩）$$

（2）务农与务工效益持平点

假设一个青年劳动力在较发达地区（如我国东部）一年的净收益为50000元，则家庭农场2名劳动力的务工净效益为100000元，如果达到务农收益与务工收益基本持平，需要的种植面积为：

$$X_2 = R/(P \times X - C_{变}) + X_1 = R/(P \times X - (C_2-m-n) \times X) + X_1$$
$$= 100000/(1350 \times 1.35 - 717) + 24.69 = 115.15（亩）$$

计算结果如图3所示。

综上所述，在水稻种植面积达到24.69亩时可实现盈亏平衡，即此时的净收益为零。当种植面积超过24.69亩时，才可实现盈利。而当水稻面积达到115.15亩时，能够使得家庭农场的收益与城市务工者的收益基本相平，意味着农民能够过上与城市居民相当水平的体面生活。在东部沿海较为发达的城市，按照城市工作一年净收益10万~15万元计算，那么与之对应的家庭农场的经营规模需达到115~160亩。类似地，如果是旱田种植（例如玉米），盈亏平衡种植面积为30.51亩，而当种植面积达到150~180亩时，能够使得家庭农场的收益与城市务工者的收益基本相平，意味着农民能够过上与城市居民相当水平的体面生活。

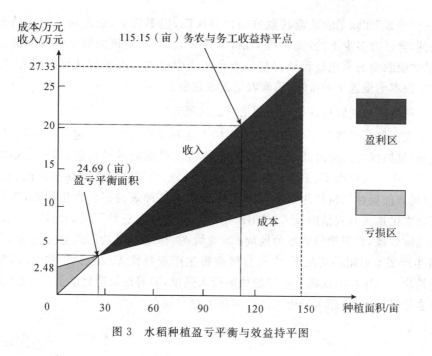

图 3 水稻种植盈亏平衡与效益持平图

五、撂荒应对再审视

(一)土地流转的困境:刍议三权分置的作用

2014 年 11 月中共中央办公厅、国务院办公厅印发了《关于引导农村土地经营权有序流转发展农业适度规模经营的意见》,明确提出要坚持农村土地集体所有权、稳定农户承包权、放活土地经营权。2016 年 10 月,中央再次出台《关于完善农村土地所有权承包权经营权分置办法的意见》,明确了土地所有权归集体,承包权归农户,经营权归土地经营者。主流观点认为,"三权分置"为土地经营权有序流转提供了保障,满足了新时期农地"集体所有—农户承包—多元经营"的农地制度改革这一创新的需要。

但令人唏嘘的是,人们预想的大范围、大规模的农地流转并没有出现,2014 年由中国人民大学农村与农业发展学院在全国开展的农村土地调查的情况来看,转入农地的农户仅占 15.11%,转出农地的农户仅占 15.07%,两者之间肯定还存在重复的数据,这样实际参与农地流转的农户更少[43]。2013 年和 2015 年两轮 29 省全国性代表农户的追踪调查数据显示,参与农地流转的农户比例由 2013 年的 24.1% 上升至 2015 年的 31.4%,仅增加了 7.3%,而农户户均土地经营面积也仅从 8.3 亩上升至 12.9 亩[44],距离规模生产还有很大的差距。《中共中央十七届三中全会关于推进农村改革发展若干重大问题的决定》强调:"建立健全土地承包经营权流转市场,按照依法、自愿、有偿原则,允许农民以转让、出租、转包、互换、股份合作等形式流转土地承包经营权,发展多种形式的适度规模经营。"虽然"自愿""有偿""任何组织和个人不得强迫或者阻碍"等都是自由农地流转的典型体现,然而,自由的农地流转并没有从本质上改变我国农地的分散化、零碎化经营状态,地块小而分散不仅阻碍了机械有效替代,而且增加了通勤成本,导致生产成本的增加和生产效率的低下。本文认为,虽然"三权分置"加强了农地流转双方的权益保障,但事实上,农民对土地的持有权益是相当清楚的,自己有多少土地,流转给了谁,流转多久,一年应该能够拿到多少钱,即便在"三权分置"之前农地的承包权和经营权分离在实践中已得到农民的认可。因此,"三权分置"并没有从根本上促进土地流转,消除农地撂荒现象。

(二)耕地撂荒的效应评估与撂荒治理的决策方向

本研究主要从经济分析的角度对农民的土地利用行为的产生进行了分析,但是要注意的一点是,耕地撂荒的应对并不是一味地维持边际耕地的种植状态,当然也不能任其处于闲置状态。由于气候因子、土壤质量、农田水利设施、高程、坡度、地块破碎度、通勤距离/耕作半径(耕作便捷性)、机械化水平等因素对地块的耕种效益都会产生影响,我们不能够一味地要求农民加大对农地的投入。如图4所示,假设存在三种不同的地块 a、b、c,分别对应不同的边际效益,且农地的质量为地块 $a>$地块 $b>$地块 c,其边际效益分别为 $\Delta Y_a>\Delta Y_b>\Delta Y_c$,在生产要素有限的情况下,农民自然会将生产资料优先投入到地块 a,其次是地块 b,最后是地块 c。图4(b)反映了不同地块的投入强度,随着地块质量的下降,农民的劳动投入分配也会逐渐减少,有较多研究支持并验证了这一观点[45-47]。

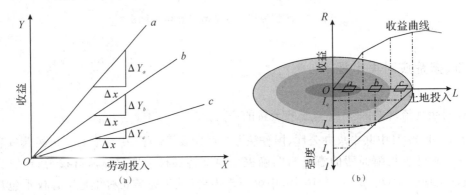

图4 不同地块的效益差别(a)、不同质量地块的农户的劳动投入密度(b)

图片来源:Liu L. Labor location and agricultural land use in Jilin China[J]. Professional Geographer,2000,52(1):74-83.

耕地撂荒是中国城镇化进程中出现的现象,对于治理撂荒问题的重点在于这种撂荒是如何产生的和这种撂荒会产生怎样的效应,对所在地的生态环境和社会发展产生的影响究竟是弊大于利还是利大于弊。一项对湖南省 A 市耕地撂荒情况的调研发现,早期被撂荒的耕地都具有一个共同特征,即耕地本身的生产条件极差[48],要么是地势较高、灌溉不便的零散田地,要么是地势低洼,容易遭受洪灾的小块田地,面对这样的撂荒,有必要采取综合治理措施,改造中低产田,提高耕地质量,可在做好深入调研的基础上,合理规划进行农地综合整治,按照中低产田的属性和特点制定出有针对性的治理措施。特别要注意的是,撂荒地的整治不仅在于提升农村荒芜土地的肥力,将其整治成旱涝保收的土地,而且要使得农地能够满足机械操作的要求,解决耕地细碎、田面高低不平等难以机械作业的问题。如果这些问题不能解决,那么即使农地能够大规模流转,依然不能够实现机械耕种。但是,农田基础设施建设不仅回收期长,而且像水库、渠道建设等工程,还具有公共设施的性质,单个经济主体(种粮大户、农业合作社及龙头企业)是不愿在这方面投资的,导致这些土地撂荒治理难题一时难以破解[49]。因此,本文大胆提出,未来农地的耕种经营可以改变方式,将耕地的经营权转包或租赁给愿意耕种的农户,倡导和鼓励以家庭农场为主要形式的规模经营,通过农业生产基础设施配套建设和农田整治提升农田耕种效益(近年来,国家对农村基础设施投入很大,电力、交通、通信网络等方面得到了明显的改善,但是对与农业生产关系极为密切的小型水利建设、土地整治等的投入远远不够)。

当然,并不是所有的撂荒问题都要通过提升农地质量让农民恢复种植的方式来消除,应当对撂荒的效应进行全面客观的评估后进行决策。根据全国农用地分等定级的结果,我国 18 亿亩耕地中,优等地仅占 2.7%,高等地占 30%,中、低等地占 67.3%,耕地总体质量偏差——有机质含量平均已降到 1%,低于欧美国家的 2.5%～4%;城镇周围的高产优质良田减少了 40%左右,而补充耕地大部分是劣质田,单产只有原耕地的 1/3。优质高产田减少,劣质低产田增加,已经成为一个不争的事实。运用休闲、轮歇、草田轮作等手段,让耕地休养生息;完善退耕还林还草政策,实现生态有机修复;实施土地整治,恢复弃耕地的播种功能,提高休耕地的质量;等等,都是可供考虑的路径[50]。有学者提出耕地撂荒的应对应当考虑土地生产率和人口密度,人多地差的地区可以采取多种经营方式(例如乡村旅游),人少地好的地区应当促进高品质农业发展,人少地差的地区可以考虑推进生态退耕[51]和生态移民。

六、撂荒治理的框架设计与激励政策

通过基于经济效益的成本收益测算以及博弈分析,本文明确了耕地撂荒和农村劳动力外流的本质原因在于目前的耕地经营方式无法保障农民过上与进城务工者基本相当的生活,而解决的路径是实现农地的机械耕种和规模经营。在前述理论和实践分析的基础上,本文构建了图 5 所示的耕地撂荒治理制度框架,包括耕地撂荒行为识别、耕地撂荒效应评估以及耕地撂荒政策应对,并提出了一系列应对耕地撂荒的激励政策,包括农地综合整治、促进农地流转、鼓励农民自愿退出、家庭农场建设与管理以及相关的税费政策等。

(一)耕地撂荒的行为识别

耕地撂荒行为的识别是治理撂荒的基础。

首先,要对出现撂荒行为的区域进行识别和调查,明确撂荒区域的地理位置和空间范围。目前国内的研究大部分采用对农户进行调查的方式获取耕地撂荒信息,在这过程中可能存在农民会少报或者不报撂荒农地,在反映真实撂荒情况方面存在不足,应考虑通过遥感解译技术获取更全面、真实的撂荒整体格局和时空演变过程。

其次,要通过调查了解耕地撂荒的主体。掌握撂荒区域的人口构成、职业构成,真正农民的比例(全国相当多的省份允许户口不转移就学就业,导致公务员、事业单位和大量企业单位工作人员其户口仍在农村),从事农业生产的劳动力特征包括劳动力数量和质量(年龄结构、性别比例、受教育水平)、家庭抚养比以及劳均耕地(或亩均耕地劳动力)。

再次,要对撂荒耕地的质量等级、区位条件、流转情况进行综合评价。通过问卷调查和乡野访谈的方式从农业生产条件、区域社会经济条件、土地流转程度、农业政策等方面对其进行评价。农业生产条件包括与产出效益相关的气候因子、土壤质量、农田水利设施等以及与生产成本相关的高程、坡度、地块破碎度、通勤距离、土壤质量等要素，区域经济社会条件包括经济发展水平、交通条件、城镇化和工业化水平、农民进城务工收入和务农收入等，土地流转程度和流转原因、流转收益水平，农业补贴政策、补贴水平和补贴收益主体，等等。

通过耕地撂荒水平识别，明确撂荒主体、撂荒形式以及撂荒发生机理，对区域撂荒影响因子进行分类和识别，了解撂荒农户是有耕种意愿但出于经济效益过低无奈撂荒，还是举家迁入城市已经完全失去耕种意愿，等等。

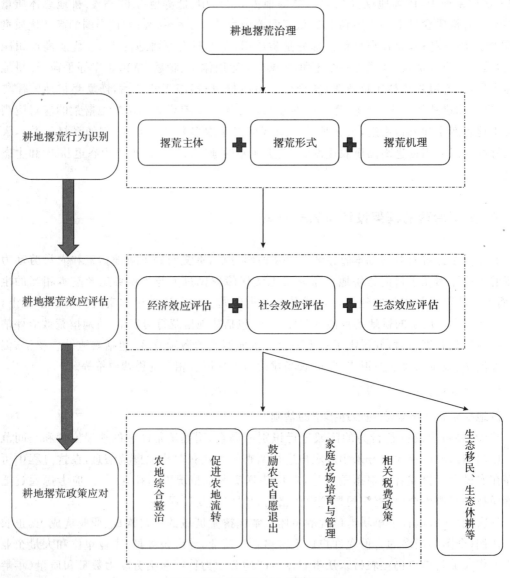

图 5　耕地撂荒治理的制度框架图

(二)耕地撂荒的效应评估

耕地撂荒效应的研究结果在很大程度上决定了政策和措施制定的方向，通过对撂荒的经济效应、社会效应、生态效应进行评估,可以明确究竟是促进撂荒以加快自然生态恢复还是应当提升土地的耕种效率、缓解耕地撂荒进程。耕地撂荒的社会经济效应评估目前还比较缺乏,且不同学者的观点大相径庭,从经济学的角度来说,耕地撂荒是农民做出的理性选择,但是撂荒无疑是对土地资源的低效利用,即便是兼业农户虽然也从事农业活动,但是生产效益和利用效率远不如专业的农业经营大户。耕地撂荒产生的直接效应是减少了农作物的播种面积,可能会造成局部地区的粮食大幅度减产,但是撂荒对粮食安全(国家尺度)产生的影响还值得进一步探讨,有多项研究表明,由于退耕地和撂荒地多是质量较差、产出较低的土地,所以对粮食产量的真实影响程度要比面积减少的程度要小[52]。但是,除了粮食生产功能以外,景观美学、休闲旅游、文化传承等非生产性功能的重要性在日益凸显[53]。大规模农地撂荒造成农村景观的衰败,进而带来传统农耕文化和美学价值的流失,导致凋敗。相较之下,耕地撂荒的生态效应研究较为丰富,包括生物和景观多样性、碳汇功能、土地侵蚀和恢复等方面,我国不少地区由于土地过度开发引起的地力下降、环境破坏是不争的事实,在保证粮食安全的前提下,有计划地进行休耕、退耕还林、土地整治有机结合的有效方式,可恢复地力、修复环境[50]。有必要在现状耕地撂荒发生机理分析和区域撂荒影响因子识别的基础上,对现状耕地撂荒产生的经济效应、社会效应、生态进行评估和权衡,明确撂荒治理的方向并对治理后产生的预期效果进行评估。

(三)应对撂荒的激励政策

评估耕地撂荒生态环境和社会经济效应是耕地撂荒政策响应的核心,只有明确了这些效应的区域差异,才能使耕地撂荒应对政策设计因地而异、更有针对性。若政策应对目标为"促进"撂荒,则可通过退耕还林还草、生态移民等方式加快自然生态修复;生态休耕可以让过于紧张、疲惫的耕地休养生息,让生态得到治理修复,激发农业发展后劲。

若政策应对目标是缓解撂荒进程,"激励"农民耕种,可从以下几方面实施"激励政策":

(1)农地综合整治。根据撂荒地区的实际情况,统筹规划农地整治这一系统工程。以增加有效耕地面积为出发点,将原来多户零星分散、高程变化大的耕地通过土地平整,使其连片,便于实现机械化耕种,同时配备农田水利工程和基础配套设施,改善农业生产条件,促进农业生产效益提升。当然,最终的目标并不仅仅是增加耕地面积,涵盖"山—水—林—田—湖"等建设工程的农地综合整治能够改变现有资源失配格局、转变传统农耕作业方式、转变农村固有散居模式、转变既往城乡发展路径[54]。通过农地综合整治,不仅能够提升农业效益、有效缓解撂荒进程,还能够发展特色农业和生态旅游,改善乡村景观风貌,提升农村居民生活品质,留住外出务工人员,增加农民收入。农民收入增加了,在农村生活的获得感和满足感提升了,他们才会"惜土如金",耕地自然就不会撂荒。农村经济发展必将吸引部分喜欢从事农业的农村劳动力回流,这样不仅能增强农业生产,还能够有效减少"空巢老人"和"留守儿童"等社会问题。

(2)促进农地流转。在目前农村土地集体所有的制度语境下,要不断赋予农民更完整的使用权、收益权和支配权。推进"三权分置",进一步保障农地承包者和农地经营者的权益,提高有限资源的配置效率,推动培养出新型的多元经营主体和多元化的经营方式。鼓励有能力在城市定居、无意继续耕种土地的农户退出土地承包,由集体收回后,以较低的价格承包给具备专业经营能力的生产大户。特别是如何依法界定谁是真正的农地产权和宅基地分配权的拥有权，使农地承包权落在真正的农民手中，经营权能为真正的农地经营者拥有，已成为当前农村面临的重大难题。农地产权的改革探索不是一蹴而就的，需要沿着社会发展的步调进行慎重的探讨和论证。

（3）鼓励农民自愿退出（限定稳定城镇务工农民、拥有农地经营权）。对于那些已经在城市稳定工作和居住的农民，在自愿有偿的前提下鼓励农民放弃土地，移居城市生活，将土地重新收归村集体并流转到专业的流转大户手中。当下，越来越多的农村人到城市买房定居，农村无人村的现象也日益增多，造成了严重的土地资源浪费。虽然农民落户不得以退出土地承包经营权为条件，但这种情况下的农民多以资本的形式继续持有土地，本身已经不从事农业相关的活动，而长期持续的资本持有不利于土地的有效利用，甚至导致更严重的社会公平问题。我们希望尽可能地降低土地经营者的兼业程度，让有能力、有意愿的农业经营大户来利用土地，这样既能避免土地资源的浪费，也能够提升耕地的利用效率。目前承包地退出机制分为永久性退出和长期退出，永久性退出对农民的吸引力相对较高，可通过适当提高承包地退出的补偿标准，鼓励有固定收入和居所的农民自愿、合法退出承包地。

（4）家庭农场培育与管理。上文通过实例测算明确了以家庭农场形式经营农地的盈亏平衡和务农务工收益持平的规模，应该看到，随着农村人口的不断减少，家庭农场形式的创新经营主体的发展前景可观。政府可对经营合理、效益可观的承包大户进行资格审查，并颁发家庭农场营业执照，并使其享受一系列优惠政策。有条件的地区可以把发展家庭农场作为发展现代农业、促进农业转型升级和农民增收的主要手段，因势利导提供优质服务，激发种养大户创办家庭农场，促进农业增收和农民生活水平提高。规范家庭农场的监督和管理，例如开展家庭农场名录系统应用工作，推动名录建设、跟踪监测、示范认定等日常工作的数字化、网络化，将为农场经营者开展生产经营活动提供相关支持与服务，增强扶持家庭农场等新型经营主体的培育力度。在此基础上，其他相关配套措施还包括发展农机跨区作业服务、延伸农业产业链、培育新产业新业态，等等。

（5）相关税费政策。撂荒的经济成因很重要的一点是，土地的无偿使用和有偿转移，以非农收入为主要收入来源的农民，不愿退包或转包已承包的土地，而宁愿"抛荒"以保留土地的部分产权以便土地被征用时利用土地的非投资性增值获取高额补偿。"禀赋效应"与"损失厌恶"理论认为一定量的损失给人们带来的效用降低要多过相同的收益给人们带来的效用增加，因此可考虑通过缴纳"撂荒费"等措施，"迫使"进城务工农户将经营权流转。落实强农惠农政策，前文中所讨论的提升粮食收购价格，虽然对于增加农户收益具有显著的效果，但是否切实可行仍需斟酌，一方面，由于我国粮食产量基数庞大，提高粮食收购价格将产生数量庞大的新增支农资金（据粗略测算，若每公斤水稻价格提高 3 分，仅水稻收购一项国家每年需额外支出 30 多亿，此外还有小麦、玉米、大豆、油菜籽等）。另一方面，此举干扰了价格的市场形成机制，粮食托市收购价格持续提高使得粮食缺乏弹性，陷入大量从国外进口、国内又大量收储的"怪圈"。目前国家正全力推进农业供给侧结构性改革，推行差价补贴①以替代托市收购，促进粮食市场回归市场化。此外，还可以考虑提高农地租金补

---

① "差价补贴"也被称为"目标价格补贴"，即政府预先确立可以使农民获得合理收益的目标价格，该价格高于市场价格之间的差价部分，由政府对农民予以补贴。

贴和农业生产成本补贴，将其补给真正的农业生产者，同时通过开展农业技术培训、组织农业技术人员下乡等形式提升农民务农的技能，提高农业生产水平，促进现代化农业的发展。

参考文献

[1] Alcantara C, Kuemmerle T, Prishchepov A V, et al. Mapping abandoned agriculture with multi-temporal MODIS satellite data[J]. Remote Sensing of Environment, 2012, 124:334-347.

[2] Alcantara C, Kuemmerle T, Baumann M, et al. Mapping the extent of abandoned farmland in Central and Eastern Europe using MODIS time series satellite data[J]. Environmental Research Letters, 2013, 8(3): 1345-1346.

[3] Queiroz C, Beilin R, Folke C, et al. Farmland abandonment: Threat or opportunity for biodiversity conservation? Aglobal review[J]. Frontiers in Ecology and the Environment, 2014, 12(5):288-296.

[4] 邵景安, 张仕超, 李秀彬. 山区耕地边际化特征及其动因与政策含义[J]. 地理学报, 2014, 69(2): 227-242

[5] Aide T M, Grau H R. Globalization, migration, and Latin American ecosystems[J]. Science, 2004, 305 (5692):1915-1916.

[6] Lambin E F, Meyfroid P. Land use transitions: Socio-ecological feedback versus socio-economic change [J]. Land Use Policy, 2010, 27(2):108-118.

[7] 吴秋余. 空心化农村如何"养活中国"[J]. 经济研究信息, 2012(3):29-20.

[8] 甘犁, 尹志超, 谭继军. 中国家庭金融调查报告2014[M]. 成都: 西南财经大学出版社, 2015.

[9] 李升发, 李秀彬, 辛良杰, 等. 中国山区耕地撂荒程度及空间分布——基于全国山区抽样调查结果[J]. 资源科学, 2017, 39(10):1801-1811.

[10] Barbier E B, Burgess J C, Grainger A, et al. The forest transition towards a more comprehensive theoretical framework[J]. Land Use Policy, 2010, 27(2):98-107.

[11] Hao H, Li X, Xin L. Impacts of Non-farm Employment of Rural Laborers on Agricultural Land Use: Theoretical Analysis and Its Policy Implications[J]. 2017, 8(6):595-604.

[12] Cramer V, Hobbs R R, Standish R J. What's new about old fields? Land abandonment and ecosystem assembly[J]. Trends in Ecology and Evolution, 2008, 23(2):104-112.

[13] Pointereau P, F Coulon P G, Girard P, et al. Analysis of farmland abandonment and the extent and location of agricultural areas that are actually abandoned or are in risk to be abandoned[M]. Institute for Environment and Sustainability, Joint Research Centre, EC, 2008.

[14] 李秀彬, 赵宇鸾. 森林转型、农地边际化与生态恢复[J]. 中国人口·资源与环境, 2011, 21(10):91-95.

[15] 徐莉. 我国农地撂荒的经济学分析[J]. 经济问题探索, 2010(8):60-64.

[16] 陈瑜琦. 劳动力机会成本上升的耕地利用效应[D]. 中国科学院地理科学与资源研究所, 2009.

[17] 花晓波, 阎建忠, 袁小燕. 劳动力务农机会成本上升对丘陵山区农地弃耕的影响——以重庆市酉阳县为例[J]. 西南大学学报(自然科学版), 2014, 36(1):111-119.

[18] 卿秋艳. 农村土地撂荒问题影响因素及对策探讨——基于湖南郴州龙海村的调查[J]. 山东农业大学学报: 社会科学版, 2010, 12(2):50-54.

[19] Sikor T, Müller D, Stahl J. Land fragmentation and cropland abandonment in albania: implications for the roles and community in post-socialist land consolidation[J]. World Development, 2009, 37(8):

1411-1423.

[20] 刘润秋,宋艳艳.农地摞荒的深层次原因探析[J].农林经济,2006(1):31-34.

[21] 李中豪.农地摞荒的生成机理与我国农地制度的创新路径[J].农村经济,2013(6):33-36.

[22] 谢勇.外出农民工的土地处置方式及其影响因素研究——基于江苏省的调研数据[J].中国土地科学,2012,26(8):48-53.

[23] 雷利·巴洛维.土地资源经济学:不动产经济学[M].谷树忠,译.北京:北京农业大学出版社,1989.

[24] 李文辉,戴中亮.一个基于农户家庭特征的耕地摞荒假说[J].中国人口·资源与环境,2014,24(10):145-151.

[25] 曹志宏,郝晋珉,梁流涛.农户耕地摞荒行为经济分析与策略研究[J].农业技术经济,2008(3):43-46.

[26] 熊正德,姚柱,张艳艳.基于组合赋权和 SEM 的农田摞荒影响因素研究——以农民个人资本为视角[J].经济地理,2017,37(1):155-161.

[27] 刘湖北,戴晶晶,刘天宇.交易成本视角下的农地摞荒生成机理分析——以甘肃省 J 村为例[J].农村经济,2016(5):53-58.

[28] 谭术魁.农民为何摞荒耕地[J].中国土地科学,2001,15(5):34-38.

[29] Campbell J E,Lobell D B,Genova R C,et al. The global potential of bioenergy on abandoned agriculture lands[J]. Environmental Science & Technology,2008,42(15):5791-5794.

[30] 闵弟杉.农地边际化的后拉因素分析[J].长江大学学报(自然科学版),2013,10(5):83-87.

[31] Zumkehr A,Campbell J E. Historical U. S. cropland areas and the potential for bioenergy production on abandoned croplands. Environmental Science & Technology,2013,47(8):3840-3847.

[32] 杨涛,朱博文,雷海章,等.对农村耕地摞荒现象的透视[J].中国人口资源与环境,2002,12(2):133-134.

[33] 黄建强,李录堂.山区耕地摞荒困境及其原因解读与对策——以湖南省会同县为例[J].电子科技大学学报(社会科学版),2009,11(4):11-14.

[34] 金星.新土地摞荒的经济学视角[J].农村经济,2013(3):25-26.

[35] 史铁丑,李秀彬.欧洲耕地摞荒研究及对我国的启示[J].地理与地理信息科学,2013,29(3):101-103.

[36] Izquierdo A E, Grau H R. Agriculture adjustment, land use transition and protected areas in Northwestern Argentina[J]. Journal of Environmental Management,2009,90(2):858-865.

[37] Mather A S. The forest transition[J]. Area,24(4):367-379.

[38] Rudel T K, Bates D, Machiguiashi R. A tropical forest transition? agricultural change, out-migration, and secondary forests in the Ecuadorian Amazon[J]. Annals of the Association of American Geographers,2002,92(1):87-102.

[39] 熊祥强,沈燕,廖和平.农村土地摞荒问题的调查与分析——以重庆市忠县三汇镇为例[J].安徽农业科学,2006,34 (11).

[40] 西安日报.西安外来农民工平均月收入 3248 元 多数人租房[EB/OL](2016-12-07). http://xian. house. qq. com/a/20161207/002795. htm.

[41] 李启宇.基于城乡统筹的农地流转利益主体博弈分析[J].农业经济,2011(12):69-71.

[42] 王力波,田忠静,王金辉.家庭农场农机具配置及经济效益分析[J].中国农业信息,2014(5):170-170.

[43] 苏永志.刍议我国农地流转的困境及其出路[J].农业经济,2014(3):36-38.

[44] 何欣,蒋涛,郭良燕,等.中国农地流转市场的发展与农户流转农地行为研究——基于 2013～2015 年 29 省的农户调查数据[J].管理世界,2016(6):79-89.

[45] 辛良杰,李秀彬.近年来我国南方双季稻区复种的变化及其政策启示[J].自然资源学报,2009,24(1):58-65.

[46] Liu L. Labor location and agricultural land use in Jilin[J]. China. Professional Geographer,2000,52

(1):74-83.

[47] Hao H,Li X,Zhang J. Impacts of part-time farming on agricultural land use in ecologically-vulnerable areas in North China[J]. Journal of Resources and Ecology,2013,4(1):70-79.

[48] 吴胜锋.当前耕地撂荒的特点、原因及治理对策——基于对湖南省 A 市耕地撂荒情况的调研[J].农村经济与科技,2012,23(12):97-99.

[49] 戴攸峥.农村耕地撂荒的多层治理[J].南昌大学学报(人文社会科学版),2017(4):63-68.

[50] 罗婷婷,邹学荣.撂荒、弃耕、退耕还林与休耕转换机制谋划[J].西部论坛,2015,25(2):40-46.

[51] Renwick A,Jansson T,Verburg P H,et al. Policy reform and agricultural land abandonment in the EU [J]. Land Use Policy,2013,30(1):446-457.

[52] Feng Z,Yang Y,Zhang Y,et al. Grain-for-green policy and its impacts on grain supply in West China [J]. Land Use Policy,2005,22(4):301-312.

[53] Buijs A E,Pedroli B,Luginbühl Y. From Hiking through farmland to farming in a leisure landscape: Changing social perceptions of the European landscape[J]. Landscape Ecology,2006,21(3):375-389.

[54] 赵小风,黄贤金,王小丽,等.基于城乡统筹的农村土地综合整治研究——以南京市靖安街道"万顷良田建设"为例[J].长江流域资源与环境,2013,22(2):158-163.

城市控制性详细规划实施的可行性研究[①]

——以上海桃浦科技智慧城为例

刘卫东　　胡长惠　　冯怡婷　　张　玮　　郑凯文

摘　要：本文以已完成的城市控制性详细规划方案为基础，分析了城市控制性详细规划与城市土地或房地产开发之间的互动关系。本文根据房地产价格形成机制，从政府、开发商和消费者（企业或个人）利益协调和优化的角度，提出了城市控制性详细规划实施可行性评价的理论框架和指标体系。通过对上海桃浦科技智慧城控制性详细规划的实证研究，论证了其科学性和适用性。

关键词：城市控制性详细规划；规划实施；经济效益评价；可行性研究

A Feasibility Study on the Implementation of Urban Control Detailed Planning
—Taking the Smart City of Taopu in Shanghai as an Example

LIU Weidong　　HU Changhui　　FENG Yiting　　ZHANG Wei　　ZHENG Kaiwen

Abstract：Based on the completed urban control detailed planning scheme，this paper analyzes the interactive relationship between urban control detailed planning and urban land or real estate development. According to the forming mechanism of the real estate price，this paper puts forward the theoretical framework and feasibility evaluation index system for the implementation of urban control detailed planning from the perspective of interest coordination and optimization of government，developers and consumers（enterprises or individuals）. Through the empirical study of the urban control detailed planning of taopu science and technology smart city in Shanghai，their scientific nature and applicability are demonstrated.

Key words：urban control detailed planning；implementation of the planning；economic benefit evaluation；feasibility study

一、引言

控制性详细规划（regulatory plan）是城市规划体系的重要组成部分，它是以城市总体规划或分区规划为依据，确定建设地区的土地使用性质和使用强度的控制指标、道路和工程管线控制性位置以及空间环境控制的规划。城市控制性详细规划承上启下，是城市规划

[①]　本文系由上海市国土调查研究院合作课题成果整理而成。

和城市建设的桥梁。

随着我国城市化进程加速和城市化水平提高,城市建设投资主体多元化,规划在市场经济条件下的控制作用面临挑战。现实中,土地投资开发商往往对规划方案的控制指标提出质疑,要求修改规划,而规划部门对规划方案实施的经济可行性的研究较为匮乏,在与开发商的博弈中常常处于弱势。因此,本文提出进行城市控制性详细规划实施的可行性研究,为政府部门和规划部门依据规划进行土地开发提供科学依据。

二、城市控制性详细规划与城市土地和房地产开发关系分析

(一)城市控制性详细规划的主要控制因素

控制性详细规划的控制要素是通过规划控制指标体系而起作用的。控制性详细规划的控制体系由规定性指标(指令性指标)和指导性指标(引导性指标)构成(见图1)。

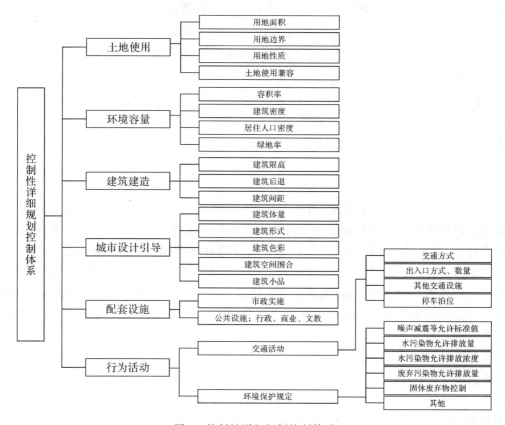

图1 控制性详细规划控制体系

(二)城市控制性详细规划对于城市土地价格的影响

1.土地使用管制

城市控制性详细规划建立了城市土地用途管制的标准,由于不同的土地用途,其经济产出能力不同,其支付土地租金的能力也不一样,直接影响着城市土地单位面积的价格。

2.环境容量控制

在城市控制性详细规划中规定了环境容量的各种规定性指标，提出了土地开发的底线；城市的土地开发既不能无限制地开发，忽视环境质量，也不能单一地强调保护环境，忽视土地自身的经济价值。

3.基础设施和公共服务设施配套

城市控制性详细规划层面的市政基础设施与土地使用强度是城市土地利用需求与供给的关系的反映。市政基础设施和公共服务设施配套完善程度代表着城市土地开发成熟度，也规定了城市土地开发强度，它是土地投资的成果。市政基础设施和公共服务设施配套完善，可支撑的土地开发强度（建筑容积率）大，一般来说，单位面积土地出让价格也较高。

4.城市空地或绿地

城市空地或者绿地是城市的开敞空间，它们的存在不仅能够改善城市生态环境，也是城市居民相互交往的活动场所。城市空地或者绿地具有公益性用地的价值，通过城市控制性详细规划，合理划分建筑和非建筑用地，也可以使城市用地的选择价值得以保留。

(三)房地产开发与城市控制性详细规划的关系

1.推进作用

房地产开发是城市控制性详细规划实施的有效手段。房地产开发推动着城市的发展，塑造出城市空间结构、城市经济功能和城市景观，一方面推进了城市控制性详细规划的有效实施，另一方面给予规划及时的市场反馈，促进规划的调整和完善，不断加强或改变城市的性质。

2.诱导作用

城市最本质的特征在于聚集，而城市基础设施是城市产生聚集效益的决定因素。完善而良好的城市基础设施把城市地域内各社会经济要素紧密地聚合在一起，增强城市综合承载能力、提高城市运行效率。依据城市控制性详细规划，加强和完善城市基础设施建设，能够吸引投资项目和资金在本地落户，形成固定资产、工业产品和社会服务价值，有利于增加税源和财政收入，进而再反过来促进地方基础设施建设。城市控制性详细规划对基础设施的规划能给予房地产开发超前的增值信号，有效地诱导规划区域内的房地产开发。

3.整合作用

依据城市控制性详细规划进行房地产开发，可以保证城市各个区域经济和社会协同发展。城市控制性详细规划的整合作用，首先是表现为因地制宜，发挥区域优势。其次是通过规划管理，建立房地产开发的准入机制，控制城市经济发展的方向，提高城市建设的质量，避免房地产开发企业的短期行为，推动城市生产力合理布局。同时，城市控制性详细规划明确了城市基础设施配套条件和城市建设的基本要求，有利于城市政府和居民对房地产投资者开发行为的监督，有助于消费者对自身合法财产权益的有效保护。

4.激励作用

在市场经济条件下，城市控制性详细规划与房地产开发是双向互动的关系。城市控制性详细规划主要从城市战略角度引导城市开发，运用政策、管理、技术手段对房地产开发进行干预;但是,由于城市的未来发展存在较大变数,城市控制性详细规划很难完全准确地适应城市发展和城市竞争趋势,因此也可能对城市土地利用和经济发展形成制约。城市控制性详细规划需要保持一定的弹性,对于城市创新和创业具有激励功能,城市控制性详细规划的实施应尊重房地产投资者的主观能动性。

三、城市控制性详细规划实施可行性研究的原理和方法

城市控制性详细规划理论和实践表明,城市控制性详细规划的实施不能唯经济效益。但是,经济效益作为城市建设和发展的重要动力来源,城市控制性详细规划实施不能忽视经济效益评价。

本文侧重于在控制性详细规划方案完成后,假设实施规划方案后的经济效益评价和可行性研究。拟通过上海市典型区域城市控制性详细规划实施情况调查,或者具体的城市控制性详细规划方案分析,确定不同规划的主体责任和相互关系。针对具体区域城市控制性详细规划,按照城市土地开发利用需要,分清市场和政府的界限,明确政府投入类项目及其投入产出关系、市场投资类项目及其盈利模式、公私合营类项目及其合作关系和原则;城市控制性详细规划实施的经济效益评价是以充分的宏观经济分析、利益主体区分、合理的土地利用布局决策和明确的开发模式和规划实施时序为基本前提的。依据城市控制性详细规划实施的经济效益论证城市土地开发利用的投入产出比率和城市控制性详细规划实施可行性研究方法。通过城市土地价格和城市规划的互动关系研究,建立城市控制性详细规划经济效益评价体系,探讨城市土地价格适时预测的模型和方法。在完成控制性详细规划经济效益评价的基础上,对于各种评价结果进行检验和论证(不确定性分析和风险性分析)(见图2)。

(一)城市控制性详细规划经济可行性研究的原理

进行城市控制性详细规划实施经济可行性研究,以下几个方面的理论和方法具有重要的指导意义。

1.容积率直接判定

在城市控制性详细规划经济可行性研究中,容积率直接判定是指在地价水平、房地产价格水平、土地开发成本等既定的情况下,通过地块的开发总投入与总产出效益的比较分析来估算保证投资者有利可图的土地开发强度(主要是建筑容积率)。如果城市控制性详细规划规定的容积率低于该规划实施以后投资者有利可图的最小容积率,那么,城市控制性详细规划实施的经济可行性将面临挑战,或者说是不可行的。

2.成本收益分析法

成本收益分析法是投资项目可行性研究的基本方法。成本收益分析主要是通过静态经济评价指标——利润、利润率和静态投资回收期,动态经济评价指标——净现值、净现值比率、内部收益率和动态投资回收期的计算(见表1),来衡量规划方案的经济效益。

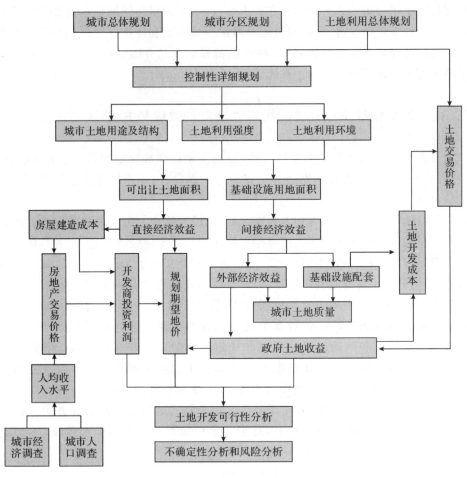

图 2　城市控制性详细规划实施经济效益评价研究技术路线图

表 1　经济评价的主要指标

评价方法	静态分析方法	动态分析方法
考虑因素	对投资项目进行经济评价时，不考虑资金的时间价值，即投资成本和收益等资金流量不需要进行折现	对投资项目进行经济评价时，充分考虑资金的时间价值，即投资成本和收益等资金流量需要进行折现
绝对指标	利润（Profit）	净现值（Net Present Value，NPV）
相对指标	投资利润率（Earning Power of Real Assets）	净现值率（Net Present Value Rate，NPVR） 内部收益率（Internal Rate of Return，IRR）
时间指标	投资回收期（Payback Period）	动态投资回收期（Dynamic Payback Period）

3.价值工程原理

现代管理学对价值工程的定义是"通过对产品功能的分析,正确处理功能与成本之间的关系来节约资源、降低产品成本的一种有效方法"。价值工程中的"价值"就是一种"评价事物有益程度的尺度"。价值高说明该事物的有益程度高、效益好、好处多;价值低则说明有益程度低、效益差、好处少。

将价值工程原理应用于城市控制性详细规划实施的可行性分析,对于政府、房地产投资者、实体经济投资者和城市居民而言,城市控制性详细规划实施具有可行性,必须满足以下条件:

(1)城市控制性详细规划实施的经济效果不变,城市开发成本降低;

(2)城市控制性详细规划实施的城市开发成本不变,经济效益提高;

(3)城市控制性详细规划实施的城市开发成本上升,经济效益显著提高;

(4)城市控制性详细规划实施的局部出现亏损,城市控制性详细规划实施的整体经济效益提高。

4.规划情景价值评估

规划情景价值评估是指对城市控制性详细规划实施后的城市面貌和经济发展、生活情景进行模拟,通过弄清土地和房地产价格形成因素的作用和影响,评估出城市控制性详细规划实施后的城市土地和房地产价格,以确定城市控制性详细规划实施以后的土地价格是否可以达到政府的预期目标,房地产价格水平是否可以满足房地产开发商的要求,土地和房地产价格是否超过其购买者的经济支付能力或者支付意愿。

5.逻辑框架法

逻辑框架法是由美国国际开发署(USAID)在 1970 年开发并使用的,是目前国际上广泛用于规划、项目、活动的策划、分析、管理、评价的基本方法。

逻辑框架法的基本思想认为项目规划是一个不断沟通的过程,是项目设计者与各种利益相关方不断协商以对问题的分析、目标以及行动达成共识和明确参与各方的分工和责任(包括机构内部)的过程。逻辑框架法的主要成果是逻辑框架矩阵,它是逻辑框架分析过程结果表述的标准格式。

对城市控制性详细规划实施经济效益评价,城市控制性详细规划实施可行性研究报告内容和逻辑框架矩阵元素可以建立大致对应的关系(见表 2)。

表 2　可行性研究报告内容和逻辑框架矩阵元素对应

项目描述	指标	信息源	假设
目标(goal): 项目的必要性(对国家、地区、行业发展的影响)			
目的(objective): 项目的必要性(具体的服务对象) 需求分析与建设规模			行业规划、土地利用总体规划、城市规划

续表

项目描述	指标	信息源	假设
结果(output): 工程成果、经济产出、经济效益			区位分析 环境影响评价 社会评价 不确定性分析
行动(activity): 项目选择,投资,融资,土地开发、建筑安装、不动产经营和管理	土地、人力、物力	项目投资和资金使用计划	

(二)城市控制性详细规划经济效益评价的指标体系及其测算方法

1. 城市控制性详细规划实施经济效益评价的工作基础

本次城市控制性详细规划实施的经济效益评价主要是研究城市控制性详细规划方案完成以后如果开始实施可能产生的经济效益和城市控制性详细规划实施的可行性。其工作基础主要为:

(1)规划区域的城市功能定位和区域土地利用方向明确。

(2)规划区域的城市土地管理、固定资产投资和产业经济发展政策明确。

(3)规划区域的土地利用格局清楚。土地产权均为国家所有,地块划分边界、可利用面积、土地用途和土地开发强度均只需要按照城市控制性详细规划规定执行。

(4)规划区域基础设施和公共服务设施配套条件在规划中有明确规定,规划实施过程中,不能随意降低基础设施和公共服务设施配套的完备程度。

(5)规划区域的人口分布按照本区居住条件、住宅供应面积和各个经济部门的就业岗位综合决定,不考虑规划区域以外的人口迁移和变化。

(6)规划区域没有临时的特殊的政策优惠。

(7)规划实施过程中土地市场价格主要是指土地出让价格,房地产开发总价值按照房地产正常市场交易价格计算。

(8)规划区域的对外交通条件和区位环境相对稳定。区域开发不受区域外部经济效益(无论是正向,还是负向)影响;规划区域内道路网络和自然景观格局变化很小。

(9)不考虑偶发性的人为和自然灾害。

2. 城市控制性详细规划实施经济效益评价指标体系的建立

考虑到城市控制性详细规划在城市土地开发利用和管理中的应用需要,其经济效益评价指标可以简化为:

(1)房地产销售价格或房地产开发总价值;

(2)土地出让政府期望价格或者单位面积土地出让价格;

(3)土地开发强度(最大许可建筑容积率);

(4)楼面地价和房地产销售价格比率(地价占房地产价格比例);

(5)市政基础设施和公共服务设施的完善度或满意率;

(6)土地外部经济效益非负性。

城市控制性详细规划的实施在追求经济效益的同时,必须兼顾社会效益与生态效益。因此,在城市控制性详细规划实施的经济效益评价指标体系中,要充分尊重控制性详细规划方案中确定的土地开发强度(最大许可建筑容积率),以此为基础来确定房地产销售价格或房地产开发总价值,计算房地产开发的土地成本(即土地出让政府期望价格或者单位面积土地出让价格),测量房地产开发过程中的利润水平(利润率=1-成本/收入)。楼面地价和房地产销售价格比率(地价占房地产价格比例)实际上是房地产开发利润率的表现形式。另外,还提出了政府在城市发展过程中的责任落实(市政基础设施和公共服务设施的完善度或满意率),城市土地开发不能产生土地外部经济效益非负性(例如,城市土地开发强度不得超过环境容量和基础设施服务承载力,并使得周边土地资产价值下降)。

在上述指标体系中,房地产销售价格或房地产开发总价值、土地出让政府期望价格或者单位面积土地出让价格、楼面地价和房地产销售价格比率(地价占房地产价格比例),就分别承担了收入、成本和利润的指标功能,能够依此计算出对于政府、开发商和消费者来讲的经济效益评价指标(见表3)。

表 3　政府、开发商和消费者的经济效益评价指标

对象	收入	成本	利润
开发商	房地产销售价格或房地产开发总价值	土地出让政府期望价格或者单位面积土地出让价格	在建筑成本、管理成本已知的情况下,楼面地价和房地产销售价格比率相当于利润率的补数
政府	土地出让政府期望价格或者单位面积土地出让价格	政府对于城市土地取得费用和基础设施配套费用已知	单位面积土地出让价格越高政府收益(利润)越大
消费者	消费者对于自己的经济收入已知	单位面积房地产销售价格是企业和个人的不动产取得成本	单位面积土地出让价格越低,企业和个人的收益(利润)越大

对开发商而言,房地产开发总价值是收入,土地出让价格是重要成本,地价占房价的比率可以代表开发商的利润空间,该比率在市场经济规律下有一个合理的区间范围,在该区间内,开发商认为规划实施具有可行性。

对政府而言,土地出让价格产生收入,在规划方案既定的情况下,政府投入成本相对稳定,则土地出让价格越高,代表政府实施规划的经济效益越高。地价占房价的比率合理,说明政府土地出让具有可行性,能够有效引导市场投资、推动规划的实施。

对消费者而言,其并不是特别关心土地价格,与切身利益相关的是房地产销售价格,只要销售价格在其收入的可承受范围内,则认为规划是可行的。

在城市土地和房地产开发过程中,只有消费者可以接受的房地产价格才能够产生房地产市场的有效需求,只有政府认同的单位面积土地出让价格才能够产生土地的有效供应,所以,房地产投资者的投资可行性,实际上也得到了消费者和投资者的许可。所以,城市控制性详细规划的经济可行性就是房地产投资者认同的投资可行性,没有投资者,城市控制性详细规划将无法得到有效实施。

在城市控制性详细规划实施经济效益评价指标体系中,房地产销售价格或房地产开发总价值、土地出让政府期望价格或者单位面积土地出让价格和楼面地价和房地产销售价格

比率这三个指标是评价指标体系的核心。土地开发强度(最大许可建筑容积率)、公共配套设施服务满意度、土地外部经济效益非负性是城市控制性详细规划科学性和合理性的保证,城市控制性详细规划中规定的土地开发强度(最大许可建筑容积率)、基础设施配套标准、绿化比率等生态质量标准,可以看作是这几个指标的具体落实,是城市控制性详细规划实施经济效益评价的前提条件(见表4)。

表4 城市控制性详细规划实施经济效益评价指标及其衍生指标

意义	评价指标	衍生指标
前提	土地开发强度(最大许可建筑容积率)	可以计算出可出让土地面积、可销售建筑面积、可使用面积等指标
	公共配套设施服务满意度	可以用具体公共基础服务设施配套标准、完善程度、投资总额和服务承载能力等指标反映
	土地外部经济效益非负性	可以用增加区域工作岗位数、就业人数、增加生态环境服务价值、绿化率等社会效益和生态效益指标反映
核心	房地产销售价格或房地产开发总价值	可以分别计算出政府、房地产投资者和消费者的经济效益指标(包括静态的利润、利润率和静态投资回收期;动态分析中净现值、净现值比率、内部收益率和动态投资回收期等指标)
	如果进行规划实施前后经济效益比较,也可以得出土地增值总额、房地产增值总额、土地增值比率、房地产增值比率等经济效益指标	
	土地出让政府期望价格或者单位面积土地出让价格	
	楼面地价和房地产销售价格比率	

各项指标在城市控制性详细规划实施经济效益评价和可行性分析中的作用如表5所示。

表5 城市控制性详细规划实施经济效益评价和可行性分析中的各项指标作用

研究项目	经济效益评价			可行性分析		
评价指标	政府	房地产开发商	消费者(居民和实体经济企业)	政府	房地产开发商	消费者(居民和实体经济企业)
土地房地产销售价格或房地产开发总价值	土地收益的来源,房地产总价值高,土地价格也能提高,但居民和企业负担增加,使政府不得不进行房地产价格调控	经济效益的重要指标,房地产开发价值越大,利润越高,效益越好	对居民,住宅价格高意味居住成本高,居住成本和工资收入成比例;对实体经济企业,房地产价格高,意味固定资产投入多,固定成本大	不容忍暴利和损害消费者权益,破坏社会稳定的行为	越高越好,但不能超过有效需求	不能高出工资收入合理比例和固定资产投资预算

研究项目	经济效益评价			可行性分析		
评价指标	政府	房地产开发商	消费者(居民和实体经济企业)	政府	房地产开发商	消费者(居民和实体经济企业)
土地出让政府期望价格或者单位面积土地出让价格	单位土地面积出让价格高,意味着城市控规实施后政府经济效益好	单位地价高,意味着土地成本增加,房地产投资者可接受的地价成本需低于单位面积土地出让价格	单位地价高,更能推动房价上涨,居住成本和固定资产投入成本高	不能低于政府规定的最低价	不能超过开发商可接受的最高土地成本	不能导致房价高出工资收入合理比例或固定资产投资预算
土地开发强度	土地开发强度高,地价上升,政府收益增加	土地开发强度高,房地产可销售面积增加,开发商收入提高	土地开发强度高,不能超过环境容量和基础设施承载能力	不能高于控制性详细规划规定	尽量接近最高利用水平	不影响环境质量和基础设施配套承载能力
楼面地价和房地产销售价格比率	相当于销售利润率,房地比越大表明政府收入越高	土地成本占房价比例上升,房地产开发利润率下降	地价占房价比与消费者无直接关联,只求房价不超过工资收入合理比例	可接受正常比例	可接受正常比例	不太关心,只要不影响房价
公共配套设施服务满意度	满意度高,需要增加基础设施投资,成本增加	满意度高,政府提供越多越好,自己承担的比重越轻越好	满意度高,意味着盈利增加,收益率高	执行控制性详细规划	不影响产品销售及价格	不影响生活和生产效率
土地外部经济效益非负性	期望外部效益内部化	期望外部正向效益发生	不得损害自身合法权益	执行控制性详细规划	不影响产品销售及价格	不影响生活和生产环境质量

3. 城市控制性详细规划实施经济效益评价主要指标的测算

(1)房地产开发总价值

房地产开发总价值是城市控制性详细规划实施经济效益的直接反映。房地产开发总价值是单位面积商品房价格和商品房可出售面积的乘积。

商品房可出售面积在城市控制性详细规划中已经通过地块划分和建筑容积率控制确定。

单位面积商品房价格的计算,可以运用类似区域比较法、房地产价格空间插值法、特征价格法、区域价格(指数)关联分析法以及传统房地产评估方法等。

(2)土地出让价格

土地出让收入是城市开发过程中重要的政府收入。城市控制性详细规划能否实施,对于政府而言,关键是城市开发是否会增加新的财政压力,土地出让价格的高低是关键。

城市土地出让收入对于政府是收入,相对于开发商则是成本。城市土地出让价格不能高于投资者愿意接受的最高土地成本。

城市土地出让价格的确定，主要可以运用基准地价修正法、类似区域比较法、假设开发法、成本法、租金剥离法、级差收益测算法、低价动态监测成果应用和不同用途地价关系比较法等。

（3）土地开发强度

土地开发强度决定了房地产开发总面积和总价值，既取决于土地环境容量，也和基础设施配套服务能力直接相关。因此，土地开发强度也是城市控制性详细规划效益评价的重要指标之一。

由于土地开发强度在城市控制性详细规划中有明确的规定，城市控制性详细规划实施经济效益评价可以直接引用。

（4）地价占房地产价格比例

地价占房地产价格比例，如果从政府收入的角度分析，它是城市开发的毛收益率。如果从房地产开发商的角度看，它是成本占销售总收入的比例，是最直观的可行性分析指标。

由于地价占房地产价格比例代表着城市开发和建设的收益分配结构，所以，在城市控制性详细规划实施经济效益评价或者城市控制性详细规划实施可行性研究中，可以根据城市开发和房地产交易过程中的大量案例统计分析，找到其合理的变化阈值，它可以起到一个评价理想值的作用。根据调查，2010—2014 年上海市 104 块能与开售房地产项目对应的出让住宅用地，地价占房价比例分布集中在 25％～55％（见图 3）。

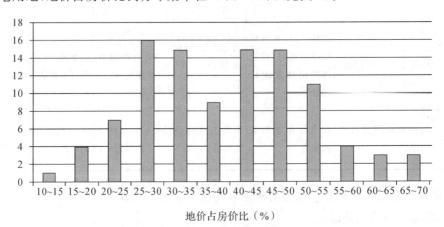

地价占房价比（％）

图 3　上海市 2010—2014 年住宅用地地价占房价比频数分布直方图

（5）市政基础设施和公共服务设施的完善度或满意率

任何时候，发展经济都不能以牺牲城市生活质量为代价。对于城市控制性详细规划实施的经济效益评价，市政基础设施和公共服务设施的完善度或满意率作为一个重要指标，必不可少。市政基础设施和公共服务设施的完善度或满意率可以用具体公共基础服务设施配套标准、完善程度、投资总额和服务承载能力等指标反映。

（6）土地外部经济效益非负性

在城市控制性详细规划实施的经济效益评价中，土地外部经济效益非负性的确定可以采用多种途径分析：①土地合理人口容量测算法；②生态服务价值测算法；③低碳经济分析；④项目国民经济评价。

四、桃浦科技智慧城控制性详细规划实施的可行性研究

(一)桃浦科技智慧城控制性详细规划简介

1.区位条件

桃浦科技智慧城地处上海中心城区的西北门户,规划区范围北到沪嘉高速、东到真北路(中环线)、南到金昌路、西到外环线,总面积 7.92 平方公里。分为核心区和拓展区,核心区为先行启动区域。核心区范围北到沪嘉高速、东到铁路南何支线、南到金昌路、西到外环线,总面积 4.23 平方公里。规划区靠近建设中的真如副中心,距离虹桥商务区 8 公里,徐家汇副中心和市中心约 10 公里,与市域各交通枢纽联系便捷。此外,规划区周边还分布有一些地区级功能核心,如南侧的中环商务区、长风生态商务区等,规划区西部、北部则以物流和工业为主。

2.功能定位

根据桃浦地区在上海市中功能、产业、生态多维度的定位,桃浦科技智慧城为以创新转型、智慧生态为示范目标,以总部商务及科技研发为主导,建设"四新"特征显著、"智慧、智能、智力"集聚的现代服务业集聚区。其具体表现在三个方面:

(1)功能维度:具有产业转型示范及城市中心双重功能;

(2)产业维度:加快产业转型,瞄准新兴科技产业,打造智慧园;

(3)生态维度:构建大型绿楔缝合区域生态网络。

3.规划实施目标

根据上海市人民政府办公厅关于转发市发展改革委员会制订的《加快推进桃浦地区转型发展行动计划》的通知,桃浦地区实施规划的主要目标为:

(1)第一阶段:到 2017 年,桃浦地区调整转型取得阶段性成果。完成低端物流、制造业企业搬迁和土地收储;交通、信息等基础设施建设全面推进;基本建成中央公园;完成污染严重地块土壤和水资源的环境调查评估和初步治理,形成环境修复治理长效机制;规划建设一批公共服务项目;与功能、产业定位相符的重大项目、平台逐步落地,区域产业能级逐步提升。

(2)第二阶段:到 2022 年,桃浦地区功能提升取得实质性突破。基本建成科技智慧城。

4.主要控制指标

桃浦控制性详细规划中部分主要的控制指标如下:

(1)依据用地功能及土地开发价值进行开发强度控制。核心总部商务区开发强度为2.0~7.0,中央绿轴两侧商业及商务区开发强度为2.0~5.0,居住区开发强度为1.5~2.0,产业及研发区开发强度为1.5~2.0。

(2)建筑面积控制。整个研究范围总建筑量为 769 万平方米(含保留建筑面积),核心区范围内总建筑面积为 426.19 万平方米。

(3)用地面积控制。按照规划地块划定的面积进行控制,如中央绿地面积为 50 公顷,道路用地面积为 121.57 公顷,市政公用设施用地面积为 3.94 公顷,等。

(4)配套市政设施和公共服务设施的控制。按照上海市居住地区和居住区公共服务设

施的配置标准及其服务范围,并结合核心区的实际情况,在该区域设置 3 所幼儿园、1 所小学、1 所初中,设置 2 处公交枢纽(建筑面积为 4500m²)、3 处 110kV 变电站(建筑面积为 200m²)、2 处垃圾压缩收集站(建筑面积为 150m²)等。

(5)人口规模控制。桃浦控制性详细规划中规划该区域人口规模为 2.8 万人,人口净密度为 689 人/公顷。

规划实施前后建设用地结构及容积率变化情况见表 6 和表 7。

表 6　桃浦核心区控制性详细规划实施前后建设用地结构

用地性质	规划前建设用地比例(%)	规划后用地比例(%)
居住用地(R)	2.5	12
住宅组团用地(Rr)	2.1	9.9
二类住宅组团用地(Rr2)	0.7	0
三类住宅组团用地(Rr3)	0.5	9.9
四类住宅组团用地(Rr4)	0.9	0
社区服务设施用地(Rc)	0.3	0.5
公共设施用地(C)	10.2	29
行政办公用地(C1)	0.4	0.6
商业金融用地(C2)	5.5	3.7
文化用地(C3)	0	0.1
医疗卫生用地(C5)	0.1	0.9
教育科研设计用地(C6)	2.5	13
商务办公用地(C8)	1.6	10.6
其他公共设施用地(C9)	0.1	0.2
工业仓储用地(M\W)	49.6	0
市政公用设施用地(U)	4.4	1
对外交通用地(T)	1.1	0.4
道路广场用地(S)	25.4	29.7
绿地(G)	6.8	27.8

表 7　控制性详细规划规划技术经济指标

项目			指标	备注（保留）	地块容积率上限范围	平均容积率
总建筑面积（万平方米）			426.19	37.63		
其中	住宅建筑面积（万平方米）		98.79	4.3		
		二类住宅建筑面积（万平方米）	1.9	1.9		
		三类住宅建筑面积（万平方米）	96.89	2.4	2.2~3.0	2.2
	社区级公共服务设施建筑面积（万平方米）		2.48	0	1.0~1.5	1.3
	基础教育设施建筑面积（万平方米）		4.8	0	0.6~1.0	0.7
	商办建筑面积（万平方米）		184.7	20.38	2.0~7.0	3.9
	科研设计建筑面积（万平方米）		118.82	7.7	2.0~3.0	2.5
	其他建筑面积（万平方米）		16.6	5.25		2.7
人口规模（万人）			2.8	—		
人口净密度（人/公顷）			689	—		
住宅总套数（套）			9409	—		
人均住宅建筑面积（平方米）			35	—		

（二）桃浦科技智慧城控制性详细规划实施的公共配套服务设施需求

根据桃浦科技智慧城控制性详细规划的要求，在现状用地的基础上，需要增加绿地、公共设施用地和道路广场用地的面积，并整合对外交通用地和市政设施用地地块，调整其用地面积（见表8）。

表 8　各类基础设施用地对比表

类型	现状用地		规划用地	
	用地面积（公顷）	占建设用地比例（%）	用地面积（公顷）	占建设用地比例（%）
公共设施用地	42.66	10.20	119.72	29.00
绿地	28.51	6.80	114.68	27.80
市政设施用地	18.53	4.40	3.94	1.00
对外交通用地	4.64	1.10	1.82	0.40
道路广场用地	106.59	25.40	122.36	29.70

参考上海市各建设工程价格与指数造价指标，依据桃浦控制性详细规划文本中的面积计算得其总投资约为 38.2 亿元，其中公共服务设施投资约为 19.04 亿元、绿地投资约为 8.31 亿元、道路交通设施投资约为 2.37 亿元、市政设施投资约为 8.5 亿元。

由于桃浦地区的历史原因，规划区内环境有较多污染，规划实施需要对相关环境问题进行治理，包括环境修复、水资源建设等。根据上海市国土研究院地价所提供的数据资料，桃浦科技智慧城控制性详细规划实施需要投入的环境治理费用总计 29.6 亿元。

（三）桃浦科技智慧城控制性详细规划实施房地产开发总价值预测

综合考虑类似区域比较法、房地产价格空间插值法和价格（指数）分析法的结果，对桃浦规划实施后的房地产价格进行评估，推测桃浦科技智慧城在控制性详细规划实施期间房地产价格不断上涨，到基本建成智慧城时，住宅均价能到达 62000 元/m²，写字楼价格为 30000 元/m²，商铺价格为 34000 元/m²。由此计算 2022 年桃浦科技智慧城区域内房地产总价值为：

$$V = S \times P$$

式中：V 为房地产总价值；S 为可出售建筑面积；P 为房地产销售均价。则：

住宅房地产总价值 = 91.6 × 10000 × 62000 元 = 567.92 亿元

商办房地产总价值 = （30000 × 109.5 + 34000 × 38.4）÷ 10000 = 459.06（亿元）

通过规划实施，桃浦地区的住宅房价可增长 108%，写字楼价格可增长 70%，商铺价格可增长 90%。规划区内可售房地产总价值可达 1027 亿元。

（四）桃浦科技智慧城控制性详细规划实施的土地出让价格评估

采用基准地价系数修正法、地价动态监测趋势预测和类似区域比较法评估桃浦地区规划实施后的土地出让价格，综合评价得到桃浦科技智慧城目前时点和规划终期的地价水平（见表9）。规划中科研设计用地也占一定的比例，对于它的价格评估，可以通过参照交易案例评估。

表 9　各用途土地规划中、后期年出让价格　　　　　　　单位：元/m²

时间	住宅用地	商业用地	办公用地	商办用地	科研设计用地	医疗卫生用地	文化用地
2015 年	10923	8184	7530	7661	3126	2268	2268
2017 年	17415	13383	14192	14030	5892	4275	4275
2022 年	24104	17326	19845	19341	8238	5977	5977

（五）桃浦科技智慧城控制性详细规划实施的经济效益评价

1．土地开发经济效益分析

（1）成本—收益模型构建

对政府实施规划进行成本收益分析，先要对其成本和收益进行界定。假设城市控制性详细规划实施后土地市场均以一级市场出让考虑，不考虑转让的情况；土地以净地形式出让，由政府承担动拆迁费用；政府进行市政基础设施、重大公共设施和开放空间建设；经济效益的统计以控制核心区 W06－1401 单元整体为单位，其中可能进行商品化开发的有居住、商业、文化娱乐、商务办公、科研设计等用地。

①静态模型:仅用现状(期初)和规划实施完成后(期末)两个时点的结果来反映土地出让收入和成本支出,因此,土地出让收入期初为0,期末地价最高,土地资产价值最高;成本支出期初为全部成本,期末考虑全部成本加利息支出。适用于简单估算或无须考虑时间变化的指标计算。

$$C = C_1 + C_2 + C_3 \qquad (1)$$

式中:C 为政府总投入;C_1 为土地收储成本;C_2 为土地开发成本;C_3 为其他成本,包括环境治理成本、管理费、不可预见费、财务费用等。

$$B = \sum_j L'_j \cdot A'_j \qquad (2)$$

式中:B 为政府总收益;L'_j 为规划实施完成后各类用途土地的价格;A'_j 为规划各类用途土地建筑面积。

②动态模型:假设城市控制性详细规划按照前期、中期和后期三个阶段分别进行投入,结合土地收储、开发和出让特点,前期主要是土地收储、土地开发及少部分土地出让,中期主要是土地开发和出让,后期主要是土地出让。前、中、后时期具体的年限范围可依据具体规划实施的目标来划分。每一阶段的投入分配若无具体投入计划资料,则按每年平均投入计算。动态模型是一种可持续开发的模式,不考虑外来资本的介入,开发收益或成本只在本区域内发生;同步考虑收入抵扣成本的同时也降低了成本利息,因此更符合实际情况,测算更加科学。

$$C_{期末} = \sum_j (C_{1t} + C_{2t} + C_{3t}) \qquad (3)$$

式中:$C_{期末}$ 为规划实施期末政府总投入;C_{1t} 为规划实施第 t 年土地收储成本;C_{2t} 为规划实施第 t 年土地开发成本;C_{3t} 为规划实施第 t 年其他成本。

$$B_{期末} = \sum_{tj} L'_{tj} \cdot A'_{tj} \qquad (4)$$

式中:$B_{期末}$ 为规划实施期末政府总收入;L'_{tj} 为规划实施第 t 年 j 类用途土地出让价格;A'_{tj} 为规划实施第 t 年 j 类用途土地建筑面积。

$$V_{期末} = B_{期末} - C_{期末} = \sum_{tj} L'_{tj} \cdot A'_{tj} - \sum_j (C_1 + C_2 + C_3) \qquad (5)$$

式中:$V_{期末}$ 为规划实施期末政府纯收益。

(2)政府总投入

政府投入主要包括土地收储、土地开发成本("七通一平")和其他成本(环境治理成本、公共设施建设费用、不可预见费、管理费等)。

根据上海市国土研究院地价所提供的相关数据资料,桃浦科技智慧城的土地收储成本为191.7亿元,开发成本为40.5亿元,其他成本共70.3亿元,其中包括环境治理成本29.6亿元。规划实施期间政府需要投入的总成本为303亿元。

(3)政府总收入

政府收益的来源主要有土地出让金、土地综合配套费以及相关税费,本次经济效益评价主要只考虑可供出让土地的土地出让金收益。

对政府收益的估算以前文评估的土地出让价格为依据,按静态模型假设,将土地出让价格时点设为2022年,即规划实施到2022年所有可出让土地能为政府带来的总收益为

578.17亿元(见表10)。

表10　政府出让土地收益(2022年)

用地类型	住宅用地	办公用地	商业办公混合用地	科研设计用地
土地出让楼面地价(元/m²)	24104	19845	19341	8238
新建建筑面积(万平方米)	94.49	24.02	109.20	111.12
土地收益(亿元)	227.76	47.67	211.20	91.54
合计(亿元)	578.17			

根据国家相关政策规划,土地出让收益中需要计提部分专项基金支持国家发展建设,计提按照所有土地出让后的收益一次性清算,总计126.31亿元。

(4)静态经济分析

①投资纯收益

静态模型中政府在前期投入全部成本,远期出让所有土地获得收益,其期初总成本为303亿元,期末土地总收益为578.17亿元,政府所获纯收益为275.17亿元,扣除政府财政基金计提后的纯收益为148.86亿元。

②资产增值率

规划实施是为了提升城市整体的经济效益,土地资产总价值增值即为规划实施的增值效应,土地资产增值率越高,说明规划实施的经济效益越好。

根据规划末期各用途地价水平及规划的各用途建筑面积可以测算得到桃浦科技智慧城规划实施完成时土地总资产值,如表11所示。

表11　规划实施完成时土地资产总额

用地类型	住宅用地	商办用地	科研设计用地	医疗卫生用地	文化用地
地价(元/m²)	24104	19341	8238	5977	5977
建筑面积(公顷)	98.79	184.7	118.82	7.7	1.19
土地总价值(亿元)	238.12	357.23	97.88	4.60	0.71
合计(亿元)	698.55				

根据上海市国土研究院地价所提供的资料,现状规划区的土地资产总额为214.3亿元,则规划实施的资产增值率为226%。

(5)动态经济分析

按照动态模型的基本假设,依据规划目标将规划实施分为三个阶段,第一阶段到2017年基本建成中央绿地公园,完成土地收储,全面推进道路交通建设;第二阶段到2020年为规划实施中期,努力提升教育医疗配套水平,规划建设一系列公共服务设施,形成产业集聚;第三阶段到2022年基本建成科技智慧城。每一阶段中每年均匀投入,假设从2015年开始进行土地出让活动,2015年到2017年居住、商办、办公和科研设计用地价格匀速增长;2018年到2022年各类用途地价也匀速增长。投入成本按每年5%的增速自然增长。

①净现值、内部收益率、动态投资回收期

根据行业投资收益水平，假设贴现率为10％，计算规划实施的净现值和内部收益率，如表12所示，则规划实施到2022年的净现值为92.03亿元，内部收益率为16％。

表12　规划实施阶段政府现金流量表　　　　　　　　　　单位：亿元

规划实施阶段	年期	成本				收入	现金流入	现金流出	累计净现值（贴现率10％）
		土地收储成本	开发成本	环境治理成本	其他成本	土地出让			
第一阶段	0	63.90	6.75	4.93	6.78	11.98	11.98	82.37	−70.38
	1	63.90	6.75	4.93	6.78	15.80	15.80	82.37	−124.50
	2	63.90	6.75	4.93	6.78	20.87	20.87	82.37	−164.01
第二阶段	3	0.00	6.75	4.93	6.78	75.72	75.72	18.47	−106.08
	4	0.00	6.75	4.93	6.78	80.82	80.82	18.47	−53.84
	5	0.00	6.75	4.93	6.78	86.27	86.27	18.47	−6.85
第三阶段	6	0.00	0.00	0.00	0.00	92.08	92.08	0.00	45.75
	7	0.00	0.00	0.00	0.00	98.29	98.29	0.00	92.03
合计		191.70	40.50	29.60	40.70	481.84	481.84	302.50	

根据规划实施阶段的现金流量表，可以发现在年贴现率为10％的情况下，政府投资的累计净现值到第7年变为正值，动态投资回收期为6.1年。在这种情况下政府能在规划实施远期收回所有投资且有盈余，说明规划实施对政府来说是经济可行的。

②成本利润率

按规划实施期初计算政府投入总成本为303亿元。动态模型中政府实际总投入为327.05亿元，另外还需计算政府在投入期间的利息，以一年期基准利率4.35％为依据，考虑规划滚动开发的规划实施模式，得出规划实施的利息总计为42.31亿元。政府土地出让总收入为481.84亿元，计提基金总额为81.94亿元，则政府的利润为30.54亿元，成本利润率为8.27％。具体各年的成本和利息变化情况如表13所示。

表13　各类成本及利息　　　　　　　　　　单位：亿元

成本分类	2015年	2016年	2017年	2018年	2019年	2020年	2021年	2022年	合计
土地收储成本	63.90	67.10	70.45	0.00	0.00	0.00	0.00	0.00	201.44
开发成本	6.75	7.09	7.44	7.81	8.20	8.61	0.00	0.00	45.91
环境治理成本	4.93	5.18	5.44	5.71	6.00	6.30	0.00	0.00	33.56
其他成本	6.78	7.12	7.48	7.85	8.25	8.66	0.00	0.00	46.14
上期欠款	0.00	94.35	169.14	246.44	202.81	153.26	97.23	9.37	
应还利息	0.00	4.10	7.36	10.72	8.82	6.67	4.23	0.41	42.31
收入抵成本	11.98	15.80	20.87	75.72	80.82	86.27	92.08	98.29	

续表

成本分类	2015 年	2016 年	2017 年	2018 年	2019 年	2020 年	2021 年	2022 年	合计
本期欠款	82.37	86.49	90.81	21.38	22.45	23.57	0.00	0.00	
合计	94.35	169.14	246.44	202.81	153.26	97.23	9.37		369.36

（6）敏感性分析

敏感性分析是分析投资项目经济效果的主要指标（如内部收益率、净现值、成本利润率）对主要变动因素变化而发生变动的敏感程度。

本文对土地价格和投入成本这两个影响因素进行考察，通过单因素的敏感性分析分析其对经济效益指标（成本利润率）的敏感性，分别测算地价变化敏感系数和成本变化敏感系数，如表 14 所示。

表 14　地价变化与成本变化敏感系数

分类		收入 （亿元）	成本 （亿元）	计提 （亿元）	利润 （亿元）	成本 利润率	敏感度
一般估计		481.84	369.36	81.94	30.54	8.27%	—
地价增长率	1%	501.94	368.20	92.81	40.93	11.12%	34%
	−1%	462.53	370.71	71.38	20.44	5.51%	−33%
成本增长率	1%	481.84	375.54	79.15	27.15	7.23%	−13%
	−1%	481.84	363.29	84.67	33.88	9.33%	13%

2.生态经济效益分析

（1）绿地增长率

桃浦科技智慧城规划实施后绿地总面积为 113.68 公顷，规划前绿地总面积为 28.51 公顷，依据测算公式，桃浦科技智慧城规划实施的绿地增长率为 299%，可以看出规划实施对绿地面积有十分显著的提升，反映了规划方案对生态效益的重视。

（2）生态系统服务价值

生态系统服务是指生态系统与生态过程中所形成及能够维持人类赖以生存的自然环境条件和效用。

根据我国谢高地等学者的研究成果，利用较符合我国实际的生态系统服务价值系数测算出桃浦规划区域各用地类型的生态系统服务价值，最后得到规划区域总体生态系统服务价值为 201.4 万元。其中城市绿地的生态系统服务价值占总体效益的 89%，说明桃浦地区中央绿地公园的规划实施能为规划区及周边地区带来明显的生态效益。

（六）规划实施可行性论证

桃浦科技智慧城控制性详细规划符合实际，规划控制的开发强度较为科学。规划的实施完善了一系列配套设施，能够保证城市运行效率有效地提高。各种公共服务设施的建设符合且部分超过了上海市设施的建设标准，将大大方便城市居民的生活和工作。规划通过合理的土地利用用途管制和空间布局，可以避免外部经济效果的负向性。

通过科学合理的方法预测规划实施完成后(2022 年)桃浦科技智慧城的土地资产增值率为 226％。规划实施后政府可获得土地出让总收益 412.24 亿元,在 10％的贴现率下,内部收益率为 16％,到 2021 年能回收全部投入成本,并产生 92.03 亿元的净收益,扣除计提后的净利润为 30.54 亿元。这说明规划实施对政府而言是可行的,且产生了较大的经济效益。规划实施完成后的房地价格比为 38.9％,与类似区域长风生态商务区接近,处于正常范围内。说明政府预期的土地出让价格能被开发商接受,规划实施对开发商是经济可行的。

桃浦科技智慧城控制性详细规划通过产业经济结构升级和生产布局优化将减少环境污染,预计每年的生态系统服务价值为 201.4 万元,与现状相比有极大改善。

城市控制性详细规划实施的可行性研究,是提高城市控制性详细规划科学性和实用性的有效途径。通过上海市桃浦科技智慧城控制性详细规划实施的经济效益评价和可行性案例研究,说明本文提出的城市控制性详细规划经济效益评价和可行性研究的思路、评价体系及其研究方法具有可操作性,并具有应用推广价值。

面向生态文明的耕地保护：回顾、现状与创新

单嘉铭　　吴宇哲[*①]

摘　要：耕地资源是人类赖以生存发展的基础与保障，其固有的稀缺性和不可再生性决定了人类必须对其进行有效保护。城市化进程下，我国人多地少的基本国情和耕地总量逐年减少的趋势决定了我国必须实行严格的耕地保护政策。本文回顾了以耕地总量动态平衡、基本农田保护、土地用途管制等为主要内容的耕地保护政策的发展历程，梳理、剖析我国耕地保护政策实施现状，从经济社会可持续发展的观点出发，探讨面向 2030 年的耕地保护对策与建议。

关键词：生态文明；耕地保护政策；占补平衡；生态补偿

Cultivated Land Protection for Ecological Civilization： Review，Current situation and Innovation

SHAN Jiaming　　WU* Yuzhe

Abstract：Cultivated land resources are the basis and guarantee for human survival and development. Their inherent scarcity and non-renewability determine that humans must effectively protect them. Under the process of urbanization，China's basic conditions and the decreasing trend of the total amount of arable land due to the fact that there are many people and less land，determines that China must implement strict farmland protection policies. This article reviews the development of farmland protection policies with the main content of total farmland dynamics，basic farmland protection，land use control，etc.，and analyzes the current situation in the implementation of farmland protection policies in China. From the point of view of sustainable economic and social development，measures and suggestions for protecting farmland in 2030 are discussed.

Key words：ecological civilization；cultivated land protection policy；occupational balance；ecological compensation

---

① 通讯作者：吴宇哲（1970—），男，浙江乐清人，教授，博士，从事土地政策与城乡发展研究。E-mail：wuyuzhe@zju.edu.cn

一、引言

"粟者,王者之本事也,人主之大务,治国之道也。"自古以来,耕地为人类提供粮食等基本物质,是整个人类社会发展的物质基础。耕地保护事关国家粮食安全、生态安全与社会稳定,是迫切且必要的头等大事。我国耕地资源具有人均耕地少(远远低于世界平均水平)、高质量耕地少、耕地后备资源少三大特征(吴蒙,2017)。此外,我国的耕地资源分布不均匀,东北平原和西部地区耕地面积较多,人口密度小,人均耕地较多,中东部地区耕地面积少,人口密度大,耕地资源较为紧张(高飞,2013)。

改革开放以来,随着人口增长与经济发展,大量耕地由于非农建设占用而流失,对粮食安全造成了严重威胁(许丽丽等,2015)。一方面我们需要提高耕地的利用强度或增加耕地数量,以生产足够的粮食与纤维满足人类生存发展最基本的衣食需求;而另一方面受土地报酬递减规律的影响,粮食单产的增速越来越慢。随着二胎政策放开、人口增长和消费结构升级,未来我国粮食需求仍呈刚性增长态势,耕地供求矛盾趋向尖锐化,耕地危机必然诱发粮食危机乃至生存危机。

伴随城市化与工业化水平的不断提高,城市面积不断扩大,城市发展对土地资源的"自然需求"与"人为需求"也日益增长,耕地非农化趋势进一步加快。"自然需求"使土地资源得到重新配置,而"人为需求"造成城市规模迅速扩大,耕地环境恶化,从而使我国耕地保护雪上加霜(张新华,2005)。2020年,我国城市化率将达到60%,如何发挥耕地资源的比较优势是城市化进程中亟待解决的难题之一(毋晓蕾,2014)。

我国的耕地保护政策为耕地资源的保有发挥了一定作用,随着经济社会环境变化,政策也不断演变,耕地保护政策绩效虽有所提高,但耕地保护政策仍存在深层次问题值得我们深思。从狭义上理解,目前我国的耕地保护政策是指耕地的产权、使用、规划与管理及其相应的政策、法律和法规。而从广义上讲,则是一个涉及多方面、多层次的比较完整的体系,是伴随着我国社会主义发展过程而逐步形成的,同时其制度体系也受自然、经济、社会耦合的复杂系统作用与影响。现阶段可将我国现行耕地保护政策体系归纳为:以《中华人民共和国土地管理法》和《中华人民共和国农业法》(以下简称为《土地管理法》和《农业法》)为主体,农村土地产权制度、基本农田保护制度、耕地占补平衡制度等各种制度和政策法规、法律条例为支撑的较为完整的耕地保护制度体系(孙蕊,2013),如图1所示。

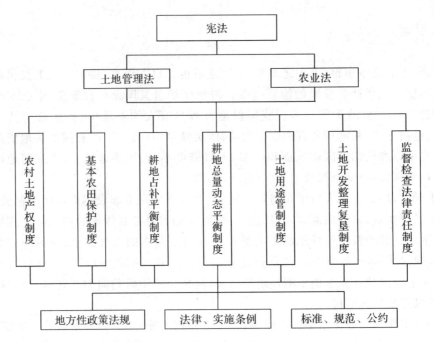

图1 我国现行耕地保护制度体系

我国虽已初步建立了耕地保护的制度体系,政府也特别重视对耕地的保护,加大力度制定相关政策,用最严格的耕地保护制度来保护耕地资源,但是落实到实际的政策执行上,由于政策的执行环境不是很有利,农民耕地产权不平等以及现行土地行政管理体制和财税制度不利于耕地保护等问题(雍新琴,2010),执行效果仍然不令人满意。原有的耕地保护制度也逐渐暴露出协调性差、缺乏经济激励机制、执行力差等缺陷。从表面上看,耕地保护受社会经济发展所处的阶段及外部环境影响,但从根源来讲,耕地保护效果不佳在于耕地保护政策的制定与落实问题(林晓雪,2014)。

鉴于此,本文从我国的耕地保护政策的历史进程出发,联系我国耕地保护政策执行过程中的实际情况,梳理我国耕地保护政策实施中出现的问题,从经济社会可持续发展的观点出发,探讨面向2030年的耕地保护对策、建议。

二、中国耕地保护政策的回顾

改革开放以来,我国的耕地保护政策是伴随着我国经济社会进步而逐步发展的。本部分以时间为序,对1978年以来我国耕地保护的重要事件进行梳理,对耕地保护制度的演进历程进行纵向的透析,将我国耕地保护政策的变化大体分为政策起步阶段、政策调整阶段、政策完善阶段。

时期	重要事件
1978—1997 年	(1)1978 年,中共十一届三中全会后农地产权制度改革——家庭联产承包责任制正式拉开帷幕; (2)1978 年,国务院《政府工作报告》中提出开始重视耕地资源的利用; (3)1981 年 4 月 17 日,《国务院关于制止农村建房侵占耕地的紧急通知》发布,开始重视耕地保护; (4)1982 年 1 月,中共中央一号文件《全国农村工作会议纪要》是改革开放以来第一个涉农的一号文件,进一步认为耕地保护应作为国家政策; (5)1982 年,国务院确定在农牧渔业部设立土地管理局,土地资源管理模式由多头分散转变为统一集中; (6)1983 年 11 月 19 日,《国务院关于制止买卖、租赁土地的通知》发布; (7)1986 年 3 月 21 日,《中共中央、国务院关于加强土地管理、制止乱占耕地的通知》确立了"十分珍惜和合理利用每寸土地、切实保护耕地"的基本国策,要求各地尽快制定和完善土地利用总体规划; (8)1986 年 6 月 25 日,《中华人民共和国土地管理法》颁布实施,标志着中国土地管理工作进入了法制轨道的新阶段; (9)1986 年 8 月,国家土地管理局正式挂牌成立,结束了对土地资源的管理没有专门职能部门的局面; (10)1987 年 4 月 1 日,《中华人民共和国耕地占用税暂行条例》出台; (11)1988 年 11 月 8 日,《土地复垦规定》出台,增加了破坏、毁坏耕地的成本; (12)1988 年 12 月 29 日,《土地管理法》部分修改; (13)1991 年 1 月 4 日,《中华人民共和国土地管理法实施条例》出台; (14)1992 年 11 月 18 日,《国务院关于严格控制乱占、滥用耕地的紧急通知》发布; (15)1993 年 2 月,《全国土地利用总体规划纲要(1987—2000 年)》经国务院批准实施,是新中国实施的第一个土地利用总体规划,在协调各业用地、保护耕地、合理开发利用后备土地资源等方面起了重要作用; (16)1993 年 7 月 2 日,《中华人民共和国农业法》颁布实施,要求县级以上各级地方人民政府划定基本农田保护区,并实行特殊保护; (17)1994 年 8 月 18 日,《基本农田保护条例》出台,基本农田保护制度正式确立并步入法制轨道; (18)1996 年底,我国大部分省(区、市)完成了省级土地利用总体规划的编制工作; (19)1997 年 3 月 14 日,《中华人民共和国刑法》修订,设立了破坏耕地罪、非法批地罪和非法转让土地罪三项土地犯罪条款; (20)1997 年 5 月 18 日,《中共中央国务院关于进一步加强土地管理切实保护耕地的通知》发布,提出省(区、市)必须遵照耕地总量动态平衡的要求,做好土地利用总体规划的编制、修订和实施,实行占用耕地与开发、复垦挂钩政策,对农地和非农地实行严格的用途管制,全国范围内冻结非农业建设项目占用耕地一年,建立和完善土地执法监察制度; (21)1997 年 9 月,《全国土地利用总体规划纲要(1997—2010 年)》发布,对《1986—2000 年全国土地利用总体规划纲要》进行修订;规划 2000 年耕地总面积保持在 12933 万公顷以上;2010 年耕地总面积保持在 12801 万公顷以上。

续表

时期	重要事件
1998—2003 年	(1)1998 年 4 月,国土资源部挂牌成立; (2)1998 年 8 月 29 日,《土地管理法》修订,确立了土地用途管制制度、土地利用规划制度、占用耕地补偿制度、耕地占补平衡制度、监督检查制度,完善了基本农田保护制度、农用地转用审批制度,我国耕地保护制度体系雏形基本形成; (3)1999 年 1 月 1 日,新修订的《土地管理法》《土地管理法实施条例》《基本农田保护条例》同步实施; (4)1999 年 5 月 6 日,《国务院办公厅关于加强土地转让管理 严禁炒卖土地的通知》发布; (5)1999 年 9 月,《中华人民共和国土地管理法实施条例》发布,更进一步严格了耕地保护的措施; (6)2000 年 12 月,《关于加强耕地保护 促进经济发展若干政策措施的通知》发布,要求制定切实有效的措施,落实补偿耕地资金,保证补充耕地落到实处; (7)2001 年,《关于进一步加强和改进耕地占补平衡工作的通知》发布,坚持控制占用与依法补充两手抓; (8)2003 年 4 月 8 日,国土资源部集中发布《农用地分等规程》《农用地定级规程》《农用地估价规程》和《耕地资源后备资源调查与评价技术规程》等四项行业标准; (9)2003 年 11 月 3 日,《国务院关于加大工作力度进一步治理整顿土地市场秩序的紧急通知》发布;《关于严禁非农建设违法占用基本农田的通知》发布,《关于进一步采取措施落实严格保护耕地制度的通知》发布,提出基本农田保护的"五个不准",从加大整顿力度、严控用地规模、严格审批和加强批后监管等方面提出了具体要求。
2004—2018 年	(1)2004 年 3 月,《国务院关于坚决制止占用基本农田进行植树等行为的紧急通知》《国务院办公厅关于尽快恢复撂荒耕地生产的紧急通知》先后发布; (2)2004 年 4 月 29 日,《国务院办公厅关于深入开展土地市场治理整顿严格土地管理的紧急通知》发布,规定治理整顿期间,全国暂停审批农用地转非农建设用地,坚决守住基本农田红线; (3)2004 年 8 月 28 日,《土地管理法》部分修改; (4)2004 年 10 月 21 日,《国务院关于深化改革严格土地管理的决定》出台,翻开了我国土地管理事业的崭新一页,并决定建立耕地保护责任的考核体系; (5)2005 年 5 月 30 日,国土资源部发布《关于做好土地利用总体规划修编前期工作的意见》,第三轮土地利用总体规划修编启动; (6)2005 年 10 月 28 日,国务院办公厅关于印发《省级政府耕地保护责任目标考核办法》的通知; (7)2006 年 7 月 13 日,《国务院办公厅关于建立国家土地督察制度有关问题的通知》发布; (8)2006 年 8 月 31 日,《国务院关于加强土地调控有关问题的通知》发布; (9)2007 年 12 月,《中华人民共和国耕地占用税暂行条例》发布,针对 1987 年的《耕地占用税暂行条例》的情况,提出了更加贴近社会经济发展情况,更具针对性、更详细的规定,为征收耕地占用税提供一个新的总体框架和指导方向; (10)2008 年 2 月,《中华人民共和国耕地占用税暂行条例实施细则》发布,与《中华人民共和国耕地占用税暂行条例》相配套,使暂行条例更具操作性和实践性;

时期	重要事件
2004—2018 年	(11)2008 年 10 月 6 日,《国务院关于印发全国土地利用总体规划纲要（2006—2020 年)的通知》； (12)2009 年 2 月 1 日,《中共中央国务院关于 2009 年促进农业稳定发展农民持续增收的若干意见》提出,要建立健全土地承包经营权流转市场,实施最严格的耕地保护制度和节约用地制度,增加对农业基础设施和农业补贴的投入,稳定粮食产量； (13)2009 年 12 月,《关于加强占补平衡补充耕地质量建设与管理的通知》发布,针对一些地方对耕地重用轻养、轻质量等管理问题,进一步强化措施,加大占补平衡补充耕地质量建设和管理力度； (14)2010 年 1 月 31 日,《中共中央国务院关于加大统筹城乡发展力度进一步夯实农业农村发展基础的若干意见》提出,要加快划定基本农田,实施永久保护,坚守耕地保护红线； (15)2011 年 1 月 30 日,《中共中央国务院关于加快水利改革发展的决定》提出,要加大农田水利设施投入,建设高标准旱涝保收农田； (16)2011 年 6 月,《全国土地整治规划（2011—2015 年）》发布,土地整治上升为国家战略,为各地大规模建设和保护旱涝保收高标准基本农田提供基本依据； (17)2012 年 1 月 13 日,《全国现代农业发展规划（2011—2015 年）》提出,完善现有政府绩效考核体系,将增加粮食生产、耕地保护等作为基层干部考核的重要内容； (18)2012 年 6 月,《国土资源部关于提升耕地保护水平全面加强耕地质量建设与管理的通知》,首次以文件的形式明确了耕地质量建设与管理是各级国土资源部门的重要职责和任务,构建了我国耕地质量管理的整体政策体系框架； (19)2012 年 12 月,《中华人民共和国农业法（第二次修正）》发布,再次以法律方式明确国家建立耕地保护制度,对基本农田依法实行特殊保护； (20)2013 年 8 月,《关于加快开展基本农田数据库建设的通知》发布； (21)2014 年 11 月,《关于进一步做好永久基本农田划定工作的通知》发布； (22)2016 年 6 月,《全国土地利用总体规划纲要（2006—2020 年）调整方案》发布,将原先的全国 15.60 亿亩基本农田调整为 15.46 亿亩,要求保护任务落实到用途管制分区,落实到图斑地块； (23)2017 年 1 月,《全国国土规划纲要（2016—2030 年）》发布,这是我国首个国土空间开发与保护的战略性、综合性、基础性规划,对涉及国土空间开发、保护、整治的各类活动具有指导和管控作用； (24)2017 年 1 月,《中共中央、国务院关于加强耕地保护和改进占补平衡的意见》中提出"保护耕地,着力加强耕地数量、质量、生态'三位一体'保护"。

（一）政策起步阶段（1978—1997 年）

1978 年,随着党的十一届三中全会召开,改革开放序幕被拉开,全国推行农村家庭联产承包责任制,农村粮食丰收、城市尝试走社会主义市场经济道路,人地关系逐渐趋于紧张,国家开始重视耕地数量保护。1981 年,国务院《政府工作报告》开始提出"十分珍惜每寸土地,合理利用每寸土地",虽然这一时期国家还没成立专门的土地管理机构对农村土地进行管理,但政府与学者们逐渐开始对耕地的利用现状、类型划分、生产条件等技术与管理问题进行摸索与研究,为耕地保护政策的正式出台做好了铺垫,"要'严格控制占用耕地建房'和

'爱惜每一寸耕地'"被写入 1983 年中央一号文件,耕地保护进入正式制度建设中。

1986 年国家成立国家土地管理局,开始有了加强耕地保护的专门机构、专业队伍和统一管理体制,出台了《中华人民共和国土地管理法》,使我国土地管理特别是耕地保护工作进入了法制建设阶段。1987 年出台《耕地占用税暂行条例》,开始尝试采用经济手段抑制耕地乱占现象。1992 年,随着我国社会主义市场经济的确立,东南沿海发达地区形成开发区热,建设占用了大量耕地。根据相关统计数据,1992—1995 年间,我国因建设年均减少耕地 21.86 万亩,与 1988—1991 年间的年均减少量 14.85 万亩相比,约为它的 1.5 倍。这说明伴随城市化与工业化水平的不断提高,城市发展使土地资源得到重新配置。

回溯历史,也正是这个时候,美国世界观察研究所所长莱斯特·布朗《谁来养活中国》(莱斯特·布朗,1995)的报告成为我国"耕地总量动态平衡"政策形成的触发事件。布朗在报告中指出,随着中国人口的增长和膳食结构的改善,中国的食物需求急剧增长;而中国工业化和交通建设使得城市规模迅速扩大,耕地锐减,以及由于技术进步对农业生产率提高的有限性和环境破坏对农业生产率的负面影响而导致粮食的供给存在缺口,从而使我国耕地保护雪上加霜。与此同时,国际粮食储备降至历史最低点,因而国际粮食市场将难以满足中国将来的粮食赤字。此后的 1996 年,原国家土地管理局开始对全国 66 个(50 万人以上)城市的建设用地扩展利用卫星遥感数据进行监测,监测结果为《中共中央、国务院关于进一步加强土地管理切实保护耕地的通知》(中发〔1997〕11 号)关于冻结非农业建设项目占用耕地一年的决定的出台提供了依据。

从当时频发的通知和规定可以发现,这一时期的耕地保护政策相对缺乏对耕地保护的系统思考,政策的落实更多借助行政手段,多为"治标不治本"的临时性行为与应急措施。但与此同时,国家也就耕地保护进行了多方面的探索与突破,如土地管理法制化、启动基本农田保护、"耕地总量动态平衡"思想的提出等。

(二)政策调整阶段(1998—2003 年)

1998 年,《土地管理法》修改完成,以立法的形式确认了"十分珍惜、合理利用,切实保护耕地"基本国策的法律地位,同年也成立了国土资源部,进一步明确了我国耕地保护的职能部门,为更好地保护耕地提供了组织基础。修订后的《土地管理法》及这一时期制定的一系列政策构成了耕地保护的政策体系。1999 年新《土地管理法》实施,国家实行占用耕地补偿制度,明确要求"非农业建设经批准占用耕地的,按照占多少,垦多少的原则,由占用耕地的单位负责开垦与所占耕地数量和质量相当的耕地"。随后,耕地保护政策不断出台,保护手段日益多样化。行政手段仍然是耕地保护的最重要手段,并发挥着重大作用;也新添了经济手段,如提出对征地进行补偿;新《土地管理法》的实施从法律上解决了土地管理特别是耕地保护问题,技术上也得到了国土资源部的重视,如四项行业标准的集中发布。

这一时期,我国基本农田保护区调整划定工作基本完成,耕地管理的体制也得到了相应调整,较为系统地构建了耕地保护政策体系框架,耕地资源的占用也在很大程度上得到了有效控制。但由于工业化与城市化迅速发展的惯性作用,耕地的数量与质量仍不容乐观,建设占用与生态退耕、农业结构调整导致耕地持续减少,加上自然灾害雪上加霜,我国仍处在耕地快速流失期(吴群,2011)。

（三）政策完善阶段(2004年至今)

2004年,《国务院关于深化改革严格土地管理的决定》从现实国情出发,针对当前土地管理中存在的突出问题,提出了补充耕地按质量等级折算政策。2004年起,连续多年的"一号文件"与《政府工作报告》也对耕地保护提出了具体要求。2010年12月,《全国主体功能区规划——构建高效、协调、可持续的国土空间开发格局》中提出"形成人口、经济和资源环境相协调的国土空间开发格局",为耕地数量、质量、生态效益的综合管理提供了基础条件。党的十八大报告也指出"要大力推进生态文明建设,把生态文明建设放在突出地位",不仅要考虑耕地红线,还要同时考虑生态红线,以期实现经济、社会和生态的多重平衡。2014年,十八届三中全会通过《中共中央关于全面深化改革若干重大问题的决定》,提出"走中国特色新型城镇化道路,推进以人为核心的城镇化"。

这一时期,在工业化与城镇化快速推进,新农村建设全面展开,基础设施建设蓬勃发展,而改善生态环境质量的需求也日益增加的背景下,我国耕地保护压力持续升级。而随着市场经济体制的不断健全和完善,科学发展观的贯彻落实,耕地保护的内涵由数量向质量、由质量到生态一步步深化,耕地保护政策也与"退耕还林"、农业结构调整等政策相互配合,耕地保护责任也进一步明晰,耕地保护效果明显(唐健,2006)。

三、耕地保护的现状

（一）耕地保护制度执行过程中的"目标替代"

中央政府设计了一系列耕地保护制度以保护耕地数量与质量,但在多任务代理下,地方政府的目标是使其低成本占用优质耕地的行为合法化。地方政府的最优策略是通过隐瞒信息或游说中央政府将耕地保护制度的目标进行替换,在耕地保护制度的执行过程中,由于中央政府对耕地质量的观测精度低,地方政府以数量保护替代质量保护。对于地方政府来说,这样操作既能完成中央政府对耕地保有量、基本农田保有量等指标的要求,又能为经济发展提供交通便利、区位好的优质耕地;既能以最少的投入获得最大的产出,又没有触犯中央政府对地方政府在耕地保护上的硬性要求,以耕地数量保护替代耕地质量保护是执行耕地保护制度的最优策略。而在耕地数量也难以实现占补平衡的情况下,地方政府还可以通过隐瞒信息、"共谋"和"游说"使其在耕地保护制度执行过程中的"目标替代"行为合法化(郭珍,2016)。

（1）没有划入基本农田的耕地在征用时不需要国务院审批,市、县政府对基本农田保护区外的耕地有很大的控制权,征收基本农田保护区外的耕地只要满足耕地总量动态平衡即可。因此,市、县政府在划定基本农田保护区时"划远不划近,划劣不划优",不将城镇周边、交通沿线的熟地、优质耕地划入基本农田保护区,由此达成合法且低成本占用优质耕地的目的。由于信息不对称,在市、县政府隐瞒信息的情况下,占用优质耕地只要满足耕地总量动态平衡制度即可,而在实施过程中,占用的是优质耕地,补充的是劣质耕地。因此,通过划定基本农田保护区保护优质耕地的目标难以实现。

（2）在耕地保护制度的执行过程中,各级政府同时扮演着"检查者"与"被检查者"的双重角色(周雪光,2008)。面对市、县政府占用优质耕地而补充劣质耕地的既成事实时,在中央政府对耕地保护情况进行检查时，省级国土资源部门要求下级部门掩盖问题，或下级部门"游说"省级国土资源部门为之掩盖保护，以应付中央政府的要求和检查。而当省级政府对市级政府的耕地保护责任目标进行考核时，市级政府将与县级政府"共谋"以通过省级政府的检查。

（3）在耕地保护上，中央政府虽然实施最严格的耕地保护制度，但在管理模式上选择的是"亲密型"干群关系，中央政府希望了解更多的信息，使得决策更有针对性，因此，地方政府通过不断游说可以影响中央政府的决策。当中央政府处于放松管制的阶段时，地方政府通过修改土地利用总体规划，可以实现效率机制与合法性机制的协同。

为了实现中央政府耕地数量、质量、生态"三位一体"保护的目标，针对耕地保护制度执行过程中的"妥协""共谋""游说"现象，应改变不同主体功能区地方政府在发展经济与保护耕地中的收益函数。针对主体功能区的不同定位，实行不同的绩效评价指标和政绩考核办法。农产品主产区的首要任务是增强农业综合生产能力，将经济考核改为非效率机制，以激励地方政府保护耕地数量、特别是保护耕地质量的积极性；城市化地区的首要任务是增强综合经济实力，在城市化地区，将耕地保护考核改为超越合法性机制，通过将优质耕地划入永久基本农田保护区，切断地方政府取得占用优质耕地合法性的渠道，以保护城市化地区的优质耕地。城市化必须注重内涵发展，在实现土地集约利用前提下，正确处理好城市发展与保护耕地的关系，使城市化的推进沿资源节约型的新道路发展，从而提高城市质量（胡传景，2008）。可见，城市发展建设与耕地保护两者之间既相互制约，又相互促进。

（二）耕地动态平衡转型中永久基本农田的落实

《2008年中国国土资源公报》显示，2008年全国耕地面积为18.26亿亩；而《2013年中国国土资源公报》采用第二次全国土地调查成果数据显示，截至2012年年底，全国耕地面积为20.27亿亩。在此背景下，18亿亩耕地保护红线的提法理应淡化，同时耕地保护红线应当转移到15.46亿亩的永久基本农田。

土地质量是有好坏之分的，我国两千多年前就有表述"上田，夫食九人。下田，夫食五人"。可见，优质耕地的保护尤为重要，而"永久基本农田"就是当前优质耕地保护的抓手。2008年十七届三中全会《中共中央关于推进农村改革发展若干重大问题的决定》中就明确提出了"永久基本农田"，但工作的实质性推进是2014年国土资源部与农业部两部委的联合发文《关于进一步做好永久基本农田划定工作的通知》。为了配合该项工作，从2014年开始，国土资源部全面开展耕地质量等别年度更新评价工作。2015年发布了全国耕地质量等别更新评价主要数据成果。2016年《全国土地利用总体规划纲要（2006—2020年）调整方案》将原先的全国15.60亿亩基本农田调整为15.46亿亩，要求保护任务落实到用途管制分区，落实到图斑地块。从政策上而言，永久基本农田无疑是对基本农田概念的一种强化，其划定要求更加严格，监管措施更加严厉。换个角度来说，永久基本农田政策是基本农田政策失效之后的一种"亡羊补牢"的手段。基本农田是耕地中质量较高的耕地，占到耕地数量的80%及以上。而永久基本农田是必须保障不变更用途的耕地。如果永久基本农田能够保障不变动，那么大部分的粮食可以得到保障，剩下的粮食可以交给市场配置。因此，永久基本农田必须确保其稳定性，划入管制区中的禁止建设区，真正作为一种保护性规划落地。

从规划的理论来说，区域空间规划模式可分为两类，即发展规划模式与控制规划模式。

发展规划就是要把一个区域发展起来，从而安排哪些空间要被开发，设定被开发的类型、强度、时序；而控制规划则是规定哪些空间不能被开发，设定其被保护的类型、等级、年限。永久基本农田划定显然属于控制规划编制（郭珍，2017）。而事实上此前的基本农田保护并没有执行得非常好。因为如果基本农田是长期的（在规定的规划年限内），根据控制规划理论，保护的空间是固定的，所谓的基本农田就是"永久基本农田"，但是由于实践中基本农田保护出现了偏差，没有按照控制规划来落实，优质耕地并没有得以有效保护，才用字面强调"永久"。

耕地总量动态平衡转型的一种务实做法是，对于永久基本农田与一般农田采用不同的保护方式。对于永久性基本农田，在空间治理体系中采用控制性规划，中央政府提高监督强度，并利用激励机制激发地方政府在规划期内严格进行用途管制，不得更改用途，即"无论什么情况下都不能改变其用途，不得以任何方式挪作他用的基本农田"，保障划定的永久性基本农田既具有良好的耕地自然质量条件，又具有协调的立地环境条件，避免被频繁调整和占用等风险（郭珍，2017；钱凤魁，2013）。具体实施中可将城市化地区的优质耕地划入永久基本农田保护区进行永久保护，并对永久基本农田保护区进行动态监控。对一般农田，占用采用审批制度，同时必须由占用人提供经济补偿。这部分经济补偿不再用于耕地数量的开发，而是用于提升永久基本农田区的耕地质量，使得粮食生产能力不减少，具体的经济补偿标准由农业部和国土资源部共同协商，可下设耕地生态补偿小组，同时对落实未来的补偿与提升永久基本农田质量制定相应方案和监管，响应《全国国土规划纲要（2016—2030年）》中提出的推进高标准农田建设。2018年3月3日，国土资源部印发《关于严格核定土地整治和高标准农田建设项目新增耕地的通知》，跟进提出了规范新增耕地管理，确保新增耕地数量真实、质量可靠的严格要求。

上文的转型是强调到2030年，这不仅是因为与《全国国土规划纲要（2016—2030年）》时间吻合，更是因为根据我国的人口年龄结构与生育观念，预计到2030年我国人口数量将达到最高峰。人口数量最高峰也就是我国粮食安全的最关键时期。同时，2030年常住人口城镇化率将达到70%。在此背景下，更应更新耕地保护理念，加强耕地保护政策转型，实现城镇化发展与耕地保护双赢。

（三）耕地占补平衡政策中的生态问题

耕地生态系统是整个生态系统的重要组成部分，以耕地和地上作物为中心的生物圈，具有提供生态系统能量和物质交换的功能，与人类社会的生存发展休戚相关（中国21世纪议程管理中心，2009；Bromley，1997）。城市化进程下，耕地闲置、退化现象严重；受传统耕地资源保护模式影响，人们更重视耕地的经济价值，耕地的生态价值观念相对缺失，导致耕地生态环境破坏与污染问题频发，占补平衡背后存在较为严重的生态风险。耕地生态安全是指在一定的时空尺度范围，耕地数量、耕地质量和耕地生态环境三者的有机统一，建立在耕地数量、耕地质量和耕地生态环境安全的基础之上。耕地数量和耕地生态环境是物质基础，通过水文、土壤、地貌、气候等因子和载体进行物质循环、能量转换和信息流动，构成了生态系统之间相互联系、相互制约、相互依存的平衡；耕地质量和耕地生态安全则是相对变动的改造结果（吴大放，2015；Andrew J P，2001），如图2所示。

从耕地保护政策本身来讲，其目标偏重于对预期经济效益的设计，内容设计中耕地补

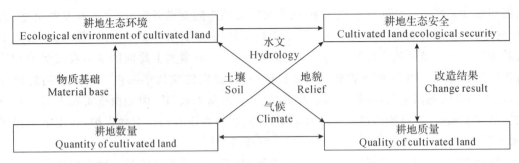

图 2　耕地生态安全组成结构图

偿机制局限于经济补偿的简单方式,从根本上缺少对生态效益的重视(孙蕊,2014)。据蔡运龙等人(2006)对耕地三部分价值的估价,耕地资源的生态价值和社会价值在耕地总价值构成中占据很大比重,耕地的生态价值远超过经济价值。然而在现实中,耕地的经济价值可以在市场上通过农作物的价值交换得到体现,由于我国坚持"耕地红线"政策以保障国家粮食安全,社会保障价值也可以得到实现,唯有生态价值没有得到充分重视。谢高地等学者(2005)通过测算,认为我国的统计系统每年在测算种植业生产的总价值时只涵盖了其生产活动过程中带来的直接经济价值和小部分由耕地自然系统产生的生态价值,其中得到准确计量和反映的生态价值仅为 64.7%,而未计量的生态价值高达 35.3%,约为 6881.06 亿元。耕地资源生态系统产生的生态价值长期被忽视,这是我国耕地保护工作中存在的重大缺陷(单丽,2016)。

此外,就目前的技术条件讲,耕地开发所涉及的原始地类,无非是荒草地、水塘、滩涂,或者林地、湖泊。林地、湖泊的无度开垦,我们已经在多次的洪涝灾害中得到了教训。以浙江省为例,"上山入海"——山上林地与沿海滩涂是补充耕地的最直接来源(吴宇哲,2004)。还有,后备资源不足的城市强推"占一补一"的原则更容易造成"一边开发,一边抛荒"的现象,干旱、半干旱地区、山区和地势低洼地区的后备土地资源质量较差,开垦后容易引起水土流失、沙化、盐渍化等土地退化现象。开发复垦耕地的行为流于形式,难以有效增加耕地(韩雄,2010)。

土地整理作为耕地保护的重要手段之一,其整理理念与目标的变化,有利于保护耕地生态要素。首先,理念上重视保持生物多样性,如将道路布置在灌木丛的旁边、调整未来农田耕作的方向,以避免山丘和田埂对耕作的影响。其次,保护农用地生态价值。在干旱或潮湿地带,有价值的成片物种与农用地划归不同的土地所有者,通过直接使用现有的河流和水域作为土地分界线,使岸边生长的植物不受损害并得到保持。将农田周围的道路或水渠旁边的树木与保留下来的灌木丛或沿岸植物结合起来,作为生物群落的组成部分,以保护农田的生态价值(郭文华,2012)。

目前的耕地保护法规在耕地资源生态环境保护方面缺乏有效的措施,并且不同区域耕地资源生态安全的障碍因素均不一样,经济发达区域的障碍因素主要是农药、化肥施用过量,而经济相对落后区域的障碍因素则是农民人均收入过低、财政支农不足等(朱红波,2007)。在制定耕地资源生态安全保护政策时,应充分考虑各区域的障碍因素,因地制宜制定保护政策,在经济发达区域减少农药化肥过量使用对耕地资源生态环境的污染,而在经济相对落后区域则应该提高农民收入和增加财政支农力度。

（四）现行耕地保护体制下的"重限制、轻激励"现象

我国目前以禁限性管制为中心的耕地保护制度,如耕地占用税、耕地复垦费和征用土地补偿费的相关规定,仍沿袭了我国于20世纪90年代所制定的一系列具体制度,是国家基于维持耕地总量及耕地的耕作用途、保证耕地外部效益的持续供应、实现社会整体利益最大化等多方面的考虑而制定的。但对耕地用途的严厉管制,在制度设计中往往是以耕地的低报酬和高机会成本为代价的,通过牺牲耕地发展的经济利益来换取国家粮食安全和生态平衡等外部效益。农民通过维持耕地外部效益的持续供应,增进了全社会的福利,却未能获得与之对应的补偿,这必然会极大地抑制农民保护耕地的积极性(王子涵,2015)。此外,农民作为理性的"经济人",在巨大的经济利益的刺激下,现行制度很难保证农民不会违背国家耕地保护制度的相关规定,抛荒弃地或者追求经济收益较高的非农利用。从耕地正外部性内部化的角度来讲,禁限性耕地保护制度的构建者显然意识到了耕地的外部效益,但其管制的思路却从社会需要的立场,无视耕地正外部性的内部化,强制外部效益的生产者承担相应的成本,这不仅不能将耕地所产生的外部效益内化为生产者的私人收益,形成正向激励,反而违背了"理性人"追求利益最大化的本能,违背了公平正义原则的应有之义,使禁限性耕地保护制度南辕北辙,耕地保护目标难以落实。

由于耕地保护缺乏必要的激励机制和利益再分配机制,耕地保护丧失的耕地非农化的机会收益不能得到合理的补偿,使耕地保护成本内部化,收益外部化。由于缺少科学的补偿机制,粮食安全的"搭便车"现象加剧,加大了粮食安全的隐患。耕地保护收益外溢的加剧,也造成了区域经济发展的不平衡(范少冉,2005)。而发达国家已经构建了完善的土地补偿体系,能够熟练运用经济、行政与法律手段,为耕地数量保护与生态环境保护提供有效的制度支撑。并且发达国家的实践经验证明只有在约束耕地使用者不良经济行为的同时给予耕地保护者一定的经济性补偿激励,才能从根本上纠正耕地保护利益相关者的消极行为,调动耕地保护者的积极行为,最终解决耕地污染和过度流失问题(单丽,2016)。

我国耕地保护制度中存在的问题主要在产权激励缺失、农业补贴政策和耕地占用税制度不完善这三方面。首先,在我国现行的耕地保护制度中,并未对耕地外部效益产权的归属进行规定,从而使耕地外部效益的产权始终处于模糊不清的状态,导致产权"将外部性内部化"的功能无从发挥,难以形成对市场主体的有效激励;产权的实现也需要借助政府的介入,保障产权机制的有效运行,促进产权利益的实现。其次,农业补贴作为政府保障耕地外部效益产权利益实现的重要工具,在我国亦存在诸多的弊端:补贴种类少,范围小,相较于欧美发达国家的农业补贴,我国农业直补仍有较大的进步空间;农业补贴力度小,人均得到的补贴金额非常低,与耕地创造的正外部性形成鲜明对比;农业补贴政策中耕地保护内容不明确,与耕地保护目的脱节,难以直接高效地完成对耕地保护主体的激励。从耕地占用税制度来看,征税标准属于从量定额征收,在占用耕地数量确定的情况下,征税数额与占用耕地的面积成正比,而与耕地的等级和质量无关,容易造成质量较高的耕地与普通耕地的占用税相同,从而使耕地外部效益的极大差距难以在税法上有所体现,无法形成有针对性的、宽严相济的激励机制。

由此,为了保护耕地资源,在"激励"的逻辑框架下,可以考虑引入美国的农业保护地役

权购买制度(许迎春,2011),明确农业地役权指向的主体,形成有针对性的激励机制,将国家的耕地保护意图与农民的利益紧密结合。完善农业补贴政策方面,适度提高农业补贴的水平,明确对耕地保护进行补贴的内容。完善耕地占用税制度,改定额税制为比例税制,并严格将耕地占用税收入用于耕地的开发和保护,保证税收专款专用,从而充分发挥耕地占用税对耕地保护的激励功能,构建中国特色激励性耕地保护制度(王子涵,2015)。

四、生态文明为导向的耕地保护政策创新

十九大报告中明确指出:"我国经济已由高速增长阶段转向高质量发展阶段。"在耕地保护方面,促进经济高质量发展的措施体现为落实永久基本农田的同时,强调建立耕地草原森林河流湖泊休养生息制度,扩大退耕还林还草和扩大轮作休耕试点,以生态文明为导向,建立市场化、多元化生态补偿机制。可以想象,2035年基本实现社会主义现代化的中国,那时的人口已经度过了高峰,粮食安全的重要性将被生态安全所取代。现代化的最高境界是人与自然的平衡、协调。因此,在土地利用实践中要给予自然环境以充分的道德关怀,最终实现中华民族的永续发展。

一直以来,土地利用规划的基本要求是"一要吃饭,二要建设,三要保护环境",强调了社会效益、经济效益和生态效益的统一。协调"吃饭""建设"和"生态"的关系已是中国现代化进程中面临的重大难题。20年前,笔者有幸聆听了德国波恩大学 E. Weiβ 教授的一次学术讲座,他引用德国谚语——我们不能3分钟不呼吸,不能3小时不喝水,不能3天不吃饭。土地有一个很重要的特性——土地利用方向变更的困难性。这一特性告诉我们,土地用途的转变要付出巨大的经济代价,甚至是不可能的;同时,两种土地用途之间相互变更要付出的经济代价往往不是对等的(吴宇哲,2000)。我们也一直在根据这一特性管理土地,如严格限制耕地转变为建设用地(将建设用地转为耕地要付出的经济代价是极其巨大的)。但是,有时我们对类似的问题往往会处于一个盲点上——森林、水域与耕地之间的变更孰难孰易?认为耕地保护永远是土地利用规划的第一目标的人们,是否试想过将一片森林变耕地,我们采用最古老的"刀耕火种",第二年就会有粮食收获;但要将耕地变为林地,即使我们采用最先进的技术,谁能保证第二年这批小树就能具有生态功能?水域与耕地之间的关系亦是如此。

到2030年,那时的耕地保护应该如何创新?对于永久基本农田,仍应坚持采用严格的用途管制,而且那个时候由于城市化已进入稳定期,建设占用耕地的压力已不是非常大,永久基本农田保护理应继续实施。除了局部地区由于认识局限导致的错误划分(如生态敏感区进入永久基本农田)需进行修改调整,也即退耕还林还草。永久基本农田的轮作休耕应该广泛式推进,保护地力,减少化肥农药的使用。对于一般农田,依据用途管制可以审批后占用,但是必须提供双重经济补充,一是在永久基本农田区提升质量,与之同时,重点用于林地或湿地的生态维护,使生态效应得到提升。具体经济补偿标准可以由农业和林业、环保部门共同参与(亦可能是自然资源资产核算综合部门),重点是对未来的补偿落实方案和监管。

目前,我国耕地资源的补偿制度主要体现在对征地的经济补偿上。《土地承包法》规定"征地的补偿费为征收前三年耕地平均产值的6到10倍",可看出其补偿范围属于征地造成

的直接损失范围,在征地补偿中存在着耕地生态补偿缺失的问题。从生态学角度出发,生态补偿侧重于自然生态系统自身,即对人类生产、生活带来的环境生态问题进行恢复与重建,以维持自然生态系统平衡;而经济学则认为,生态服务贡献者与生态价值创造者应当得到相应的经济回报,使耕地资源的生态价值纳入到耕地资源的总价值计算中,最终实现由耕地资源公共物品属性所带来的外部效益内部化(单丽,2016;王莎,2017)。基于推进农村土地改革与生态文明建设的契机,积极推进和完善生态补偿机制,探索符合我国国情的耕地生态补偿机制已迫在眉睫。生态补偿制度框架如图3所示。

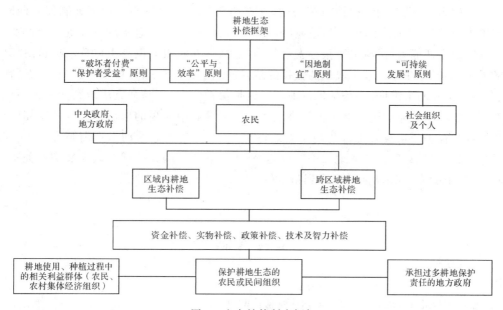

图 3　生态补偿制度框架

从确立耕地生态补偿制度的基本原则出发,为了保证耕地的数量、质量均达到动态平衡,保持耕地资源的可持续利用,对破坏耕地生态环境、耕地流转为非农用途的征收生态补偿费,对保护耕地的行为予以补偿,是耕地生态补偿的首要原则(马文博,2012)。其次,耕地资源是人类共有的财富,人人都平等享有利用适宜的耕地资源环境的权利与保护其资源环境的义务,耕地生态保护的效率也是衡量耕地生态补偿实施效果的重要内容,因此在强调公平的前提下,也必须重视效率原则,努力实现耕地生态效益的最大化。不同的区域经济发展情况不同,耕地生态补偿的适用范围、方式及规则也应有所不同。及时掌握具体实施环境,坚持因地制宜原则,特殊情况特殊处理,能更有效地处理问题。保护耕地的最终目标是实现其可持续发展,因此构建耕地生态补偿机制时,也应充分体现可持续发展原则,要求经济社会发展过程中对耕地的利用限定在该生态系统最大可恢复性的阈值范围内,不超越其资源环境承载力(方丹,2014)。

耕地保护的相关利益主体应包含中央政府、地方政府、农民、社会组织及个人。在耕地保护的过程中,宏观层面的中央政府是全体利益代表、制度的制定者与仲裁者,而地方政府是中央政府与农民的中介与代理人(马爱慧,2011)。农民、社会组织及个人则扮演着耕地生态产品的供给者和消费者。目前我国的规划与建设占用指标,是按照"省域→省级→县级→村、地块"一步步下达的,行政制约造成区域保护量和保护率不均衡,在一定程度上限制了落后区域的经济发展,致使区域间耕地保护存在公平性缺失(陈旻等,2009)。通过构建耕地保护区域补偿机制,在东部一些经济发达地区建设用地指标仍不能满足经济发展需要的情况下,可以通过财政转移支付等形式,对欠发达且多承担耕地保护任务的地区实行经济补偿,以保障地区经济的非均衡性对土地的不同需求(朱新华,2008)。

2017 年,《中共中央、国务院关于加强耕地保护和改进占补平衡的意见》中提出"保护耕地,着力加强耕地数量、质量、生态'三位一体'保护"。这个意见表达了三个层面的意思:(1)耕地数量保护的重点是考虑政策改革的路径依赖。基于经济社会的发展需求,耕地占用是必然的,加大供给侧结构性改革力度,在严格坚持耕地保护与节约用地制度的同时也从统筹推进"五位一体"布局出发,适应经济发展新常态。(2)耕地质量与数量结合旨在"提高粮食综合生产能力,保障国家粮食安全"。开展高标准农田建设与土地整治项目,提升耕地的质量,同时守住永久基本农田的数量红线,确保粮安天下。(3)耕地保护中"生态"被强调,它本身又有两个维度:一是保护耕地本身就是保护生态,二是强调耕地数量保护不能忽略对生态的负面效应。这一意见也与耕地保护政策发展中体现的层层递进的思路相呼应:耕地的数量保护是从政策实行初期始终践行与强调的;耕地总量动态平衡制度下,落实永久基本农田则是"高质量的耕地保护",也是 2014—2030 年的耕地保护政策转型的关键;而2030 年后,耕地的生态功能应上升到第一位。

参考文献

［1］高飞.中国耕地保护政策研究[D].哈尔滨商业大学,2013.

［2］吴蒙.基于耕地质量评价的永久基本农田划定研究[D].东华理工大学,2017.

［3］许丽丽,李宝林,袁烨城,等.2000—2010 年中国耕地变化与耕地占补平衡政策效果分析[J].资源科学,2015,37(8):1543-1551.

［4］张新华.耕地保护政策的制度经济学分析[D].新疆农业大学,2005.

［5］毋晓蕾.耕地保护补偿机制研究[D].中国矿业大学,2014.

［6］孙蕊.我国耕地占补平衡政策研究[D].东北大学,2013.

［7］雍新琴.耕地保护经济补偿机制研究[D].华中农业大学,2010.

［8］林晓雪.改革开放后我国耕地保护政策的演变及分析[D].华南理工大学,2014.

［9］莱斯特·布朗.谁来养活中国[J].中国农村经济(转载),1995(5):42-48.

［10］吴群.中国耕地保护的体制与政策研究[M].北京:科学出版社,2011.

［11］唐健.我国耕地保护制度与政策研究[M].北京:中国社会科学出版社,2006.

［12］郭珍,吴宇哲.耕地保护制度执行过程中的"目标替代"——基于多任务代理模型的研究[J].经济学家,2016(6):58-65.

［13］周雪光.基层政府间的"共谋现象"——一个政府行为的制度逻辑[J].开放时代,2009(12):40-55.

［14］胡传景.城市化进程中的耕地保护问题研究[D].南京农业大学,2008.

［15］郭珍,吴宇哲.基本农田保护制度应优先于耕地总量动态平衡制度[J].湖南财政经济学院学报,2016,32(2):54-62.

［16］郭珍,吴宇哲.基于食物安全层次性的耕地保护:政府与市场的合理边界[J].浙江大学学报(人文社会科学版),2017(5):30-42.

［17］钱凤魁,王秋兵,边振兴,等.永久基本农田划定和保护理论探讨[J].中国农业资源与区划,2013,34(3):22-27.

［18］Bromley,Daniel. Madison:Department of Agricultural and Applied Economics,Agricultural land as an environmental asset [J]. University of Wisconsin,1997.

［19］吴大放,刘艳艳,刘毅华,等.耕地生态安全评价研究展望[J].中国生态农业学报,2015,23(3):257-267.

［20］Andrew J P,Douglas J M. Agricultural land value and the value of rights to future land development [J]. Land Economies,2001:56-67.

［21］孙蕊,孙萍,吴金希,等.中国耕地占补平衡政策的成效与局限[J].中国人口·资源与环境,2014,24(3):41-46.

［22］蔡运龙.中国耕地资源的价值重建及其区域差异[A].《自然地理学与生态建设》论文集[C].中国地理学会,2006:10.

［23］谢高地,肖玉,甄霖,等.我国粮食生产的生态服务价值研究[J].中国生态农业学报,2005(3):10-13.

［24］单丽.耕地保护生态补偿制度研究[D].浙江理工大学,2016.

［25］吴宇哲,鲍海君,吴次芳,等.PRED框架下的土地利用[J].农业经济问题,2004(2):13-17.

［26］韩雄.“占一补一”政策应调整[J].中国土地,2010(1):60.

［27］郭文华.耕地保护向数量质量生态并重转变[J].国土资源情报,2012(12):35-38.

［28］朱红波,张安录.我国耕地资源生态安全的时空差异分析[J].长江流域资源与环境;2007(6):754-758.

［29］许迎春,文贯中.美国农地征收制度及其对中国的启示 [J].华东经济管理,2011,25(5):23-26.

［30］王子涵.激励性耕地保护制度研究[D].西南政法大学,2015.

［31］范少冉.耕地保有量外部性探讨[J].国土资源科技管理,2005(4):25-28,33.

［32］吴宇哲.耕地保护是“第一目标”? [J].中外房地产导报,2000(19):15.

［33］单丽.耕地保护生态补偿制度研究[D].浙江理工大学,2016.

［34］王莎.我国耕地生态补偿法律制度研究[D].华中农业大学,2017.

［35］马文博.利益平衡视角下耕地保护经济补偿机制研究[D].西北农林科技大学,2012.

［36］方丹.重庆市耕地生态补偿研究[D].西南大学,2014.

［37］陈旻,方斌,葛雄灿.耕地保护区域经济补偿的框架研究[J].中国国土资源经济,2009,22(4):15-17,25,46.

［38］马爱慧.耕地生态补偿及空间效益转移研究[D].华中农业大学,2011.

［39］朱新华.基于粮食安全的耕地保护外部性补偿研究[D].南京农业大学,2008.

中国耕地休耕补助政策存在的问题及其改进

谭永忠　赵　越　俞振宁

摘　要：为保证耕地休耕制度的顺利实施和成效的长久保持，中国近年来不断探索制定科学合理的耕地休耕补助政策。本文采用文献资料法、对比分析法及归纳总结法，系统总结了中国实施耕地休耕补助政策的国情背景、工作进展和相关研究，分析了存在的问题；并研究梳理具有代表性的美国、欧盟、日本及中国台湾地区的休耕补助政策实践经验，提出中国今后应从补助目的动态化、补助效益最大化、补助类型差异化、资金来源多样化、配套措施制度化等方面完善补助政策的改进建议，进一步尝试构建了中国耕地休耕补助政策的初步框架。

关键词：土地利用；休耕；补助政策；存在问题；改进建议

Problems and Improvements of Cultivated Land Fallow Subsidy Policy in China

TAN Yongzhong　ZHAO Yue　YU Zhenning

Abstract：In order to ensure the successful smooth implementation of cultivated land fallow project and long-term preservation of its effectiveness, China has been developing reasonable subsidy policy of cultivated land fallow in recent years. This paper adopted the methods of literature, comparative analysis and induction. Firstly, this paper systematically summarizes the progress and related research on the implementation of fallow subsidy policy in China, and analyzes the existing problems. Secondly, this paper selected the United States, Japan, the European Union, China Taiwan and other countries and regions for the study areas. Then, summarized the purpose of the fallow subsidy, the model of implementation, the form of subsidy, the basis of subsidy, and the fund of subsidy in these areas. Finally, in view of these problems in the subsidy policy of cultivated land fallow in China, this paper put forward some suggestions on how to improve the subsidy policy in the future, such as developing dynamic goals, maximizing the subsidy benefit, making different types of subsidy, and diversifying the source of funds. According to the principle of differentiation and diversification, this paper also attempted to construct the conceived framework of China's fallow subsidy policy in order to provide reference for the establishment of the subsidy policy framework of cultivated land fallowing in China.

Key words：land use；fallow；subsidy；problems；improvements

引言

耕地是人们生产和生活的重要自然本底，也是一切生产资料和生活资料的源泉和依托。耕地休耕（fallow）是指对耕地在一定时期内采取更换农作物或者不种植农作物的措施（罗婷婷、邹学荣，2015）。耕地休耕是为了让受损耕地休养生息而采取的一种措施（俞振宁等，2018），也是耕作制度的一种类型或模式（黄国勤、赵其国，2017），也有学者将休耕作为一种土地储备方式（揣小伟等，2008；王志强等，2017）。按照时间长短，休耕可以分为季休、年轮休和长休（罗婷婷、邹学荣，2015）。按照实施主体的自主性，也可以分为强制性休耕和自愿性休耕（沈孝强、吴次芳，2016）。按照休耕期间所采用的技术模式和休耕目的等，也可进行休耕类型的划分。比如，目前我国主要在重金属污染区采用物理、化学和生物等措施进行治理式休耕；在地下水漏斗区采用以"一季休耕、一季雨养"模式为主线的措施进行恢复平衡式休耕；在生态严重退化区采用调整种植结构等方式进行生态保护式休耕（俞振宁等，2017）。

在土地休耕期间采取针对性的养护、治理等措施，可以改善土壤中的微生物等生物含量（Papatheodorou et al.，2013；Hamer et al.，2008），土壤质地、结构、孔隙性等物理性状（Kaschuk et al.，2006），土壤碳、氮、磷、钾、有机质和酶、pH 值、吸附性等化学性状（邓琳璐等，2013；Bauddh et al.，2015），以及保持水土、涵养水源、保护生物多样性等生态环境功能，促进土地永续生产能力的实现（Hinojosa et al.，2004；Gray et al.，2006）。休耕也有利于消化农产品库存、调整农产品结构、提高农产品市场竞争力（何蒲明，2017），实现不同国家和地区对粮食供应的持续调控，确保农业发展后劲（陈展图、杨庆媛，2017）。相较于其他土地保护措施，耕地休耕是相对成本较低、效果较为明显的土地低碳养护方式。休耕的实施也能够有效防止耕地的无序撂荒，保护耕地资源肥力，同时降低化肥农药使用量，有助于实现社会和个人利益的最优化（张慧芳等，2013）。

国内外学者围绕休耕内涵及其效益、休耕政策目标与实施模式、休耕规模与空间布局、农户休耕意愿与补偿、休耕存在问题与对策等重点领域进行了大量探讨和分析。然而，现有耕地休耕政策的研究主要集中于对已开展休耕项目的国家和地区的整体情况的介绍、对中国耕地休耕模式的宏观设计以及对小范围休耕地区的初步调查，但是在对农户的休耕补助政策方面，缺乏针对性、深入性的研究，且补助问题分析和微观机制构建的成果较少。而农户是实施耕地休耕的微观行为主体，是休耕中最主要的参与者和利益相关者。耕地对农户基本生活的重要保障功能也决定了休耕必须重点考虑农户的意愿和诉求，并对休耕农户进行合理的补助（俞振宁等，2018）。对实施休耕农户进行补助，解决其由于休耕而导致的粮食生产、经济收入等各方面的损失问题，有助于提高农户参与休耕的积极性与主动性，与此同时，也有助于政府在预算约束下，实现休耕补助资金的效益最大化。

鉴于此，本文从农户利益出发，研究休耕政策的补助措施，探索当前中国休耕补助政策的实施情况和潜在问题，并研究借鉴其他国家和地区休耕补助政策的实践经验，提出进一步完善中国休耕补助政策的建议，以期在稳定农民利益的同时，促进休耕工作的有效推进和持续开展。

一、中国休耕补助政策实施情况

(一)休耕补助政策国情背景

中国耕地质量退化、产能不足。第二次全国土地调查显示,2009 年中国耕地面积为 20.31 亿亩,较以往多出约 2 亿亩(谭永忠等,2017),但单位面积的粮食产量却有所下降(周健,2014),反而凸显出耕地质量下降、生产力不足的问题。耕地调查显示优等耕地仅占 2.7%,而 67.4%为中等耕地和低等耕地。同时,中国农业生态环境恶化,土壤重金属污染严重。土地利用过程中,高强度、掠夺式农业经营方式造成了地力透支、地下水超采、土壤退化等一系列问题,降低了生产能力,制约了中国耕地的持续利用和农业的可持续发展(吴次芳等,2011)。耕地质量的变化严重威胁了未来粮食安全、社会经济发展以及生态环境(罗明等,2002;沈仁芳等,2012)。

中国充分利用国内和国外两个粮食市场,粮食供应充足,为实施休耕制度提供了物质基础。目前中国粮食产量已实现连续十二年增产,2015 年粮食总产量已达 6.215×10^4 吨。再者,国际粮食市场上库存充盈,粮食市场供需关系宽松,出口国的竞争不断加剧,导致粮食价格不断下滑,粮食价格出现倒挂现象,为进口粮食补给国内市场提供了机会(李凡凡、刘友兆,2014)。中国利用目前整体粮食供应相对稳定的阶段,在试点地区推行耕地休耕政策,既有利于恢复耕地产能,提高耕地质量,也有助于保持粮食供求平衡,保障农民收入(张慧芳,2013)。

(二)休耕补助政策工作进展

为寻求现代农业可持续发展的途径,促进耕地资源永续利用,2015 年《中共中央关于制定国民经济和社会发展第十三个五年规划的建议》明确提出"藏粮于地""藏粮于技","探索实行轮作休耕制度试点"。2016 年 6 月《探索实行耕地轮作休耕制度试点方案》提出在东北冷凉区、北方农牧交错区开展轮作试点,在地下水漏斗区、重金属污染区、生态严重退化区、连作障碍区等生态环境比较脆弱的区域开展休耕试点,将"尊重农民意愿,稳妥有序实施""稳定农民收益"作为试点原则,强调耕地轮作休耕制度的实施要充分尊重农民意愿,发挥主观能动性;"建立利益补偿机制,对承担休耕任务的农户给予必要补助,确保试点不影响农民收益"。休耕补助标准为"河北省黑龙港地下水漏斗区季节性休耕试点每年每亩补助 500 元,湖南省长株潭重金属污染区全年休耕试点每年每亩补助 1300 元(含治理费用),所需资金从现有项目中统筹解决。贵州省和云南省两季作物区全年休耕试点每年每亩补助 1000 元,甘肃省一季作物区全年休耕试点每年每亩补助 800 元"。2017 年,中央一号文件提出"推进耕地轮作休耕制度试点,合理设定补助标准"。同年的中共十九大报告和 2018 年中央一号文件再次强调严格保护耕地、扩大耕地轮作休耕制度试点,建立适合中国国情的耕地轮作休耕制度。

目前来看,耕地休耕制度试点区域成效良好,粮食产能有所提高,生态环境问题也得到了改善。例如,华北平原由于多年超采地下水,已造成生态环境严重受损。该区通过推行小麦季节性休耕以及改种对水资源消耗较少的农作物,2016 年在河北省 6 个市 55 个县实施了季节性休耕面积 12 万公顷,2017 年国家下达了 8 万公顷指标。通过试点工作实施,休耕减少了灌溉水使用,减少开采深层地下水,亩均节水 180m³,亩均化肥使用量减少 26kg,农药使用量减少 0.5kg(赵其国等,2017)。中国土壤重金属污染情况严重,中南、西南地区超标污染范围较大。湖南省自 2014 年以来,通过改种作物和品种、改良土壤、科学灌溉、控制吸收和"VIP+n"创新污染治理模式,保护和提高了耕地肥力,已顺利落实休耕面积 6666.67 公顷。通过治理式休耕,大面积水稻镉含量达标,农产品降镉效果明显,土壤酸化得到有效缓解,土壤有效态镉含量总体上呈降低的趋势。2016 年《湖南省重金属污染耕地治理式休耕试点 2016 年实施方案》规定全年休耕农户每亩收入补贴标准为 700 元,主要以村或组为单元组织休耕,休耕期间,耕地的经营管理权交村委会,由其进行统一管理、维护和治理,除雇工外,农户并不参与耕地治理措施实施。2017 年调整补助方案,休耕补贴标准由各地根据当地土地流转价格确定,不得高于当地平均土地流转费用,最高不超过每年 700 元/亩,并进一步强化了整村推进、集中连片的原则(俞振宁,2018)。陕西省在"十三五"期间,每年将面积约 6.67 万公顷的耕地进行休耕轮作,并给相应的农户发放财政补贴,实现了农业的绿色、可持续发展(元莉华、乔佳妮,2016)。江苏省地下水漏斗区主要采取季节性休耕和周年休耕的模式。从 2016 年秋播开始,在全省 15 个县(市、区)先行试点,每县(市)试点落实规模为 666.7 公顷以上,全省试点面积为 1.62 万公顷,社会经济生态综合效益明显提高(黄国勤、赵其国,2017)。

(三)休耕补助政策相关研究

由于休耕制度在中国实行时间较晚,中国学者对于休耕政策细节涉及内容的研究较少,对具体实施途径缺乏经验,尤其是与农户直接利益相关的补偿标准的制定问题,相关学术研究成果不多。对于休耕补助政策的研究主要集中于农户的受偿意愿和需求,以及休耕补助标准和方案制定方面。

休耕政策与农户这一微观行为主体关系密切,休耕需要重点考虑农户的意愿和需求。而休耕补偿政策制定是推行休耕轮作制度的核心(Lu et al.,2017)。农民在选择是否参与休耕计划时首先会考虑自身的经济损失。如果休耕项目的补偿政策不能满足农户的需求,农户参与休耕的积极性必定会降低。国内很多学者对农户参与耕地休养的意愿和需求进行分析研究,主要方式和实例有:采用小范围实地调查的方式,或基于问卷调查对吉林市长春市合心镇农户参与情况和补偿模式进行分析(马宏阳,2016);或以农户自主参与为原则,通过设计成本低、非强制性的多种参与方式相结合的模式(沈孝强、吴次芳,2016);或基于二元 Logistic 对鄱阳湖粮食产区农户意愿进行分析(李争、杨俊,2015);或基于多元 Logistic 模型对农户耕地保护的经济补偿需求进行分析(李广东,2010);或以土地流转模式为基础对休耕补偿政策和农民参与模式进行设计(张慧芳等,2013);或对重庆市涪陵区、丰都区农户的经济补偿需求意愿进行分析(尹珂等,2015);或基于 IAD 延伸决策模型分析影响因素(俞振宁,2017)。其研究结论普遍表明,不同的家庭人口数、家庭年人均纯收入、耕地质量、生态休耕意愿指数、休耕补偿期望值产权明晰度、环保意识、休耕规则、休耕期望补偿值等方面,对应农户耕地休耕意愿有较大差异。例如,在对鄱阳湖地区农户的调查中发现,愿意休耕的农户比例为 48.54%,且有 51.46%的农户认为休耕补偿标准应当等于休耕面积的总产值(李争、杨俊,2015)。

适度补偿金额对于激励农户参与休耕是直观且有效的,过低的补偿金额会起不到激励农户休耕的作用(Xie et al.,2018)，但是仅仅通过提高补偿金额来提升农户参与休耕的意愿，不仅会加重政府负担，也不利于提高政策效率。因此，俞振宁等(2018)设计了多元化补偿方案，对农户进行选择试验，研究了农户补偿偏好及其影响因素；Xie 等(2018)运用各利益相关者之间的演化博弈模型提出了对休耕农户实行动态补偿的策略；也有学者参考西部地区退耕还林的政策补偿标准制定休耕土地粮食补偿或者资金补偿标准(郑兆山，2002)；或借鉴国外研究结果，从生态补偿角度研究耕地休耕补偿机制(杜振华、焦玉良，2004；王军锋、侯超波，2013；吴萍，2016)；或采用机会成本法或条件价值评估法(CVM)对补偿标准进行了研究(王学等，2016；谢花林、程玲娟，2017)；或提出建立整合政府补偿、社会补偿以及非政府组织参与的多种休耕补偿激励模式(王晓丽，2012)；或针对华北地下漏斗区、耕地质量严重退化区等局部区域开展调查分析，得出休耕补偿的估算值(王学等，2016)。

二、中国休耕补助政策的潜在问题

中国自 2016 年 6 月《探索实行耕地轮作休耕制度试点方案》(以下简称为《方案》)发布后，才正式实施耕地轮作休耕。目前开展休耕试点的地区较少，主要是在环境问题突出的重点区域实施休耕，休耕补助政策实施尚处于探索阶段。经过相关文献的梳理和实地考察，发现目前休耕补助政策在试点区域实施过程中可能存在以下问题。

(一)受偿主体动力不足

中国休耕制度主要由政府自上而下推进，农户参与的主动性比较欠缺。《方案》提出"休耕补助标准与原有的种植收益相当，不影响农民收入"，休耕补助主要考虑稳定农民收益和维持生计，但是缺乏对耕地质量和生产能力、生态环境以及当地社会经济发展情况的综合考虑，以及对农户的参与偏好和利益需求的足够重视，难以根据农户参与意愿和配合程度提供具体的休耕补助与奖励方案，当农户自身利益与政策目标相违背时，自然不愿主动实施耕地休耕措施。例如，吉林省近年来大力推行玉米的高光效休耕轮作种植模式，对长春市合心镇农户意愿调查发现，农户自愿参与休耕的程度较低，且在休耕制度的确定、休耕补助工作的落实以及休耕期工作监管等方面有较高要求(马宏阳等，2016；赵其国等，2017)。

(二)补助标准缺乏柔性

中国当前实施的休耕制度，选取了河北地下水漏斗区、南方重金属污染区、贵州和云南石漠化区、甘肃生态严重退化区等作为试点地区，《方案》按试点区不同规定补助标准分别为："河北省黑龙港地下水漏斗区季节性休耕试点每年每亩补助 500 元，湖南省长株潭重金属污染区全年休耕试点每年每亩补助 1300 元(含治理费用)"，"贵州省和云南省两季作物区全年休耕试点每年每亩补助 1000 元，甘肃省一季作物区全年休耕试点每年每亩补助 800元"。实际上，不仅各休耕试点区域间的耕地特征各有不同，各休耕试点区域内部亦存在较大差异。例如，京津冀地区农田分为 3 类休耕区：严重的地下水超采、水土流失、土壤污染区域；一般的地下水超采、水土流失、土壤污染区域；以及具备良好水土资源条件的优质农田区域(杨邦杰等，2015)。云南省按重金属污染区、城郊蔬菜和花卉种植区、大棚设施覆盖区和长期覆盖地膜区进行休耕轮作(孙治旭,2016)。湖南省长株潭重金属污染区的各个县市之间和各县市内部差异也很大。但是,目前中国休耕补助政策仅体现了各休耕试点区域间的差异,对于各休耕试点区域内部而言,补助标准基本上"一刀切",缺乏柔性。比如,根据作者的实地调查,湖南省长株潭重金属污染区对休耕农户的补助,基本不考虑资源禀赋差异、流转价格差异、农户个体差异等因素,由省里统一为每亩700元。虽然这种补助方式便于执行,但是没有充分考虑各个地区的内部差异性,各地农户休耕的发展机会成本和休耕养护成本不能得到针对性的补偿,可能会造成一些区域补助过度,而另一些区域补助不足。

(三)补助资金来源单一

耕地休耕是中国一项正外部性很强的政策,对政府、农民及整个社会都会产生积极的经济和环境效益。中国休耕补助以中央政府纵向转移支付为主,控制性和针对性较强,但休耕制度的实施历时长、工程大,单一的资金来源使得政府面临较大的财政压力。如2016年针对耕地轮作休耕试点的补助资金,主要从农业部和财政部整合的项目资金中统筹安排,中央财政划拨14.36亿元,其中轮作补助为7.5亿元,休耕补助为6.86亿元。地下水漏斗区的河北衡水市,在实施休耕的两年间,国家财政投入补助资金多达44.50亿元(许雪亚,2016)。陕西省"十三五"期间每年休耕轮作百万亩地的资金来源,也主要依赖于政府的财政补贴(元莉华、乔佳妮,2016)。此外,休耕补助中基于市场机制的横向转移支付不足,社会资金支持渠道较少。当前试点区域承担了较多的耕地生态修复和环境保护的义务,当地农户进行耕地休耕时,牺牲了自身的经济利益和发展机会,而其他地区是公众生态利益的受益者,因此有责任对休耕地区提供补助,以使社会成员之间责任义务负担平等,同时筹措足够的补助资金,保证休耕制度的实施效果及其持续性(吴萍、王裕根,2017)。

(四)补助制度保障薄弱

中国休耕制度目前尚处于试点工作阶段,还远远没有形成覆盖全国的休耕补助制度体系。保障政策方面存在诸多不足:(1)法律法规方面,尽管国家多个部委联合发布了《探索实行耕地轮作休耕制度试点方案》,对休耕补助标准和方式、保障措施等进行了一些规定,但由于缺乏对休耕补助目的、实施模式、补助形式、补助标准、资金来源等做出的具体而详细的规定,各地方政府在没有强制性法律约束的情况下,在休耕补助发放的实践中易产生随意性和主观性,出现权威性不够、法律依据不足的现象(郑雪梅,2016)。(2)组织管理方面,欧盟等国家政策实施主体职责明确,中央政府承担统筹规划、组织实施等任务,地方政府负责政策执行和监管,农民则负责具体实施和领取补助(杨庆媛等,2017);相对而言,中国休耕的组织主体较为单一,权责分配不尽合理,地方政府作为一个重要环节,监管和指导作用有待进一步加强。(3)技术规范方面,虽然中国要求建立对农户实施轮作休耕效果的评价标准体系,但如何对休耕效果进行科学的监测分析,如何对休耕期间未按要求采取耕地养护措施以及弄虚作假、冒领补助等行为进行监督和管理等问题仍有待进一步探索。

三、代表性国家和地区休耕补助政策的实践经验

自20世纪以来，农业技术的大幅度提升在解决人们温饱问题的同时也带来了粮食过剩、粮价下跌问题，同时，高强度的集约化农业生产形式使得世界上许多国家和地区的耕地质量严重下降、耕地污染严重，不利于经济的可持续化发展（饶静，2016；卓乐，2016；江娟丽，2017）。因此，休耕制度既作为一项平衡粮食需求的措施，又作为提高耕地质量和改善生态环境的有效手段，在世界各国开始加以推行（徐雪、夏威龙，2015；尹义坤，2010）。比如，欧盟的共同农业政策（Common Agricultural Policy，CAP）、美国的农田保护储备项目（Conservation Reserve Program，CRP），日本和中国台湾地区的稻田转作政策中都包含休耕项目。不同国家和地区由于社会、经济、政治和自然环境的差异，具体的休耕政策相应也有所差异。但通过梳理总结发现，不同国家和地区之间无论实际情况和休耕政策的差别多么悬殊，在制定休耕补助政策时，都会考虑到休耕补助政策实施目的、激励农户参与的补助形式和标准以及政策保障措施等方面问题。

（一）休耕补助目的

1.以稳定农民收入为主要目的

实施休耕政策会导致农民耕种面积的减少，对农民种植业的经济收入产生一定的影响。因此，通过休耕补助，以减少农民收益损失、保护农民利益，是日本、欧盟和中国台湾地区制定休耕补助政策的主要目的之一。如表1所示，欧盟在1988年后实行的欧洲共同农业政策中，针对因休耕导致粮食减产、农民收入减少的现象，采取直接支付现金补助的方法，对休耕农民进行补偿。与欧盟直接采取现金支付补助的方式不同，日本和中国台湾地区在休耕政策推行的初期，主要采用价格补助的方式来稳定休耕农民的经济收入。政府通过实施休耕转作项目，减少水稻种植面积，调整稻田种植结构，对水稻产量进行控制，辅以进口关税门槛，从而维持稻米高位价格，以保证稻民收入不减少（谢祖光、罗婉瑜，2009）。

2.以提高休耕的持续性为主要目的

从长期来看，休耕可以改善因农药、化肥的过量使用，以及在生态环境相对脆弱地区进行农业生产等造成的生态环境问题，有利于实现农业可持续发展和生态环境保护。然而，对于参与休耕的农户而言，休耕带来的外部经济性可能远远大于其作为参与者的收益。为了促进休耕政策实施的持续性，政府往往通过对农户进行补助的方式，激励其参与到休耕计划中来。如美国的湿地储备计划、农地保护储备计划等土地休耕计划，政府根据土壤侵蚀情况、水质净化程度及野生动物栖息地保护等方面决定土地休耕范围，对农户进行休耕补助并支持采取长期植被保护措施，最终实现土地永续利用和生态环境保护的目的（刘嘉尧、吕志祥，2009）。欧盟在2003年的农业环境政策改革后，提出环保措施实施成本补偿、生态服务补偿方案（Payment for Environment Services，PES）等多种涉及休耕项目的环境补助方式（Lipper L et al.，2006；Wynne-Jones，2013）。日本近年来更加重视农地休耕对生态环境保护的影响，针对丘陵山区，推出了一系列促进农地水环境保护、环境友好型农业发展的农地休耕补助政策，利用补助激励机制，引导农户休耕，以加强对生态环境和农业多功能性的保护（黄波、李欣，2014）。

表1　不同国家和地区主要休耕项目目标和实施模式比较

国家和地区	开始时间	目标			实施模式			
		最初目标	新增目标	原则	休耕类型（年限）	规模	补偿构成及标准	特点
美国	1986年	减少土壤侵蚀，稳定土地价格和减少粮食生产	改善和保护水质、提高土壤生产力和增加野生动物栖息地	自主申请	一般休耕，不间断休耕（1985年后为10~15年）	2002年上限为1473万公顷；2007年上限为1586万公顷；之后呈下降趋势；通常在每个县级区域不超过耕地总面积的25%	差别化的土地租金补贴、成本分摊补贴、奖励金和技术援助	自愿性、法制性
欧盟	1992年	减少粮食生产与预算支出	保护生态环境	政府管控	自愿休耕（5年，后改为无上限）、强制休耕（5年）	2009年前平均占总耕地面积的10%左右	根据休耕面积、平均产量与每吨补贴价格，粮食市场变化制定补贴标准	全面性，根据世界粮食供应形势调整休耕类型
日本	1971年	减少粮食生产，维持粮食价格，保护农民收入	保护生态环境；2012年后，增加对非主食用大米继续支付高额补贴，诱导农户调整水稻种植结构等目标	先强制，2007年后自愿	永久性休耕、转作休耕、管理休耕（休耕年限依据区域而定，如半山区和山区耕地休耕需持续5年）	2010年为10.6%	根据土地面积与作物种类、产量制定补贴标准；成本补贴	目标性与强制性，以村为单位进行休耕
中国台湾地区	1984年	减少粮食产量，保护生态环境，保护农民收入	保护生态环境；调整农业种植结构，维护农民福祉	自主申请	转作休耕、翻耕休耕（依据市场价格和适时轮换决定）	2003年后每年约22万hm²，约占总耕地面积的27.5%	根据休耕类型及作物种类进行补贴、成本补贴、奖励金	休耕面积过大、申请门槛低，负面影响较多

(二)休耕补助实施模式

1.农户自主申请模式

这种休耕补助实施模式是以农民为主体，愿意参加休耕计划的农户主动向政府提出包含最低补助期望金额在内的休耕申请，政府对申请进行审批控制，对符合要求的农户给予补助。如表1所示，主要以美国和日本的休耕政策为代表。美国休耕项目依据环境敏感程度分为一般申请(general sign-up)和连续申请(continuous sign-up)两种方式。在环境敏感区进行连续申请，农户只要申请即可获批，通常有实施奖励金和申请奖金，如果农户能够实施有效的保护活动,可以获得更高的土地租金补助(朱文清,2010)。在环境敏感度相对不高的地区进行一般申请,自愿休耕的农民在考虑机会成本和养护成本的基础上,向政府提出申请及期望的补助额度(Antle et al.,2008),农业部根据当地土地生产率、租金价格、申请补助水平以及环境效益指数等多方面指标,对申请者进行筛选审批,农民获准后,签订休耕合同即可享受期望的土地租金补助,还可获得实施植树种草等措施的成本补助(向青、尹润生,2006)。日本农业休耕补助项目由农林渔业部(Ministry of Agriculture,Forestry and Fisheries,MAFF)统一管理,由都道府县负责实施,农民自主决定是否参加各类补助项目,并向政府提出补助申请,日本农林渔业部按要求决定补助的批准和发放(王永春、王秀东,2009)。这种实施模式中农户可根据其所拥有土地的具体状况,决定是否加入休耕计划,被补助主体的参与意愿得到了充分的考虑,农户在休耕补助的选择上自由度较高,有助于提高农户的主观能动性。

2.政府分区管控模式

这种休耕补助实施模式是在政府自上而下的严格监督下进行的,政府一般以耕地规模、粮食产量及生态环境状况为标准,决定推行强制性休耕的区域和规模,并给相应的农户发放补助,主要以欧盟早期的休耕政策为代表。欧盟休耕方式分为轮作制和长期性休耕(张洪明、余建,2014)。轮作制的休耕方式包括强制性休耕和非强制性休耕两类,政策规定申请休耕补助面积上折合粮食总产量超过 92t 的大农场为强制性休耕地区,且必须至少休耕 10% 的耕地;折合粮食产量低于 92t 的小农场属于非强制性休耕地区,非强制性休耕的面积由农户决定,但得到休耕补助的面积不得超过耕地总面积的 33%,连续休耕的面积须大于 0.3hm² (Steele,2009;邓宗豪、王维敏,2002)。这种休耕补助形式简单易行,政府每年对农场主规定一定比例的土地进行休耕、植树种草或者种植生物燃料植物,并要求农户采取绿色养护措施(Thanasis et al.,2010),但是,这种形式缺乏对不同地区的耕地质量和经济发展状况的重视,强制性的休耕规定对农民的参与意愿关照不足,容易引起农民的抵触情绪。

(三)休耕补助形式

1.竞标式补助

在遵循成本效益最大化原则基础上,美国的农地休耕项目(Conservation Reserve Program,CRP)将政策手段与市场机制相结合,引入竞标方式来确定补助标准。农户提出同意接受的最少休耕补助额,政府依据申请者的补偿要求和环境效益等相关规范,对所有休耕申请进行分析评估,最终筛选出成本效益最高的投标申请。对于农民期望补助金额越低、环境效益评分越高的申请,项目中标的可能性越大。通过竞标获得土地休耕补助,既补偿了休耕农民的机会成本,增加了农民参与的积极性,也有助于减少政府财政的过度支出,提高社会和环境综合效益。这种休耕补助形式考虑了农户的参与意愿,并与美国农场规模大、分布相对集中的特征相适应,但是不太适用于个体农户耕地规模小、分布散的国家或地区,因为可能会出现单个农户的申请数量过多、形式过于复杂等问题,从而导致政府对竞标申请筛选的成本过高。

2.直接支付补助

这种补助形式由政府从财政收入中直接给农户支付补助,一般依据农户休耕之前的粮食收入、对休耕造成的损失进行补助。在 1988 年乌拉圭回合农业协定达成后,这种补助成为美国、欧盟和日本进行休耕补助的主要类型(焦晓松,2014)。如欧盟共同农业政策(CAP)转变之前以维持农产品高价为目的的粮食价格补助转为直接支付补助,依据休耕面积,直接对参与农民支付固定标准的补助。中国台湾地区的休耕政策鼓励农民采取翻耕和转作的方式,减少稻米种植面积,根据采取不同休耕方式的土地种植面积,对农户直接给付经济补助。日本自 2012 年开始,实施"日本型直接补助政策",逐步建立起粮食收入直接补助、丘陵山区直接补助和环境直接补助等涉及休耕项目的直接支付体系。其中,粮食收入直接补助通过对转作稻田而种植大豆、甜菜、麦类等非食用稻米作物的农户实施补助,以减少稻米的生产,同时保证粮食自给率(王国华,2015)。丘陵山区直接补助和环境直接补助,主要针对休耕的环境保护方面,以增加农业生态服务价值,保证农业资源的可持续利用(Yamashita,2015)。这种补助形式操作简单,直接给农民支付补助,减少了统计与查核的工作量,同时对市场的干预较少。但是,政府对规则的制定需要综合考虑各种特殊情况,同时为了达到激励效果,制定的补助发放标准往往相对较高。

3. 奖励性补助

对于休耕农户,在休耕措施达到政策要求的前提下,自愿进一步采取有助于改善地力、降低污染、提高耕地产能等的土地养护措施,政府将提供多样化的奖励性补助。如欧盟对参与休耕农民进行绿色种植、降低农业污染及养护废弃地的保护措施,依据投入成本和之前的农业收入,提供一定金额的奖励性补助(Yamashita,2015)。在英国,自愿参与休耕的小农场主可享受一定限额的资金补助或终生养老金补助,如果农户申请进行多年长期休耕,还会获得额外的资金奖励(Ma et al.,2012)。日本对于积极配合休耕的农民,政府将发放相当于每公顷 600 余美元的补助金,最高额度可达每公顷 4000 美元以上(Lienhoop,2015)。美国农地休耕项目(CRP)补助中的技术援助支出,主要对休耕农民实施特定保护措施,提供技术指导和培训支持,同时帮助休耕农民重新就业和转产发展(Sasaki,2005)。

(四)休耕补助依据

1. 以土地产出为依据

自 1992 年"麦克萨里改革"(Macsharry Reform)后,欧盟休耕补助主要依据土地产能和休耕面积来确定,每公顷休耕土地的补助额等于当地粮食产量的作物面积补助额,即粮食的平均单产乘以每吨的补助额。不同的国家和地区由于粮食产量不同,补助标准也有所不同。例如,德国的补助标准相当于每公顷 400 美元(高玉强、沈坤荣,2014)。

2. 以土地租金为依据

美国休耕补助以土地年租金为计算依据对农户进行补助,土地年租金依据某土地类型用作最好的农业用途时的土地生产率来确定,并且要求能够反映当地市场租金价格的均值,一般略高于农业生产的年回报。农户提出的期望补助价格与最高土地年租金相比越低,休耕申请获得的指标评估分数就越高(刘璨,2009)。

3. 以休耕类型为依据

休耕补助依据主要为休耕方式和休耕后具体用途,对土地产能和地区差异考虑较少。日本休耕方式分为永久休耕、管理休耕和轮种休耕。其中,永久休耕地补助标准最高,可达每公顷 133 美元;管理休耕和轮种休耕的补助标准相当于每公顷 18.5 美元,如果农户采取有效的水土保持或绿色种植措施，补助标准会有所提升（Claassen et al.，2008）。中国台湾地区休耕包括转作和翻耕，转作补助根据作物品种而定，转作牧草、菱角等作物的补助标准相当于每公顷150美元左右；转作绿肥作物和景观作物的补助标准，均相当于每公顷340美元左右。如果是转作景观作物，则要求景观作物栽种面积达到10公顷以上。翻耕不需要种植作物，每公顷补助标准相当于200美元左右。

4. 以休耕养护措施为依据

为保护生态环境，依据农户在休耕地上进行植树种草、水土保持、使用绿肥及降低农业污染等措施而投入的成本和劳动力，政府给予一定比例的现金补助。美国休耕成本补助规定，对于农民采取种植植被等良好的耕作方式的实施成本，政府提供低于总成本50%的现金补助（刘璨，2010）。欧盟在2003年的共同农业政策（CAP）改革中提出，采用强制性绿色补助，将环境保护等要求与农业补助相联系（Swallow，2009；姜双林，2008），对有利于环境保护、粮食安全及动物保护的休耕地进行绿色直接支付补助，代替之前与粮食产量、畜牧数量相挂钩的产量补助方式，接受补助的农户须休耕一定比例的地块，同时按照要求采用环境友好的耕地利用方式（刘武兵、李婷，2008；Wyn，2010）。此外，日本也实施过环境友好型农业直接补助和鼓励绿肥使用的"绿色"粮食生产补助，在一定程度上减少了水土流失，促进了农业的可持续发展（Schmid，2007；徐雪、夏海龙，2015）。

（五）休耕补助资金来源

1. 政府财政补助

这种方式中资金主要来源于政府，包括纵向转移支付和政府主导的专项基金。纵向转移支付主要是资金由中央分配给地方，由上级转移到下级，最终落实到参与休耕的农民手中。专项基金补助可以通过政府拨款，同时联合休耕收益的企业和个人筹集的方式实现。美国农地休耕项目（CRP）补助资金由联邦政府承担，设立商品信用公司（Commodity Credit Corporation，CCC），每年提供休耕补助资金，包括土地租金和植被保护成本补助。日本的休耕经费主要来自于财政预算，即政府在编制财政时，将一部分休耕补助资金列在各级财政支出预算中。政府财政补助的控制性强，落实效果好，但补助资金渠道和标准单一，政府财政压力较大。

2. 市场付费补助

耕地休耕的生态保护者和生态受益者之间，基于市场机制，采取自愿协商的方式实现资金的横向输送，通过市场化拓宽资金来源渠道，包括横向转移支付、产权购买、生态产品认证等方式（尹义坤、刘国斌，2010）。欧洲地区休耕项目补助资金来源多样化，除了各成员国政府财政补助、欧盟农业担保基金（European Agricultural Guarantee Fund，EAGF）外，还大量依赖于横向转移支付。例如，德国以法律形式规定了横向转移支付比例，政府将财政拨给贫穷的州，资金来源为各州上交的部分增值税以及较富裕州的部分财政（杜振华、焦玉良，2004）。事实上，近年来，中国流域生态保护方面对市场补偿模式进行了一定的探索。以浙江省金华江流域的东阳—义乌水权交易为例，2000年义乌向东阳支付2亿元以购买东阳境内横锦水库5000万立方米水源的永久使用权，并每年向东阳支付0.1元/m³的综合管理费；中国广东省和江西省自2005年也已经开始采用跨省的横向转移支付制度，广东省出台《东江源生态环境补偿机制实施方案》规定从2006年开始，每年对江西省东江源区进行

1.5亿元的资金补偿,资金来源于广东省在东深供水工程中获得的收益金(Tan et al.,2014;吴萍、王裕根,2017)。市场化的付费补助的方式参与主体多元,具有市场激励性,资金来源广泛,但是产权确定难,过程复杂,操作难度大。

四、中国耕地休耕补助政策的改进建议

通过对中国近年来的休耕补助政策试点工作的实施情况、存在的问题以及代表性国家和地区的经验进行分析,可以看出制定科学合理的补助政策有利于稳定农户收益,激励农户参与休耕,提升休耕效果,对推进和完善中国耕地轮作休耕制度具有较大的现实意义。为此,本文提出如下改进建议。

(一)补助目的动态化

通过对代表性国家和地区的休耕政策进行梳理,可以看出,休耕补助目的是围绕休耕政策的目标而制定的。由于各地区的自然资源禀赋各异、社会经济水平不同,相应地,休耕政策的目标也不相同。即使是同一个国家或地区,其休耕的主要目标也是根据区域差异、发展阶段的变化而不断调整和完善的。日本、欧盟早期休耕政策目标主要是控制粮食产量,休耕补助以稳定农民收入为目的;后来休耕政策逐渐加强了对农地和生态保护的重视,休耕补助则主要用于激励农户保护生态环境和生物多样性。美国的休耕补助一直以来以激励农户参与休耕、提高休耕的持续性为主要目的,早期以减轻土壤侵蚀、保护生态环境为主要目标,后来演变到以改善水质、提高土壤生产力和保护野生动物栖息地为主要目标。借鉴其他国家和地区的经验,结合当前中国耕地休耕政策目标、耕地国情以及农民的休耕意愿差异性,建议因时因地调整下一步休耕补助的目的。例如,中国现阶段休耕补助应以稳定农户收入为主要目的,重点考虑由于农业收入低、对农地依赖性强而导致参与休耕意愿不高的农户,以提高农民参与程度、保证农民种植收益不降低。休耕制度实施的下一阶段可转向于更加侧重于生态环境的保护,补助目的也相应调整为激励农户采取有助于保持和恢复耕地地力、降低农业生产污染、改善生态环境状况等措施。

(二)补助效益最大化

借鉴美国、日本、欧盟等国家和地区的做法,中国在实施休耕制度的过程中可采取强制休耕和自主休耕相结合的形式,同时引入市场竞标机制,充分考虑农民的参与意愿,实现休耕补助的成本效益最大化。首先,根据地区耕地受损程度和环境敏感程度决定是否推行强制休耕,对于耕地重金属严重污染、耕地质量严重退化等生态环境脆弱的地区,可采取强制休耕;对于粮食中低产区可更多地鼓励农户自主参与休耕项目,适当降低补助标准(刘沛源等,2016)。其次,在自主休耕项目中,可借鉴美国休耕模式,引入竞标机制,由农户根据耕地的具体情况自主提出休耕申请,政府进行综合评估,遴选出综合效益最大的地块,并根据不同地区的耕地利用机会成本确定最高补助标准。最后,休耕制度实施前要对农户参与程度和受偿意愿展开充分的调查。充分尊重农民意愿,制定差异化、针对性的休耕补助标准,有助于调动农民参与休耕的积极性,进而实现休耕补助的有效性和持续性。调查结果显示,农户参与意愿受到农地质量状况、家庭经济状况、产权明晰度、环保意识、受教育程度、风险偏好等多方面因素的影响(Slee et al.,2014;Armstrong et al.,2011)。如在美国,农地

质量较差、环境敏感程度高的地区的农户更愿意参与休耕，提出更高的补助要求（Jacobs，2014）。而在中国部分地区的农户意愿调查表明，非农收入高、耕地质量差、家庭人口数量多、对耕地生境依赖程度低的农户更愿意参加休耕计划，如对三峡库区消落带的农户进行调查发现，收入状况是影响农户支付意愿的主要因素，且农户对于生态休耕补助的单位耕地支付意愿为 1516.76 元/(hm² · a)（尹珂、肖铁，2017），这可为相应区域内休耕补助标准的制定提供参考。

（三）补助类型差异化

发达国家和地区的休耕补助类型最重要的特点是差异化，依据土地产能、租金价格、作物类型等的不同而制定不同的补助标准。中国不同地区自然资源条件、土地利用程度以及社会经济发展状况存在广泛差异，因此，中国休耕制度也应分区分类确定差别化、多元化的补助类型：(1)粮食补助，根据各个地区土地生产力水平、土地租金及休耕方式制定不同的补助标准（郑雪梅，2016），主要针对农户参与休耕造成的粮食或其他作物的直接经济损失。(2)绿色补助，在不同的试点区针对进行绿色耕作的农户实施成本补助，如：在重金属污染区对各类清洁去污的化学与生物措施进行补助；在华北地区实施作物转作补助，鼓励种植马铃薯代替冬小麦以缓解地下水超采压力（郭燕枝等，2014）；在地下水漏斗区实行节水型农业补助，发展绿色农业（左喆瑜，2016；王学等，2016）；在生态严重退化区对生态修复的耕作模式进行补助。(3)奖励性补助，将农户休耕后采取的环境保护措施、养护效果纳入休耕补助发放依据，对休耕后积极采取绿色耕种、水利设施整修、田间道路维护等的农户提供奖励，以鼓励农民进行持续性的休耕管理和环境保护（饶静，2016）。此外，还可以通过设立专项基金，为休耕农民提供转业资金和就业指导，避免休耕后劳动力闲置。

（四）资金来源多样化

充足的休耕补助资金是休耕项目顺利开展和持续实施的前提。中国当前的补助资金来源仅限于中央财政投入，应积极拓展资金筹措渠道，建立政府财政补助与市场付费补助相结合的补助机制。首先，可以利用财政拨款和受益者联合建立专门的休耕补助基金，如与休耕受益的相关企业（如生态农业企业、旅游开发公司等）共同建立耕地休耕专项基金，主要针对休耕农民的粮食补助、绿色补助等。其次，发展横向转移支付，构建多样化的筹资机制，主要用于休耕农民的奖励性补助，弥补补助基金的不足。当前承担休耕义务的试点集中在河北地下水漏斗区、北方农牧交错区、湖南省长株潭重金属污染区以及西北、西南生态严重退化区，其他生态受益区可以通过横向财政转移对休耕区域予以资金补偿，实现不同区域之间利益保护的权责对等，如采用对口支援等形式将市区政府与生态农产品主产区进行合作，将部分收益作为休耕补贴。

（五）配套措施制度化

从其他国家和地区休耕的实施效果来看，日本和中国台湾地区由于缺乏完善的控制体系和监督制度，实际休耕面积远远超出计划休耕面积，休耕地没有得到有效的养护，杂草丛生、虫害不断，生态环境效益十分低下（卓乐、曾福生，2016）。而美国建立了包含环境效益指数的科学严谨的效益评估系统，对休耕后环境收益情况、耕地养护效果等进行持续的监测评估，有助于休耕制度的顺利落实和科学管理。欧盟通过强制性立法对不遵守规定的农民采取惩罚措施。如当农户超报休耕面积领取补助时，政府将按照超报面积的双倍削减其补助面积,甚至取消全部休耕补助(Bamière et al.,2011)。中国休耕制度需要加快出台约束性的法律法规,对补助目的、补助实施模式、补助形式和依据、资金管理等给予详细规定,并完善奖惩机制,提高休耕制度的权威性和可行性。此外,应强化对休耕地的后期监管,不断丰富和完善休耕数据库信息管理系统;综合考虑休耕后的经济、社会和生态效益,制定科学合理的休耕效果评估体系,建立保基本、重实效的休耕补助制度。

在上述分析基础上,本文从补助分区、补助目的、实施模式、补助形式、补助依据、资金支持等方面,构建了未来中国耕地休耕补助政策的初步框架(见表2),为中国耕地休耕补助政策的制定提供参考依据。

表 2　中国休耕补助政策框架

补助分区	补助目的	实施模式	补助形式	补助依据	资金支持
生态环境脆弱区	提高休耕的持续性、保护生态环境	强制休耕:对环境污染、生态退化比较严重的地区应全部实施长期休耕	直接支付补助	1)粮食补助:依据土地产出、土地租金确定。2)绿色补助:依据环境治理、修复成本以及当地租金价格确定,补助额度相对较高	1)粮食补助:纵向转移支付、专项基金等政府财政补助。2)绿色补助:纵向转移支付、横向转移支付、专项基金等
重金属污染区	保护生态环境、维护农民利益	强制休耕,并治理、修复被污染耕地	直接支付补助	1)粮食补助:依据土地产出、土地租金确定。2)成本补助:根据治理、修复成本而定	1)粮食补助:纵向转移支付、专项基金等政府财政补助。2)成本补助:纵向转移支付、横向转移支付、专项基金等
粮食中低产区	稳定农民收入、保障粮食安全	强制休耕:选择一定比例的目标地块进行休耕。自愿休耕:其余农地由农户自愿提出休耕申请	直接支付补助竞标式补助	1)粮食补助:依据土地产出、土地租金确定。2)奖励补助:依据养护措施、养护效果及农户受损的发展机会确定	1)粮食补助:中央和地方财政按一定比例提供资金。2)奖励补助:向污染企业征税;受益企业和个人定向捐赠;等

五、结语

本文在梳理总结中国休耕补助政策的国情背景、实施情况以及相关研究的基础上,分析了具有多年休耕制度推行经验的美国、日本、欧盟、中国台湾地区等代表性国家和地区的休耕补助情况,针对中国现阶段休耕补助政策中存在的问题,提出了改进休耕补助政策的建议,并根据上述政策,按照差异化和多样化原则,尝试构建了未来中国耕地休耕补助政策的初步框架。但是,对于如何根据中国本土化的耕地休耕内涵、休耕制度总体目标以及阶段性休耕任务,制定动态的明确的休耕补助目的;如何将政策手段与市场竞标机制有机结合,完善休耕实施模式,实现休耕成本效益最优化;如何在全国范围内依据地区差异,设计覆盖全面且多样化的休耕补助的类型,提高休耕的实施效果;如何根据农户的参与意愿和自身利益，针对重点人群制定详细具体的休耕补助激励措施，实现生态保护与农民致富的双赢，激励更多农户参与到休耕项目中；以及如何利用实地勘测与土地数据库系统成果，制定适合耕地细碎化国情的休耕动态监测机制和生态评估体系，为休耕制度的实施提供科学精确的数据支持等方面，还有待更多国内外学者的进一步深化研究。

参考文献

[1] Antle J M, Stoorvogel J, Crissman C, et al. Tradeoff Assessment as a quantitative approach to agricultural/environmental policy analysis[R]. Advances in Farming Systems Analyses, 2008：1-16.

[2] Armstrong A, Ling E J, Stedman R, et al. Adoption of the Conservation Reserve Enhancement Program in the New York City watershed：the role of farmer attitudes[J]. Journal of Soil & Water Conservation, 2011, 66(5)：337-344.

[3] Bamière L, Havlík P, Jacquet F, et al. Farming system modelling for agri-environmental policy design：The case of a spatially non-aggregated allocation of conservation measures[J]. Ecological Economics, 2011, 70(5)：891-899.

[4] Bauddh K, Singh K, Singh B, et al. Ricinus communis：a robust plant for bio-energy and phytoremediation of toxic metals from contaminated soil[J]. Ecological Engineering, 2015, 84：640-652.

[5] Claassen R, Cattaneo A, Johansson R. Cost-effective design of agri-environmental payment programs：U. S. experience in theory and practice[J]. Ecological Economics, 2008, 65(4)：737-752.

[6] Gray C W, Dunham S J, Dennis P G, et al. Field evaluation of in situ remediation of a heavy metal contaminated soil using lime and red-mud[J]. Environmental Pollution, 2006, 142(3)：530-539.

[7] Hamer U, Makes F, Stadler J, et al. Soil organic matter and microbial community structure in set-aside and intensively managed arable soils in NE-Saxony, Germany[J]. Applied Soil Ecology, 2008, 40(3)：465-475.

[8] Hinojosa M B, Carreira J A, Garciaruiz R, et al. Soil moisture pre-treatment effects on enzyme activities as indicators of heavy metal-contaminated and reclaimed soils[J]. Soil Biology & Biochemistry, 2004, 36(10)：1559-1568.

[9] Jacobs K L, Thurman W N, Marra M C. The effect of Conservation Priority Areas on bidding behavior in the Conservation Reserve Program[J]. Land Economics, 2014, 90(1)：1-25.

[10] Kaschuk G, Hungria M, Santos J C P, et al. Differences in common bean rhizobial populations associated with soil tillage management in southern Brazil[J]. Soil & Tillage Research, 2006, 87(2)：205-217.

[11] Lienhoop N, Brouwer R. Agri-environmental policy valuation：Farmers' contract design preferences for afforestation schemes[J]. Land Use Policy, 2015, 42(4)：568-577.

[12] Lipper L, Mccarthy N, Zilberman D, et al. Putting payments for environmental services in the context of economic development. [J]. Esa Working Paper, 2006, 31：9-33.

[13] Lu C, Liu H C, Tao J, et al. A key stakeholder-based financial subsidy stimulation for Chinese EV industrialization：a system dynamics simulation[J]. Technological Forecasting & Social Change, 2017, 118：1-14.

[14] Ma S, Swinton S M, Lupi F, et al. Farmers' willingness to participate in payment-for-environmental-

services programmes[J]. Journal of Agricultural Economics,2012,63(3):604-626.

[15] Papatheodorou E M,Kapagianni P,Georgila E D,et al. Predictability of soil succession patterns under different agricultural land use practices:Continual conventional cultivation versus transformation to organic cultivation or fallow periods[J]. Pedobiologia,2013,56(4-6):233-239.

[16] Sasaki H. Analysis about consciousness structures on agri-environmental payment programs in Shiga: an application of structural equation model included WTP[J]. Journal of Rural Planning Association, 2005,23(4):275-284.

[17] Schmid E,Sinabell F. On the choice of farm management practices after the reform of the Common Agricultural Policy in 2003[J]. Journal of Environmental Management,2007,82(3):332-40.

[18] Slee B,Brown I,Donnelly D,et al. The 'squeezed middle':Identifying and addressing conflicting demands on intermediate quality farmland in Scotland[J]. Land Use Policy,2014,41:206-216.

[19] Steele S R. Expanding the solution set:Organizational economics and agri-environmental policy[J]. Ecological Economics,2009,69(2):398-405.

[20] Swallow B,Meinzendick R. Payment for environmental services:interactions with property rights and collective action[M]. Springer Netherlands,2009:243-265.

[21] Tan R,Wang R,Sedlin T. Land-development offset policies in the quest for sustainability:What can China learn from Germany? [J]. Sustainability,2014,6(6):3400-3430.

[22] Thanasis Kizos,Maria Koulouri,Hristos Vakoufaris,et al. Preserving characteristics of the agricultural landscape through agri-environmental policies:the case of cultivation terraces in Greece[J]. Landscape Research,2010,35(6):577-593.

[23] Wyn G. Policy instruments in the Common Agricultural Policy[J]. West European Politics,2010,33 (1):22-38.

[24] Wynne-Jones S. Connecting payments for ecosystem services and agri-environment regulation:An analysis of the Welsh Glastir Scheme[J]. Journal of Rural Studies,2013,31(3):77-86.

[25] Xie H,Wang W,Zhang X. Evolutionary game and simulation of management strategies of fallow cultivated land:a case study in Hunan province,China[J]. Land Use Policy,2018,71:86-97.

[26] Yamashita K. Japanese agricultural trade policy and sustainable development[J]. Agriculture,2015 (56):1-42.

[27] 陈展图,杨庆媛.中国耕地休耕制度基本框架构建[J].中国人口·资源与环境,2017,27(12):126-136.

[28] 揣小伟,黄贤金,钟太洋.休耕模式下我国耕地保有量初探[J].山东师范大学学报(自然科学版),2008,23(3):99-102.

[29] 邓琳璐,王继红,刘景双,等.休耕轮作对黑土酸化的影响[J].水土保持学报,2013,27(3):184-188.

[30] 邓宗豪,王维敏.欧盟共同农业政策的改革及其影响分析[J].西南民族大学学报人文社科版,2002,23(5):98-101.

[31] 杜振华,焦玉良.建立横向转移支付制度实现生态补偿[J].宏观经济研究,2004(9):51-54.

[32] 高玉强,沈坤荣.欧盟与美国的农业补贴制度及对我国的启示[J].经济体制改革,2014(2):173-177.

[33] 郭燕枝,王小虎,孙君茂.华北平原地下水漏斗区马铃薯替代小麦种植及由此节省的水资源量估算[J].中国农业科技导报,2014(6):159-163.

[34] 何蒲明,贺志锋,魏君英.基于农业供给侧改革的耕地轮作休耕问题研究[J].经济纵横,2017(7):88-92.

[35] 黄波,李欣.日本型直接补贴政策的构建及启示[J].世界农业,2014(1):7-12.

[36] 黄国勤,赵其国.轮作休耕问题探讨[J].生态环境学报,2017,26(2):357-362.

[37] 江娟丽,杨庆媛,阎建忠.耕地休耕的研究进展与现实借鉴[J].西南大学学报(自然科学版),2017,39(1):165-171.

[38] 姜双林.欧盟农业环境补贴法律制度的嬗变及其对中国的启示[J].法治研究,2008(6):3-9.

[39] 焦晓松,姚金安,张辰利.欧盟共同农业政策改革中直接支付内容变化研究[J].世界农业,2014(7):63-66.

[40] 李凡凡,刘友兆.中国粮食安全保障前提下耕地休耕潜力初探[J].中国农学通报,2014(30):35-41.

[41] 李广东,邱道持,王平.耕地保护机制建设的机理、特征与挑战探讨[J].中国农学通报,2010,26(11):398-402.

[42] 李争,杨俊.鄱阳湖粮食产区农户休耕意愿及影响因素研究[J].广东农业科学,2015,42(22):162-167.

[43] 刘璨,贺胜年.日本农田休耕项目:从控制粮食到保护生态环境[N].中国绿色时报,2010-08-18(3).

[44] 刘璨.欧盟休耕计划保护了乡村的自然环境[N].中国绿色时报,2009-01-05(3).

[45] 刘嘉尧,吕志祥.美国土地休耕保护计划及借鉴[J].商业研究,2009(8):134-136.

[46] 刘沛源,郑晓冬,齐姣媛,等.国外及中国台湾地区的休耕补贴政策[J].世界农业,2016(6):149-153.

[47] 刘武兵,李婷.欧盟共同农业政策改革:2014—2020[J].世界农业,2015(6):65-69.

[48] 罗明,张惠远.土地整理及其生态环境影响综述[J].资源科学,2002(2):60-63.

[49] 罗婷婷,邹学荣.撂荒、弃耕、退耕还林与休耕转换机制谋划[J].西部论坛,2015,25(2):40-46.

[50] 马宏阳,王程,李毅.长春市合心镇实施休耕政策中农户补贴模式的探究[J].经济研究导刊,2016(4):8-8.

[51] 饶静.发达国家"耕地休养"综述及对中国的启示[J].农业技术经济,2016(9):118-128.

[52] 沈仁芳,陈美军,孔祥斌,等.耕地质量的概念和评价与管理对策[J].土壤学报,2012(6):1210-1217.

[53] 沈孝强,吴次芳.自主参与式农地休养政策:模式和启示[J].中国土地科学,2016,30(1):68-74.

[54] 孙治旭.关于云南省实行耕地轮作休耕的思考[J].环境与可持续发展,2016(1):148-149.

[55] 谭永忠,何巨,岳文泽,等.全国第二次土地调查前后中国耕地面积变化的空间格局[J].自然资源学报,2017,32(2):186-197.

[56] 王程,李毅,闾程.吉林省长春市合心镇实行适度休耕意愿调查及对策[J].北京农业,2015(27):195-196.

[57] 王国华.日本粮食直接补贴政策演进分析[J].粮食科技与经济,2015,40(2):20-23.

[58] 王军锋,侯超波.中国流域生态补偿机制实施框架与补偿模式研究[J].中国人口·资源与环境,2013(2):23-29.

[59] 王晓丽.论生态补偿模式的合理选择:以美国土地休耕计划的经验为视角[J].郑州轻工业学院学报(社会科学版),2012(6):69-72.

[60] 王学,李秀彬,辛良杰,等.华北地下水超采区冬小麦退耕的生态补偿问题探讨[J].地理学报,2016,71(5):829-839.

[61] 王永春,王秀东.日本的农业补贴:水稻[J].世界农业,2009(12):27-29.

[62] 王志强,黄国勤,赵其国.新常态下我国轮作休耕的内涵、意义及实施要点简析[J].土壤,2017,49(4):651-657.

[63] 吴次芳,费罗成,叶艳妹.土地整治发展的理论视野、理性范式和战略路径[J].经济地理,2011,31(10):1718-1722.

[64] 吴萍,王裕根.耕地轮作休耕及其生态补偿制度构建[J].理论与改革,2017(4):20-27.

[65] 吴萍.我国耕地休养生态补偿机制的构建[J].江西社会科学,2016(4):158-163.

[66] 向青,尹润生.美国环保休耕计划的做法与经验[J].林业经济,2006(1):73-78.

[67] 谢花林,程玲娟.地下水漏斗区农户冬小麦休耕意愿的影响因素及其生态补偿标准研究——以河北

衡水为例[J].自然资源学报,2017,32(12):2012-2022.

[68] 谢祖光,罗婉瑜.从台湾休耕政策谈农地管理领域:农地利用管理[C]//2009海峡两岸土地学术研讨会,2009:733-749.

[69] 徐雪,夏海龙.发达国家农业补贴政策调整及其经验借鉴:基于欧盟、美国、日本的考察[J].湖南农业大学学报(社会科学版),2015(3):70-74.

[70] 许雪亚.华北漏斗区的休耕战[J].农村工作通讯,2016(15):10-11.

[71] 杨邦杰,汤怀志,郧文聚,等.分区分类科学休耕:重塑京津冀水土利用新平衡[J].中国发展,2015,15(6):1-4.

[72] 杨庆媛,信桂新,江娟丽,等.欧美及东亚地区耕地轮作休耕制度实践:对比与启示[J].中国土地科学,2017,31(4):71-89.

[73] 尹珂,肖轶.基于耕地非市场价值的三峡库区消落带生态休耕补偿标准研究[J].水土保持通报,2017,37(2):239-246.

[74] 尹珂,肖轶.三峡库区消落带农户生态休耕经济补偿意愿及影响因素研究[J].地理科学,2015,35(9):1123-1129.

[75] 尹义坤,刘国斌.日本粮食生产补贴政策演进对我国的借鉴[J].现代日本经济,2010(3):58-64.

[76] 俞振宁,谭永忠,茅铭芝,等.重金属污染耕地治理式休耕补偿政策:农户选择实验及影响因素分析[J].中国农村经济,2018(2):109-125.

[77] 俞振宁,吴次芳,沈孝强.基于IAD延伸决策模型的农户耕地休养意愿研究[J].自然资源学报,2017,32(2):198-209.

[78] 元莉华,乔佳妮."十三五"我省每年休耕轮作百万亩地[N].陕西日报,2016-02-24(2).

[79] 张洪明,余键.欧美国家退耕还林还草实践[J].四川林勘设计,2014(4):54-58.

[80] 张慧芳,吴宇哲,何良将.我国推行休耕制度的探讨[J].浙江农业学报,2013,25(1):166-170.

[81] 赵其国,滕应,黄国勤.中国探索实行耕地轮作休耕制度试点问题的战略思考[J].生态环境学报,2017,26(1):1-5.

[82] 郑雪梅.我国耕地休耕生态补偿机制构建与运作思路[J].地方财政研究,2016(7):95-104.

[83] 郑兆山.建立我国土地休耕制度的必要性及其保障措施[J].中国农业银行武汉培训学院学报,2002(1):77-79.

[84] 周健,张凤荣,王秀丽,等.中国土地整治新增耕地时空变化及其分析[J].农业工程学报,2014(19):282-289.

[85] 朱文清.美国休耕保护项目问题研究(续一)[J].林业经济,2010(1):123-128.

[86] 卓乐,曾福生.发达国家及中国台湾地区休耕制度对中国大陆实施休耕制度的启示[J].世界农业,2016(9):80-85.

[87] 左喆瑜.华北地下水超采区农户对现代节水灌溉技术的支付意愿:基于对山东省德州市宁津县的条件价值调查[J].农业技术经济,2016(6):32-46.

土地利用介导的河流氮输出机理

谷保静　陈彬卉

摘　要：生态系统氮输入受到人类活动的干预，而对水环境产生重要的潜在影响。水体中含有过量氮会造成富营养化，使水质恶化，影响水生生物的生长和繁殖。本研究以中国浙江省为例，通过文献分析和数据挖掘的方法，基于质量平衡，构建人类-自然耦合系统（CHANS）的总氮（TN）循环过程模型，从系统平衡的角度对浙江省河流氮输出进行源解析，量化了 2000 年到 2015 年氮排放源及分析了土地利用组成对河流氮输出的影响。研究结果发现：浙江省活性氮输出总量由 2000 年的 0.22Tg 增加到 2015 年的 0.26Tg，平均年增长率为 1.1%。九大来源中，生活污水直排和污水处理厂（WTP）的排放是河流氮输出的主要来源，农田非点源污染次之。不同土地利用类型与水质污染指标之间的相关性随着缓冲半径的减小而减小。尽管氮浓度随着城市和农田土地利用比例增大而增大，但土地利用变化与河流氮输出变化之间并不存在相关关系。这表明河流氮输出的驱动因子是土地承载的人类活动，而土地利用对于河流氮输出只起介导作用。基于河流氮输出源解析结果，为改善浙江省水环境质量，除了控制农田氮流失，减少生活污水直排外，更关键的是提高污水处理厂排放标准、加快其提标改造、提高人民环保意识。

关键词：水体富营养化；河流氮输出；源解析；土地利用变化；排放标准

The Mechanism of Riverine N Export Mediated by Land Use

GU Baojing　CHEN Binhui

Abstract：The ecosystem nitrogen imput interfered by human activities has a crucial potential influence on water environment. The increased nutrient export to rivers is the main cause of eutrophication，which deteriorates the water quality and has a negative effect on the growth and reproduction of aquatic organism. Based on a mass balance approach，combined with literature analysis and data mining，this study has quantified the sources of N discharge and analyzed the effect of land use composition on riverine N export from 2000 to 2015，taking Zhejiang Province，China as a case study. Our results show that the total reactive N discharge to rivers in Zhejiang increased from 0. 22 in 2000 to 0. 26 Tg in 2015 at an annual rate of 1. 1%. Direct discharges of domestic wastewater and effluents from wastewater treatment plants are dominant sources of riverine N export，followed by agricultural non-point sources. The strength of correlation between land use composition and water quality pollution index sharply decreased with decreasing width of the buffer zone. Although riverine N export increases with the increasing proportion of urban and agricultural land uses，we did not find any relationship between land use changes and changes in riverine N export. This suggested that the dominant factor affecting riverine N export should be the human activities carried by land use，while land use only mediated riverine N export. Based on the source analysis of riverine N export，in order to improved the water environment of Zhejiang Province，in addition to controled N loss from cropland and reduced discharge of domestic wastewater, it is necessary to improved the discharge criteria of wastewater treatment plants (WTP), to accelerate the upgrading and reconstruction and heighten the environmental awareness of public as effluents from WTP has a greater contribution to the riverine N export.

Key words: Eutrophication; riverine N export; source apportionment; land use change; effluent standard

一、绪论

(一)课题背景

河流在生态系统及人类生活中扮演着关键的角色,是水生态系统的重要组成部分,对区域的社会经济可持续发展影响巨大。遗憾的是,如今大部分河流都被当作是污水收纳站,且很多河流的氮浓度已经超过了河流本身的自净能力,对水质造成了极大的破坏(Rashid et al.,2013)。浙江省位于我国东部沿海长江三角洲南翼,是中国经济最活跃的省份之一。伴随着快速的经济发展和城市化进程,浙江省工业、农业和人类生活带来了大量的新增人源 N 输入,随后这些输入的 N 大部分流失到水体和大气中,带来严重的环境问题。浙江省 8 条主要的河流及湖泊水库中,都不同程度地存在富营养化现象,这给居民的饮用水安全和工农业生产带来了威胁,浙江省多地环保局长更是被市民悬赏"邀请"下河游泳。同时由于是沿海地区,浙江陆源 N 污染通过径流被输送到东海近海,对近海的海洋环境也带来严重的负面影响,近海污染面积超过 2 万 km²。

就全省状况而言,除了少数支流、部分流经城镇的河段存在不同程度的污染外,整体水质良好。钱塘江、甬江、椒江、鳌江和运河水系中部分河段超Ⅲ类水质标准,部分湖泊存在一定程度富营养化现象,水库中以中营养为主。2015 年浙江省控断面监测结果显示,全省水质达到或优于地表水环境质量Ⅲ类标准(GB 3838—2002)的断面占断面总数的 72.9%(其中Ⅰ类 9.1%,Ⅱ类 33.9%,Ⅲ类 29.9%),Ⅳ类占 15.8%,Ⅴ类和劣Ⅴ类占 11.3%(其中Ⅴ类 4.5%,劣Ⅴ类 6.8%)。按水质达到或优于Ⅲ类标准的断面数百分比排序,八大流域由大到小分别为:瓯江、飞云江、苕溪、钱塘江、椒江、甬江、鳌江、运河。飞云江、瓯江的水质为Ⅰ－Ⅲ类,苕溪水质为Ⅱ－Ⅲ类,三大流域均无明显污染河段,水质优良。钱塘江Ⅰ－Ⅲ类水质断面占该流域断面总数的 87.2%,Ⅲ类以下河段的污染指标主要为氨氮、化学需氧量。椒江Ⅰ－Ⅲ类水质断面占 81.8%,污染指标主要为氨氮和总磷。甬江Ⅰ－Ⅲ类水质断面占 64.3%。鳌江水质为Ⅱ－劣Ⅴ类,且Ⅱ类水质断面只占 25%,一半以上的断面都是劣Ⅲ类,污染指标为氨氮。运河水质为Ⅲ－Ⅴ类,但Ⅲ类水质断面占比最少,为 14.3%,Ⅳ类占 57.1%,Ⅴ类占 28.6%,主要污染指标为氨氮、总磷,运河水质排名常年是八大水系之尾。八大流域中除没有明显污染河段的流域,其他流域都存在氨氮超标的情况,而氮是促使水体富营养化的重要物质之一。

(二)水体富营养化及其危害

水体富营养化现象是指在人类经济生产等活动影响下,湖泊、水库等流速缓慢,更新周期长的封闭或半封闭水体进入了大量生物所需的 N、P 等矿质营养盐,引起水生生物特别是藻类大量繁殖,水体溶解氧量减少,透明度降低,水质恶化,导致鱼类及其他生物大量死亡,从而改变整个水体生态平衡的现象(程丽巍等,2007)。水体富营养化的 N、P 来源广泛,以 N 为例,除了直接贡献 N 的生活污水、工业废水外(Howarth et al.,2012),受人类长期生产实践影响的土地利用/变化以及自然因素如气候变化、水文条件等都被认为是影响河流氮输出从而导致水体富营养化的因素(Ma et al.,2015;Kibena et al.,2014;Tian et al.,2015)。降雨、地表径流、土壤侵蚀等因受到气候变化的干预从而影响了河流氮输出量。此外,适宜的气候本身就是水体富营养化的一个重要诱因,比如,水体富营养化对于温度适宜、阳光充足的澳大利亚来说就是一个长期和普遍的问题(高爱环等,2005)。

水体富营养化的危害主要涉及以下几个方面:(1)由于藻类的过量繁殖,降低了水的透明度,使阳光难以穿透水层,从而影响深层植物的光合作用,降低了水中的溶解氧量,导致鱼类大量死亡,破坏了湖泊的生态平衡(Heisler et al.,2008)。(2)出现水华和赤潮的区域水面有一层"绿色浮渣",漂浮着藻类生物及大量死去的水生动物,其中有些藻类会散发出腥臭味,死去的生物又会在水内进行氧化作用,这时水体会变得很臭,大大降低了水资源质量从而不可再利用。(3)因富营养化水中含有硝酸盐和亚硝酸盐,某些藻类也会分泌释放有毒性的物质,人畜长期饮用这些物质含量超过一定标准的水,会增加患病的概率,比如:高铁血红蛋白症、流产、胃癌等(陈水勇等,1999;Burow et al.,2010)。(4)富营养化的水体生长着大量的水藻,且一些浮游生物会产生毒素,增加了给水处理的成本(高爱环等,2007)。(5)水体富营养化还影响美观,减少了出渔次数,阻碍当地旅游业和捕捞业的发展(Hoagland et al.,2002)。

水体中含有较多供藻类利用的营养物质 N、P 等是水体富营养化的直接因素,我国在富营养化治理上投入了大量的精力,但富营养化问题仍未得到完全解决,这主要是因为 N、P 营养物质来源广泛复杂,难以测定。因此,对水体氮污染进行源解析,探寻氮污染的源头及其形成机制,进而实施污染源管理,已经成为水体氮污染治理的关键。

二、研究现状

国内河流氮输出源解析用得较多的是同位素跟踪法。Li 等(2010)、Liu 等(2006)用 ^{15}N $-NO_3^-$ 和 $^{18}O-NO_3^-$ 分别对长江三角洲、贵阳的硝酸根离子(NO_3^- $-N$)进行源解析,结果发现硝化作用和城市污水排放是其主要来源。为了量化这些污染源,Ji 等(2017)在同位素跟踪法的基础上结合蒙特卡洛混合模型(MCMC)对浙江嵊州市的长乐流域的 NO_3^- $-N$ 进行源解析。聂泽宇(2016)针对太湖南部苕溪水体高氮来源不清的问题,基于平行因子分析(parallel factor analysis,PARAFAC)和自组织映射图(self-organizing maps,SOM)的荧光指纹图谱,结合水质监测 $^{15}N-^{18}O$ 双稳定同位素跟踪,系统评估了苕溪水体氮污染现状及对流域的 NO_3^- 进行源解析。除此之外,Yang 等(2015)利用 DLEM 模型研究了气候和人类活动变化对河流不同氮素形态(NH_4^+、NO_3^-、DON 以及 PON)的影响,并得出化肥使用、氮沉降、牲畜养殖以及污水排放都是主要影响因子,而土地利用变化如退耕还林则减少了河流氮输出。Wang 等(2014),Yin 等(2012)分别研究了黑龙江挠力河、中国大辽河土地利用变化对河流氮输出的影响。

河流氮输出来源复杂,有点源、有非点源,受自然因素的影响,也受人为活动的影响。尽管前人关于河流氮输出源解析的研究案例很多,但不全面。如:Guo 等(2013)只研究了农田非点源污染对北京永定河的影响,Liu 等(2013)研究了城市用地对深圳水质的影响。迄今为止,土地利用和人类活动导致的污染源是如何交互作用从而影响河流氮输出还不甚清楚。此外,像 NANI 模型并没有将区域内涉及氮输入的生态系统与河流氮输出联系起来(Chen et al.,2017),也没有考虑水文气候、土地管理等对其的影响,这就使得要对河流氮输出进行一个全面的源解析很困难。此外,前期很多氮平衡计算是以行政边界为单位的,虽然计算方便,但这导致基本单元过大,空间解析度不够,而且经常出现一个地区包括多个流域水体的情况;同时,相对较大的流域往往是跨基本单元的,这会引起行政边界与流域边界相差很大。这两种情况都会对氮污染源解析带来很大的偏差。因此,结合各个区域的具体情况,构建能够匹配流域尺度的氮平衡体系来进行源解析,对了解一个地区污染源的真实情况及其后期污染调控治理具有重要意义。

三、CHANS 模型

本研究采用人类-自然耦合系统(CHANS)模型来量化浙江省及其八大流域的 N 通量。CHANS 模型囊括了所有可识别的 N 通量及其在 14 个子系统内的流向,以及子系统之间的相互联系(Gu et al.,2015)。该模型的框架如图 1 所示,该系统的水平边界以浙江省的行政边界为准,包括 4 个功能群(加工者,消费者,移除者及生命支持系统)和 14 个子系统(农田,草地,森林,畜禽养殖,水产养殖,工业,城市绿地,人类,宠物,污水处理,垃圾处理,近地

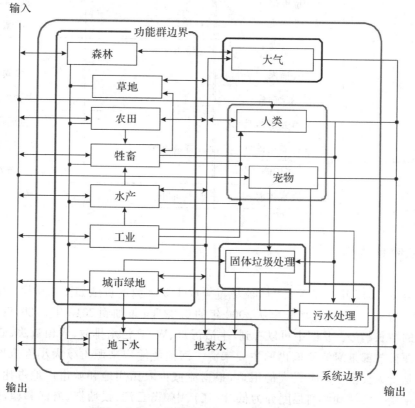

图1　人类-自然耦合系统(CHANS)框架图

面大气,地表水,地下水)。在垂直方向上,根据氮的活跃程度和氮来源情况,上边界定义为地面以上1000m,下边界定义为岩石以上,包括山地薄层土壤及低地深层地下水。在这种垂直方向的定义下,燃烧和沉降属于系统内活动,而大气环流则被排除在系统外。

模型的基本原理是系统的质量平衡:输入＝输出＋积累。本研究的研究对象为地表水子系统,该系统与其他13个子系统在N通量上的联系是计算河流氮输出的基础:如污水处理厂废水、城市生活污水以及畜禽养殖废水的排放都是地表水N输入来源。计算每个子系统的氮质量平衡,配平子系统之间的氮流动,最终实现全系统平衡,从而提取所有流失到地表水系统中的氮流来确定其来源。在质量平衡这个条件下,各个系统间相互约束、相互校正,从而确保各子系统向地表水排放N量的合理性。经统计,浙江省河流氮输出涉及9大类排放源,表1给出了具体的排放源分类。

表1 浙江省河流氮输出源分类

源	子源	源	子源
1.污水处理厂	人类粪便	6.农田	化肥
	宠物粪便		牲畜排泄
	牲畜排泄		人类排泄
	垃圾填埋		生物固氮
	垃圾焚烧		氮沉降
			灌溉
2.水产养殖	饵料	7.城市绿地	化肥
	捕捞		宠物粪便
	氮沉降		生物固氮
3.人类	城市粪便排泄		氮沉降
	农村粪便排泄	8.畜禽养殖	排泄物入水
4.森林	氮沉降		排泄物处理
5.工业	废水排放	9.氮沉降	氮沉降率

四、源解析结果

2000年和2015年浙江省及八大流域氮排放主要来源的贡献如图2所示。浙江省TN(总氮)排放量以1.1%的年增长率从2000年的0.22 Tg增加到2015年0.26 Tg,八大流域呈现同样的增长趋势。从图中可以看到,生活污水、WTP污水排放、农田流失、森林径流以及畜禽粪便排放都是河流氮输出的主要来源。河流氮输出来源贡献大小因流域而异。农田和城市是受人类活动影响很大的用地,根据流域内农田用地和城市用地占比,我们把八大流域根据受人类活动影响强度分为低(瓯江)、中(飞云江、钱塘江、鳌江和椒江)和高(苕溪、甬江和运河)三个等级。森林径流、生活污水及畜禽粪便则分别是其河流氮输出主要来源,见表2。瓯江经济发展水平低,森林径流是最大氮来源,占总排放量的37%。飞云江、钱塘江、鳌江和椒江正处于经济发展上升阶段,人民生活水平提高,生活污水排放量大,但欠缺完整的污水管道收集系统和处理技术,使得生活污水成为其主要污染源。经济发展达到一定高度的苕溪、甬江和运河则开始注重环境保护,政府加大力度的投资及污水处理技术、工艺设备的改善,使得生活污水处理率提高。而畜禽的散养和不完善的粪便收集系统成为处理畜禽排泄物的难题。

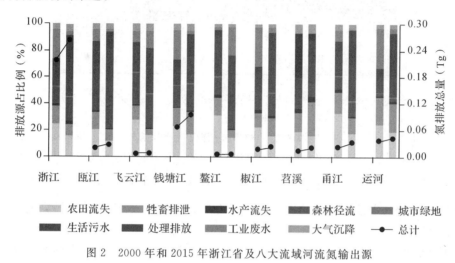

图2 2000年和2015年浙江省及八大流域河流氮输出源

表2 2015年八大流域河流氮输出九大源排放量(万吨)

流域	农田	畜禽	水产	森林	城市绿地	生活污水	工业废水	处理排放	氮沉降	总计
瓯江	0.33	0.25	0.01	1.05	0.01	0.69	0.05	0.37	0.09	2.84
飞云江	0.11	0.04	0.00	0.18	0.00	0.24	0.00	0.09	0.02	0.68
钱塘江	1.55	1.55	0.12	1.86	0.06	1.92	0.24	1.56	0.18	9.03
鳌江	0.07	0.03	0.00	0.07	0.00	0.22	0.00	0.11	0.01	0.52
椒江	0.33	0.29	0.03	0.36	0.01	0.67	0.08	0.28	0.04	2.09
苕溪	0.32	0.50	0.09	0.19	0.00	0.32	0.11	0.32	0.03	1.87
甬江	0.56	0.34	0.04	0.35	0.00	0.92	0.02	0.73	0.05	3.02
运河	0.80	0.89	0.08	0.11	0.04	0.65	0.14	1.38	0.03	4.12

浙江省2000—2015年TN排放量和各排放源贡献时间变化趋势如图3所示,生活污水和WTP排放对氮输出的贡献分别从15.2%上升到25.2%,5.8%到20.5%。相反,农田流失和工业废水的贡献比则分别从24.2%下降到15.2%,22.1%到3.1%。而像城市绿地、水产养殖这些源的贡献基本保持不变。来源于大气沉降的氮对河流氮输出的贡献比例维持稳定,但实质上量是增加的。

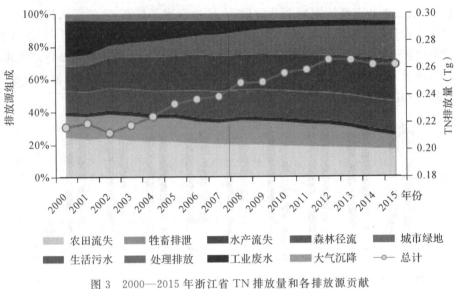

图 3　2000—2015 年浙江省 TN 排放量和各排放源贡献

近年来,随着污水处理技术的进步及政府投资力度的加大,中国点源污染的治理已经取得了很大的进步(Qiu et al.,2010;Wang,2012)。尽管由于人口增长及经济的快速发展,2015 年浙江省生活污水的排放量已经增长到 2000 年的 2.7 倍,但浙江省的城市污水处理率也从 2000 年的 33% 上升到 2015 年 91%,极大地减少了生活污水直接排放到河流的量(EPBZ,2015)。取而代之的是 WTP 的处理量逐渐增加,但过低的污水排放标准,加上更多的关注点放在了 COD 的移除而忽略了 N,使其成为河流氮输出新的重要污染源,谷保静等(2011)指出经 WTP 处理排放的水中 NH_4^+ - N 的浓度范围在 $15\sim20mg\ N/L$,远没有达到地表 V 类水的标准。

除了点源污染,非点源污染譬如农田流失和森林径流也同样是河流氮输出的重要来源。2000—2015 年,浙江省农田氮流失的贡献比减少有两个原因:农田面积和化肥施用量的减少。浙江省研究期间的农田面积减少了 12.7%,而城市用地面积增加了 59.9%,快速城市化过程占用了 12% 的原来农耕用地,导致了农耕用地面积的减少。此外,由于农业技术的进步,氮肥利用率有了显著的提高,避免了过量施用氮肥而出现氮大量流失的情况,据统计,2000—2015 年浙江省氮肥施用量从 60 万吨减少到 46 万吨(ZPBS,2016)。

森林子系统的氮输入来源除了生物固氮、种子输入,更为关键的是氮沉降(Gu et al.,2015)。伴随着快速城市化过程的是更多化石燃料的燃烧从而向大气中释放更多的 NO_x,最终结果就是增加了陆地水域生态系统中的氮沉降量(Liu et al.,2013)。森林子系统对于氮有一定的消纳能力,但是一旦输入氮的量超过了这个阈值,导致森林氮饱和,多余的氮就通过森林径流、渗滤等途径通向河流(Chen et al.,2016)。浙江省森林面积在研究期间基本保持稳定(变化率为 0.7%),但森林径流的贡献比逐年增加也就证实了随着城市化进程,化石燃料燃烧、工业废气及汽车尾气排放的增加导致了氮沉降的增加。

五、土地利用对水质的缓冲效应

土地利用类型对于流域研究及治理的重要性不言而喻,那么土地利用类型是如何影响水质以及对水质有着什么程度的影响,这就涉及一个尺度的问题。Xiao 等(2016)指出土地利用对于水质的影响随着尺度的变化而变化,如:河岸缓冲带。关于这个尺度的大小不同学者也有不同的意见。Sweeney 等(2014)认为流域不少于 30m 的森林缓冲区对于保护水质、水生生物是必要的,而 Houlahan 等(2004)则指出流域要留有近 4000m 的缓冲区才能起到保护水质和保证水生生态系统完整性的作用。

本研究以 106 个监测站点为研究对象,除 pH 值外其余四项监测指标为 NH_4^+-N,TP,COD 和 DO。结果发现:高浓度的 NH_4^+-N、TP 和 COD 集中分布在浙江东南部的运河流域。浙江省八大流域中,运河流域的居住面积和农田面积占比是最大的,其水质也是最差的。相反,高浓度的 DO 监测站点则主要分布在浙江西南部的流域,这些流域森林和湿地面积占比大,受人类活动干扰少。

本研究以 106 个监测站点为圆心分别做了 200m、500m 和 1000m 的缓冲区,对三个不同半径缓冲区内的土地利用类型情况进行统计,主要包括农田、城市用地、森林、草地、湿地五大类。通过皮尔森分析法探究缓冲区半径大小在土地利用与水质关系中的作用,结果如表 3 所示。总体上来说,无论是正相关还是负相关,土地利用类型与污染物指标的相关系数随着缓冲区半径的增大而增大。城市用地和农田都是受人类活动影响较大的用地,它们与 NH_4^+-N 在三个缓冲区内都是正相关的,但相对于农田与 NH_4^+-N 的相关性,城市用地与 NH_4^+-N 的相关系数更大、更显著。森林、湿地与污染物 NH_4^+-N、TP 和 COD 呈显著负相关,与 DO 呈正相关。草地则比较特殊,White 等(2006)指出草地有改善水质的作用,而 Cui 等(2016)却表示草地面积比例的增加会加快水质的恶化。本研究中:在 200m 缓冲区内,草地与污染物 TP 和 COD 是呈正相关的,与 NH_4^+-N 呈负相关;缓冲半径为 500m 时,与 TP 和 COD 的关系转变为负相关,NH_4^+-N 的相关系数增大;在 1000m 缓冲区内,相对于 500m 的缓冲区,所有相关系数除了 COD 保持不变其他都降低了。在 500m 缓冲区内,草地对于 NH_4^+-N 和 TP 的控制效果是最佳的。因此,在水污染治理过程中,我们要将土地利用类型对污染物的缓冲区效应考虑在内,在不同区域范围内对症下药,有效提高治理效果。

表 3   200～1000m 缓冲半径内土地利用与水质污染指标的皮尔森相关系数

缓冲半径/m	污染指标	城市用地	农田	森林	湿地	草地
200	NH_4^+-N	0.39**	0.03	−0.33**	−0.04	−0.05
	TP	0.37**	0.29**	−0.51**	−0.11	0.03
	COD	0.40**	0.33**	−0.56**	−0.15	0.11
	DO	−0.39**	−0.20*	0.52**	0.02	0.02

续表

缓冲半径/m	污染指标	城市用地	农田	森林	湿地	草地
500	$NH_4^+ - N$	0.48**	0.11	−0.35**	−0.18	−0.10
	TP	0.38**	0.40**	−0.51**	−0.21*	−0.09
	COD	0.44**	0.42**	−0.55**	−0.24*	−0.11
	DO	−0.42**	−0.32**	0.51**	0.14	0.16
1000	$NH_4^+ - N$	0.50**	0.18	−0.37**	−0.22*	−0.03
	TP	0.37**	0.52**	−0.49**	−0.30**	−0.06
	COD	0.40**	0.55**	−0.56**	−0.25*	−0.11
	DO	−0.41**	−0.47**	0.55**	0.16	0.14

注：* $P<0.05$（双尾）；** $P<0.01$（双尾）。

为了量化不同土地利用类型对水质的影响，本研究以 106 个监测站点半径为 1000m 缓冲区的土地利用类型统计为基础，选取了 NH_4^+ 和 TP 两个水质污染指标来探讨土地利用组成对它们的影响。结果如图 3 所示。随着缓冲区内城市用地和农田组成比例的增加，

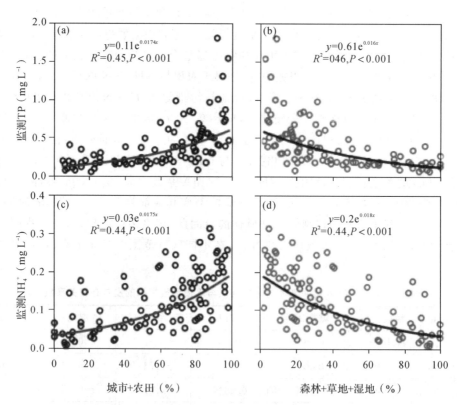

注：(a)NH_4^+ 与城市、农田的关系；(b)NH_4^+ 与森林、湿地、草地之间的关系；(c)TP 与城市、农田的关系；(d)TP 与森林、湿地、草地之间的关系

图 3　1000m 缓冲区内污染物 NH_4^+、TP 浓度与不同土地利用类型的关系

NH_4^+ 和 TP 的浓度也逐渐增大,它们呈较显著的正相关($R^2=0.45$ 和 $R^2=0.44$)。相反,随着森林、草地和湿地组成比例的增加,NH_4^+ 和 TP 的浓度急剧下降。就森林来讲,它对于河流氮输出的贡献不容忽视(Ouyang et al.,2010),但同时,森林能通过过滤、吸收和转化的方式在氮通向河流之前减少其流失量(Tong et al.,2002)。Lee 等(2009)指出水质与流域内城市、农田和森林的比例组成和空间布局有着密切的关系。

农田、城市与 TP、NH_4^+ 的相关性分析与本研究基于 CHANS 模型的源解析结果相一致,源解析结果表明来自城市的生活污水和处理排放是主要的点源污染,而城市用地与 NH_4^+ 的正相关正好验证了这一点。相对于 TP,NH_4^+ 浓度与城市用地的相关性要大于与农田的相关性,即浙江省内城市用地对于河流氮输出的贡献要大于农田,而农田对于 TP 的贡献大于城市用地,如图 4 所示。原因主要有三点:第一,在研究期间,浙江省氮肥施用量逐渐减少,而磷肥施用量自 2000 年到 2015 年基本保持稳定(ZPBS,2016)。第二,近些年来发布了一些环保措施,如:使用无磷洗衣粉来减少城市方面的磷流失,而对于城市氮流失并没有采取相应的方案。第三,城市的不透水表层会将 NH_4^+ 迅速地排到水体中,而农田中的 NH_4^+ 通常都滞留在土壤中(Chen et al.,2016)。

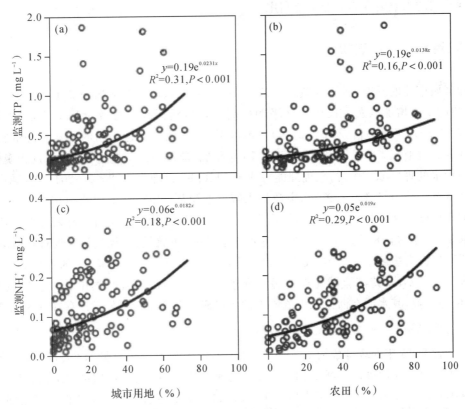

注:(a)NH_4^+ 与城市的关系;(b)NH_4^+ 与农田的关系;(c)TP 与城市的关系;(d)TP 与农田的关系

图 4　1000m 缓冲区内污染物 NH_4^+、TP 浓度与城市、农田的关系

人类活动和土地利用变化都会影响水质(Ahearn et al.,2005;Wilson,2015),但是,本研究并没有发现土地利用变化与河流氮输出变化之间存在明显的相关性。在所有用地类型

中,城市用地是变化最为剧烈的。但是,基于八大流域探究其城市用地变化与河流氮输出变化,并没有发现明显的关系($R^2=0.07, P=0.359$)。如:苕溪流域,其 2010 年的城市用地比 2000 年增加了一倍多,但是来源于城市污水排放的氮量并没有随着城市用地的增加而增加。其他用地类型变化如农田($R^2=0.06, P=0.475$)、森林($R^2=0.15, P=0.087$)与河流氮输出变化也没有明显的相关性。这就表明土地利用作为人类活动的载体,它对于河流氮输出只是起一种介导作用,而真正起作用的是其承载的人类活动。森林、湿地等受人类活动影响小的用地类型在一定程度上能消纳流经它们的氮,从而减少了流失到河流中的氮量,在水体氮污染治理中起到积极的作用(Sliva et al.,2001;Su et al.,2013)。但同时我们也忽视了城市用地、农耕用地在河流氮输出中并非仅仅只是一个源,它们都有一定的氮消纳吸收能力。但是,随着社会经济的发展,人们环保意识的匮乏,大量城市生活污水的直接排放或不完全处理排放量超过了城市的消纳能力。此外,目前化肥价格已不再是农民农业生产的限制因素,受到眼前利益的驱使,人们过多地向农田索取,农田只用不养,发生退化的土地直接影响了土地的生产力。大量施用氮肥成为提高生产力的主要手段,但当施用量超过了作物吸收的限值时,便直接增加了河流的氮输出。因此,河流氮输出的直接驱动因子是土地承载的人类活动而并非土地利用。

六、污水处理厂现状

随着城市化的发展,浙江省城市人口从 2000 年的 995 万人增加到 2015 年的 1657 万人,人口的快速增加以及人民生活水平的提高使得生活污水的排放量从 7.7 亿吨增加到 14.7 亿吨,增加了近一倍(ZPBS,2016)。不可否认,浙江省在这期间的污水处理取得了很大的成就。据浙江省住建厅统计:截至 2015 年年底,浙江消灭了超过 5000km 的黑臭河,建成城镇污水处理厂 290 个,污水处理能力达到 1130.95 万吨/日。2000—2015 年,城市污水处理率从 33.2% 上升到 91.95%,市政排水管道建设从 7795km 增加到 40550km。本研究基于 CHANS 模型对浙江省河流氮输出进行源解析,处理排放却作为主要来源对河流氮的贡献从 2000 年的 0.01Tg 增加到 2015 年的 0.05Tg。也就是说,经过污水处理厂处理过后的水质不仅没有缓解水体压力,反而使得水体遭到污染,出现"越治越脏"的现象。此外,污水处理厂分布不均,鳌江流域建设的污水处理厂屈指可数,但其却集中了大量的皮革、印染、造纸等工业,其水质在浙江八大流域中常年垫底。浙江省污水处理厂存在问题如下:

(一)污水处理厂排放标准过低

浙江省 2015 年处理排放约 5.43 万吨的 TN,占河流氮输出总量的 20.72%,是仅次于生活污水的第二大污染源。浙江 214 家污水处理厂,出水水质执行《城镇污水处理厂污染物排放标准》(GB 18918—2002)标准的有 167 家,它对城镇污水厂出水水质设定了三级标准,其中:执行一级 A 排放标准的有 79 家,占 47.3%;执行一级 B 标准的有 69 家,占 41.3%;执行二级标准的有 19 家,占 11.4%。将该标准与《地表水环境质量标准》(GB 3838—2002)对比发现:经过污水处理厂处理后达到一级 A 或一级 B 标准的水相当于地表水体系中劣 V 类水。这种水质排放到无自净能力或自净能力低的环境中,导致水体不但没有得到修复,反而受到污染。其余污水处理厂援引的标准主要是《污水综合排放标准》(GB 8978—

1996），该标准多数指标是针对工业废水的，对城市生活污水的针对性不强。此外，《污水综合排放标准》（GB 8978—1996）中相当一部分标准值偏宽，如对氮指标它只规定了氨氮的出水标准，对总氮却没有明确规定，这纵容了企业在污水处理排放过程中投机取巧，对水体造成了很大的影响；而对个别指标如磷规定过严，就目前技术经济条件下，要全面达标又有一定难度。

（二）处理工艺及建设规模选择不当

由于对前期工作重视不够，很多小城镇没能合理确定污水处理厂建设规模，大型污水处理厂固然具有一定的规模经济效益，即单位体积污水的建设成本随着规模的增大而降低，但是不顾区域实际情况而追求大规模建设其导致的结果就是管网建设速度跟不上污水处理厂建设速度，污水不能及时收集处理，出现大马拉小车、能力闲置的现象（宋连朋，2013）。此外，一味跟风追求高水平工艺导致很多经济发展落后的小城镇污水处理厂出现半开半停、运转不灵的局面。浙江污水处理厂进水中，工业废水占比高，以电镀、制革、印染、纺织、造纸为主，这些重污染行业无规律、间断性、不达标的污水排放造成浙江省污水处理厂进水水质复杂，处理难度大，达标率低。而有些污水处理厂在设计时未充分考虑纳入污水中难降解的工业废水比例及处理难度，而只是按照纯生活污水处理要求来选择工艺、设计参数等，造成污水处理工艺先天不足，也有污水厂运行时纳入了过量的工业废水（李裕如，2015）。

（三）污水处理厂设备配置水平低

《城镇污水处理厂污染物排放标准》（GB 18918—2002）的标准限制为最高允许日排放浓度，这意味着污水处理厂必须正常运行才能确保达标。因此，污水处理厂应该严格按照国家规范要求，保证工程、设备质量。但实际投运的污水处理厂其处理规模、进水污染物浓度与最初的设计要求存在很大的差距，部分污水处理厂处理设备发生故障频繁甚至不能正常运行，以致后期投入更多的资金进行修整，不仅污水处理效率低下，也造成了资源浪费。部分城镇污水处理厂在污水处理设备选择上具有很大的盲目性，跟风严重，没有根据本地的自然地理位置、本厂的经济水平、处理工艺等实际情况引进设备，有的设备甚至不匹配原有设备；而部分城镇污水处理厂选择价格低廉、质量低下，甚至无法满足实际处理需要的设备来降低成本，实际上这不仅增加了处理厂运行成本，还降低了污水处理效率。

（四）资金投入不足、后期管理不当

污水处理厂管理混乱，首要原因是其体制的多样化，其次是多头管理。重建设、轻管理的现象也层出不穷。污水治理设施的建设、前期运行和后期的维护管理等都需要大量资金的投入，即使建成了污水处理设施，但缺乏经验丰富、能力水平相当的污水处理厂工作人员，同样无法有效管理污水处理操作。这使得花费了大量人力物力建成的处理设施没有充分发挥作用，反而会使污水处理不达标，降低了污水处理的效率。

（五）企业环保意识不强

近年来环保部门对工业废水的监控加大了力度，但很多污水厂仍然存在工业废水超标进管现象，如工业废水占比较高的污水厂夜间或节假日的进水浓度明显高于白天和正常工作日，有的企业甚至将无法处理的高浓度母液排入管网，企业的超标乱排造成污水处理厂生化微生物活性下降，甚至生物相破坏，污泥膨胀，对污水厂的稳定运行造成了极大的影响。

七、主要结论

本研究通过文献查阅和数据挖掘，基于质量平衡，构建了人类－自然耦合系统（CHANS）的总氮（TN）物质流循环过程模型，从系统平衡的角度对浙江省及其八大流域河流氮输出进行源解析，量化了 2000—2015 年主要氮排放源及分析了土地利用组成对河流氮输出的影响。

结果表明，浙江省总氮排放量从 2000 年的 0.22 Tg 增加到 2015 年 0.26 Tg，年均增长率为 1.1%，八大流域呈现同样的增长趋势。其中生活污水、处理排放是浙江省河流氮输出最大的污染源。这与浙江省政府颁布"五水共治"文件的首要目标"治污水"相一致。农业技术的进步提高了氮肥利用率，加上城市化进程征用了农耕用地，农田流失的氮对河流氮输出的贡献逐渐减少，但它对水质的影响不容忽视。在流域尺度上，八大流域的主要污染源不尽相同，依照受人类活动影响从小到大依次为森林径流、生活污水、畜禽粪便。因此，在流域治理过程中我们要因地制宜，根据流域具体情况制定相应的措施以达到最有效的治理。在土地利用中，受人类活动影响大的城市用地和农田与水质污染指标 NH_4^+ 和 TP 呈正相关，而与森林、草地和湿地呈负相关。土地利用与水质污染指标的相关性随着缓冲半径的减小迅速减弱，水污染治理中我们要考虑不同缓冲范围内土地利用类型对水质的影响，即找到某一范围内影响水质最大的用地类型。由于土地利用变化与河流氮输出量变化没有明显的相关性，因而河流氮输出的驱动因子并非是土地利用变化，而是土地承载的人类活动，土地利用对于河流氮输出只起介导作用。

八、政策建议

基于 CHANS 的源解析结果，河流氮输出所有来源中，处理排放作为河流氮输出的主要来源，其在研究期间增长幅度是最大的。主要是由于其排放标准过低、设计规模及处理工艺选择不当，加上资金投入不足，处理设备配置不高，并缺少相应的专业管理人员。为改善浙江省水环境质量，在控制其他排放源的同时，加大对处理排放的控制力度，制定严格的监测措施。以"五水共治"为突破口，打好治水攻坚战。

（一）平衡污水处理设施建设

根据浙江省各地污水处理实际情况，污水处理设施分布不均，主要集中在运河、苕溪这一块，而在重污染行业（印染、造纸、化工、制革等）集中的鳌江流域分布极少，其水质在八大流域中常年垫底，建议进一步增加对西南部污水处理设施建设的投入，根据地方污水实际排放、处理量和废水性质（工业废水、生活污水组成比例）等因素来考量污水处理设施建设。

（二）提高 WTP 排放标准

浙江省出水水质执行《城镇污水处理厂污染物排放标准》（GB 18918—2002）一级 A 的

污水处理厂数从 2015 年的 44 增加到 2017 年的 120,执行一级 B、二级的污水处理厂数分别从 2015 年的 70、17 减少到 2017 年的 45、14,污水处理排放标准整体上有了明显的提高。浙江省应趁热打铁,对经济允许的 WTP 制定更高的排放标准,坚持生产线与污染治理同步实施,解决污染从源头开始,坚持清洁生产,保持污水处理稳步前行。对于超标排放污水企业,不能简单地进行罚款,而是要提出限期治理的要求,严格要求其执行地方及各行业的排放标准。在此基础上,提高全省污水排放标准,并制定实施提标的具体措施。

(三)选择合适的规模及工艺

浙江省小、中、大、超大四个规模的污水处理厂中,小规模污水处理厂多采用 A2O、SBR,中规模多采用 A2O、SBR 和氧化沟,而大规模、超大规模则分别主要采用 A2O、氧化沟,而少见于使用操作简单、环境友好、成本低廉的人工湿地、氧化塘等。污水处理厂建设过程中,要对相关工艺进行综合评价,比如:活性污泥法适用于大中型城市;AO、A2O 以及氧化沟等适用于中小城镇,操作简单、管理方便、运行费用低等;SBR 工艺沉淀性能好、有机物去除效率高;生物膜法构筑物占地面积小,处理后水质稳定,质量高;氧化塘、人工湿地操作管理简单,但处理负荷小,占地面积大,适用于具有天然废塘和洼地的城镇。在此基础上,结合当地的人文因素和地理环境,关注工艺处理效果,还要考虑当地经济发展水平,尽可能利用天然条件,节约建设成本。重视污水处理量的调查、进水水质及出水用途的问题,根据浙江省总体规划和水环境保护目标,分期建设污水管网和污水处理厂,逐步到位。因地制宜地选择适合本地实际情况的处理工艺,确定合适的规模,避免出现设施设备闲置、浪费建设成本的情况,开发适合浙江省现阶段经济发展水平的污水处理新工艺。

(四)加快污水处理厂提标改造

具备稳定的设备是污水处理厂正常运行的基础,它对处理工艺的成败起着关键的作用。选择性价比高的处理设备,要从源头做起,国家对水处理设备制定统一的标准,对各种设备的规格、型号、技术要求和试验方法等有统一的规范,杜绝不按标准使用材料、测试手段不完善和质量保证不健全的企业生产,减少劣质设备的生产;在现有设备基础上,为提高氮去除率,增设反硝化滤池以延长反硝化池停留时间。结合城市污水处理厂所在的地理环境及经济情况,采购合适的处理设备,以达到高效污水处理水平。

(五)加大资金投入、保障后期维护管理

污水企业的设备管理有别于其他行业,其工作性质既系统又复杂,需要长期坚持,而且设备管理模式要随生产需求进行不断改进与完善。污水处理运行过程中,操作人员的技术水平十分重要。浙江省专业技术人员相对较少,技术人员占污水处理厂管理人员总数的 35.6%,且技术人员中环境保护、给排水类专业人员比例少,多是"半路出家"型。加强对中小城镇污水厂运营管理人员的技术培训和考核,招聘社会技术力量,努力提高其业务能力,坚持持证上岗;积极掌握纳管企业废水排放情况,避免突发大量排水对污水处理厂的冲击;加大污水处理厂对水质的监测力度,摒弃"凭经验盲目运行",落实科学管理政策,进行长效管理;按时填写报表,准确记录数据、进行数据积累,严厉打击虚假编造,只有掌握设备运行及故障发生规律、配备必要的维修力量,提高污水处理厂运营管理的总体水平,才能实现污水处理高效运行。

（六）提高企业环保意识

加强组织领导，开展员工环保教育培训。细化环境保护内容，增强针对性，提升员工环保技能，建立污染事件发现、汇报及治理的管理机制，控制污染源，从根本上杜绝环境污染事件的发生。加大对环保知识的普及力度，利用世界地球日、世界环境日等开展宣传活动，树立环保与生产密切配合的典型，让可持续发展理念深入人心；制定相应奖罚制度，严惩环境污染犯罪，使污水处理更加完善。

此外，加强生活污水的治理力度，加快污水管网的建设，着重提高农村生活污水的收集率及生活垃圾的处理。研究期间浙江省在农业技术的进步使得氮肥利用率提高从而减少了农田氮流失到河流的量，但其对河流氮污染的作用仍不容忽视。结合当地土壤肥力情况测土配方，因地制宜，建立氮、磷、钾平衡优化施肥模式，进行养分科学管理。在技术进步的基础上指导农民科学施用化肥、农药，普及化肥安全使用等知识，提倡对环境友好的绿色农用化学品的使用，推广绿色和无公害农业生产技术。在条件允许的情况下建立人工湿地、过滤带、多水塘等，平衡土地利用结构，强消纳农田流失的氮，不仅减少氮素流失，且美化环境。土地利用类型间连通性越强，发挥的优势效应就大。畜禽养殖上，加强畜禽养殖的规划和管理，散养、圈养不仅污染环境，也不利于经济效益的提高，适当规模的养殖是防治畜禽粪便污染的重要途径。作为一种优质的有机肥源，要加大对畜禽粪便的开发利用，其经加工可以用作化肥、饲料、沼气，不仅提高了粪便处理率，减少对环境的压力，也创造了经济价值，实现废物利用。

参考文献

[1] Ahearn D S, Sheibley R W, Dahlgren R A, et al. Land use and land cover influence on water quality in the last free-flowing river draining the western Sierra Nevada, California[J]. Journal of Hydrology, 2005, 313(3): 234-247.

[2] Burow K R, Nolan B T, Rupert M G, et al. Nitrate in Groundwater of the United States, 1991-2003[J]. Environmental Science & Technology, 2010, 44(13): 4988-4997.

[3] Chen B, Chang S, Lam S. Land use mediates riverine nitrogen export under the dominant influence of human activities[J]. Environmental Research Letters, 2017, 12(9).

[4] Chen D, Hu M, Guo Y, Dahlgren R A. Modeling forest/agricultural and residential nitrogen budgets and riverine export dynamics in catchments with contrasting anthropogenic impacts in eastern China between 1980—2010[J]. Agriculture Ecosystems & Environment, 2016, 221: 145-155.

[5] Cui H, Zhou X, Guo M, Wei W. Land use change and its effects on water quality in typical inland lake of arid area in China[J]. Journal of Environmental Biology, 2016, 37(4): 603-609.

[6] EPBZ 2015 Environmental Bulletin of Zhejiang Province in 2015 (www.zjepb.gov.cn).

[7] Guo W, Fu Y, Ruan B, et al. Agricultural non-point source pollution in the Yongding River Basin[J]. Ecological Indicators, 2014, 36: 254-261.

[8] Gu B, Ju X, Chang J, et al. Integrated reactive nitrogen budgets and future trends in China[J].

Proceedings of the National Academy of Sciences,2015,112(28):8792-8797.

[8] Gu B,Zhu Y,Chang J,et al. The role of technology and policy in mitigating regional nitrogen pollution [J]. Environmental Research Letters,2011,6(1).

[9] Heisler J,Glibert P M,Burkholder J M,et al. Eutrophication and harmful algal blooms: A scientific consensus[J]. Harmful Algae,2008,8(1):3-13.

[10] Howarth R,Swaney D,Billen G,Garnier J,Hong B. Nitrogen fluxes from the landscape are controlled by net anthropogenic nitrogen inputs and by climate[J]. Frontiers in Ecology & the Environment, 2012,10(1):37-43.

[11] Hoagland P,Anderson D,Kaoru Y. The economic effects of harmful algal blooms in the United States: Estimates,assessment issues and information needs[J]. Estuaries,2002,25(4):819-837.

[12] Houlahan J E,Findlay C S. Estimating the 'critical' distance at which adjacent land-use degrades wetland water and sediment quality[J]. Landscape Ecology,2004,19,677-690.

[13] Ji X,Xie R,Hao Y,Lu J. Quantitative identification of nitrate pollution sources and uncertainty analysis based on dual isotope approach in an agricultural watershed[J]. Environmental Pollution, 2017,229:586-594.

[14] Kibena J,Nhapi I,Gumindoga W. Assessing the relationship between water quality parameters and changes in landuse patterns in the Upper Manyame River,Zimbabwe[J]. Physics and Chemistry of the Earth,2014,67-69(2):153-163.

[15] Li S,Liu C,Li J,et al. Assessment of the Sources of Nitrate in the Changjiang River,China Using a Nitrogen and Oxygen Isotopic Approach[J]. Environmental Science & Technology,2010,44(5):1573-1578.

[16] Liu C Q,Li S L,Lang Y C,Xiao H Y. Using delta $\delta15N$-and delta $\delta18O$-Values to identify nitrate sources in Karst ground water,Guiyang,southwest China[J]. Environmental Science & Technology, 2006,40(22):6928-6933.

[17] Liu Z,Wang Y,Li Z,Peng J. Impervious surface impact on water quality in the process of rapid urbanization in Shenzhen,China[J]. Environmental Earth Sciences,2013,68(8):2365-2373.

[18] Lee S,Hwang S,Lee S,Hwang H,Sung H. Landscape ecological approach to the relationships of land use patterns in watersheds to water quality characteristics[J]. Landscape and Urban Planning,2009,92 (2):80-89.

[19] Ma J,Chen X,Huang B,Shi Y,Chi G,Lu C. Utilizing water characteristics and sediment nitrogen isotopic features to identify non-point nitrogen pollution sources at watershed scale in Liaoning Province,China[J]. Environmental Science and Pollution Research,2015,22(4):2699-2707.

[20] Ouyang W,Skidmore A K,Toxopeus A G,Hao F. Long-term vegetation landscape pattern with non-point source nutrient pollution in upper stream of Yellow River basin[J]. Journal of Hydrology,2010, 389(3-4):373-380.

[21] Qiu Y,Shi H,He M. Nitrogen and Phosphorous Removal in Municipal Wastewater Treatment Plants in China:A Review[J]. International Journal of Chemical Engineering,2010,2010(1687-806X):1-10.

[22] Rashid I,Romshoo S A. Impact of anthropogenic activities on water quality of Lidder River in Kashmir Himalayas[J]. Environmental Monitoring and Assessment,2013,185(6):4705-4719.

[23] Sweeney,B. W. ;Newbold,J. D. Streamside forest buffer width needed to protect stream water quality, habitat,and organisms:A literature review. J. Am. Water. Resour. Assoc,2014,50,560-584.

[24] Sliva L,Williams D D. Buffer zone versus whole catchment approaches to studying land use impact on river water quality[J]. Water Research,2001,35(14):3462-3472.

[25] Su S, Xiao R, Xu X, Zhang Z, Mi X, Wu J. Multi-scale spatial determinants of dissolved oxygen and nutrients in Qiantang River, China[J]. Regional Environmental Change, 2013, 13(1): 77-89.

[26] Tian H, Ren W, Yang J, Tao B, Cai W, Lohrenz S E, Hopkinson C S, Liu M, Yang Q, Lu C, Zhang B, Banger K, Pan S, He R, Xue Z. Climate extremes dominating seasonal and interannual variations in carbon export from the Mississippi River Basin[J]. Global Biogeochemical Cycles, 2015, 29(9): 1333-1347.

[27] Tong S, Chen W. Modeling the relationship between land use and surface water quality[J]. Journal of Environmental Management, 2002, 66(4): 377-393.

[28] Wang G, A Y, Xu Z, Zhang S. The influence of land use patterns on water quality at multiple spatial scales in a river system[J]. Hydrological Processes, 2014, 28(20): 5259-5272.

[29] Wang Z. China's wastewater treatment goals[J]. SCIENCE, 2012, 338(6107): 603-605.

[30] White M, Greer K. The effects of watershed urbanization on the stream hydrology and riparian vegetation of Los Peñasquitos Creek, California[J]. Landscape and Urban Planning, 2006, 74(2): 125-138.

[31] Wilson C O. Land use/land cover water quality nexus: quantifying anthropogenic influences on surface water quality[J]. Environmental Monitoring and Assessment, 2015, 187(7).

[32] Xiao R, Wang G, Zhang Q, Zhang Z. Multi-scale analysis of relationship between landscape pattern and urban river water quality in different seasons[J]. Scientific Reports, 2016, 6: 25250.

[33] Yang Q, Tian H, Friedrichs M A M, Hopkinson C S, Lu C, Najjar R G. Increased nitrogen export from eastern North America to the Atlantic Ocean due to climatic and anthropogenic changes during 1901-2008[J]. Journal of Geophysical Research: Biogeosciences, 2015, 120(6): 1046-1068.

[34] Yin X, Lu X, Xue Z, Liu Z. Influence of land use change on water quality in Naoli River watershed, northeast China[J]. Journal of Food, Agriculture & Environment, 2012, 10(3&4): 1214-1218.

[35] 程丽巍, 许海, 陈铭达, 等. 水体富营养化成因及其防治措施研究进展[J]. 环境保护科学, 2007, 33(1): 18-21.

[36] 陈水勇, 吕一锋. 水体富营养化的形成、危害和防治[J]. 环境科学与技术, 1999(2): 11-15.

[37] 高爱环, 李红缨, 郭海福. 水体富营养化的成因、危害及防治措施[J]. 肇庆学院学报, 2005, 26(5): 41-44.

[38] 李欲如, 韦彦斐, 梅荣武, 等. 浙江省污水处理厂运行管理与减排绩效提升对策[J]. 中国给水排水, 2015(22): 13-17.

[39] 聂泽宇. 典型农业面源污染河流硝态氮及荧光溶解性有机质的源解析研究[D]. 浙江大学, 2016.

[40] 钱宇婷. 中小城镇污水处理工艺选择的优化研究[D]. 西南交通大学, 2017.

[41] 孙伟民. 一体化氧化沟的生产性试验研究[D]. 西安建筑科技大学, 2004.

[42] 宋连朋, 魏连雨, 赵乐军, 等. 我国城镇污水处理厂建设运行现状及存在问题分析[J]. 给水排水, 2013, 39(3): 39-44.

碳排放与城市用地增长及形态的关系研究

——以长三角城市群13个城市为例

舒　心　夏楚瑜　李　艳　童菊儿　史　舟

摘　要：城市是一种重要的碳源，城市扩张过程中的用地面积增长和空间特征变化均会影响城市碳排放。本文分析了1995—2015年长三角城市群碳排放的重心转移，揭示了碳排放和城市用地增长的脱钩状态时空变化特征，并通过构建面板数据模型探究了城市形态变化对碳排放的影响，得出以下结论：(1)1995—2015年长三角城市群碳排放重心经历了西南向—西北向—东南向—西北向的转移过程，这种转移过程与其相应时期内部分城市的工业发展与产业结构调整有关。(2)1995—2015年，长三角城市群碳排放与城市用地增长的脱钩状态存在着显著的时空异质性。研究区由以扩张负脱钩为主变化为以弱脱钩为主，2005年以后，区域之间的脱钩差异开始缩小，总体来看研究区脱钩状态趋向于同质。至2015年，近70％的城市已达到了脱钩，其中上海等城市实现了强脱钩。(3)连续完整的地块在区域内的主导程度会对城市碳排放产生负向的影响，而城市用地斑块的破碎化程度和聚集程度对碳排放有着正向的影响，且相对而言，聚集程度的正向影响更为显著。

关键词：碳排放；城市用地增长；城市形态变化；面板数据模型；长三角城市群

Relationships between Carbon Emission, Urban Growth, and Urban Forms of Urban Agglomeration in the Yangtze River Delta

SHU Xin　XIA Chuyu　LI Yan　TONG Juer　SHI Zhou

Abstract：Cities are one of many carbon sources. Urban area change and spatial characteristic change during the urban expansion can also affect urban carbon emission. In this study, we analyzed the shift of the gravity center from 1995—2015 for carbon emissions, and defined the decoupling index as well as analyzing the temporal－spatial changes of the decoupling relationships between carbon emissions and urban growth in the Yangtze River Delta. We also built panel data models to estimate the impact of urban forms on carbon emissions. Based on that, the conclusions are as follows：(1)The shift of the gravity center from 1995—2015 for carbon emissions of the study area was southwest-northwest-southeast-northwest. The shift may be related to the development of industry and change of industrial structure in some cities during this period. (2) There was a significant temporal-spatial heterogeneity in the decoupling relationships between carbon emissions and urban growth from 1995—2015. The leading decoupling relationship between carbon emissions and urban growth of the study area changed from expansive negative decoupling to weak decoupling from 1995—2015. The difference of decoupling relationships between cities narrowed after 2005 and the overall decoupling relationship of the study area became homogeneous. In 2015, almost 70％ of cities reached the decoupling state and the decoupling states of Shanghai, Shaoxing, and Taizhou were strong. (3)Urban carbon emissions can be negatively influenced by the dominance of complete patches, and positively influenced by the degree of fragmentation and aggregation of urban patches. Carbon emissions can be more sensitive to the more aggregative distribution of the urban patches.

Key words: carbon emission; urban growth; urban form; panel data model; urban agglomeration in the Yangtze River Delta

2014 年联合国政府间气候变化委员会(IPCC)第 5 次评估报告(AR5)指出,1970—2010 年化石燃料燃烧和工业过程的 CO_2 排放量占温室气体总排放增量的约 78%,且 2000—2010 年,年度人为温室气体排放总量增长了约 10Gt CO_2-eq,该增量直接源于能源(47%)、工业(30%)等行业。城市扩张和城市化的过程会对城市碳排放产生重要的影响,研究表明城市化与二氧化碳排放量之间存在着长期稳定的均衡关系[1]。因此,城市作为人口和经济活动最为密集的区域,是碳排放的重要来源。

针对城市碳排放问题,有学者从城市的发展[2]、城市的土地利用[3]、城市的某一行业(如工业)[4]等不同角度研究了城市碳排放的特征与效应。在研究城市扩张与碳排放之间的关系时,较多研究分析了城市用地的面积增长对碳排放总量、强度等的影响[5,6],而对城市某一空间特征对城市碳排放的影响关注较少,相关研究的研究对象多为居民或家庭等微观个体,针对的行业也为交通、建筑等城市中的某一部门[7-9],在宏观尺度上的研究较少,且多是从城市土地利用模式、交通系统结构等方面来定性证明城市空间形态会对城市碳排放产生影响[10],缺乏某种定量指标直接表征城市用地的空间特征及其与城市碳排放的关系。

本研究以长三角城市群为研究区,在分析城市用地面积与碳排放脱钩关系时空变化的基础上,通过构建面板数据模型探究了城市形态对碳排放的影响及其程度。为了实现城市形态的定量化,且使这种定量表征更为直观、统一,同时考虑到数据的可获得性,本研究中的城市形态指的是城市用地的景观格局特征,用景观生态学中的景观格局指数表示。研究结果可为长三角城市群制定低碳城市发展战略、完善土地利用规划和城市规划提供一定的科学依据。

一、研究区、数据来源与研究方法

(一)研究区与数据来源

国家发改委于 2016 年发布的《长江三角洲城市群发展规划》将长三角城市群描述为我国经济最具活力、开放程度最高、创新能力最强、吸纳外来人口最多的区域之一。根据 2014 年的统计数据,长三角城市群的面积为 21.2 万 km^2,坐拥 15033 万人口,人均 GDP 高达 13737 美元/人,位居全国前列。一般意义上的长三角城市群包括上海、浙江、江苏、安徽四省(直辖市)共 26 市,本研究区选定了其中数据完备性较好的 13 个核心城市:常州、杭州、嘉兴、金华、南京、宁波、上海、绍兴、苏州、台州、温州、无锡和舟山,下文中的"长三角城市群"均指这 13 个城市。

本研究中的城市用地面积数据来源于中国科学院资源环境科学数据中心(http://www.resdc.cn)1995 年、2000 年、2005 年、2010 年和 2015 年共 5 期 Lansat TM/ETM 遥感影像解译数据。各景观格局指数是基于以上 5 期影像数据，经过一定的预处理后在 FRAGSTATS 软件中求得。其他社会经济数据来源于各省市历年统计年鉴、中国城市统计年鉴以及各市国民经济和社会发展统计公报等。

本研究所定义的城市碳排放总量是基于张妍等[11]提出的城市碳代谢模型中的城市用地(urban land)、工业和交通用地(transportation and industrial land)的碳排放总量计算的，如表 1 所示，城市用地上产生的碳排放来源于人类呼吸、城市生活消费、批发零售业和住宿餐饮业、建筑业。城市生活消费的碳排放以城市常住人口比例由各省分配到各市，批发零售业和住宿餐饮业、建筑业的碳排放以该行业 GDP 比例由各省分配到各市。由于统计数据难以精确到各地市，本研究中工业用地上产生的碳排放仅考虑工业部门能源消耗的直接碳排放，不考虑工业生产过程中的一些化学反应过程等所产生的碳排放，如水泥、石灰等原料的生产。以上相关数据从各省市历年统计年鉴、中国城市统计年鉴、中国能源统计年鉴和中国交通运输统计年鉴中获得。

表 1　碳排放核算目录表

项目	碳排放核算目录
城市用地	批发零售业、住宿餐饮业、建筑业、城市生活消费、人类呼吸
交通用地	公路、铁路、水运
工业用地	采矿和制造业、邮政和电信服务业

城市生活消费和人类呼吸碳排放的计算公式为：

$$V_u = \sum E_l f_i + k_1 P \tag{1}$$

式中，V_u 为城市生活消费和人类呼吸的碳排放总量，E_l 为居民生活能耗(标准煤)，f_i 为能源的碳排放系数，k_1 为人类呼吸的碳排放系数，P 为非农业人口。

工业生产的直接碳排放是根据 IPCC 推荐的能源碳排放系数估算法，将每种能源的消费量换算为标准煤量后乘以其对应的能源碳排放系数再加总而得，计算公式如下：

$$C = \sum E_i \times K_i \tag{2}$$

式中，C 为工业生产的碳排放总量，E_i 为第 i 种能源的消费量，K_i 为第 i 种能源的碳排放系数(见表 2)。

表 2　能源碳排放系数

能源	标准煤换算系数	碳排放系数	能源	标准煤换算系数	碳排放系数
煤炭	0.7143	0.7559	焦炭	0.9714	0.8550
原油	1.4286	0.5857	汽油	1.4714	0.5538
煤油	1.4714	0.5714	柴油	1.4571	0.5921
燃料油	1.4286	0.6185	天然气	1.2143	0.4483
电力	0.4040	0.7935			

注：表中系数来源于文献[12]。

交通活动碳排放的计算参考了林剑艺等[13]在计算厦门市能源利用碳足迹时的处理，包括境内碳排放和跨界运输碳排放两个部分，计算公式为：

$$V_{\text{road}} = V_{\text{in}} + V_{\text{out}} = k_2 M_P + k_3 M_B + k_4 M_T + k_5 M_m + T_i F_i \tag{3}$$

$$V_w = T_w F_w \tag{4}$$

式中，V_{road}为公路和铁路的交通碳排放总量，V_{in}是境内交通碳排放，V_{out}是跨界运输碳排放，M_P、M_B、M_T和M_m分别是私人汽车、公共汽车、出租车和摩托车的总运行里程，其中部分数据来源于文献[14]，k_2、k_3、k_4和k_5为对应的碳排放系数。T_i表示第i种跨界运输（水运单独计算）的交通量，F_i为该种运输的碳排放系数（$i=1,2$）。V_w是内河运输交通碳排放，T_w是港口始发吞吐量，F_w是单位货物量的碳排放系数。

以上涉及的所有碳排放系数的值见表3。

表3　碳排放系数

项目	名称	系数
k_1	人类呼吸/(kg a^{-1}人$^{-1}$)	79
k_2	私人汽车/(kg/100km)	22.3
k_3	公共汽车/(kg/100km)	88.1
k_4	出租车/(kg/100km)	28.3
k_5	摩托车/(kg/100km)	6.7
F_1	公路客货运(kg t^{-1}km^{-1})	0.0556
F_2	铁路客货运(kg t^{-1}km^{-1})	0.0217
F_w	内河客货运(t/10万t)	5.6

注：人类呼吸的碳排放系数来源于文献[15]，各种车辆运输和公路、铁路运输的碳排放系数来源于文献[16,17]，水路运输碳排放系数来源于文献[18,19]。

（二）研究方法

1. 碳排放重心的计算

碳排放重心的定义参考了人口重心的概念[20]，类似地，设某个单元的中心坐标为（X_i，Y_i），M_i为该单元在某个属性意义下的"重量"，则碳排放的重心坐标可以计算为：

$$\bar{x} = \frac{\sum_{i=1}^{n} M_i X_i}{\sum_{i=1}^{n} M_i}, \quad \bar{y} = \frac{\sum_{i=1}^{n} M_i Y_i}{\sum_{i=1}^{n} M_i} \tag{5}$$

式中，n为城市总数，M_i为第i个城市1995—2015年的碳排放总量。

2. 脱钩分析

脱钩指的是经济增长与资源消耗或环境污染之间的联系的一种阻断[21]。如果两者均处于增长状态，但经济增长的速度大于环境污染的速度或者在经济增长的同时环境污染减少，都可以被认为是一种脱钩状态（分别为相对脱钩和绝对脱钩）。OECD（经济合作与发展组织）、Tapio等均提出了不同的脱钩指标构建方式，Tapio脱钩指标是一种环境压力相对于经济驱动的弹性，不受数据绝对值大小的影响，能与我国提出的单位GDP减排目标对应，因此适用于经济发展与碳排放关系的历史推演与碳减排的未来情景预测。根据脱钩指数(decoupling)所反映的关系,可以将脱钩状态划分为 8 种类型[22],如表 4 所示。

表 4   脱钩状态划分[22]

状态	程度	环境压力	经济驱动	指数(D)
负脱钩	强负脱钩	>0	<0	$D<0$
	扩张负脱钩	>0	>0	$D>1.2$
	弱负脱钩	<0	<0	$0<D<0.8$
脱钩	强脱钩	<0	>0	$D<0$
	弱脱钩	>0	>0	$0<D<0.8$
	衰退脱钩	<0	<0	$D>1.2$
连接	增长连接	>0	>0	$0.8<D<1.2$
	衰退连接	<0	<0	$0.8<D<1.2$

其中强脱钩为最佳脱钩状态,即经济增长的同时,对资源的消耗或对环境的污染随之减少,而强负脱钩为最差脱钩状态,此时经济增长与环境污染呈负相关,经济衰退而环境进一步恶化,其余状态介于两者之间。

本研究选取了 Tapio[22] 提出的基于增长弹性变化的脱钩状态分析模型来计算各城市碳排放与城市用地增长之间的脱钩指数,并将其定义为某一时期内(1995—2000 年,2000—2005 年,2005—2010 年和 2010—2015 年)碳排放总量和城市用地面积变化量百分比的比值,计算公式为:

$$D = \frac{\Delta C / C}{\Delta S / S} \tag{6}$$

式中,D 为脱钩指数,ΔC 为某一时期(如 1995—2000 年)内的碳排放变化量,C 为初期(如 1995 年)碳排放总量,ΔS 为某一时期(如 1995—2000 年)内的城市用地面积变化量,S 为初期(如 1995 年)城市用地面积。

3.城市形态的表征

景观格局指数是高度浓缩的景观格局信息,是反映景观结构组成、空间配置特征的简单量化指标[23]。城市扩张过程中出现的如斑块数量增加、斑块之间的连接度提高等城市形态变化可以用一定的景观格局指数来表征。从景观生态学的基本原理和结构出发,可以把景观格局指数分为描述景观要素的指数(如斑块的数目、面积等)和描述景观总体特征的指数(如优势度、蔓延度等)[24]。FRAGSTATS 软件可以从斑块水平指数、斑块类型水平指数和景观水平指数三个层次计算出数十种不同的景观格局指数。由于斑块水平上的景观格局指数能够反映的景观格局特征相对有限,且需兼顾描述景观要素和景观的总体特征,故本研究选取了最大斑块指数(Largest Patch Index)、斑块数(Number of Patches)、斑块类型面积(Total Class Area)、丛生度(Clumpiness Index)和斑块结合度(Patch Cohesion Index)5 种景观格局指数作为城市形态的表征,它们的相关描述如表 5 所示。以上景观格局指数可以从优势景观类型及其主导程度、破碎化程度和聚集程度等不同角度综合反映城市扩张的景观格局特征。

表 5 景观格局指数相关描述

景观格局指数	缩写	描述
最大斑块指数	LPI	景观中最大斑块的面积(m^2)除以景观总面积(m^2)，再乘以 100（转换成百分比） 单位：%，取值范围：$0<LPI\leqslant100$[23]
斑块数	NP	景观中斑块的总数，取值范围：$NP\geqslant1$，无上限[23]
斑块类型面积	CA	同种类型斑块的面积。单位：hm^2，取值范围：$CA>0$，无上限
丛生度	CLUMPY	能够反映斑块之间的聚集程度。单位：%，取值范围：$0<CLUMPY\leqslant100$
斑块结合度	COHESION	可以衡量相应景观类型的自然连接性程度[25] 单位：%，取值范围：$0<COHESION\leqslant100$

4. 面板数据模型

面板数据是 N 个不同个体在 T 个时点关于变量 y 的值的二维数据，构建面板数据模型可以得到解释变量 x 对被解释变量 y 的影响回归估计，其一般形式为[26]：

$$y_{it} = \sum_{k=l}^{K}\beta_{ki}x_{kit} + u_{it} \tag{7}$$

式中，$i=1,2,\cdots,N$，表示 N 个个体；$t=1,2,\cdots,T$，表示 T 个时点。y_{it} 是个体 i 在 t 时的被解释变量的观测值；x_{kit} 是个体 i 在 t 时的第 k 个非随机解释变量的观测值；β_{ki} 为待估参数；u_{it} 为随机误差项。在实际研究中，为了使解释变量对被解释变量的影响体现得更为直观，一般对等式两边取自然对数。

在确定模型的具体形式之前，首先需要检验数据的平稳性和协整性，这是模型进行回归估计的前提。平稳性检验和协整检验通过之后，需要对数据进行 Hausman 检验和 F 检验以确定模型的具体形式。Hausman 检验用于确定解释变量对被解释变量的影响方式，分为随机影响和固定影响。F 检验用来确定模型属于变系数、变截距或系数不变模型中的哪一种。F 检验的 H_1 和 H_2 假设分别为：

$$H_1 : \beta_1 = \beta_2 = \cdots = \beta_N$$
$$H_2 : \alpha_1 = \alpha_2 = \cdots = \alpha_N \tag{8}$$
$$\beta_1 = \beta_2 = \cdots = \beta_N$$

F 统计量的计算公式为：

$$F_1 = \frac{(S_2 - S_1)/[(N-1)k]}{S_1/[NT-N(k+1)]} \sim F[(N-1)k, N(T-k-1)] \tag{9}$$

$$F_2 = \frac{(S_3 - S_1)/[(N-1)(k+1)]}{S_1/[NT-N(k+1)]} \sim F[(N-1)(k+1), N(T-k-1)] \tag{10}$$

式中，S_1、S_2、S_3 分别为当模型为变系数、变截距和不变系数模型时对应的残差平方和，F 检验的判定规则为：若接受假设 H_2 则为不变系数模型；若拒绝假设 H_2，则检验假设 H_1，若接受假设 H_1，为变截距模型，若拒绝假设 H_1，则为变系数模型。比较 F 统计量的值与所服从

的 F 分布的临界值,判定模型的具体形式。

二、结果与讨论

(一)长三角城市群 13 个城市碳排放重心转移

总体而言,碳排放重心向西南方向移动了 22.5km,其中向西移动了 16.79km,向南移动了 14.98km。1995—2015 年碳排放重心经历了西南向—西北向—东南向—西北向的转移过程,这种转移过程可能与相应时期内该转移方向上部分城市的工业发展和产业结构调整有关。分阶段来看,1995—2000 年,碳排放重心向西移动了 14.16km,向南移动了 7.12km,碳排放重心向西南方向转移。该时期内杭州工业发展迅速,机械、电子、食品、纺织、化工、医药为工业增长的主要产业。2000 年,杭州全市能源消费总量为 1210.94 万 t 标准煤,扣除生产二次能源投入量后,综合能源消费量(净能耗)为 746.81 万 t 标准煤,增长 7.3%,万元产值综合能耗 0.456 t 标准煤,节能率仅有 15.66%。2000—2005 年,碳排放重心向西移动了 15.78km,向北移动了 13.94km,碳排放重心向西北方向转移。这可能与该时期内无锡工业的快速增长有关,2001—2004 年,无锡重工业的增长率分别达到了 14.0%、19.4%、29.3%、36.2%。2005—2010 年,碳排放重心向东移动了 18.3km,向南移动了 32.74km,碳排放重心向东南方向转移,且移动距离最大,为 37.5km。根据《2010 年宁波能源利用报告》,2010 年宁波市全社会综合能耗约 3536 万 t 标准煤,比 2009 年增长 12.6%。2010—2015 年,碳排放重心向西移动了 5.15km,向北移动了 10.94km,碳排放重心向西北方向转移。这或许可以用浙江和江苏两省的产业结构调整来解释,2010—2015 年,浙江省三次产业增加值结构由 2010 年的 5.0∶51.9∶43.1 调整为 2015 年的 4.3∶45.9∶49.8,而江苏省三次产业增加值结构由 2010 年的 6.2∶53.2∶40.6 调整为 2015 年的 5.7∶45.7∶48.6,可以看出,第三产业比重增加与第二产业比重减少的比值,浙江省略高于江苏省,说明浙江省将高耗能产业转移到相对低耗能产业的部分较多。此外也有研究表明,2011—2014 年浙江省碳排放总量呈现出减少的趋势,且年均减少 1.24%[27]。2010—2012 年浙江省的生态综合价值稳步上升,碳排放强度作为评价生态综合价值的其中一项指标,对其影响较大[28],故碳排放重心往江苏方向稍有转移。

总体而言,1995—2015 年,长三角城市群 13 个城市的碳排放重心处于研究区北部,大致位于嘉兴市西部。除 2000—2005 年碳排放重心在东西和南北方向上的移动距离相当外,其余 3 个时期重心在东西或南北某一方向上移动的距离均为另一方向上的两倍左右,如 2005—2010 年,碳排放重心向南移动的距离约为向东移动的 1.8 倍。以上说明城市群内部各市之间的碳排放水平存在一定的差异,不同时期的碳排放贡献结构是不同的,且各阶段的结构变化较大。

(二)碳排放与城市用地增长的脱钩状态变化

1.脱钩状态时间变化

表 6 给出了各时期城市用地面积和碳排放总量的变化量及对应的脱钩指数和脱钩状态。如表 6 所示,1995—2015 年,研究区整体的脱钩结构由以扩张负脱钩为主变化为以弱脱钩为主,总体而言脱钩状态有所好转,即随着城市用地增长,碳排放总量虽然仍在上升,

但上升的幅度有所减小。其中常州、上海、苏州、无锡 4 个城市脱钩状态的转变过程较为平稳，而较多城市出现了在扩张负脱钩、增长连接和弱脱钩等状态之间摇摆的现象，如杭州、金华、南京、绍兴、台州和温州，个别城市在某一时期内发生了脱钩状态的强烈"倒退"，如嘉兴在前两个阶段由强脱钩突变为扩张负脱钩，宁波 1995—2000 年原为扩张负脱钩，2000—2005 年突变为强负脱钩，1995—2015 年仅有舟山一直处于扩张负脱钩的状态。至 2015 年，已有 9 个城市的碳排放和城市用地增长之间达到了脱钩状态，占研究区全部城市的近70%，其中上海、绍兴和台州率先实现了强脱钩，即城市用地增加而碳排放总量减少，这意味着在环境改善的同时也实现了经济发展，是碳排放和城市用地增长之间关系最理想的状态。

表 6　1995—2015 年长三角城市群碳排放与城市用地增长脱钩指标值

城市	1995—2000				2000—2005				2005—2010				2010—2015			
	%ΔC	%ΔS	D	状态	%ΔC	%ΔS	D	状态	%ΔC	%ΔS	D	状态	%ΔC	%ΔS	D	状态
常州	0.38	−0.01	−37.11	强负脱钩	1.16	0.18	6.48	扩张负脱钩	0.51	0.24	2.15	扩张负脱钩	0.20	0.15	1.35	扩张负脱钩
杭州	1.45	0.10	15.12	扩张负脱钩	0.89	0.92	0.97	增长连接	0.19	0.12	1.65	扩张负脱钩	0.05	0.28	0.16	弱脱钩
嘉兴	−0.58	0.37	−1.59	强脱钩	9.80	1.82	5.39	扩张负脱钩	0.25	0.14	1.80	扩张负脱钩	0.19	0.22	0.89	增长连接
金华	0.87	0.91	0.96	增长连接	0.60	2.60	0.23	弱脱钩	1.23	0.14	8.78	扩张负脱钩	0.04	0.31	0.12	弱脱钩
南京	0.14	0.16	0.89	增长连接	0.62	0.24	2.59	扩张负脱钩	0.28	0.29	0.95	增长连接	0.21	0.13	1.70	扩张负脱钩
宁波	0.62	0.15	4.02	扩张负脱钩	−0.29	0.96	−0.30	强负脱钩	3.16	0.05	57.88	扩张负脱钩	0.00	0.14	0.02	弱脱钩
上海	0.15	0.06	2.62	扩张负脱钩	0.37	0.26	1.39	扩张负脱钩	0.24	0.16	1.58	扩张负脱钩	−0.20	0.05	−4.09	强脱钩
绍兴	2.63	0.10	26.63	扩张负脱钩	1.15	0.99	1.17	增长连接	9.00	0.20	44.75	扩张负脱钩	−0.89	0.20	−4.41	强脱钩
苏州	1.29	0.33	3.91	扩张负脱钩	1.08	0.48	2.26	扩张负脱钩	0.65	0.20	3.20	扩张负脱钩	0.08	0.13	0.58	弱脱钩
台州	0.39	0.07	5.83	扩张负脱钩	0.29	1.40	0.21	弱脱钩	2.07	0.13	16.42	扩张负脱钩	0.00	0.59	0.00	强脱钩
温州	0.45	0.46	0.97	增长连接	1.84	1.12	1.65	扩张负脱钩	0.63	0.08	8.20	扩张负脱钩	0.15	0.25	0.61	弱脱钩

城市	1995—2000				2000—2005				2005—2010				2010—2015			
	%ΔC	%ΔS	D	状态	%ΔC	%ΔS	D	状态	%ΔC	%ΔS	D	状态	%ΔC	%ΔS	D	状态
无锡	0.94	0.04	21.42	扩张负脱钩	1.11	0.40	2.76	扩张负脱钩	0.38	0.20	1.87	扩张负脱钩	0.05	0.10	0.50	弱脱钩
舟山	2.01	0.13	15.48	扩张负脱钩	0.57	0.24	2.35	扩张负脱钩	0.34	0.06	5.51	扩张负脱钩	4.72	0.29	16.41	扩张负脱钩

注:表中%ΔC为碳排放变化率 ΔC/C,%ΔS为城市用地面积变化率 ΔS/S,D为脱钩指数(详见式6)。

2.脱钩状态空间格局演变

总体而言,1995—2010 年碳排放与城市用地增长的脱钩状态以扩张负脱钩和增长连接为主,而 2010 年以后,强、弱脱钩占主导地位。2005 年以前,长三角城市群内部脱钩状态的区域差异较大,零星出现了强脱钩和强负脱钩等极端状态;2005 年以后,区域之间的脱钩状态差异开始缩小,研究区整体的脱钩状态趋向于同质。

1995—2000 年研究区有 8 个城市(杭州、宁波、上海、绍兴、苏州、台州、无锡和舟山)碳排放和城市用地增长之间为扩张负脱钩状态,占总数的 62%;有 3 个城市(金华、南京和温州)为增长连接状态,占总数的 23%;其余嘉兴和常州分别为脱钩状态的正负两极(强脱钩和强负脱钩),即这一时期内绝大多数(92%)的城市尚未实现脱钩,经济发展急需大量城市用地支撑,碳排放增加的速度超过了城市用地增长的速度。2000—2005 年,除上海、苏州、无锡和舟山等长三角北部城市外,其他城市的脱钩弹性均有不同程度的变化,扩张负脱钩的主体由中部地区转变为了南北地区,并出现了弱脱钩。相反,增长连接的脱钩状态由南北向中部聚集,这说明中部地区城市用地增长所导致的碳排放增加量有所减少。2005—2010 年,除南京外,其余城市均为扩张负脱钩状态,说明长三角城市群的碳排放与城市用地增长之间的关系开始走向趋同。而 2010—2015 年,仅有 4 个城市(常州、嘉兴、南京和舟山)为增长连接或扩张负脱钩,其余均已达到了或强或弱的脱钩状态,占研究区全部城市的近 70%,其中上海、绍兴和台州为强脱钩状态,尤以绍兴的脱钩程度最高,其碳排放的城市用地增长弹性达到了−4.41,这说明碳排放在城市用地增长的同时不仅实现了总量的减少,且减少率约为城市用地增长率的 4.41 倍。

(三)碳排放与城市形态的关系

1.面板数据检验

在所构建的面板数据模型中,将表 5 中的 5 个景观格局指数作为模型的解释变量,碳排放总量作为被解释变量。5 个解释变量在 Eviews 软件中的平稳性检验和协整检验的结果如表 7 和表 8 所示。由表 7 可知,单位根检验表明水平变量是平稳的。根据本研究中的样本数[29],由表 8 的结果可知,所有变量的组间 PP 统计量和组间 ADF 统计量均通过了 1% 的显著性水平检验,且组内 PP 统计量和组内 ADF 统计量也通过了 1% 或 5% 的显著性水平检验。协整检验表明,变量之间存在着协整关系。

表 7　平稳性检验结果

变量	Levin，Lin ＆ Chu t* 统计量
碳排放总量	−9.20842***
LPI	−3.78315***
NP	−3.37125***
CA	−2.43317***
CLUMPY	−5.03459***
COHESION	−5.21809***

注：***表示通过了1%的显著性水平检验。

表 8　协整检验各统计量结果

检验统计	组内 v 统计量	组内 rho 统计量	组内 PP 统计量	组内 ADF 统计量	组间 rho 统计量	组间 PP 统计量	组间 ADF 统计量
LPI	−0.76	0.74	−2.64**	−2.61**	1.74*	−4.79***	−5.32***
NP	0.23	−0.13	−6.09*** ***	−5.82***	1.64*	−6.02***	−5.47***
CA	1.25	−0.48	−3.79***	−3.81***	1.34	−6.52***	−5.83***
CLUPMY	1.05	−0.21	−3.41**	−3.41**	1.70*	−5.55***	−6.61***
COHESION	2.27**	−1.16	−7.52***	−7.30***	1.22	−9.30***	−8.20***

注：*、**和***分别表示通过了10%、5%和1%的显著性水平检验，下同。

2. 构建面板数据模型

通过面板数据检验之后，可以构建面板数据模型来估计各解释变量对被解释变量的影响弹性。由于 $T > k+1$，$T=5$，此时 k 最大为 3，即每个模型最多可含 3 个解释变量。考虑到景观格局指数的类型和相关性[30]，将这 5 个变量预设为以下 3 种组合：（1）碳排放总量与斑块数（NP）、最大斑块指数（LPI）和斑块类型面积（CA）；（2）碳排放总量与斑块数（NP）、斑块类型面积（CA）和丛生度（CLUMPY）；（3）碳排放总量与斑块结合度（COHESION）、斑块数（NP）和最大斑块指数（LPI）。相应地，这 3 种变量组合可以构建为 3 种面板数据模型。

Hausman 检验结果如表 9 所示，3 种模型 Hausman 检验的统计量均通过了 5%的显著性水平检验，即拒绝了该模型为随机效应模型的原假设，故这 3 种模型均为固定效应模型。

表 9　Hausman 检验结果

模型	Chi-Sq. 统计量
模型 1	20.30***
模型 2	11.55***
模型 3	9.06**

F 检验的结果见表10。以模型 1 为例,在 5% 的显著性水平下,$F_2 > F(48,13)$,表明拒绝了假设 H_2,且 $F_1 < F(36,13)$,即接受了假设 H_1,故模型 1 应为变截距模型,同理可得其余两种模型也为变截距模型。

表 10　F 检验结果

	模型 1	模型 2	模型 3
假设 H_2	$F(48,13) < 4.04$	$F(48,13) < 3.75$	$F(48,13) < 2.41$
假设 H_1	$F(36,13) > 2.06$	$F(36,13) > 2.07$	$F(36,13) > 0.54$

综合 Hausman 检验和 F 检验的结果,可以将它们确定为以下 3 种模型:

$$\text{Ln}C_{it} = c_i + \beta_1 \text{Ln}NP_{it} + \beta_2 \text{Ln}PI_{it} + \beta_3 \text{Ln}CA_{it} + \mu_i \text{(模型 1)}$$
$$\text{Ln}C_{it} = c_i + \beta_1 \text{Ln}NP_{it} + \beta_2 \text{Ln}CA_{it} + \beta_3 \text{Ln}CLUMPY_{it} + \mu_i \text{(模型 2)}$$
$$\text{Ln}C_{it} = c_i + \beta_1 \text{Ln}COHESION_{it} + \beta_2 \text{Ln}NP_{it} + \beta_3 \text{Ln}LPI_{it} + \mu_i \text{(模型 3)}$$

式中,C_{it} 为碳排放总量,i 为截面,t 为时点,β 为各变量的系数,c 为常数,μ 为个体效应。

表 11 给出了以上 3 种模型的估计结果,其中模型 3 的 3 个解释变量的系数均通过了 1% 的显著性水平检验,且 F 统计量最大,R^2 最接近于 1,即该模型的拟合效果最好。模型 3 的结果表明,当把最大斑块指数、斑块数和斑块结合度作为碳排放总量的解释变量时,最大斑块指数与碳排放总量呈负相关,斑块数和斑块结合度与碳排放总量呈正相关,且各解释变量对被解释变量的影响弹性不同,尤为显著的是斑块结合度对碳排放的正向影响弹性高达 250.1%,远超其他解释变量。

表 11　面板数据模型估计结果

变量	模型 1	模型 2	模型 3
LPI	-0.83^{***}	—	-1.24^{***}
NP	1.63^{***}	0.64^{*}	0.97^{***}
CA	0.34	0.11	—
CLUPMY	—	185.97^{***}	—
COHESION	—	—	250.10^{***}
常数项	5.58^{**}	15.25^{***}	-1137.333
R^2	0.80	0.78	0.88
F 统计量	12.71	11.48	24.21
P 值	0.0000	0.0000	0.0000

在模型 3 中,最大斑块指数能够反映连续完整的地块在区域中的主导程度,同时最大斑块指数和斑块数也能反映斑块的破碎化程度,而斑块结合度则反映了斑块之间的连接度和聚集程度。以上结果表明,连续完整的地块在区域中的主导程度、地块的破碎化程度和聚集程度会对城市碳排放造成影响。最大斑块指数是以面积来衡量某一斑块对景观整体的主导程度的,若其值较大则表明该地区存在着集中连片的斑块类型,对于单中心主导的紧凑型城市形态来说,不同地区之间的互动性较低,由此带来的基础设施成本也较低,不会产

生较多的碳排放。斑块数能够体现城市用地的破碎化程度，斑块数越多，则城市用地被分割得越破碎，意味着经济活动被分散到了不同的斑块，此时起到连接作用的基础设施的成本会随着破碎化程度的提高而增加[31]，从而带来更多的交通活动及其能源消费的碳排放。

斑块之间的聚集程度对碳排放的正向影响程度较大的可能原因是：第一，聚集程度较高的斑块大多为碳源，碳排放总量随着碳源斑块的聚集而增加。城市扩张过程中其他土地利用类型向建设用地的转变会表现出明显的碳排放作用[32]。建设用地作为城市中的一大主要碳源，其产生的碳排放会影响到整个城市的碳代谢系统。如 1995—2015 年，杭州高负碳代谢分室与其他分室存在强烈的碳储量竞争，影响城市代谢系统平衡，其中工业用地分室、公路与铁路分室占主导地位[33]。1995—2010 年长三角地区碳源（包括能源消费、工业过程、农业活动、废水及固体废弃物、自然过程）排放的增量是碳汇（包括植被净生态系统交换量和水域碳吸收）增量的 35 倍左右，碳源的增长远远超出了碳汇的增长[34]。且有研究表明，人工成分的扩张使得作为碳源的斑块更加聚集，而自然成分的破坏和恢复使得作为碳汇的斑块更加破碎，且碳排放密度中等和较低的斑块更容易受到碳排放密度较高的斑块的影响，但碳固存密度较高的斑块却不容易影响碳固存密度中等和较低的斑块[35]。因此，作为碳源的斑块除了自身容易产生较高的碳排放总量，也会通过同类斑块之间的聚集相互影响，从而导致整体产生更多的碳排放。第二，多中心组团和以沿交通干线为主的线状城市扩张模式虽然提高了斑块之间的聚集程度和连接性，但也使城市空间形状趋向于复杂。城市空间形状与碳排放强度存在一定的相关性，城市空间形状指数越大即城市形态越不规整，单位土地面积的碳排放量越大[36]。此外，斑块结合度主要反映的是城市在空间上的几何形态是否紧凑，难以全面而准确地体现城市在生产生活功能上的紧凑程度。而功能紧凑的城市可以通过土地的高效、集约利用如公共交通的合理布局减少过长距离导致的交通活动碳排放[37]。本研究出现了碳排放受聚集程度较大的正向影响这一结果，可能是因为虽然城市用地斑块之间的聚集程度有所提高，城市形态已趋于紧凑，但功能上的不紧凑和资源配置的不合理成为制约碳减排的重要原因。

三、结论与展望

本研究基于城市用地增长和碳排放数据，分析了 1995—2015 年长三角城市群碳排放重心转移以及碳排放和城市用地增长的脱钩状态时空变化，并构建面板数据模型探究了城市形态对碳排放的影响，得出以下结论：(1)1995—2015 年长三角城市群碳排放重心经历了西南向—西北向—东南向—西北向的转移过程，这种转移过程与其相应时期内部分城市的工业发展与产业结构调整有关。(2)1995—2015 年，长三角城市群碳排放与城市用地增长的脱钩状态存在着显著的时空异质性。研究区整体的脱钩结构由以扩张负脱钩为主变化为以弱脱钩为主，2005 年以后，区域之间的脱钩差异开始缩小，研究区整体脱钩状态趋向于同质。至 2015 年，近 70% 的城市已达到了脱钩，其中上海、绍兴和台州实现了强脱钩。(3)连续完整的地块在区域内的主导程度会对城市碳排放产生负向的影响，城市用地斑块的破碎化程度和聚集程度对碳排放均有正向的影响，且相对而言，聚集程度的这种正向的影响更为显著。

以上研究结论，对区域层面制定低碳城市发展战略、城市土地利用规划和城市规划有着一定的参考意义。但本研究仅仅讨论了在某一时间段(1995—2015年)某一区域(长三角城市群)城市用地形态对城市碳排放的影响,而影响的方向和弹性是否会变化,是否存在时空异质性,以及这种时空异质性能否与碳排放和城市用地增长的脱钩状态的时空异质性实现相互解释等,将是我们下一步要研究和探讨的重点问题。

参考文献

[1] 孙慧宗,李久明.中国城市化与二氧化碳排放量的协整分析[J].人口学刊,2010(5):32-38.

[2] Wang S J,Fang C L,Wang Y,et al. Quantifying the relationship between urban development intensity and carbon dioxide emissions using a panel data analysis[J]. Ecological Indicators,2015,49:121-131.

[3] 张苗,甘臣林,陈银蓉,等.中国城市建设用地开发强度的碳排放效率分析与低碳优化[J].资源科学,2016,38(2):265-275.

[4] 夏楚瑜,李艳,叶艳妹,等.基于净生产力生态足迹模型的工业碳排放效应、影响因素与情景模拟[J].生态学报,2017,37(11):3862-3871.

[5] 张润森,濮励杰,文继群,等.建设用地扩张与碳排放效应的库兹涅茨曲线假说及验证[J].自然资源学报,2012,27(5):723-733.

[6] 张思齐,陈银蓉.城市建设用地扩张与能源消耗碳排放相关效应[J].水土保持研究,2017,24(1):244-249.

[7] 秦波,戚斌.城市形态对家庭建筑碳排放的影响——以北京为例[J].国际城市规划,2013,28(2):42-46.

[8] 马静,刘志林,柴彦威.城市形态与交通碳排放:基于微观个体行为的视角[J].国际城市规划,2013,28(2):19-24.

[9] 秦波,邵然.城市形态对居民直接碳排放的影响——基于社区的案例研究[J].城市规划,2012,36(6):33-38.

[10] 陈珍启,林雄斌,李莉,等.城市空间形态影响碳排放吗?——基于全国110个地级市数据的分析[J].生态经济,2016,32(10):22-26.

[11] Zhang Y,Xia L L,Xiang W N. Analyzing spatial patterns of urban carbon metabolism:a case study in Beijing,China[J]. Landscape and Urban Planning,2014,130(5):184-200.

[12] 孙赫,梁红梅,常学礼,等.中国土地利用碳排放及其空间关联[J].经济地理,2015,35(3):154-162.

[13] 林剑艺,孟凡鑫,崔胜辉,等.城市能源利用碳足迹分析——以厦门市为例[J].生态学报,2012,32(12):3782-3794.

[14] 贾顺平,毛保华,刘爽,等.中国交通运输能源消耗水平测算与分析[J].交通运输系统工程与信息,2010,10(1):22-27.

[15] 匡耀求,欧阳婷萍,邹毅,等.广东省碳源碳汇现状评估及增加碳汇潜力分析[J].中国人口·资源与环境,2010,20(12):56-61.

[16] 张清,陶小马,杨鹏.特大型城市客运交通碳排放与减排对策研究[J].中国人口·资源与环境,2012,22(1):35-42.

[17] 解天荣,王静.交通运输业碳排放量比较研究[J].综合运输,2011,(8):20-24.

[18] 彭传圣.港口生产能耗和排放计算问题研究[J].港口装卸,2011,(6):25-30.

[19] 王剑.港口生产综合能耗分析与能源弹性系数测算[J].港口科技,2006,(11):6-8.

[20] 徐建华,岳文泽.近20年来中国人口重心与经济重心的演变及其对比分析[J].地理科学,2001,21 (5):385-389.

[21] 彭佳雯,黄贤金,钟太洋,等.中国经济增长与能源碳排放的脱钩研究[J].资源科学,2011,33(4): 626-633.

[22] Tapio P. Towards a theory of decoupling:degrees of decoupling in the EU and the case of road traffic in Finland between 1970 and 2001[J]. Transport Policy,2005,12(2):137-151.

[23] 邬建国.景观生态学——格局、过程尺度与等级[M].2版.北京:高等教育出版社,2007.

[24] 陈文波,肖笃宁,李秀珍.景观指数分类、应用及构建研究[J].应用生态学报,2002,13(1):121-125.

[25] 仇恒佳,卞新民,朱利群.太湖水陆生态交错带景观空间格局研究——以苏州市吴中区为例[J].南京 农业大学学报,2005,28(4):21-25.

[26] 白仲林.面板数据的计量经济分析[M].天津:南开大学出版社,2008.

[27] Xia C Y,Li Y,Ye Y M,Shi Z,Liu J M. Decomposed driving factors of carbon emissions and scenario analyses of low-carbon transformation in 2020 and 2030 for Zhejiang Province[J]. Energies,2017,10 (11):1747.

[28] Xia C Y,Li Y,Ye Y M,Shi Z. An integrated approach to explore the relationship among economic, construction land use,and ecology subsystems in Zhejiang Province,China[J]. Sustainability,2016,8 (5):498.

[29] Pedroni P. Panel cointegration:asymptotic and finite sample properties of pooled time series tests with an application to the PPP hypothesis[J]. Econometric Theory,2004,20(3):597-625.

[30] 布仁仓,胡远满,常禹,等.景观指数之间的相关分析[J].生态学报,2005,25(10):2764-2775.

[31] Yeh G O,Li X. A constrained CA model for the simulation and planning of sustainable urban forms by using GIS[J]. Environment and Planning B:Planning and Design,2001,28(5):733-753.

[32] 张梅,赖力,黄贤金,等.中国区域土地利用类型转变的碳排放强度研究[J].资源科学,2013,35(4): 792-799.

[33] 夏楚瑜,李艳,叶艳妹,等.基于生态网络效用的城市碳代谢空间分析——以杭州为例[J].生态学报, 2018,38(1):73-85.

[34] 义白璐,韩骥,周翔,等.区域碳源碳汇的时空格局——以长三角地区为例[J].应用生态学报,2015,26 (4):973-980.

[35] Xia L L,Zhang Y,Sun X X,Li J J. Analyzing the spatial pattern of carbon metabolism and its response to change of urban form[J]. Ecological Modelling,2017,355:105-115.

[36] 王志远,郑伯红,陈祖展.城市空间形状与碳排放强度的相关性研究——基于我国35个城市的分析 [J].城市发展研究,2013,20(6):8-15.

[37] 刘锐,窦建奇.低碳导向下的紧凑城市[J].规划师,2014,30(7):79-83.

中国的农村更新：治理模式与治理绩效

谭　荣　　王荣宇

摘　要：近年来，城乡发展一体化已成为中国的一项重要国家战略。为此，许多地方都开展了农村更新，以增强农村活力，加快农村发展，促进乡村振兴。本文旨在展现当前中国的农村更新在促进城乡发展一体化方面的多样化效果，辨析影响农村更新绩效的因素。基于 IoS(Institution of Sustainability)框架，本文比较分析了两个典型的农村更新案例，即发生在浙江嘉善县的由政府主导的 J 村更新和发生在四川金堂县的由农民自组织的 Z 村更新。结果表明，农村更新可以在不同程度上促进城乡发展一体化。交易属性、行为主体特征、治理结构与制度安排是导致农村更新绩效多样性的要素。最后，本文提出了进一步优化农村更新绩效、推动城乡发展一体化的政策建议。

关键词：农村更新；城乡发展一体化；制度分析；治理结构；中国

Rural Renewal of China: Governance Pattern and Governance Performance

TAN Rong WANG Rongyu

Abstract：In recent years, rural-urban integrated development has become a vital national strategy in China. In this context, many regions have implemented rural renewal projects to enhance the vitality and development of rural areas as well as to facilitate rural vitalization. The objective of this study is to exhibit the various performance of rural renewal in rural-urban integration and to reveal the influencing factors behind. Based on an analytical framework i. e. , Institution of Sustainability (IoS), a comparative analysis of two typical cases, that is the government-led rural renewal of J Village in Jiashan County, Zhejiang Province and the self-organized rural renewal of Z Village in Jintang County, Sichuan Province, are conducted. Our findings indicate that rural renewal can facilitate rural-urban integration to different extents. The properties of transactions, the characteristics of the actors, the governance structures and the institutional arrangements jointly determine the performance diversity of rural renewal. Finally, we suggest relevant policy recommendations to further improve the performance of rural renewal in rural-urban integration.

Key words：rural renewal; rural-urban integration; institutional analysis; governance structure; China

一、引言

尽管三十多年来中国经济的高速增长推动了城市和农村的发展进步，但这种发展进步并不平衡。一方面，中国的城乡之间在生活环境品质方面有明显差距。农村的生产、生活、生态空间用地布局不尽合理且利用粗放，居住环境"脏、乱、差"的问题比较突出（方斌等，2007）。另一方面，中国的城乡财富差距依旧显著。统计显示，2011年城乡居民的收入差距比仍高达 3.13：1（陈锡文，2013）。对此，中国提出了促进城乡发展一体化的重大战略，力求进一步缩小城乡发展差距。具体来说，就是要改变农村居住环境"脏、乱、差"的面貌，完善农村的基础设施，让农民同市民一样享有优质的生活环境；同时，让农民和农村分享更多的土地收益，积累充足的资金和资本，实现社会财富向农村的合理转移和农村后发发展。而农村更新正日益成为中国促进城乡发展一体化的重要政策工具。早在2005年，中国就提出了农村更新的战略，即建设"生产发展、生活宽裕、乡风文明、村容整洁、管理民主"的新农村。党的十九大又提出了"乡村振兴"战略，为农村更新提出了更多新的和具体的要求。多年来，中国的许多地方已经或正在进行着农村更新的实践。

其实，农村更新并非中国特有的现象。欧盟的农村发展计划（2014—2020年）提出要增强农业部门的竞争力和农村经济多样性，改善村庄及周边的环境质量，提高农村地区的生活品质，等（Lotto et al.，2017）。总的来说，本文关注的农村更新是指在城乡发展一体化的大背景下，为了建设新农村和推动乡村振兴而进行的农村土地整治、改善农村居住条件和生活环境、促进农村经济社会发展的活动。

目前，中国的农村更新实践可以归结为两种主要模式。一是政府主导的农村更新。其中，政府是农村更新的投资者、组织者和实施者，参与了农村更新的全过程。二是农民自主开展的农村更新。在村集体和村庄精英的引导下，当地村民会自行组织起来利用村庄现有的自然和经济社会资源，共同推动农村更新，促进农村发展方式转变。给定促进城乡发展一体化的政策目标，不同的农村更新模式导致了差别化的政策绩效。这种农村更新政策与现象的"冲突"引起了研究者们的广泛关注。

现阶段，对中国农村更新的研究焦点是散布于城市内部的村庄更新，即"城中村"改造。这些研究重点介绍了政府主导、市场参与等不同的改造模式（Hao et al.，2011；Li et al.，2014），讨论了利益相关者的博弈和土地增值收益分配（Hin & Xin，2011；Zhou，2014），以及城中村更新对城市发展的多重效应，如提高城市整体形象和住房条件但未能根除城中村现象等（Lin et al.，2011；Wu et al.，2012）。此外，有一些研究分析了"空心村"整治和土地整理在促进农业生产发展、改善农村居住条件和生态环境方面的多种作用（Li et al.，2014；Long，2014；Long et al.，2012）。也有的研究通过构建综合指标体系评价了中国部分地区的新农村建设成效，反映了现阶段农村更新绩效的差异性（Wang et al.，2011）。

综上所述，现有研究或将关注点局限于城中村而非真正意义上的位于近郊和远郊的广大中国农村；或者仅讨论了农村更新（城中村改造）对城市发展的影响；抑或触及了农村更新在促进农村发展方面的多种效果，却没有进一步阐释绩效差异背后的影响因素。根据我们有限的知识，还少有研究立足城乡发展一体化的全局和治理结构层次，评析农村更新的绩效及其影响因素。所以，本研究试图回答的问题就是：在中国，为什么会出现不同的农村更新的治理结构? 进一步地,为什么同为农村更新但实际效果却不尽相同?

为了回答上述问题,本文将借助 Institution of Sustainability(IoS)的分析框架,以中国农村更新的具体实践为例来展开研究。一方面,本研究试图揭示影响农村更新的治理结构选择的因素;另一方面,还将基于直接效果、分配效应和过程效率的视角来评价和分析政府主导和农民自组织两种不同治理结构的绩效及其成因。不过,由于研究尺度和现有证据的限制,本文将暂不探讨农村更新引致的外部效应,比如对生态环境和非利益相关者的影响。

文章的后续安排如下:第二部分阐释 IoS 分析框架并使之与农村更新相结合,从理论上辨析农村更新在统筹城乡发展方面的绩效及其影响因素;第三部分,介绍研究方法,包括案例选择和调研方法,以及比较分析的方法;第四部分通过两个典型案例来展示中国农村更新的主要做法及效果;第五部分是基于理论分析框架的案例比较;最后,是本文的研究结论。

二、理解农村更新:IoS 的分析视角

IoS 分析框架专门用于处理与"社会-生态"系统(SES)相关的各领域特别是自然资源管理领域中的制度分析和绩效评价问题(Hagedorn,2008)。农村更新是一个引起自然状态和社会关系变化,涉及土地、人、制度和组织管理模式等多种要素的系统过程。将农村土地资源作为一种具体的自然资源代入 IoS 框架就可以进一步理解和剖析以农村更新为中心的系统结构。

(一)农村更新的 IoS 分析

总的来说,IoS 分析框架致力于研究与自然生态系统相关的交易(nature-related transactions)。此种交易特指既引起社会系统变化,又对自然生态系统造成影响的人类活动。该框架将 Williamson 经典的"有差别的匹配"(discriminating alignment)的研究思路扩展到与"社会-生态"系统密切相关的自然资源治理领域。从传统的交易费用经济学的视角来看,交易是指某种物品或服务从一种技术边界向另一种技术边界的转移。此时,一个行为阶段结束,另一个行为阶段宣告开始(Williamson,1985)。

但是,IoS 框架所关注的与自然生态系统相关的交易则有其独特性,包括存在间接性、空间维度、时滞效应,并且往往是难以复制而又隐性存在的(Hagedorn,2008)。另外,IoS 分析框架还兼顾了交易的发起者,即行动者(Hagedorn,2008;Hagedorn et al.,2002)。并且,该框架认为,作为社会构建的制度安排和治理结构取决于交易属性和行动者特征(Hagedorn,2008)。农村更新会引起"社会-生态"系统的变化,并对自然环境、利益相关者和社会大众产生多重、持续的影响。农村更新的一系列连锁反应体现了其鲜明的自然生态系统相关的特性。也就是说,一个行动者所触发的交易(即农村更新),会在时间和空间上对其他广大的行为主体和整个自然生态系统产生多种影响(Hagedorn,2015)。因此,IoS 分析框架完全适用于分析农村更新。

然而,必须要指出的是,由于研究的时空尺度和现有证据所限,我们暂且无法开展"完整"的 IoS 分析。换言之,本文以遵循 Williamson 的研究范式并在部分考虑农村更新的与自然生态系统相关的特性基础上,开展农村更新的 IoS 分析。具体而言,本文将关注由土地

利用变化引致的直接效果和线性的社会经济结果，并将部分与自然生态系统相关的交易属性（如复杂性）以及行动者的特征融入 Williamson 的"有差别的匹配"研究范式来分析治理结构选择和治理绩效差异问题。本文将暂不考虑农村更新引致的外部效应和其他间接的和非线性的连锁反应。

（二）框架的应用

1. 框架的中心：行动舞台

行动舞台是 IoS 分析框架的中心，表现为现实中可以直接观测到的各种现象。在"社会-生态"系统中，自然物理过程和人类社会过程在行动舞台上产生交互作用，共同影响制度变迁和制度绩效（Hagedorn，2008）。农村更新的过程和结果体现了"社会-生态"系统各要素的相互作用，并可以在实际中被直接观测到。因此，本研究把农村更新视为一个行动舞台。进一步地，农村更新还能细分为四个阶段，即农村更新的方案设计、资金筹集、方案实施和收益分配。这四个阶段构成了行动舞台中不同的行动情境（见图1）。

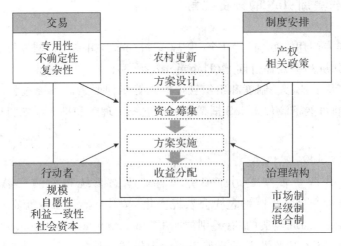

图 1　农村更新的 IoS 分析

首先，是方案设计。它不仅是开展农村更新的第一步，而且也是最为关键的步骤之一。农村更新是一项复杂的系统工程，它既涉及农村土地，特别是存量建设用地的再开发和土地利用布局的再调整，以改善村容村貌和居住条件、提高农村的生活品质；也涉及农村发展路道的再选择，以促进农民增收和农村发展。如果农村更新的方案缺乏科学性，或者由于没有兼顾不同主体的利益诉求和发展需求，利益相关者之间未能就方案达成一致意见，那么，农村更新不仅难以顺利实施，而且绩效也会大打折扣。比如，农村新社区的规划不符合当地居民的生活习惯，缺乏地方特色，将带来事后成本。农村未来的发展模式选择没有考虑当地的自然和经济社会条件的约束，将无法实现预期效果。违背农民意愿，借助政府等外部力量强制推行某种方案将引致高额执行成本和负面社会影响。

然后，是资金筹集。不论是农村的旧房改造、新社区建设还是发展新产业、形成新业态都需要资金支持。如果农村更新的资金有限，无法支撑农村土地再开发并为农村产业发展提供原始的资本积累，即使所有的利益相关者都有意参与农村更新，项目的实施也无从谈起。此外，农村更新的资金筹集本质是一个利益分配的问题。它决定着农村更新的成本分担,影响着最终利益格局的构建。

接着,是方案实施。农村更新过程中,需要一套管理体制来控制和监督各利益主体在农村更新过程中的行为,防止出现"搭便车"及其他机会主义行为,以确保农村更新的资金得到有效使用,方案得以精准执行并如期完成。否则,不仅无法实现农村更新的预期目标,全体参与者的利益也最终会受到损失。

最后,是收益分配。它既是农村更新的最后一步,也是另一个关键性的环节。收益分配体现着农村更新的最终结果,是判断农村更新在统筹城乡发展方面的效果的直接依据。农村的面貌和生产生活条件得到改善是农民和农村收益增加的表现。以农村更新为载体实现城市反哺农村,以及促进农村的产业结构调整和发展方式转变,从而增加了农民收入,则说明农村更新的收益分配以农民和农村为主,城乡社会财富差距逐步缩小。

2.框架的四大要素:交易、行动者、制度安排、治理结构

在以农村更新为行动舞台的 IoS 框架中,如图 1 所示,四个角上的要素是探讨农村更新促进城乡发展一体化的绩效及其成因的切入点。具体而言:

第一,农村更新的交易及其属性。交易属性是造成交易双方相互依赖,影响双方利益从而左右交易费用规模的要素。Williamson(1991)提出了交易的三种属性,即专用性、不确定性和频率。结合自然资源的物理性质,交易属性又得到了进一步扩展,比如复杂性、不可分割性、不可逆性等(Hagedorn,2008)。如果将农村更新视为一个大"交易",农村更新的四个阶段就是具体的小"交易"。通过判别四个小"交易"的属性可以展现农村更新的交易属性"全貌"。

从方案设计来看,农村更新的方案不但涉及存量用地再开发和土地利用布局调整的规划、农村未来发展方式的选择,还要兼顾不同主体的利益诉求和发展需要等多方面内容。可见,复杂性是方案设计的重要交易属性。另外,由于人的有限理性和信息的不完全性,农村更新的方案未必能够轻易符合当地的实际情况。这体现了方案设计的又一交易属性,即不确定性(Ⅰ)。它来源于行为主体有限的认知能力(Ostrom,2005)。从资金筹集来看,农村更新一般投资周期长且数额较大,将资金用于农村更新会产生机会成本,进而体现了资产专用性。另外,投资主体或者地区的资金实力也会对农村更新投资的专用性水平产生影响。从方案实施来看,农村更新需要集中连片开发存量用地资源。这意味着农村更新项目的实施依赖于特定区位的土地,体现了土地区位的专用性。换言之,农村更新会带来一种"锁定效应",如果实施者不能完整获得项目区内的所有地块,之前的投资也将遭受损失甚至失去价值。同时,农村更新能在多大程度上按既定方案实施、实施过程中出现矛盾与冲突的可能性大小等都体现着该交易的另一属性,即不确定性(Ⅱ)。它意指特定行为及其结果的发生概率无法被确定的情形(Ostrom,2005)。收益分配阶段也具有不确定性(Ⅱ),比如有多大可能会出现事后的利益冲突。

第二,农村更新的行动者。农村更新必须借助行动者的具体行动才能得以实现。农村更新的行动者具有多种特征,主要包括:规模,如整村推进或个体零星进行的农村更新;利益一致性,如农村更新中所追求的利益趋同或利益多元化甚至存在冲突;自愿性,如主动或被迫参与农村更新;社会资本积累的程度,如社群已经或尚未形成互惠处事模式和声誉网络等。

第三,农村更新的制度安排。制度安排可以理解为一个社会的游戏规则,它们是一些

人为设计的、塑造人们互动关系的约束（North，1990）。制度安排通常表现为一系列正式的和成文的规则，包括产权制度、政治制度、行政制度、法律和司法制度等（Williamson，2000）。农村更新的制度安排不仅包括农村的土地产权制度，如土地确权情况，也包括相关的政策规则，如从中央到地方关于新农村和美丽乡村建设的政策、以土地流转为代表的盘活农村存量用地的政策、促进解决"三农"问题的政策等。

第四，农村更新的治理结构。治理结构是实施农村更新的具体组织与管理模式。它能够起到创造秩序、缓解冲突、增进共同利益的作用（Williamson，2000）。市场制、层级制、混合制（或自组织）是现实中多样化治理结构的理论原型，其成本与效能各异（Ostrom，2010；Williamson，1991）。对农村更新而言，可以发挥激励机制的作用，采用分权化的市场制；也可以发挥政府的控制能力，采用集权式的层级制；还可以将激励与控制、集权与分权有机结合起来，采用农民自组织的混合制。

3. 模式选择和绩效差异

现实中，我们可以观测到的是农村更新促进城乡发展一体化的绩效，即是否实现了城乡生活环境品质的均等化、城乡社会财富差距的缩小化以及城乡统筹发展成本的经济化。而农村更新的绩效是具有不同属性的交易、多元化特征的行动者、多样性的制度安排以及不同成本和效能的治理结构相互作用的产物。

一方面，不同的交易属性将产生各异的治理需求。对于具有不同属性的交易，需要选择特定的治理结构才能实现交易费用最小化的治理效果（Williamson，1991）。Williamson（1991）、Alexander（2001）等已经分析了控制专用性、不确定性和频率等交易属性引致的交易费用所需要的治理结构。就农村更新而言，不同阶段的交易属性对治理结构有着不同的需求。对不同治理需求的恰当回应是节约农村更新的交易费用以提高其过程效率的关键。

比如，农村更新的交易专用性水平提升会增加行动主体间协商谈判、达成合作的难度，并引致"锁定效应"，诱发"钉子户"等机会主义行为（Alexander，2001）。交易不确定性水平（Ⅱ）的提升会加大有效应对各种扰动的需要，可能导致适应不良的风险（Williamson，1991）。从理论上看，层级制可以借助自上而下的命令机制来抑制过度讨价还价和机会主义行为的激励，迫使全体行动者尽快达成妥协，以约束各主体的行动（Williamson，1991）。当然，其他具有专门的协调与合作机制的治理结构也能够削弱过度的自利激励、强化行为控制和增强适应能力（Williamson，1991；Ménard，2004）。再如，农村更新的交易复杂性水平提升加大了协调主体间的多元利益关系以及经济、社会、生态之间的互动关系的必要性（Hagedorn，2008）。交易不确定性（Ⅰ）的水平提升会加大信息搜寻、处理等的需要（Alexander，2001）。从理论上看，市场制和混合制（如自组织）等具有分权化特征的治理结构可以通过平等自愿协商来调整各种利害关系，还能够激励行为主体充分利用分散的地方性知识，让身临其境的人做决策，以化解复杂性和不确定性（Ⅰ）引致的决策失误等风险（Hayek，1945；Williamson，1991；Ostrom，2010），从而优化农村更新的直接效果和过程效率。

另一方面，行为主体的特征影响着治理结构的可能供给。比如，行为主体的规模越大，集体内部的利益一致性可能越弱，集体成员的"搭便车"动机可能越强，集体行动的成本就越高（Olson，1965）。相反地，如果行为主体积累了充实的社会资本，则也很有可能形成自组织的治理结构（Ostrom，2009）。

进一步来看,把具有不同成本与效能的治理结构与前面两个因素相互匹配将引致不尽相同的农村更新结果。换言之,一旦选择了特定的治理结构,不仅决定了农村更新的过程效率,还基本确定了农村更新对物理环境的改造效果和对社会财富的分配效应。比如,层级制的控制能力很强(Williamson,1991)。它可以自上而下强制推行农村更新。但是,上级或者说权威中心也主导了农村更新的收益分配,能否真正实现收益的公平合理分配还有待观察。另外,上下级之间的信息不对称和中央决策者的有限理性引致的决策失误往往制约着该模式绩效的提升(Furubotn & Richter,2005)。再如,混合制(如自组织)模式下,适度的分权和集权或能更好处理农村更新中各主体的利益关系,整合分散的资源,妥善激励并控制各利益相关者共同创造财富,实现收益共享(Ménard,2004)。不过,自组织的实质是利益相关者的集体行动。它时常面临着集体行动的困境,故而自组织模式的出现还需要满足一定的前提条件(如前文提到的一些特殊的行动者特征)(Olson,1965;Ostrom,2009)。

最后,制度安排对经济(社会)绩效有着深远影响(North,1990),它也是决定农村更新绩效的基础性因素。其中,产权制度以及相关政策的作用尤为突出(Prager,2010)。产权制度界定了使用资源的权利及收益归属(Vatn,2005)。如果产权模糊特别是收益权界定不清就可能导致"理性"的个体争相攫取"无主"的收益,造成租值耗散(Barzel,1989;Cheung,1974)。因此,土地产权界定欠明晰引致的利益纠纷和租值耗散会增加农村更新的交易费用、减少其总收益,制约了农村更新的绩效。此外,制度还可以起到约束个体的行为并提供必要的信息和标准的作用(North,1990)。所以,农村更新的相关政策或能规范主体的行为并为最后的收益分配提供参照,而一些政策利好还能调动市场主体和村集体参与农村更新的积极性,为农村转型发展创造有利条件。

综上所述,借助 IoS 分析框架解释中国现阶段的农村更新模式及其治理绩效多样性的基本逻辑是:立足于农村更新的具体实践,先辨析各行动情境(即方案设计、资金筹集、方案实施和收益分配)下的交易属性,再分析主要行动者的特征,然后将交易属性和行动者特征与实际存在的治理结构进行匹配,从而揭示各种农村更新模式产生及绩效差异的原因。同时,还要兼顾现行的制度安排对农村更新在促进城乡发展一体化方面效果的影响。

三、研究方法

本文的研究方法是案例分析法和比较分析法。首先,我们将详细叙述案例中农村更新实施的全过程,阐述起作用的制度、行动者的特点和行为选择、成本分摊与收益分配等。其次,依据城乡一体化发展的三大内涵,从直接效果、分配效应和过程效率三个方面,评价各农村更新项目的绩效。最后,通过案例间的对比分析,揭示影响农村更新促进城乡发展一体化绩效的因素。

(一)案例选择和调研方法

我们通过咨询专家学者、农村更新的决策者并结合自身经验,选择了两个案例作为本文的研究对象。这两个案例是浙江嘉善县 J 村的农村土地综合整治和四川金堂县 Z 村通过集体建设用地流转发展乡村旅游业。它们分别属于政府主导和农民自组织的农村更新。

我们于 2012 年、2013 年和 2014 年连续多次在浙江省嘉善县和四川省金堂县进行实地调研。我们先向案例所在地的有关部门主管官员了解当地农村更新的基本情况和政策法规。之后,我们分别在 J 村和 Z 村展开以半结构化访谈为主要形式的调研活动。访谈前,我们采用利益相关者分析法(the stakeholder-based approach)选取了各案例的访谈对象(Vatn,2005),主要包括村干部、村庄精英、政府官员以及参与农村更新和受到农村更新影响的村民等。访谈中,我们重点关注农村更新的方案设计、资金筹集、实施过程、成本与收益分配情况、受访者对农村更新效果的评价等。这些信息都是后续案例研究和比较分析的基础。

(二)比较分析方法

本文的比较分析基于 IoS 的分析框架展开,主要分为三步。第一,辨析案例中农村更新的交易属性和行动者特征,并形成两张表格。它们将分别展现农村更新各环节的复杂性、专用性和不确定性的程度高低,以及行为主体的规模大小、利益一致性和自愿性程度、社会资本积累情况。

第二,总结案例中农村更新的治理结构特征和主要制度安排,并且评价治理结构和制度安排的绩效。重点关注两地的农村更新是否实现城乡生活环境品质均等化、是否缩小城乡社会财富差距、是否提高统筹城乡发展的过程效率,并同样以表格的形式加以呈现。

第三,通过案例间的比较来揭示不同的交易属性、行动者特征、治理结构与制度安排的交互作用对农村更新绩效的影响。也就是基于前面两个步骤的研究成果的汇总表,考察农村更新的交易属性、行动者特征与治理结构的匹配程度以及制度安排的效应如何左右城乡发展一体化的效果。

四、中国农村更新的实践:两个典型案例

(一)浙江嘉善县 J 村:政府主导的农村更新

1. J 村更新的背景

J 村位于浙江省嘉善县东北部。全村以养殖业为主,九成以上为养殖户。该村房屋多建于 20 世纪 80、90 年代,较为破旧,亟须改造更新。不过,J 村的土地权属性质为集体所有。土地权属不明是该产权结构下的常见问题(Ho,2005),可能会阻碍农村更新的进程。所幸的是,当地在实施农村更新之前就开展了土地确权工作,进一步明晰了土地产权,减少了不必要的权属纠纷。无争议的土地产权奠定了 J 村更新的基础。

另外,由于已有不少村民进城从事非农生产,J 村的房屋出现了不同程度的闲置。而嘉善县经济发展速度快,建设用地需求旺盛,城乡间的土地利用格局亟待优化。城乡建设用地增减挂钩政策的施行则是当地优化土地利用格局的难得机遇。为了既满足经济增长的用地需求,又不违背耕地总量平衡的要求,中国开始广泛实施城乡建设用地增减挂钩政策(Long,et al.,2012;Tan & Beckmann,2010)。它是指依据土地利用总体规划,将若干拟整理复垦为耕地的农村建设用地地块(拆旧地块)和拟用于城镇建设的地块(建新地块)等面积共同组成建新拆旧项目区。地方政府通过建新拆旧和土地整理复垦等措施,在保证项目区内耕地有效面积增加和质量提高的前提下,能够取得挂钩指标以增加一定面积的土地用于城镇建设(Tan et al.,2014)。它使农民因转移节余的建设用地指标

而获得经济上的补偿。就此而言,城乡建设用地增减挂钩政策也是当地农村更新的主要驱动力。

在此背景下,J村依托土地综合整治项目进行了农村更新,以改善当地的居住条件,盘活农村闲置土地。

2.J村更新的过程

地方政府是J村更新的发起者、组织者和管理者,垄断了从方案设计、资金筹集、项目实施到收益分配的农村更新的全过程。首先,地方政府编制农村土地综合整治的项目规划,设计J村更新的具体方案,并报上级审批立项。该方案划定了农村更新的范围。项目区总面积为199.37亩,涉及拆迁农户279户。方案决定以城乡一体化新社区的形式开展农村更新,主要方式是将原有的宅基地复垦为耕地并让农户集中入住统一规划建设的现代化社区。然后,地方政府又主动承担农村更新的资金筹集工作。J村更新的成本约5903.36万元,主要用于农户搬迁补偿和农村新社区建设。其中,农户搬迁补偿成本为3544.26万元,农村新社区建设成本为1910万元。当地政府先全额承担了上述成本,其资金则主要来源于县级财政收入和银行贷款。之后,参与项目的农户需要以购房款的形式承担农村新社区建设成本,以获得安置房。

接着,政府又在镇、村二级建立了领导小组和专业工作组,建立起一套自上而下的行政管理体系,以组织农村土地综合整治,推动农村更新。其中,镇级政府主要负责对农户的安置补偿、复垦旧宅基地和建造新住宅。村集体主要是配合地方政府实施农村土地综合整治,包括政策宣传和说服农民退出宅基地等。整个项目于2010年12月批准立项,2013年11月底竣工,历时近三年。总的来看,J村更新的方案实施过程比较顺畅,当地农民采取了合作的态度,没有产生任何矛盾冲突。

最后,从收益分配上看,项目依托城乡建设用地增减挂钩政策,将农村宅基地转变为耕地后,新增建设用地指标共计57.77亩。这有助于缓解当地建设用地指标紧张的压力,满足地方政府发展经济的需要,也为当地政府创造了丰厚的经济收入。据测算,共有23.11亩的新增建设用地指标以30万元/亩的价格出让用于第二产业;剩余的34.66亩指标以100万元/亩的价格出让用于第三产业。地方政府可获得高达4159.30万元的指标交易收入。另外,2013年,57.77亩新增建设用地的亩均直接税收为7.5万元/年,3年后亩均直接税收可增至8.4万元/年。据此,地方政府在2013年由此获得的税收收入约为433.28万元,3年后其税收收入预计可达485.27万元。

当然,项目的实施改善了农民居住条件和生活环境。农民入住的公寓房风格现代,建筑布局规整,高层公寓还配有电梯。农村新社区的基础设施配套与城市住宅小区相同,道路、绿化、车库、公共活动场所等一应俱全。根据政府制定的宅基地退出补偿标准,平均每户农户可以获得总额约12.70万元的补偿款。在扣除每户所要支付的农村新社区建设成本后(户均约6.85万元),平均每户仍可以获得约5.85万元的净收益。但是,新社区距J村原址10公里,加大了农民耕作田地的通勤距离,对农民生产造成不便。而且,在搬入公寓房后,部分农民失去了可供开展养殖业的院落和堰塘。以养殖业为中心的传统生产方式难以为继,加之又缺乏替代性的谋生渠道,农户的未来生计缺乏保障。再者,公寓式的建筑风格与当地独门独院式的居住传统不相适应,农民对此亦颇有微词。

3. 小结

J村土地综合整治项目是典型的政府主导下的农村更新。在方案设计阶段,政府单独制定和审批农村更新的方案。在资金筹集阶段,政府扮演了投资者的角色,承担了农村更新的成本。在方案实施阶段,政府建立起一套层级制管理体系以推动农村更新。在收益分配阶段,政府取得了分配优势。整体而言,J村更新的规模虽大,却仅耗时3年左右。相对较短的项目周期直观地体现出政府主导模式的"高效率"。但是,政府大规模的拆迁与建设、农民生产生活方式的骤然改变及其引致的未来生计问题等都是该模式"高效"背后的"隐忧"。

(二)四川金堂县Z村:农民自组织的农村更新

1. Z村更新的背景

Z村位于四川省省会成都市第三圈层的金堂县,属远郊村。该村紧邻爪龙溪,自然条件得天独厚,生态环境优美,是周边城市居民休闲旅游的"胜地"之一。然而,长期以来,Z村的基础设施落后、居住环境比较差。受5·12地震的影响,大部分房屋都变成了轻度危房。村民巫某外出创业成功后,怀着回乡报恩的心情,向政府表达了修建乡村酒店、发展乡村旅游的意愿,得到了政府和当地村民的积极支持。

与J村类似,Z村的土地也属于集体所有。从2008年开始,Z村所处的金堂县就启动了全县农村土地确权登记办证工作。这有利于保障农民权益,为集体建设用地流转奠定了基础。但是,Z村的土地确权存在一些缺陷,非农民宅基地(如道路、公共设施用地)等属于村集体的土地没有确权到位,致使村集体的土地权利缺乏可靠保障。近年来,成都市还陆续出台了《统筹城乡综合配套改革试验总体方案》《集体建设用地使用权流转管理办法》《集体建设用地交易规则》等相关政策,为Z村通过集体建设用地流转的方式开展农村更新创造了条件。Z村所处的官仓镇还提出了打造"休闲体验"旅游城镇的战略规划,为Z村的农村更新和后发展提供了难得机遇。再者,Z村又是成都市村民自治示范村,在长期实践中形成了一整套从提议、讨论到决策和执行的协商与合作机制。

于是,在村庄精英巫某和村集体的带领下,Z村农民自行发起了依托集体建设用地流转的农村更新。

2. Z村更新的过程

村庄精英巫某、村集体和农民是Z村更新、发展乡村旅游的利益主体。作为项目的发起者,先由巫某负责设计农村更新的方案,并广泛征求农户的意见,最终形成涵盖项目规模(总面积为33.26亩,涉及一个村民小组,共37户农户)、农村新社区建设规划、村庄未来发展方向的更新方案。该方案明确Z村更新的基本思路:先腾退整理集体建设用地,再将其中的小部分土地用于农村新社区建设,剩余的大部分土地则流转给村庄精英巫某,用于建设乡村酒店以发展旅游业。在方案设计过程中,37户农户发挥了村民自治实践所建立起来的协商与合作机制的作用。首先,农户们通过集体讨论达成共识,一致决定将原来的房屋及宅基地、地上附属物、其他集体建设用地等相关资产"打捆"作价。接着,农户们又根据各自的房屋类型、结构、面积等提出补偿安置的诉求,经协商后确定了每个农户都可接受的土地资产"打捆"作价的区间。最后,再由村集体代表农户与巫某进行对等谈判,形成土地流转的挂牌价格。该价格以金堂县征地补偿标准(平均每亩1.74

万元[①]）为参考，充分考虑农民的利益进行较大幅度的上浮。另外，农户还享有根据与投资方议价谈判的结果自主决定是否参与农村更新的权利。其结果是，之后没有出现一起因补偿而引发的纠纷。

巫某还为 Z 村更新筹集资金。投资方为巫某创办的现代农业开发公司。Z 村更新的总成本约为 3118.68 万元。其中，农村集体建设用地整理及建造乡村旅游度假酒店的成本约 2600 万元；取得集体建设用地使用权所支付的价款（大部分用于建设新住宅）为 418.68 万元；农村新社区的道路、水、电等基础设施配套成本约 100 万元。在投资方对包括宅基地在内的集体建设用地进行整理之后，其中约 10 亩集体建设用地由 37 户农户按照村集体讨论形成的规划方案自行建造新住宅。节余的 23.26 亩集体建设用地在成都市农村产权交易所以 18 万元/亩的价格挂牌交易流转给农村更新项目的投资方，即巫某的现代农业开发公司，用于建设乡村旅游度假酒店。整个项目始于 2010 年末，至 2013 年末基本完工。在方案实施过程中，参与的农户都积极配合，没有农户中途退出或单独提出额外的经济利益要求。目前，乡村酒店已投入使用，并在开业当年被评为五星级乡村酒店。巫某未来打算扩大规模并完善酒店的配套设施，培育附加产业，形成区域特色，打造乡村旅游的名片。同时，农村新社区也已落成，农民均已入住新建的别墅式联排房。

在收益分配环节中，Z 村的农民获得了集体建设用地流转的收入，分享了农村更新带来的土地收益。多数农户分得的流转收入达 10 余万元，除了用于自建房屋外还有剩余。少数房屋面积较小的农户也能获得数万元的补偿，基本能满足自建住房之需。并且，农村新居代替了危房、旧房，道路、水电、绿化、公共活动场所等基础设施和公共服务配套设施得到完善。可见，Z 村的居住条件和生活品质得到进一步提升。此外，乡村酒店还吸纳了 120 余名农民（全村人口约 304 人）就业，不仅为农民的未来生存和发展提供保障，还有助于提升农民收入水平，并逐渐促进产业结构从农业向非农产业转型。另外，在调研过程中，也没有农户对农村更新做出负面评价。

同时，乡村酒店的顺利落成和运行以及当地乡村旅游的广阔发展前景将为农村更新的投资方带来长期的收益流。然而，村集体获得的收益却有限。Z 村流转土地的收益以拆迁补偿的形式全部分给了被拆迁的农户。但这之中的非农民宅基地部分的土地本应该属于集体所有，其流转收益应当在整个集体范围内进行分配，而不只是被拆迁的农户。并且，由于村集体没有获得流转收益，也没有足够的资金进行基础设施建设，这部分成本又由投资方承担。

3. 小结

Z 村的农村更新具有自组织的鲜明特征。在方案设计阶段，村庄精英在考虑村民意愿的基础上制定农村更新的方案。协商机制发挥了重要作用。村集体代表农民与村庄精英协商谈判，达成协议。在资金筹集阶段，村庄精英扮演了投资者的角色，承担了农村更新的成本。在方案实施阶段，村庄精英和村集体带领农户自主按既定方案进行农村更新。在收益分配阶段，形成了令各方基本满意的利益格局。也即农民分享了土地收益，提高了生活水平；投资方的规划得以实现，获得了长期收益；整个村庄的面貌得以重塑，并实现产业结构转型，走上了发展旅游服务业的新道路。

---

① 摘自 http://www.cdlr.gov.cn/Zizhan/List.aspx? ClassID＝001007017001014002＆ModuleNo＝001007017

五、绩效多样性背后的逻辑：基于案例间的比较分析

整体而言，浙江嘉善县 J 村和四川金堂县 Z 村的农村更新在促进城乡发展一体化方面的绩效不尽相同，其背后的原因也各有差异。

（一）农村更新的交易属性

从方案设计阶段看，J 村更新的复杂性强于 Z 村（见表 1）。这是因为 J 村更新的规模更大，项目区面积达 199.37 亩。而 Z 村更新的项目区面积仅为 33.26 亩。更大规模的农村更新意味着需要统筹考虑为数更多的经济、社会、生态利益关系，进而加大了方案设计的复杂程度。另外，J 村和 Z 更新方案的设计者有限的认知能力导致了该阶段较强的不确定性（Ⅰ），即农村更新方案的适宜性和可行性是难以确定的（见表 1）。

从资金筹集阶段看，Z 村更新的资产专用性强于 J 村（见表 1）。J 村和 Z 村更新的总投资额分别为 5900 余万元和 3118 余万元。直观地，J 村更新投资的机会成本略高于 Z 村，其资产专用性也看似比较强。但是，J 村位于经济发达的中国东部地区，其所属的嘉善县在 2011 年的 GDP 为 321.35 亿元[①]。再者，J 村的投资者为当地政府，而嘉善县 2011 年的财政收入达 24.32 亿元[②]。与发达的地方经济和雄厚的地方财政实力相比，5900 余万元的农村更新投资并不会对当地政府造成过大负担。相反地，Z 村位于经济欠发达的中国西部地区，所属的金堂县在 2011 年的 GDP[③] 仅为嘉善县的 1/2 左右。而且，Z 村的投资方是巫某创办的民营企业，资金实力明显弱于地方政府。所以，与政府相比，企业一旦将大量资金投入农村更新后，就难有财力再从事其他投资，从而提高了农村更新投资的专用性。

从方案实施阶段看，J 村更新的土地资产专用性强于 Z 村（见表 1）。J 村更新的项目区面积更大，需要整合更多的土地。随着 J 村更新所整合的地块数量增加，投资者对特定区位土地的依赖性也不断增强（即"锁定效应"），更容易遭受机会主义之害。因为一旦有产权人成为"拒不合作"的"钉子户"，已整合了大量土地的开发者就会因项目实施受阻而遭受资产损失。可以说，对特定区位土地的高度依赖及其引致的"锁定效应"显示了较强的土地资产专用性。两地的农村更新还都面临着较强的不确定性（Ⅱ）（见表 1）。农村更新的方案得以精准实施的可能性大小以及实施过程中是否会出现其他矛盾纠纷是这种不确定性的来源。从收益分配阶段看，两地的农村更新也面临着较强的不确定性（Ⅱ）（见表 1）。因为两地在事前都不能确定事后发生利益冲突的概率。

表 1　农村更新的交易属性

交易属性		J 村	Z 村
方案设计	复杂性	＋＋	＋
	不确定性（Ⅰ）	＋	＋

[①] 摘自 http://www.tjcn.org/plus/view.php? aid＝23592

[②] 同上

[③] 参见 http://www.tjcn.org/plus/view.php? aid＝24575

交易属性		J 村	Z 村
资金筹集	专用性	+	++
方案实施	专用性	++	+
	不确定性（Ⅱ）	+	+
收益分配	不确定性（Ⅱ）	+	+

注:＋表示强;＋＋表示更强。

（二）行为主体的特征

首先,Z 村更新的参与者规模明显小于 J 村（见表 2）。仅有 37 户农户参与 Z 村更新,而 J 村更新涉及的农户多达 279 户。其次,Z 村更新的行为主体的自愿性强于 J 村（见表 2）。Z 村更新由村庄精英提出并得到村民的积极响应,有着坚实的民意基础。再次,农户有权自主决定是否参与该项目。J 村更新则是由当地政府借助行政指令发起和维系的,比如建立领导小组实施农村土地综合整治、由地方政府单方面制定并由上级审批农村更新的规划方案等。而农民的作用却十分有限,仅仅是项目的参加者。

表 2　行为主体特征

行为主体特征	J 村	Z 村
规模	+	－
自愿性	－	+
利益一致性	－	+
社会资本积累	－	+

注:－表示小/弱;＋表示大/强。

最后,Z 村更新的行为主体不仅利益一致性强于 J 村,还有着丰厚的社会资本积累（见表 2）。Z 村是村民自治示范村。村民自治实践中形成的集体协商与合作机制有助于弥合不同主体间的利益分歧（Ostrom,1990）。而且,参与项目的农户属于同一个村民小组。可以推断,他们彼此熟知、相互信任,在长期互动中形成了互惠的处事模式,积累了社会资本。与此不同,J 村的诸多农户早已进城从事非农生产。其结果是,受到城市工商业文明的影响,各行为主体的利益日趋多元化,农村传统的社会关系逐渐淡化（Zhang et al.,2015）。

（三）治理结构的成本与效能

J 村的案例中,地方政府凭借自上而下的行政命令建立了贯通镇、村两级的领导小组和工作组,并以镇级政府为主要执行机构,垄断了征地拆迁、补偿安置、新社区建设等农村更新的整个过程。在地方政府的主导下,J 村的农村更新在改善农村居住条件方面成效突出（见表 3）。农民搬离居住条件差的旧房,入住农村新社区。农民集中居住的农村新社区由现代化公寓组成,建筑布局合理、环境优美,基础设施配套水平与城镇住宅小区无异,推动了城乡生活环境品质均等化方面的效果。

但是,政府也主导了农村更新的收益分配格局的建构。一方面,政府有权确定宅基地退出和旧房拆迁的补偿标准，以直接分配农村更新带来的收益。另一方面，政府获得的将该项目新增的建设用地指标用于第二、三产业用地出让的直接经济收益以及农民按成本价支付的农村新居购房款在抵偿项目全部支出后还有剩余（总支出为 5900 余万元）。从长远看，利用这些新增建设用地指标招商引资带动的工业化、城镇化还将促进地方经济发展。政府还将以税收的形式享有农村更新的长期收益（见表3）。相比之下，J村的农民只能以获得补偿款和新住宅的形式暂时且有限地分享农村更新创造的社会财富。另外，搬入公寓房后，受到空间条件限制，以养殖业为主的固有生产方式发生重大转变，加之缺乏新的谋生途径，农村更新反而对部分农民的未来生计造成负面影响。可见，政府主导的J村更新是一次性、非持续向农村转移社会财富，对农村后发发展的推动效果欠佳（见表3）。

不过，政府也运用强制性的公权力限制了农民的选择集，防止出现持久的讨价还价与"钉子户"等机会主义行为。因此，尽管J村更新的项目规模和工作量庞大，但项目周期与小规模的Z村更新相当。同时，在政府的严密管控下，J村更新按既定方案实施，且没有出现额外的矛盾纠纷。然而，由于上级决策者的信息不完全和有限理性，政府还是在农村更新的方案设计方面出现偏误，比如新社区远离耕作区，不便于农民日常开展农业生产；农民难以适应新的生产生活方式等。访谈中，当地农民对这些问题都深表不满。所以，政府主导的农村更新会产生决策失误的事后交易费用，导致过程效率损失（见表3）。

表3　治理结构的成本与效能

比较项目	J村	Z村
基本特征	政府主导	农民自组织
直接效果	现代化公寓楼 建筑布局合理、环境优美 基础设施配套水平与城镇住宅区相同	别墅式联排房 房屋坐落有序、环境整洁 基础设施和公共服务配套设施齐全
分配效应	政府：指标收入 4159.30 万元 　　　农村新居（按成本价）销售收入 1910 万元 　　　2013 年直接税收入 433.28 万元，3 年 　　　后预计达 485.27 万元/年 农民和农村：搬迁补偿净收益 1634.26 万元 　　　新社区与新住宅生计不稳定性加大	农民和农村：土地流转价款 418.68 万元 　　　新社区与新住宅 　　　120 个就业岗位 　　　城市居民下乡消费收入
过程效率	周期 3 年左右 无"钉子户"现象 无纠纷 有决策失误	周期 3 年左右 无"钉子户"现象 无人中途反悔或提出额外的经济利益要求 无决策失误

农民自组织的Z村更新具有村庄精英和村集体引导带动、农民协商合作、利益共享的特点。在村庄精英和村集体引导下，当地农户自发组织起来转变分散、粗放的居住模式，选择集中居住，再用节余的集体建设用地资源建设乡村酒店。村庄精英还主动承担道路、水电、绿化等配套设施建设的责任。农民搬离了居住条件差的旧房和受地震影响的危房，入

住新建的 Z 村新社区。该社区由别墅式的联排房组成,房屋坐落有序、环境整洁、配套设施齐全,实现了城乡居住品质的均等化。

Z 村的农村更新形成了利益共享的分配格局。参与项目的农民全额获得了集体建设用地流转价款(18 万元/亩),明显高于当地的征地补偿标准(1.74 万元/亩)。并且,作为用地者的村庄精英还出资 100 余万元用于农村新社区的基础设施建设。可见,自组织模式农村更新的直接收益分配能以农民为主。同时,Z 村因地制宜建设乡村酒店、发展旅游业,不仅为总人口为 304 人的 Z 村提供了约 120 个就业岗位,降低了因农村更新导致的生产方式变化给农民未来生计带来的副作用,并且还会吸引更多的城市居民到农村休闲消费。这些都能推动社会财富从城市向农村稳定、持续转移,促进农民增收和农村产业结构转型发展。

此外,自组织模式内置的协商与合作机制有助于提升农村更新的过程效率。Z 村农民通过村民自治实践形成的协商机制表达各自在补偿安置、新社区建设等方面的利益诉求;并通过相应的合作机制,平衡各方利益,削弱自利个体的机会主义行为激励,以促成集体行动。因而,参与项目的农户才会将土地及地上房屋"打捆"作价,以集体形式与用地者谈判。在设计农村新居的规划方案时,才会充分考虑农民独门独户的居住习惯,决定建设联排房而非公寓楼。可见,行之有效的协商合作机制既促进信息的流通和共享,又缓解潜在的利益矛盾,形成兼顾各方、贴近实际和可实施的农村更新策略,从而避免出现由决策失误或者机会主义行为造成的过程效率损失。方案实施过程中未出现"钉子户"、宅基地退出和集体建设用地流转协议签订后无人提出额外经济利益要求、农民对农村更新的收益分配结果没有异议就是现实例证。

(四)制度安排的效应

首先,是制度安排的分配效应(见表 4)。一方面,J 村和 Z 村都基本完成了土地确权,明晰了农民分享农村更新引致的增值收益的法理依据。不过,Z 村的非农民宅基地等属于村集体的土地确权有缺陷,村集体和其他农民没有获取应得的土地收益,限制了农村更新的分配效应的进一步显化。从长远看,不利于整个村庄的财富积累以及协调和可持续发展。另一方面,得益于城乡建设用地增减挂钩政策,J 村更新后节余的建设用地指标才能创造价值、产生收益。Z 村乡村酒店的良好发展前景则与该村所属的官仓镇发展旅游业的战略规划所激发的城市居民乡村旅游消费需求密切相关。

表 4　制度安排的效应

制度安排	J 村	Z 村
土地产权	土地确权	土地虽已确权但存在缺陷
分配效应	农民的收益权有保障	村集体和其他集体成员并未获取应得的集体土地流转收入
过程效率	减少权属纠纷、节约协调成本	减少权属纠纷、节约协调成本
相关政策	城乡建设用地增减挂钩	地方发展战略、土地交易规则
分配效应	显化农村存量用地潜在价值	推动城市居民下乡旅游消费和促进乡村酒店发展
过程效率		提供信息并规范交易行为、减少利益纠纷

其次,是制度安排对交易费用的影响。J村和Z村的土地确权都有助于节约因产权不明引致的利益纠纷产生的协调成本,能够提高农村更新的过程效率。Z村的案例中,当地政府还出台了一系列土地流转的交易规则,有助于明确行为主体间的权、责、利,达到信息提供和行为约束的效果,为农民集体与用地者自主开展交易创造了条件,也能够节约依托农村更新统筹城乡发展的交易费用。从实际情况看,两地均未出现因权属或利益纠纷导致农村更新进程受阻的问题。

(五)小结

两个案例都表明,农村更新可以促进城乡发展一体化。但是,从前文的分析中也可以看出,J村和Z村的更新在促进城乡发展一体化方面的具体效果明显不同。实际上,这种绩效差异是多元化的交易属性、行为主体特征、治理结构以及制度安排共同作用的产物(见表5)。

表5 案例间的比较分析

	J村	Z村
1 交易属性		
1.1 方案设计		
1.1.1 复杂性	＋＋	＋
1.1.1 不确定性(Ⅰ)	＋	＋
1.2 资金筹集		
1.2.1 专用性	＋	＋＋
1.3 方案实施		
1.3.1 专用性	＋＋	＋
1.3.2 不确定性(Ⅱ)	＋	＋
1.4 收益分配		
1.4.1 不确定性(Ⅱ)	＋	＋
2 行为主体特征		
2.1 规模	＋	－
2.2 自愿性	－	＋
2.4 利益一致性	－	＋
2.3 社会资本	－	＋
3 治理结构	政府主导	农民自组织
4 制度安排		
4.1 土地产权	土地确权	土地虽已确权但存在缺陷

	J 村	Z 村
4.2 相关政策	城乡建设用地增减挂钩	地方发展战略 土地交易规则
5 绩效		
5.1 直接效果	建成新农村	建成新农村
5.2 分配效应	社会财富的一次性转移	社会财富的持续转移 促进农村后发展
5.3 过程效率	过程效率前高后低	过程效率整体较高

注：－表示弱/小；＋表示强/大；＋＋表示更强。

J 村更新在方案实施阶段的交易专用性强于 Z 村，且在方案实施和收益分配阶段又都面临着较强的不确定性（Ⅱ）。政府主导模式的出现压缩了主体间谈判的周期，克服了"钉子户"等机会主义行为，在短时间内完成大规模的新农村建设，且没有出现任何纠纷，有效回应了高度的专用性和不确定性（Ⅱ）对具有强控制能力的治理结构的需求。这体现了层级制的效能。也即通过行政命令增强控制能力和削弱激励来迫使各行为主体合作，妥善处理或防止出现矛盾冲突，以提高农村更新的过程效率。此外，尽管 Z 村更新的投资专用性高于 J 村，实施阶段和收益分配阶段的不确定性（Ⅱ）与 J 村相当，但村民自治实践中形成的内部合作机制起到了必要的行为控制作用，自始至终没有出现"钉子户"，也没有任何农户单独提出额外的经济利益要求。可见，自组织模式的控制能力同样足以削弱机会主义的行为激励，抑制不确定性（Ⅱ）的影响，为利益相关者提供可靠保障。

从分配效应上看，地方政府凭借同样的强控制能力垄断了包括收益分配在内的农村更新全程，以土地出让和税收的方式享有农村更新的即期和长远收益，取得了分配优势。而农民和农村的获益却较为有限。此外，J 村更新存在决策失误等事后成本，过程效率前高后低。这是因为层级制赖以运行的自上而下的指令性计划机制囿于中央决策者的有限理性和上下级的信息不对称，无法适应农村更新在方案设计环节中的高度复杂性和不确定性（Ⅰ）。

面对农村更新的复杂性和不确定性（Ⅰ）产生的治理需求，Z 村选择了农民自组织的模式。在该模式下，行为主体充分利用地方性知识，因地制宜设计农村更新方案；并利用基于村民自治的集体内部协商机制，在事前就协调好土地流转价格、农村新居的规划等各种利益关系。其结果是，农村新社区的建设符合被安置农民的需要，乡村旅游的未来发展道路适应当地的实际情况，而且在实施过程中未出现利益冲突等阻碍项目进展的问题。这体现了具有分权化特征的治理结构的效能：既节约信息成本又避免决策失误，还能够控制方案设计环节的复杂性和不确定性（Ⅰ），提升农村更新的直接效果和过程效率。相反地，J 村更新方案设计的复杂性高于 Z 村，不确定性（Ⅰ）也比较强。但 J 村却采用政府主导模式，由地方政府单方面制定农村更新方案。而层级制难免的决策偏误则导致了不尽如人意的更新效果。这表明了治理结构选择与交易属性不相匹配，进而无法满足的特定治理需求所造成的负面效应。

当然，自组织模式的产生离不开行为主体自身的有利条件。与 J 村相比，参与 Z 村更新的主体规模更小、自愿性和利益一致性更强，还有着更深厚的社会资本积累。首先，得益于参与者的小规模和利益一致性，事前并没有出现旷日持久的讨价还价，集体行动的协调成本得到有效控制。其次，参与者的小规模也让每户农户预期可以分享较大份额的私人收益。项目完成后多数农户仅土地流转收益一项的收入就达 10 余万元，用于建设新房后还有剩余。这就为集体行动创造了激励。再次，参与者的自愿性使得 Z 村不必耗费额外的成本来强行推动集体行动。最后，参与者的规模小还有利于相互监督和约束，而村民自治的传统以及由此形成的互惠互信的处事模式等社会资本则提供了非正式规则的保障。这也在一定程度上解释了 Z 村的自组织更新并未出现"钉子户"和其他经济利益纠纷的原因。简而言之，Z 村更新的行为主体特征更有助于促成农民的集体行动，解决自组织的初始供给问题。从分配效应来看，Z 村更新的收益分配以农民为主，并通过建造乡村酒店为农民提供非农就业、发展乡村旅游等可持续地向农村转移财富，有效缩小城乡之间的社会财富差距，加快了农村后发展。

从制度安排的效应来看，土地确权保障了两地农民的财产权益，城乡建设用地增减挂钩政策显化了 J 村存量用地资源的价值，鼓励发展旅游业的地方战略规划则为 Z 村从事乡村旅游以推动自身的后发展提供了机遇。它们都有利于社会财富向农村转移。可见，适当的土地产权安排以及相关政策确实能够为城乡社会财富差距的缩小化创造条件。同时，集体土地产权的明晰化和土地流转的交易规则还起到节约交易费用的作用，有利于提高以农村更新来统筹城乡发展的过程效率。不过，Z 村的土地确权存在缺陷，与城乡发展一体化的要求不相适应，有碍于农村更新的绩效提升。

六、结论

本文旨在借助 IoS 的分析框架，考察中国现阶段的农村更新实践促进城乡发展一体化的直接效果、分配效应和过程效率，并揭示绩效背后的影响因素。研究结果显示，农村更新的交易属性、行为主体特征、制度安排和治理结构之间的交互作用引致了农村更新绩效的多样性。

首先，J 村的更新证明了政府主导的层级制管理模式通过强有力的行政控制来满足交易的专用性和不确定性（Ⅱ）产生的治理需求，实现农村更新的直接目标，即建成新农村以促进城乡生活品质均等化，并节约农村更新的交易费用。但是，当地政府也主导了农村更新的收益分配，农民和农村获得的收益有限，城乡社会财富差距并未显著缩小。另外，政府主导的农村更新模式还存在决策失误的风险，制约着过程效率的提升。而 Z 村的农村更新则表明，能够有效削弱机会主义行为的激励并控制各主体行为的治理结构一样可以与交易的专用性和不确定性（Ⅱ）相匹配，而并不必然需要政府主导等层级制管理模式。

其次，Z 村的更新证明了自组织作为一种具有分权化特征的治理结构可以利用好分散的地方性知识，因地制宜开展农村更新，并处理好主体间的利益关系，与农村更新的复杂性和不确定性（Ⅱ）相匹配，从而优化其直接效果和过程效率。规模小、自愿性和利益一致性强、有社会资本积累的行为主体特征是自组织模式供给的必要条件。以农民和农村为主的收益分配格局和 Z 村发展旅游业的新道路表明,自组织模式可以持续向农村转移社会财富,促进农村的后发展。

最后,两个案例都证明了明晰化的产权安排为农民和农村分享更多的农村更新收益奠定基础,并节约农村更新的交易费用。城乡建设用地增减挂钩政策、地方发展的战略规划、集体建设用地交易规则等致力于显化农村土地的资产价值,为农村未来发展提供机遇,并节约交易费用。此类政策将推动城乡社会财富差距的缩小化,提升以农村更新来统筹城乡发展的过程效率。

基于中国促进城乡发展一体化的主要目标,即城乡生活品质均等化、城乡社会财富差距缩小化和统筹城乡成本经济化,以及本文的主要研究结论,我们提出以下政策建议:第一,现有的农村更新模式对促进城乡一体化发展而言并不必然是最佳的,仍有制度创新的空间。交易属性、行为主体特征、制度安排和治理结构这四个要素同样是农村更新的制度创新的切入点。第二,在政府主导的农村更新中,可以尝试引入公众参与和协商机制,充分利用分散的社会知识,让农村更新更能符合实际需要,利益分配格局更趋合理。第三,要鼓励有条件的农民和村集体自主进行农村更新,找到适合自身的发展道路,从而逐步转变一次性的社会财富转移形式,奠定城乡一体化发展的长期可靠基础。最后,要不断健全农村更新的正式规则,比如有效保障农民和村集体的收益权,为以农村更新来统筹城乡发展营造良好的制度环境。

本文剖析的两个案例阐明了目前中国依托农村更新来促进城乡发展一体化的主要做法、实际效果以及背后的影响因素。当然,仅仅由两个案例所提供的经验证据还不足以完全支撑本文的研究结论。而且,本文所选取的案例皆是相对成功的案例,即至少改善了农村的生产生活条件。但是,本研究依然有其特殊意义:第一,本文展现了中国农村更新的现状,为后续的相关研究提供了基础信息;第二,本文将 IoS 分析框架与农村更新相结合,既拓展了该框架的应用范围,也为理解农村更新特别是中国的农村更新提供了新的理论视角;第三,本文对农村更新促进城乡发展一体化的多样化绩效及其成因的研究,不仅在分析治理结构对过程效率的影响的同时探讨了其物理效果和分配效应,还系统揭示了影响治理绩效的因素。这些都能在一定程度填补现有研究的空白。进一步地,未来的研究一方面可以继续关注农村更新的绩效及影响因素,比较分析更具多样性的案例,为更好把握绩效多样性的逻辑提供更多经验证据;另一方面,还可以深入探讨农村更新的制度与治理结构的创新路径,为促进城乡发展一体化建言献策。

参考文献

[1] Alexander E R. A Transaction-Cost Theory of Land Use Planning and Development Control:Toward the Institutional Analysis of Public Planning[J]. Town Planning Review,2001,72:45-75.

[2] Barzel Y. Economic Analysis of Property Rights[M]. Cambridge:Cambridge University Press,1989.

[3] Cheung S N S. A thoery of price control[J]. Journal of Law and Economics,1974,17:53-71.

[4] FurubotnE G, Richter, R. 2005. Institutions and Economic Theory: The Contribution of the New

Institutional Economics[M]. Ann Arbor, Michgan：University of Michigan Press，2005.

[5] Hagedorn K. Can the concept of integrative and segregative institutions contribute to the framing of institutions of sustainability? [J]Sustainability，2015，7：584-611.

[6] Hagedorn K. Particular requirements for institutional analysis in nature-related sectors[J]. European Review of Agricultural Economics，2008，35：357-384.

[7] Hagedorn K，Arzt K，Peters U. Institutional arrangements for environmental co-operatives：A conceptual framework[J]. In Environmental Co-Operation and Institutional Change：Theories and Policies for European Agriculture；Hagedorn，K.，Ed.；Edward Elgar：Cheltenham，UK，2002.

[8] Hao P，Sliuzas R，Geertman S. The development and redevelopment of urban villages in Shenzhen[J]. Habitat International，2011，35：214-224.

[9] Hayek F. A. The use of Knowledge in society[J]. American economic review，1945，35：519-530.

[10] Hin L L，Xin L. Redevelopment of urban villages in Shenzhen，China—An analysis of power relations and urban coalitions[J]. Habitat International，2011，35：426-434.

[11] Ho P. Institutions in Transition：Land ownership，property rights，and social conflict in China[M]. New York：Oxford University Press，2005.

[12] Lotto R D，Cattaneo T，Giorgi E，et al. Coherences and Differences among EU，US and PRC Approaches for Rural Urban Development：Interscalar and Interdisciplinary Analysis [J]. Sustainability，2017，9：537-562.

[13] Li L H，Lin J，Li X，et al. Redevelopment of urban village in China—A step towards an effective urban policy? A case study of Liede village in Guangzhou[J]. Habitat International，2014：43，299-308.

[14] Li Y，Liu Y，Long H，et al. Community-based rural residential land consolidation and allocation can help to revitalize hollowed villages in traditional agricultural areas of China：Evidence from Dancheng County，Henan Province[J]. Land Use Policy，2014，39：188-198.

[15] Lin Y，de Meulder B，Wang S. Understanding the 'Village in the City' in Guangzhou：Economic Integration and Development Issue and their Implications for the Urban Migrant[J]. Urban Studies，2011，48：3583-3598.

[16] Long H. Land consolidation：An indispensable way of spatial restructuring in rural China[J]. Journal of Geographical Sciences，2014，24：211-225.

[17] Long H，Li Y，Liu Y，et al. Accelerated restructuring in rural China fueled by 'increasing vs. decreasing balance' land-use policy for dealing with hollowed villages[J]. Land Use Policy，2012，29：11-22.

[18] Ménard C. The economics of hybrid organizations [J]. Journal of institutional and theoretical economics，2004，160：345-376.

[19] North D C. Institutions，Institutional Change and Economic Performance[M]. Cambridge：Cambridge University Press，1990.

[20] Olson M. The Logic of Collective Action：Public Goods and the Theory of Groups[M]. Harvard University Press，1965.

[21] Ostrom E. Governing the Commons—The Evolution of Institutions for Collective Action [M]. Cambridge：Cambridge University Press，1990.

[22] Ostrom E. Understanding Institutional Diversity[M]. Princeton：Princeton University Press，2005.

[23] Ostrom E. A general framework for analyzing sustainability of social-ecological systems[J]. Science，2009，325：419-422.

[24] Ostrom E. Beyond Markets and States：Polycentric Governance of Complex Economic Systems[J]. The American Economic Review，2010，100：641-672.

［25］Prager K. Applying the institutions of sustainability framework to the case of agricultural soil conservation［J］. Environmental Policy and Governance,2010,20:223-238.

［26］Tan R,Beckmann V. Diversity of practical quota systems for farmland preservation:a multicountry comparison and analysis［J］. Environment and Planning C-Government and Policy,2010,28:211-224.

［27］Tan R,Wang R,Sedlin T. Land-Development Offset Policies in the Quest for Sustainability:What Can China Learn from Germany? ［J］Sustainability,2014,6:3400-3430.

［28］Vatn A. Institutions and the Environment［M］. Edward Elgar Publishing Limited,Northampton,2005.

［29］Wang Y,Guo X,Liu H. Synthetic evaluation of new socialist countryside construction at county level in China［J］. China Agricultural Economic Review,2011,3:383-401.

［30］Williamson O E. The Economic Institutions of Capitalism［M］. New York:The Free Press,1985.

［31］Williamson O E. Comparative Economic Organization:The Analysis of Discrete Structural Alternatives ［J］. Administrative Science Quarterly,1991,36:269-296.

［32］Williamson O E. The New Institutional Economics:Taking Stock,Looking Ahead［J］. Journal of Economic Literature,2000,38:595-613.

［33］Wu F,Zhang F,Webster C. Informality and the Development and Demolition of Urban Villages in the Chinese Peri-urban Area［J］. Urban Studies,2012,50:1919-1934.

［34］Zhang L,Wang S X,Yu L. Is social capital eroded by the state-led urbanization in China? A case study on indigenous villagers in the urban fringe of Beijing［J］. China Economic Review,2015,35:232-246.

［35］Zhou Z. Towards collaborative approach? Investigating the regeneration of urban village in Guangzhou,China ［J］. Habitat International,2014,44:297-305.

［36］陈锡文.农业和农村发展:形势与问题［J］.南京农业大学学报,2013,13(1):1-10,29.

［37］方斌,吴次芳,杨遴杰.农村居民点整理个例分析与发展思路探讨［J］.安徽农业科学,2007,35(3):799-800.

资源环境承载力量化研究的新进展

——行星边界理论的缘起、发展与挑战

陈先鹏　方　恺

摘　要：在资源约束趋紧、环境压力加剧的背景下，科学界定人类活动的生态红线，成为资源环境承载力研究者关注的重大课题。本文通过回顾承载力概念的发展与演变，指出承载力虽然是一个相对的、动态的概念，但在一定的社会经济条件下仍可量化。行星边界理论作为近年来国际承载力量化研究的标志性成果，为基于"地球系统观"理解资源环境承载力的科学内涵提供了崭新的视角。本文对行星边界理论的缘起、发展与应用进行了系统回顾，并在此基础上探讨了其面临的主要挑战与机遇。研究表明，行星边界是科学文献与专家知识相结合的产物，用于表征地球生物物理过程不确定性区间的起始端，然而这些生物物理过程具有不同的时空属性、临界行为和不确定性区间，且相互之间存在复杂的交互作用关系，因而关于地球生物圈是否存在临界阈值尚有争议。行星边界理论应用于区域尺度时基本遵循 2 种路径：（1）基于全局视角自上而下分配，如对应气候变化的碳边界具有较高的接受度；（2）基于本地视角自下而上整合，如土地和水边界体现了各系统过程的空间异质性。行星边界理论在地球系统过程的尺度属性、生物物理阈值的时序变化、与环境足迹的整合以及向社会经济维度的拓展等方面面临较大挑战。今后需进一步深化对地球环境系统反馈机制及其与人类社会交互胁迫等的研究，提升其在资源环境承载力量化领域的应用价值。

关键词：承载力；行星边界；生物物理过程；阈值；尺度

Advancements in Quantifying the Carrying Capacity of Resources and the Environment: On the Origin, Development and Challenges of the Planetary Boundaries Theory

CHEN Xianpeng　FANG Kai

Abstract: Given the increasing resource constraints and environmental pressure, it is crucial to quantify science-based carrying capacity, beyond which anthropogenic activities may lead to undesirable or disastrous consequences. On the basis of a review of the development of the concept of carrying capacity, this paper argues that carrying capacity can be quantified under certain socio-economic conditions, although it is a relative and dynamic concept. As a landmark of international quantitative research on carrying capacity in recent years, the planetary boundaries theory opened the way for a systemic understanding of the scientific underpinning of the carrying capacity of resources and the environment from the view of Earth system. For this reason, the origin, development and application of planetary boundaries are systematically reviewed, and the main challenges and opportunities for the theory are discussed. The research shows that planetary boundaries to characterize the initial boundaries of the uncertainty range of biophysical processes of the

Earth are determined based on the combination of scientific literature and expert knowledge. However, these biophysical processes have different spatio-temporal properties, critical behaviors and uncertainties, and there are complex interactions among them. As a result, it is still controversial whether critical thresholds for the terrestrial biosphere are evidently existent. The downscaling of planetary boundaries to the regional and local scales can be achieved through:(1)top-down allocation from a global perspective, such as the high acceptance of the carbon boundaries for climate change;(2)bottom-up integration from a local perspective, such as land and water boundaries for relevant Earth-system processes that show explicitly spatial heterogeneity. The planetary boundaries theory is now facing the challenges of the scaling of the Earth-system processes, the variations of biophysical thresholds, the integration with environmental footprints, the extensions to the social and economic dimensions of sustainability, and so on. Therefore, further improvements need to focus on the feedback mechanism of the Earth environmental system and the interactions with human society, and extend its application to quantifying the carrying capacity of resources and the environment.

Key words:carrying capacity;planetary boundaries;biophysical process;threshold;scale

一、资源环境承载力研究的演进与争议

"承载力"(carrying capacity)的概念源于古希腊[1],本作为一个物理学术语运用于工程地质领域。1798 年,Malthus 在《人口论》一书中指出了人口增长与生活资源(如粮食)的相互关系[2],为承载力概念在生态学领域的拓展与应用提供了理论基础。1838 年,Verhulst 提出了资源有限条件下种群增长规律的 Logistic 方程[3],为承载力概念向定量化发展奠定了基础。1920 年,Pearl 和 Reed 在研究美国人口问题时,Logistic 方程再次被提出,引发了学界的广泛关注[4]。1953 年,Odum 在《生态学基础》一书中首次将承载力的概念与 Logistic 增长曲线联系在一起,认为承载力即为种群数量增长的上限,即 Logistic 方程中的常数 K,从而进一步为量化承载力提供了模型依据[5]。

1972 年,罗马俱乐部在《增长的极限》一书中指出了决定和限制经济增长的 5 个因素,即人口增长、粮食增长、自然资源、工业生产和环境污染,并运用系统动力学构建了"世界模型",对人类社会未来发展情景进行了预测[6]。此后,伴随着经济快速增长,资源供给与环境容量的有限性愈发凸显,承载力研究由单纯描述种群上限的生态学概念转向关注土地、水、大气、矿产等资源环境问题,进而出现了资源承载力、环境承载力等多种衍生概念,承载力研究自此进入快速发展阶段[7]。

其中,资源承载力侧重于强调资源禀赋及其供给能力。联合国教科文组织和粮农组织于 1985 年对资源承载力进行了定义:在可预见的时期内,利用一国或地区的能源及其他自然资源和智力、技术等条件,在保证符合该区域社会文化准则的物质生活条件下,能维持供养的人口数量[8]。而对于环境承载力来说,主要用于表征自然环境系统的废物消纳能力。彭再德等将其定义为:在一定的时期和区域范围内,在维持区域环境系统结构不发生质变、环境功能不朝恶性方向转变的条件下,区域环境系统所能承受的人类各种社会经济活动的能力[9]。高吉喜在《可持续发展理论探索》一书中,将环境承载力定义为:在一定生活水平和环境质量要求且不超出生态系统弹性限度条件下,环境子系统所能承纳的污染物数量,以及可支撑的经济规模与相应人口数量[10]。由此可见,无论是资源承载力还是环境承载

力,都是一个相对的、动态的概念,有其特定的前提条件。

承载力概念自提出以来一直伴随着争议,关于承载力是否存在以及是否可量化,尚未形成一致的见解[7,11]。反对者认为,可以通过技术进步、制度优化、管理革新等途径解决所有的资源环境问题,故不存在所谓"增长的极限"[12-14];而支持者认为,资源供给与环境容量的有限性决定了地球承载力的客观实在性[15,16]。前一种观点强调了承载力的动态变化性,后一种观点则强调了承载力的客观性以及可测性。实际上,两种观点并不矛盾,综合来看,承载力固然是一个相对、动态的概念,可以通过技术进步、制度优化和管理革新等途径得到提升,但是在一定的社会经济技术条件下,区域资源环境承载力维持在一定的水平范围内,而且是可测度的。目前的量化研究主要采用指标综合法[17]、短板效应分析[18]、生态足迹分析[19]等方法。由于各种方法之间各有优劣,尚未形成一套公认的方法学体系,近年来国内外承载力研究进入了瓶颈期,鲜有突破性的理论和方法进展。西方发达国家学术界已经将研究重心转移到弹性/恢复力(resilience)领域。

在这样的背景下,行星边界(planetary boundaries)理论一经提出便引发了学术界的极大关注与热烈讨论[20,21]。行星边界理论首次从"地球系统观"出发,为我们准确理解资源环境承载力的科学内涵提供了崭新的视角,成为国际承载力量化领域近年来的标志性成果[20,21]。然而迄今为止鲜见对于行星边界理论及其研究进展的系统梳理与总结,国内相关文献报道更是近乎空白,本文试图就行星边界理论框架的提出与更新、在不同尺度的应用与发展、面临的挑战与机遇等方面进行深入分析与探讨。

二、行星边界理论框架的提出与更新

自工业革命以来,地球进入了"人类世"(Anthropocene)地质时代,人类活动业已成为全球环境变化的主要驱动因子,其正以前所未有的规模和强度影响着地球自然环境变化[22],由此产生了生物多样性损失、自然资源耗竭、全球气候变暖、海洋酸化和臭氧层空洞等一系列资源环境问题。面对日益加大的环境压力和影响,如何精准判断人类活动是否处于地球自然生态系统可承载的范围之内,就显得尤为关键,学术界也为此进行了大量的探索。行星边界理论在这样的背景下应运而生。它将地球生态系统作为一个整体进行研究,为其关键的生物物理过程设置了相应的边界阈值,界定了人类活动的安全操作空间。行星边界理论有别于以往以"还原论"为主的承载力研究范式,是大胆的理论突破。下文将对其创始框架与更新情况作具体分析。

(一)初创框架

2009 年,瑞典环境科学家 Rockström 及其研究团队在国际顶级学术期刊 *Nature* 上发文,正式提出行星边界理论[23],从全球尺度探讨人类活动安全操作空间所涵盖的 9 大环境过程,即气候变化、生物多样性损失、生物地球化学循环(氮磷循环)、平流层臭氧消耗、海洋酸化、全球淡水利用、土地利用变化、大气气溶胶负载和化学污染,并对前 7 种过程设置了边界(见表 1)。其中,气候变化、生物多样性损失和氮磷循环已经超过了对应的边界,而地球的其他生物物理过程也正在接近其边界。这些边界一旦被逾越,可能引发不可逆的环境变化,进而对人类福祉产生灾难性影响。需要指出的是,行星边界理论并非横空出世,而是对最低安全标准（safe minimum standards）[24]、增长的极限（limits to growth）[25]、承载力（carrying capacity）[26]、可容忍窗口/护栏（tolerable windows/guardrails）[27,28]、预警原则（the precautionary principle）[29]、临界载荷（critical loads）[30]等国际资源环境承载力相关概念的拓展和深化，进一步从全球范围内聚焦决定地球自我调节能力的生物物理过程，界定了人类活动的安全操作空间[31]。

由于缺乏对地球复杂系统反馈过程、状态变化、恢复力等内在机理的科学认知，行星边界理论基于前工业化时期的全新世（Holocene）状态条件设置控制变量的参照值，基于地球系统过程的临界行为设置边界阈值，因而是一种较为"粗糙"的估计。当然，生物物理过程的状态变化存在很大的不确定性，行星边界均取不确定性区间起始端（即开始进入不确定性区间的位置）对应的环境变量数值，从而最大限度使地球系统过程与边界阈值（对于能证明存在全球阈值的系统过程）或者危险水平（对于尚未证明存在全球阈值的系统过程）保持安全距离[31]。未超出行星边界，意味着人类活动在安全操作空间内；开始超出行星边界，意味着人类活动已进入不确定性区间，随着超越程度的加大，风险逐渐增大；开始超出不确定性区间末端，意味着人类活动已进入高风险阶段[31]。

如前所述，行星边界理论秉持"地球系统观"，所关注的地球生物物理过程并非各自独立，各子系统彼此交互关联。例如，土地利用变化会影响陆地与海洋生态系统，引起水资源利用、生物多样性损失、氮磷循环等生物物理过程的变化，还会影响陆地和海洋的碳汇能力，从而导致气候变化，而气候变化反过来又制约着土地利用格局。

行星边界理论的提出，为承载力量化研究提供了一种全新的研究范式，但也不乏对其科学性与实用性的争议与质疑。例如，关于地球生物圈是否存在全球尺度的临界阈值就存在不同的观点。支持者Barnosky等在回顾全球和生态系统存在临界拐点证据的基础上，认为有必要通过甄别临界状态变化的早期预警信号、反馈、人类驱动因子等方式，加强对地球生物圈临界拐点的生物预测[32]。而反对者Brook等通过对陆地生物圈潜在机制及其驱动因子的评估，发现陆地生物圈状态变化过程的驱动因子与响应存在空间异质性，加之陆地与陆地之间的交互联通性较弱，全球尺度的状态变化相对平滑，因而陆地生物圈不存在行星边界[33]。Lewis指出行星边界理论存在两大缺陷：一是有些参数（如流入海洋中的磷）是一种消耗的极限，并非边界；二是整合而成的行星边界理论指导意义不强[34]。现有的行星边界理论局限于概念框架，许多控制变量难以量化，基于陆地生物圈净初级生产力（net primary production，NPP）提出了整合土地利用变化、淡水利用、生物多样性损失以及全球氮磷循环的行星边界量化框架[35]。然而，NPP具有动态性，或许只能作为现有框架的补充，并不能代替行星边界指标[36]。学者们对于行星边界框架中的水资源利用也有截然不同的看法。Jaramillo等指出行星边界框架中仅考虑蓝水是不够的，还应考虑绿水，后者当前的利用规模已超出其行星边界[37]。对此，Gerten等回应称行星边界框架中的蓝水是一个考虑水循环中蓝水与绿水交互作用的指标，上游绿水资源量的变化必然会引起下游蓝水的变化，因此在计算淡水资源消耗时只需考虑蓝水资源即可[38]。总之，围绕一系列是否存在以及如何界定行星边界的讨论存在较大争议，这也正是需要持续深化对该理论探究的价值和意义所在。

表 1　地球系统过程的行星边界、评估值及参照值

地球系统过程	控制变量	行星边界 (不确定性区间)	在本文中的称谓	评估值	参照值
气候变化	大气 CO_2 浓度(ppm)	350(350~550)	碳边界	387	280
	辐射强迫变化(W/m^2)	1(+1.0~+1.5)		1.5	0
生物多样性损失	物种灭绝速率(E/MSY)	10(10~100)	生物多样性边界	>100	0.1~1
氮循环	人类利用所引起大气中的 N_2 损失(Mt/a)	35(35~49)	氮边界	121	0
磷循环	流入海洋中 P 的数量(Mt/a)	11(11~110)	磷边界	8.5~9.5	—1
平流层臭氧消耗	平流层臭氧浓度(DU)	276(261~276)	臭氧边界	283	290
海洋酸化	表层海水霰石全球平均饱和度(Ω)	2.75(2.41~2.75)	海洋边界	2.90	3.44
全球淡水利用	人类淡水消耗量(km^3/a)	4000(4000~6000)	水边界	2600	415
土地利用变化	全球土地转化为耕地的比例(%)	15(15~20)	土地边界	11.7	低
大气气溶胶负载	按照区域核算的大气总颗粒物浓度	待定	大气气融胶边界	待定	
化学污染	有机污染物、塑料、排泄物、重金属、核废料等排放浓度及其对生态系统与地球系统功能的影响	待定	化学污染边界	待定	

注:表中数据来源于文献[23]。

(二)更新框架

国际学者对行星边界理论及其框架给予了极大的热情,*Nature Climate Change* 为此特辟专栏,分别邀请相关领域一流专家对相关行星边界设定的合理性与科学性进行深入评论[20]。Rockström 及其研究团队对学术界的关注给予了积极回应,发表了系列研究论文,其中最为重要的一篇发表于国际另一顶级学术期刊 *Science*,提出了行星边界理论框架的更新版(见表2)[39]。更新框架重新划分了 9 个生物物理过程,包括气候变化、生物圈完整性变化、平流层臭氧消耗、海洋酸化、生物地球化学流动、土地系统变化、淡水利用、大气气溶胶负载以及新实体的引入,并对具有空间异质属性的生物地球化学循环、土地系统变化和淡水利用等过程设置了全球和区域(群落或流域)两类尺度的环境边界;生物圈完整性变化由于缺乏适当的参数,暂时分别以灭绝速率和生物多样性完整性指数进行表征;大气气溶胶负载则以光化学厚度作为控制变量,然而仅以南亚为例进行了区域环境边界的设置;新实体用于取代创始框架的化学污染,其行星边界仍为待定状态。

同样,更新框架也强调不同生物物理过程的交互联系,它首次将气候变化和生物圈完整性视为行星边界理论的核心边界。由于行星边界更新框架提出时间不久,目前仅有极少数学者对其合理性和科学性进行了评估。Nash 等认为行星边界理论聚焦陆地生物圈,忽视了海洋生物圈对地球生态系统功能和社会福祉的重要作用,提出将海洋系统对地球系统的影响整合进行星边界框架的各个生物物理过程中,以更好地指引地球系统治理实践[40]。Heck 等人探讨了基于生物质碳捕获及储存技术的温室气体负排放对地球不同生物物理过程的影响,发现虽然可以减缓气候变化,但同时也可能使淡水利用接近其行星边界,土地系统变化、生物圈完整性、生物地球化学流动超出对应的行星边界[41]。

表 2 行星边界理论框架更新版

地球系统过程	控制变量	行星边界（不确定性区间）	现状值
气候变化	大气 CO_2 浓度（mg/m³）	350（350～450）	396.5
	大气层能量不平衡（W/m²）	＋1.0（＋1.0～1.5）	2.3（1.1～3.3）
生物圈完整性变化	基因多样性:物种灭绝速率（E/MSY）	＜10（10～100）	100～1000
	功能多样性:生物多样性完整指数（BII）	90%（30%～90%）	84%（对于南非）
平流层臭氧消耗	平流层臭氧浓度（DU）	276（261～276）	0～200（只有春季南半球上空的臭氧边界被逾越）
海洋酸化	表层海水霰石全球平均饱和度	2.75（2.41～2.75）	2.90
生物地球化学流动	磷循环（Tg P/a） 全球:从淡水系统流入海洋中的 P 区域:从化肥流入易受腐蚀土壤中的 P	全球:11（11～100） 区域:6.2（6.2～11.2）	全球:～22 区域:～14
	氮循环（Tg N/a） 全球:工业固氮以及人为的生物固氮	62（62～82）	0～150
土地系统变化	全球:林地面积占原始森林覆盖的比例（%） 群落:林地面积占潜在森林覆盖的比例（%）	全球:75（54～75） 群落: (1)热带:85（60～85） (2)温带:50（30～50） (3)寒带:85（60～85）	62%

续表

地球系统过程	控制变量	行星边界（不确定性区间）	现状值
淡水利用	全球：蓝水利用消耗最大数量（km³/a） 流域：河流蓝水月均提取占比（%）	全球：4000（4000～6000） 流域： 枯水月：25（25～55） 中水月：30（30～60） 丰水月：55（55～85）	～2600
大气气溶胶负载	全球：气溶胶光学厚度（AOD），区域变化较大 区域：季均AOD，以南亚东亚季风区为例	区域：印度次大陆上空0.25（0.25～0.50），吸收AOD＜总AOD的10%	0.30 AOD（南亚上空区域）
新实体的引入	待定	待定	待定

注：表中数据来源于文献[39]。

三、行星边界理论在区域尺度的应用与发展

由于环境决策的制定、执行与管理多发生在区域尺度而非全球尺度，因此，本地化是行星边界理论增强实践价值的必由之路。已有学者将其拓展应用于全球以下尺度的资源环境承载力量化研究，有的进一步与人类活动的压力或影响指标相对比，进行环境可持续性评估。行星边界理论在不同尺度的应用也为该理论本身的发展完善提供了重要参考（见表3）。以下将分别针对行星边界理论在国家、省域、市域和组织等不同尺度环境边界设置的应用展开讨论。

表3 行星边界理论在区域尺度的应用研究梳理

文献来源	研究尺度与对象	环境边界类型	环境边界的确定方法	优势	不足
Antonini 等（2017）	组织：全球500强公司	缺乏	缺乏	缺乏	受限于财务控制，大多间接环境影响未开放
Bjørn 等（2017）	组织：公司	以碳边界为主	自上而下	气候变化受到普遍关注	其他边界关注度不够
Clift 等（2017）	组织：公司	碳、水、生物圈完整性、化学污染	碳边界：自上而下 其他边界：自下而上	可建立全球与组织环境边界的联系	受方法、技术、数据等因素影响
Cole 等（2014）	国家：南非	碳、臭氧、水、土地、氮、生物多样性、海洋、空气污染、化学污染	自下而上	体现国家资源环境特点	未能建立与全球环境边界的联系

文献来源	研究尺度与对象	环境边界类型	环境边界的确定方法	优势	不足
Cole 等（2017）	省域：南非分省	碳、臭氧、水、土地、氮、生物多样性、海洋、空气污染、化学污染	碳边界：国家—省域自上而下 其他边界：自下而上	体现省域资源环境特点	未能建立与全球环境边界的联系
Dao 等（2015）	国家：瑞士	碳、氮、磷、土地、生物多样性	自上而下	考虑了代内与代际公平	未能考虑区域环境条件
Dearing 等（2014）	市域：洱海流域和舒城县	空气、表土、水体、泥沙	自下而上	体现研究区环境问题	环境边界与行星边界框架联系不强
Fang 等（2015）	国家：主要国家	碳、水、土地	碳边界：自上而下 水、土地边界：自下而上	考虑了生物物理过程的空间属性	缺乏对其他环境边界的讨论
方恺 等（2017）	省域：中国分省	碳	国家—省域自上而下	构建了"共同但有区别"的省际碳排放权分配模型	缺乏对行星碳边界关系的讨论
Fanning 等（2016）	国家：加拿大和西班牙 省域：新斯科舍和安达卢西亚	碳、氮、磷、水、土地	碳、氮、磷边界：自上而下 水、土地边界：自下而上	充分运用行星边界更新框架	氮、磷边界未体现空间异质性
Hoff 等（2014）	国家：欧盟	碳、氮、磷、水、土地	自上而下	国家之间的环境边界存在可比性	未能考虑国家具体环境状况以及历史责任
Hoornweg 等（2016）	市域：多伦多、上海、圣保罗、孟买、达喀尔	碳、生物多样性、水、土地、氮、污染、地理物理风险	自上而下	城市之间的环境边界存在可比性	未能考虑城市具体环境状况
Nykvist 等（2013）	国家：瑞典	碳、氮、水、土地	自上而下	国家之间的环境边界存在可比性	未能考虑国家具体环境状况以及历史责任
O'Neill 等（2018）	国家：150 个国家	碳、磷、氮、水、土地、生态足迹、物质足迹	碳、磷、氮、水、土地边界：自上而下 生态足迹、物质足迹边界：已有研究	国家之间的环境边界存在可比性	未能考虑国家具体环境状况以及历史责任，指标交叠
Whiteman 等（2013）	组织：公司	碳、生物多样性、水、土地、臭氧、化学污染	侧重于定性分析	有利于增进对组织环境过程的认识	相关研究较为分散，研究的系统性以及组织环境边界的讨论有待加强

（一）国家尺度

行星边界理论应用于国家尺度环境边界设定中的基本思路可以分为以下两类：

（1）基于全球视角进行自上而下分配。当前，国际上普遍认为，2050 年全球气温升幅不应超过 2℃[42]，而行星碳边界的两项控制变量也正是基于此提出的。由于气候变化是全球性的系统环境问题，遵循"消费者负责"的观点，基于行星碳边界自上而下平摊至消费个体来确定人均碳边界，再乘以国家人口总数来确定国家碳边界，具有较高的接受度。Nykvist 等[43]、Hoff 等[44]根据联合国环境规划署（UNEP）对于全球碳预支的核算，认为每年人均 CO_2 排放量不应超过 2 t；Fang 等将 2 ℃温升目标与大气 CO_2 浓度相结合，转化为未来碳排放配额并在全球范围内进行人均分配得到碳边界 2.5t CO_2-eq/a[45]；Dao 等据此测算了瑞士的碳边界[46]；Fanning 等也据此测算了加拿大和西班牙的碳边界[47]；O'Neill 等据此测算的国家人均碳边界为 1.61t CO_2/a[48]。与此同时，Nykvist 等[43]、Hoff 等[44]基于行星边界创始框架延续同样的思路核算国家氮、磷、土地、水等边界；Fanning 等基于行星边界更新框架，将行星氮边界 62Tg N/a、区域磷边界 6.2Tg P/a，分别除以全球耕地总面积 14 亿公顷（来自 FAOSTAT），再分别乘以加拿大和西班牙的耕地面积（来自 FAOSTAT），得到对应国家氮边界和磷边界[47]；O'Neill 等基于行星边界更新框架在全球范围内进行人均分配，人均磷边界为 0.89kg P/a，人均氮边界为 8.9kg N/a，人均水边界为 574m³/a，其中土地系统变化以隐含的净初级生产力人类占用（eHANPP）表征，人均 eHANPP 为 2.62t C/a[48]。因此，通过此种自上而下方法确定的国家环境边界主要取决于行星边界、全球与国家的人口数量或耕地面积。需要说明的是，区别于气候变化的全球效应，氮磷循环、土地利用变化、淡水利用等过程具有空间异质性，通过自上而下分配得到的环境边界可能包括隐含的资源消费，而非本地边界。

（2）基于本地视角自下而上整合。Fang 等参照行星边界理论对于水边界的设置，以国家可更新水资源总量的 40% 作为国家水边界，以国家生物承载力作为土地边界[45]。Cole 等研究了南非环境边界，气候变化基于已有的减排情景研究，以 2010 年目标（451MtCO_2/a）作为碳边界；臭氧消耗基于政府对 HCFC 消费控制的承诺，以 2013 年目标（370ODPt）作为臭氧边界；淡水利用基于南非水务局的核算，以可供人类使用的可更新水资源总量 14196Mm³/a 作为水边界；可耕地利用以可耕地占比 12.1% 作为土地边界；流域磷浓度以已有研究确定的临界阈值 0.10mg/L 作为磷边界；用于玉米生产的氮使用速率以通过已有研究得出的 144kgN/ha 作为氮边界；生物多样性损失以及海洋捕捞通过专家评判确定边界（均为 0%）；空气污染以政府设定的 PM_{10} 阈值 50μg/m³ 作为边界[49]。Fanning 等基于行星边界更新框架所设置的 3 种不同水流月月均最大蓝水提取占比来确定流域水边界，其中的流域自然径流量数据来自 Hoekstra 等的数据集；另外，由于缺乏不同类型的林地覆盖数据，换以生物承载力作为土地边界[47]。O'Neill 等将生态足迹和物质足迹两项指标整合进国家生物物理边界框架内，由于无相应的行星边界，人均边界主要参考已有研究建议的最大可持续足迹标准，分别为 1.72gha/a、7.2t/a[48]。

可见，由于碳排放引发的气候变化属于全球环境问题，所以大多通过行星碳边界在全球范围内的人均值与地区人口数量的乘积来确定地区碳边界。生物多样性损失、氮磷循环、土地利用变化、淡水利用等属于区域性环境问题，通过行星边界自上而下地平均分配无法体现空间异质性,更适宜从本地资源环境特点出发设置环境边界。虽然行星边界更新框架设置了区域磷边界、流域水边界、群落林地占比边界,但是由于环境数据的可获得性等原因,环境边界设置途径较为多元,包括数据测算、已有研究、专家决策、政策管理等多种视角。

对于应用行星边界理论制定国家政策目标,Häyhä 等认为应该综合考虑生物物理、社会经济、伦理三种维度,区分不同系统过程的尺度属性,通过完善概念框架、分析工具、技术方法等途径促进自上而下与自下而上两种方法的融合[50]。因此,探索建立不同系统过程、量化方法以及环境边界等在全球与国家之间的联系,是今后需要着力解决的优先课题。

(二)省域尺度

行星边界理论在省域尺度的下溯应用尚不多见,已有研究思路主要包括以下 2 类:

(1)基于全球视角或国家政策目标自上而下分配。例如,Cole 等根据南非长期减排情景研究以及各省份的电力消费情况进行"国家—省域"自上而下分配来确定各省份碳边界,根据南非对 HCFCs 的逐步淘汰计划以及历史消费情况在消费省份之间进行"国家—省域"自上而下分配来确定消费省份的臭氧边界[51];Fanning 等基于行星边界更新框架,将行星氮边界 62Tg N/a、区域磷边界 6.2Tg P/a,分别除以全球耕地总面积 14 亿 ha,再分别乘以省域耕地面积,得到对应省份氮边界和磷边界[47];方恺等以我国 2030 年碳减排"自主行动目标"为出发点,以公平性、效率性、可行性、可持续性为分配原则,综合社会、经济、环境 3 个维度构建"共同但有区别"的省际碳排放权分配模型,进而确定 31 省区碳排放配额(即政策碳边界)[52]。(2)基于本地视角自下而上整合。例如,Cole 等根据南非"和解策略"关于淡水的供给与需求数据的整合来确定各省份的水边界,根据"农用地框架议案的保护与发展草案"提供的各省份适宜农业生产的可耕地面积数据来确定各省份的土地边界,氮循环、生物多样性损失、海洋捕捞和空气污染的省域环境边界与国家尺度一致,均基于已有研究或专家知识进行设定[51]。

同样地,省域尺度环境边界的设定也有不同的思路。气候变化与臭氧消耗属于全球性环境问题,考虑到各个国家对于碳排放或臭氧消耗的承诺或制定的目标可能有所差异,加之省际差异,具体分配到各省份也有不同的方法。淡水利用、土地利用变化、氮磷循环、生物多样性损失等属于区域性环境问题,存在资源利用的极限或局地阈值,环境边界的设定受数据可获得性的影响,其设定方法也包括数据测算、已有研究、专家决策、政策管理等。

随着研究尺度的下移,环境边界的设定更多地受到国家或当地政策等主观因素的影响,如何在科学与政策等不同视角之间做出权衡与协调,增强行星边界对政策实践的指导价值,是今后需要重点考虑的问题。

(三)市域尺度

城市是人口规模最为集聚、社会经济活动最为活跃的区域形态,也是区域可持续发展政策具体的实践单元。2016 年,世界城市人口占总人口的比例为 54.5%,预计到 2030 年会达到 60%[53]。城市中的人类活动已成为主要的环境影响因素,以温室气体排放为例,有研究表明城市居民应该对全世界 80% 以上的温室气体负责[54]。因此,研究城市尺度的环境边界,驱动城市在安全操作空间内的可持续转型,就显得尤为关键。

　　然而,行星边界理论在市域尺度的应用并不多见。Dearing 等对云南省洱海流域和安徽省舒城县的重要环境边界进行了设置,在行星边界创始框架对环境系统动态行为描述的基础上将其拓展为四类(线性、非线性、临界阈值、早期预警信号),根据已有研究记载的环境问题,选择空气质量、表土稳定性、水体质量、水体治理、泥沙质量、泥沙治理为研究对象,基于系统行为观察记录设定边界[55]。Hoornweg 等率先对世界典型大城市的环境边界进行了研究,生物物理系统过程结合城市环境数据的可获得性在行星边界框架基础上进行了调整,所有的环境边界均以全球平均边界(人均值、指数、百分比、浓度等)为参考,有些基于行星边界更新框架进行分配,如水边界、土地边界、氮边界,有些基于国际组织的报告、可持续发展目标等既定标准或目标而定,如碳边界、城市恢复力目标等[56]。

　　可见,行星边界理论应用于市域环境边界设定的已有研究方法,既有以行星边界框架在全球自上而下分配或全球标准或目标为参考,也有以本地环境系统过程的历史纪录数据为依据。

　　行星边界理论的出现,为建立全球与市域两种不同尺度的环境边界之间的联系,在市域尺度分配安全操作空间,建立可比较、可验证的环境边界划定标准,提供了可能。诚然,行星边界框架在市域尺度的应用研究较为缺乏,有待加大研究力度。

(四)组织尺度

　　人类在贸易中所获得的产品与服务以虚拟土地、虚拟水等形式消耗自然资源,同时产生温室气体排放、化学污染等潜在的环境问题,从而对区域生态系统结构和功能造成不良影响。这些产品和服务从原材料加工到耗尽的整个生命周期,都与区域环境问题相关。组织机构在生产这些产品和服务时,如何遵循一定的环境标准,确保其生产活动保持在安全操作空间内,对于可持续生产与消费模式的建立至关重要。行星边界概念框架有利于建立全球与组织尺度的环境可持续标准之间的联系,合理公平地分配安全操作空间。

　　行星边界理论在组织尺度的应用,目前尚处于理论探讨阶段。Whiteman 等发现讨论公司或产业环境可持续性与地球系统过程之间关系的研究相对零散,建议加强公司或行业尺度环境行为对行星边界框架所涉及的生物物理过程影响的系统性研究[57]。Clift 等认为行星边界理论应用于公司和部门的战略决策时存在尺度转换、安全操作空间分配、实际操作等方面的挑战,并分别从气候变化、淡水利用、生物圈完整性和化学污染 4 个系统过程分析了环境边界界定、评价指标运用和未来研究改进等问题[58]。Bjørn 等对提及生态极限的公司责任报告进行了分析,发现其普遍关注的生态极限是气候变化,且大多参考 2℃ 阈值,仅少部分高科技公司根据生态极限制定关于资源消费、减排、调整产品组合的目标,其中只有几份报告讨论了与公司以及其他活动者在生态极限范围之内分配资源与排放权[59]。Antonini 等对全球 500 强公司如何在可持续性报告中设定环境边界进行了分析,发现可持续发展边界的设置受限于财务控制,而非自然资源可持续利用,大多数的间接环境影响并未包含在内[60]。可见,在组织尺度基于行星边界理论设定环境边界以及指导实践的应用较为缺乏。

　　今后需要借助于不同学科知识的交叉融合,解决尺度转换、评价指标选取、不同环境安全边界的交互作用、安全操作空间分配等方面存在的诸多问题,从而真正实现行星边界理论在组织尺度的拓展和应用。

四、行星边界理论面临的挑战与机遇

行星边界理论在从创始框架到更新框架的演进过程中,关注地球生物物理过程随时间的动态变化行为,在空间上的同质与异质特征,以及不同尺度与不同过程之间的交互作用。与此同时,行星边界理论在与环境足迹指标的整合,以及向社会经济维度的拓展等方面,也引起了学者的关注与讨论。

(一)地球系统过程的尺度属性

按照系统过程的尺度效应,可将行星边界划分为两类:一类是发生在全球尺度上带有全球临界阈值的边界,包括气候变化、海洋酸化和平流层臭氧消耗,通过自上而下的形式影响局部(或区域)尺度的系统过程;另一类是发生在局部(或区域)尺度通过整合而成的边界,包括生物多样性损失、氮磷循环、土地利用变化、淡水利用、大气气溶胶负载和化学污染,认为局部或区域尺度的系统过程同时作用,自下而上整合至全球尺度,可能会引起地球系统过程超出其环境边界。然而,正如上文所提及的关于地球生物圈是否存在临界拐点,有不同的声音,还缺乏强有力的证据支撑。同时,区域环境边界设定过程中也涉及不同尺度系统过程的交互作用问题。因此,地球系统过程的尺度属性问题是行星边界理论及应用研究面临的重要问题,如何既体现系统过程的空间异质性,又反映系统过程跨尺度作用,同时考虑不同系统过程的交互影响,在全球与局部(或区域)环境边界之间建立联系,从而合理分配人类活动安全操作空间,是非常复杂的系统问题。

Anderies等通过构建地球系统模型定量评估了存在于陆地、海洋和大气不同系统中碳储量的反馈关系,据此探讨了地球不同系统过程交互作用关系、全球碳循环的动态变化特征及其非线性临界拐点甄别等问题[61]。Hughes等认为以现有的知识还不能辨别不同尺度的系统状态变化如何跨尺度作用,以及局部(或区域)的临界拐点是否会引起全球系统状态发生转变[62]。Steffen等承认,全球以下尺度系统过程在地球系统过程的动态变化过程中扮演了重要角色,如何解释局部(或区域)系统过程变化对地球系统功能运行的重要影响,是行星边界框架更新面临的挑战[39]。Heck等基于土地利用多目标优化情景模拟,在行星土地和水边界内满足食物供给的同时,探讨陆地碳库存以及生物多样性保护的最大潜力,并讨论了全球与区域不同尺度环境与经济社会发展目标之间的协调与权衡问题[63]。这些研究为系统识别地球系统过程的尺度效应提供了有益的参考,但是受限于对地球系统过程内在运行规律的认知,尚未形成完整的理论构建。

行星边界理论只是单独为地球的各生物物理过程设置了安全边界,并未对各过程之间的交互机制作详细说明,如何从系统观点解释这种交互作用机制,是今后该理论发展完善的重要方面。事实上,唯有从不同环境过程的交互作用机制(横向)、同一环境过程的尺度转换机制(纵向)两个维度同时加强对地球复杂系统内在运行机理的研究,才能从根本上增强对地球内在环境过程的科学认知。当然,这将会涉及地球科学、环境科学、地理学、生态学、资源科学、大气科学等多学科知识的融合,需要强大科研团队的通力合作。

(二)生物物理阈值的时序变化

当面对外界干扰时,地球系统具有维持自身功能正常运行的自我调节能力;然而,当外界干扰加剧到一定程度，地球系统的抗干扰能力不足以维持其功能的正常运行时，其恢复力在逐渐减弱，开始进入不确定性区间；当地球系统逾越了不确定性区间后，将面临不可逆的系统状态变化风险[23,31,39]。因而，行星边界框架将不确定性区间的起始端设置为边界，作为地球系统状态变化的早期预警信号。虽然这种设置可以使地球系统与临界拐点保持一定的安全距离，但是边界并非固定不变。随着人类活动的变化，不确定性区间以及临界阈值可能随之发生变化。因此，地球系统不同生物物理阈值的时序变化问题也是行星边界理论及应用面临的又一重要问题，而这有赖于对地球系统过程反馈机制的科学认识。

准确识别系统状态发生临界转变的早期预警信号，对于发现并掌握地球生物物理阈值的时序变化规律而言至关重要。对于是否存在以及如何识别预警信号，学者进行了相关研究。Scheffer等借助于数理模型阐释了环境指标随时间序列变化的走势，据此得出对于较为广泛的系统而言，当系统正在接近其临界阈值时，存在着一般的早期预警信号[64]。Bauch等通过比较人类环境耦合系统模型与非耦合环境系统模型中的临界转变及其早期预警信号，发现耦合系统状态变化更为复杂，早期预警信号较为模糊，耦合系统中的人类反馈会弱化早期预警信号[65]。可见，由于社会生态耦合系统的高度复杂性，识别系统状态临界转变的早期预警信号充满挑战，有赖以对人类环境耦合系统内在作用机制的科学认知。同时，不同生物物理过程组成了地球复杂系统，这些生物物理过程之间存在交互作用，一种系统过程的变化可能会引起其他系统过程发生相应的变化，这也进一步加深了其复杂性。

有学者基于不同视角对环境边界的设置提出不同的建议，如Bogardi等构建了基于行星边界框架、生态资源系统及其人类占用三者关系的水边界概念框架[66]，Gerten等考虑环境需水量对全球和流域的水边界计算进行了改进[67]，Vries等将活性氮的正负向影响及其空间分异考虑在内，对全球和区域的氮边界进行了修正[68]，Carpenter等将陆地淡水系统富营养化考虑在内，对全球的磷边界进行了设定[69]，Diamond等分析了化学污染行星边界设置面临的挑战[70]，Persson等推测不存在单个化学污染行星边界，是因为化学污染产生了许多行星边界议题[71]。这些建议为我们重新审视行星边界理论的科学内涵提供了不同视角，为行星边界框架的进一步更新提供了有益参考。

（三）行星边界与环境足迹的整合

行星边界理论从全球尺度为地球生物物理过程设定了安全边界，为人类活动界定了安全可操作空间，从而使地球保持类全新世状态。该理论定量评估了全球环境可持续标准，为不同尺度的环境可持续性评估提供了重要参考。需要指出的是，行星边界框架对于环境影响现状评价多基于专家知识，带有较强的主观性，而用于环境足迹在环境影响评估领域业已形成一套较为规范的指标核算方法，具有较高的认可度，但某些指标缺乏相应的承载力（如碳足迹）或指标权威性不足（如水足迹），因此，将行星边界与环境足迹整合起来进行不同尺度环境可持续性评估，具有较强的互补性与可操作性[45]。

行星边界与环境足迹的整合，通过比较两者的大小可判断环境是否可持续。Hoff等运用多区域投入产出分析法对欧洲主要国家的环境足迹进行了核算，并与对应的环境边界作比较来评估其环境可持续性[44]；Zijp等探讨了化学污染足迹与政策边界、自然边界比较分析的方法，通过对欧洲的实证，发现化学污染足迹未超出政策边界，但是已经超出了自然边界[72]；Fang等以碳边界自上而下分配国家可更新水资源的40％，生物承载力分别表征碳边界、水边界、土地边界,将之与其相应的碳足迹、水足迹、土地足迹进行比较,评估了全球主要国家的环境可持续性[45]。在将行星边界与环境足迹整合时,也存在着如何建立全球与区域环境可持续性标准之间的联系以及涵盖更多的环境过程等问题,今后需加强不同尺度环境边界转换机制以及环境足迹类型学与方法学的研究。

(四)行星边界向社会经济维度的拓展

Raworth 从人类社会可持续发展角度,将社会经济发展边界整合进行星边界框架,界定了人类安全且公正的空间(safe and just space for humanity),即"甜甜圈(doughnut)"理论。该拓展框架指出,人类为了维持自身生存与发展需要一定的社会基础,同时人类活动又不应逾越环境天花板,因而人类活动应保持在社会基线与环境红线之间[73]。该理论将行星边界理论与人类社会可持续发展目标相结合,从社会、经济、伦理等维度丰富了行星边界理论的内涵与外延。Dearing 等基于该理论,构建了区域社会生态系统安全且公正的操作空间的分析框架,并以云南省洱海和安徽省舒城县为例进行了实证分析[55]。Cole 等将该理论框架应用于南非及其分省的可持续性评估[49,51]。O'Neill 等也基于该理论界定国家尺度安全且公正的操作空间[48],然而边界设置存在重叠,如土地边界与生态足迹边界,水边界、碳边界与物质足迹边界。

"甜甜圈"理论将维系地球系统功能健康运行的环境边界与维系人类自身福祉的社会底线相结合,强调了人类福祉的实现依赖于地球的健康,环境边界与社会底线的同时逾越反映出了存在于国家内部以及国与国之间的不平等性,因而有必要通过经济理论与政策制定策略的更新,增强全球经济的再生与再分配能力[74]。行星边界理论向社会经济维度的拓展,关键就在于如何将广受关注的社会经济可持续发展目标分解至对地球生物物理过程的具体需求,最终还是落实到地球系统的环境边界与社会边界的界定上,本质上还是要解决不同尺度系统过程环境边界的划定问题,这也是行星边界理论自身发展完善必须探讨的问题。

五、结语

承载力从概念的提出,到量化模型的构建,再到资源环境领域的应用,其发展与演变既受到广泛关注与讨论,也一直伴随着争议与质疑。承载力固然是一个相对的、动态的概念,可以通过技术进步、制度优化、管理革新等途径得到提升,但是在一定的社会经济条件下,资源环境承载力保持在一定范围内且可被量化。另外,承载力量化研究尚未形成一套公认的理论与方法体系。

行星边界理论为量化资源环境承载力提供了一种新的研究范式。其创始框架从全球尺度设置了地球生物物理过程的环境边界,并界定了人类活动的安全可操作空间,但在变量选取、边界设置、尺度转换等方面存在一些局限性;更新框架以生物物理过程对维持地球系统功能稳定性的重要作用为出发点,对具有明显空间异质属性的生物物理过程设置了全球和区域(流域、群落)双重边界,以体现地球生物圈系统过程的跨尺度交互作用。然而某些系统过程(气候变化)由于缺乏合适的指标而以其他指标暂时替代,某些系统过程(新实体的引入)的控制变量仍处于待定状态。因此,随着人们对地球系统过程认识的不断深化,行星边界理论有待进一步补充与更新。

本文在全面梳理已有相关文献的基础上,系统比较了行星边界理论的创始版和更新版在边界类型、变量选取、阈值测算、尺度拓展等方面的差异,综述了其在国家、省域、市域、组织等不同尺度的应用实践,进而总结出该理论在地球系统过程的尺度属性、生物物理阈值的时序变化、与环境足迹的整合、向社会经济维度的推展等方面面临的重大挑战与机遇。通过研究发现,如何建立全球与区域不同尺度环境边界之间的联系,既体现地球系统过程的时空异质性,又充分考虑不同系统过程之间的交互作用机制,是当前行星边界研究需要优先解决的重要课题。另外,"甜甜圈"理论是行星边界理论向社会经济领域的进一步延伸,今后应注重加强这方面的理论与实证研究。

参考文献

[1] Hardin G. Carrying capacity as an ethical concept[J]. Soundings An Interdiscipliary Journal,1976,59(12):120-137.

[2] Malthus T R. An essay on the principle of population[M]. London:Pickering,1798.

[3] Cohen J E. How many people can the earth support?[M]. New York:W. W. Norton & Company,1995.

[4] Pearl R,Reed L J. On the rate of growth of the population of the United States since 1790 and its mathematical representation[J]. Proc Natl Acad Sci U S A,1920,6(6):275-288.

[5] Odum E P. Fundamentals of ecology[M]. Saunders,1953.

[6] Meadows DH,Meadows DL,Randers J,et al. The limits of growth[M]. New York:University Books,1972.

[7] 张林波,李文华,刘孝富,等.承载力理论的起源、发展与展望[J].生态学报,2009,29(2):878-888.

[8] UNESCO,FAO. Carrying capacity assessment with a pilot study of Ken Ya:A resources accounting methodology for exploring national options for sustainable development[R]. Paris and Rome,1985.

[9] 彭再德,杨凯,王云.区域环境承载力研究方法初探[J].中国环境科学,1996(1):6-10.

[10] 高吉喜.可持续发展理论探讨——生态承载力理论、方法与应用[M].北京:中国环境科学出版社,2001:8-23.

[11] Dhondt A A. Carrying capacity:a confusing concept[J]. Acta Oecologica/Oecologica Generalis,1988,9(4):337-346.

[12] Jorgenson D,Griliches Z. The explanation of productivity change[J]. Review of Economics and Statistics,1967,34:250-282.

[13] 陶然."城市人口承载力"应重新认识[N].新京报,2010-9-4.

[14] 陆铭.城市承载力是个伪命题[J].商业周刊/中文版,2017-12-15.

[15] Rees W E. Revisiting Carrying Capacity:Area-based Indicators of Sustainability[J]. Population and Environment,1996,17(3):195-215.

[16] 石忆邵,尹昌应,王贺封,等.城市综合承载力的研究进展及展望[J].地理研究,2013,32(1):133-145.

[17] 王书华,毛汉英.土地综合承载力指标体系设计及评价——中国东部沿海地区案例研究[J].自然资源学报,2001,16(3):248-254.

[18] 曹智,闵庆文,刘某承,等.基于生态系统服务的生态承载力:概念、内涵与评估模型及应用[J].自然资源学报,2015,30(1):1-11.

[19] Wackernagel M,Rees W E. Our Ecological Footprint:Reducing Human Impact on the Earth[M]. Gabriola Island:New Society Publishers,1996.

[20] Heffernan O. A safe space[J]. Nature Reports Climate Change,2009,3 (10):109-109.

[21] 方恺,段峥.全球主要国家环境可持续性综合评估——基于碳、水、土地的足迹-边界整合分析[J].自然资源学报,2015,30(4):539-548.

[22] Crutzen P J. Geology of Mankind[J]. Nature,2002,415(6867):23.

[23] Rockström J,Steffen W,Noone K,et al. A safe operating space for humanity [J]. Nature,2009,461 (7263):472-475.

[24] Ciriacy-Wantrup S V. Resource Conservation:Economics and Policies[M]. University of California Press,1952.

[25] Meadows D H,Meadows D L,Randers J,et al. The limits to growth[M]. Universe Books,1972.

[26] Daily G C,Ehrlich P R. Population,sustainability,and earth's carrying capacity[J]. Bioscience,1992,42 (10):761-771.

[27] WBGU. Scenario for the derivation of global CO_2 reduction targets and implementation strategies[C]. Statement on the occasion of the First Conference of the Parties to the Framework Convention on Climate Change in Berlin,1995.

[28] Petschel-Held G,Schellnhuber H J,Bruckner T,et al. The tolerable windows approach:Theoretical and methodological foundations[J]. Climatic Change,1999,41(3-4):303-331.

[29] Raffensperger C,Tickner J. Protecting public health & the environment:implementing the precautionary principle[M]. Washington D C:Island Press,1999.

[30] Spranger T. Manual on methodologies and criteria for modelling and mapping critical loads and levels and air pollution effects,risks and trends[C]. Mapping manual 2004:UNECE Convention on Long-Range Transboundary Air Pollution,2004.

[31] Rockström J,Steffen W,Noone K,et al. Planetary boundaries:exploring the safe operating space for humanity[J]. Ecology & Society,2009,14(2):32.

[32] Barnosky A D,Hadly E A,Bascompte J,et al. Approaching a state shift in Earth's biosphere[J]. Nature,2012,486(7401):52.

[33] Brook B W,Ellis E C,Perring M P,et al. Does the terrestrial biosphere have planetary tipping points? [J]. Trends in Ecology & Evolution,2013,28(7):396.

[34] Lewis S L. We must set planetary boundaries wisely[J]. Nature,2012,485(7399):417.

[35] Running S W. Ecology. A measurable planetary boundary for the biosphere[J]. Science,2012,337 (6101):1458-1459.

[36] Erb K H,Haberl H,Defries R,et al. Pushing the planetary boundaries[J]. Science,2012,338(6113):1419-1420.

[37] Jaramillo F,Destouni G. Comment on "Planetary boundaries:Guiding human development on a changing planet"[J]. Science,2015,348(6240):1217-1217.

[38] Gerten D,Rockström J,Heinke J,et al. Response to Comment on "Planetary boundaries:Guiding human development on a changing planet"[J]. Science,2015,348(6240):1217-1217.

[39] Steffen W,Richardson K,Rockström J,et al. Planetary boundaries:Guiding human development on a changing planet[J]. Science,2015,347(6223):1259855.

[40] Nash K L,Cvitanovic C,Fulton E A,et al. Planetary boundaries for a blue planet[J]. Nature Ecology

& Evolution,2017,1(11):1625-1634.

[41] Heck V, Gerten D, Lucht W, et al. Biomass-based negative emissions difficult to reconcile with planetary boundaries[J]. Nature Climate Change,2018,8(2):151-155.

[42] Intergovernmental Panel on Climate Change. Climate Change 2007:The Physical Science Basis[M]. New York:Cambridge University Press,2007.

[43] Nykvist B, Persson Å, Moberg F, et al. National environmental performance on planetary boundaries:a study for the Swedish Environmental Protection Agency [R]. Stockholm:Swedish Environmental Protection Agency,2013.

[44] Hoff H, Nykvist B, Carson M. "Living well, within the limits of our planet"? Measuring Europe's growing external footprint [J]. Environment Control in Biology,2014,45(5):1464-1467.

[45] Fang K, Heijungs R, Duan Z, et al. The environmental sustainability of nations:benchmarking the carbon, water and land footprints against allocated planetary boundaries [J]. Sustainability,2015,7 (8):11285-11305.

[46] Dao H, Peduzzi P, Chatenoux B, et al. Environmental limits and Swiss footprints based on planetary boundaries[R]. UNEP/GRID-Geneva & University of Geneva,2015.

[47] Fanning A L, O'Neill D W. Tracking resource use relative to planetary boundaries in a steady-state framework:A case study of Canada and Spain[J]. Ecological Indicators,2016,69:836-849.

[48] O'Neill D W, Fanning A L, Lamb W F, et al. A good life for all within planetary boundaries[J]. Nature Sustainability,2018,1(2):88-95.

[49] Cole M J, Bailey R M, New M G. Tracking sustainable development with a national barometer for South Africa, using a downscaled safe and just space framework [J]. Proceedings of the National Academy of Sciences of the United States of America,2014,111(42):E4399.

[50] Häyhä T, Lucas P L, van Vuuren D P, et al. From Planetary Boundaries to national fair shares of the global safe operating space—How can the scales be bridged? [J]. Global Environmental Change, 2016,40:60-72.

[51] Cole M J, Bailey R M, New M G. Spatial variability in sustainable development trajectories in South Africa:provincial level safe and just operating spaces[J]. Sustainability Science,2017,12:829-848.

[52] 方恺,张琦峰,叶瑞克,等.巴黎协定生效下的中国省际碳排放权分配研究[J].环境科学学报,2018,38 (3):1224-1234.

[53] United Nations,Department of Economic and Social Affairs,Population Di-vision (2016). The World's Cities in 2016-Data Booklet (ST/ESA/SER. A/392).

[54] Hoornweg D, Sugar L, Gómez C L T. Cities and greenhouse gas emissions:moving forward[J]. Environment and Urbanization,2011,23(1):207-227.

[55] Dearing J A, Wang R, Zhang K, et al. Safe and just operating spaces for regional social-ecological systems[J]. Global Environmental Change,2014,28(1):227-238.

[56] Hoornweg,D, Hosseini M, Kennedy C, et al. An urban approach to planetary boundaries[J]. Ambio, 2016,45(5):1-14.

[57] Whiteman G, Walker B, Perego P. Planetary boundaries:Ecological foundations for corporate sustainability [J]. Journal of Management Studies,2013,50(2):307-336.

[58] Clift R, Sim S, King H, et al. The challenges of applying planetary boundaries as a basis for strategic decision-making in companies with global supply chains[J]. Sustainability,2017,9(9):279.

[59] Bjørn A, Bey N, Georg S, et al. Is earth recognized as a finite system in corporate responsibility reporting? [J]. Journal of Cleaner Production,2017,163:106-117.

［60］ Antonini C, Larrinaga C. Planetary boundaries and sustainability indicators. A survey of corporate reporting boundaries［J］. Sustainable Development,2017,25(2):123-137.

［61］ Anderies J M,Carpenter S R,Steffen W,et al. Corrigendum:The topology of non-linear global carbon dynamics:from tipping points to planetary boundaries［J］. Environmental Research Letters,2015,8 (4):925-932.

［62］ Hughes T P,Carpenter S,Rockström J,et al. Multiscale regime shifts and planetary boundaries［J］. Trends in Ecology & Evolution,2013,28(7):389-395.

［63］ Heck V,Hoff H,Wirsenius S,et al. Land use options for staying within the Planetary Boundaries- Synergies and trade-offs between global and local sustainability goals［J］. Global Environmental Change,2018,49:73-84.

［64］ Scheffer M,Bascompte J,Brock W A,et al. Early-warning signals for critical transitions［J］. Nature, 2009,461(3):53-59.

［65］ Bauch C T, Sigdel R, Pharaon J, et al. Early warning signals of regime shifts in coupled human- environment systems［J］. PNAS,2016,113(51):14560-14567.

［66］ Bogardi J J,Fekete B M,Vörösmarty C J. Planetary boundaries revisited:a view through the 'water lens'［J］. Current Opinion in Environmental Sustainability,2013,5(6):1-9.

［67］ Gerten D,Hoff H,Rockström J,et al. Towards a revised planetary boundary for consumptive freshwater use: role of environmental flow requirements［J］. Current Opinion in Environmental Sustainability,2013,5(6): 551-558.

［68］ Vries W D,Kros J,Kroeze C,et al. Assessing planetary and regional nitrogen boundaries related to food security and adverse environmental impacts［J］. Current Opinion in Environmental Sustainability, 2013,5(3-4):392-402.

［69］ Carpenter S R,Bennett E M. Reconsideration of the planetary boundary for phosphorus［J］. Environmental Research Letters,2011,6(1):14009.

［70］ Diamond M L,de Wit C A,Molander S,et al. Exploring the planetary boundary for chemical pollution ［J］. Environment International,2015,78:8-15.

［71］ Persson L M,Breitholtz M,Cousins I T,et al. Confronting unknown planetary boundary threats from chemical pollution［J］. Environmental Science & Technology,2013,47(22):12619-12622.

［72］ Zijp M C,Posthuma L,van de Meent D. Definition and applications of a versatile chemical pollution footprint methodology［J］. Environmental Science & Technology,2014,48(18):10588-10597.

［73］ Raworth K. A Safe and Just Space for Humanity:Can we live within the doughnut? ［J］. Oxfam Policy & Practice Climate Change & Resilience,2012,8:1-26.

［74］ Raworth K. A Doughnut for the Anthropocene:humanity's compass in the 21st century［J］. The Lancet Planetary Health,2017,1(2):e48-e49.

山区可持续发展的欧洲经验及其启示

李林林

摘　要:随着气候变化和生态环境退化等问题凸显,作为生态屏障和水源保护地的山区的可持续发展日益受到关注,山区可持续发展理论也逐步成型。从国别或地区实践看,"欧盟 2020 战略"以及欧洲山区协会制定的"山地计划 2020"所展现的欧洲山区可持续发展经验较为先进,但其尚未形成统一连贯的山区可持续发展战略。借助循证决策方法,欧盟将运用关系模型和可持续发展概况矩阵获取制定欧洲山区可持续发展战略所需的政策依据。在山区面积占国土面积近 70% 的中国,乡村振兴乃至国家的可持续发展,其重点、难点,希望和出路都在山区。借鉴欧盟经验,我国应在贯彻落实中共十九大报告提出的乡村振兴和城乡融合的新的农村政策下,及时研究制定山区和农村地区可持续发展战略。

关键词:山区发展;可持续;欧洲经验;启示

European Experience of Sustainable Mountain Development and its Inspiration

LI Linlin

Abstract: As the emergence and worsening of climate change and ecological environment degradation, the sustainable development of mountainous areas, as ecological barriers and water conservation sites, has drawn increasing attention. Theories on sustainable mountain development have also gradually taken shape. In terms of the practice in specific countries or regions, the European experience of sustainable mountain development based on the "EU 2020 Strategy" and the "Toward Mountains 2020" made by Euromontana is comparatively advanced, although a coherent strategy has not yet formulated. With the evidence-based policy-making, EU can obtain the evidence needed in the making of the strategy through the use of the Nexus Model and the Sustainability Profile Matrix. In China, where mountain areas account for nearly 70% of the whole country, the key points, difficulties, hopes and solutions for the sustainable development of the countryside and even the whole country lie in the mountain areas. On the basis of the EU experience, and under the guidance of the rural revitalization and integrated development of urban and rural areas put forward by the 19th CPC Congress, China should formulate its own sustainable development strategy in mountain and rural areas promptly.

Key words: development of mountain areas; sustainability; European experience; inspiration

引言

山区可持续发展的基本理论与人类社会和环境可持续发展理论的发展演变密切相关。1972 年 6 月在瑞典首都斯德哥尔摩举行的联合国人类环境会议（The United Nations Conference on the Human Environment）上，"可持续发展"（sustainable development）的概念被首次提出。1987 年，以挪威前首相布伦特兰（Brundtland）夫人为首的世界环境与发展委员会（World Commission on Environment and Development）发表的报告《我们共同的未来》不仅正式使用了可持续发展概念，而且对其做出了比较系统的阐述。其中，可持续发展被定义为："能满足当代人的需要，又不对后代人满足其需要的能力构成危害的发展。"[1]虽然该定义在世界范围内被广泛接受并产生了重大影响，但至今可持续发展的概念和内涵仍在不断丰富和发展[2]。综观世界各国/地区实践，在制定地区性的统一山区可持续发展战略的努力中，一直坚持城乡统一发展战略的欧洲地区提供了很好的范例和标本。在循证决策的启示下，学者提出了运用关系模型和可持续发展概况矩阵来获取制定欧盟统一山区可持续发展战略所需的决策依据，或者说是证据。与欧盟相比，虽然我国所处的具体政治/政府层级以及面临的制度环境不同，在下一步的政策制定中遇到的问题也会有所差异，但我国的山区面积广袤而且各（多山）地区/省份间具体的发展水平也有不同，这方面与欧盟是类似的。可以说，欧盟（及其成员国）在有关山区可持续发展政策和立法方面的经验可以为我国提供借鉴。

一、山区可持续发展的基本内容和国际框架

本文主要采纳联合国（相关各机构）对可持续发展的界定和利用方法，特别是总结自 1992 年在巴西里约热内卢召开的联合国环境与发展大会上通过的《21 世纪议程：可持续发展行动计划》（以下简称《21 世纪议程》）以来，有关国际文件中对可持续发展内涵的发展。除 1992 年《21 世纪议程》外，本文的参考文献还包括 2000 年第 55 届联合国大会决议通过的《联合国千年宣言》，2002 年在南非约翰内斯堡举行的可持续发展问题世界首脑会议通过的《约翰内斯堡可持续发展宣言》，2012 年在巴西里约热内卢举行的联合国可持续发展大会通过的《我们期望的未来》，以及 2015 年第 70 届联合国大会会议决议通过的《变革我们的世界：2030 年可持续发展议程》。

通读这些文件可以发现，联合国（相关各机构）不但是推动世界范围内可持续发展的主力军，而且在推动可持续发展方面表现出以下特征：（1）将可持续发展的抽象概念具体化为一系列可持续发展的具体目标。《21 世纪议程》首先形成了可持续发展的总体行动目标，涵盖可持续发展战略、社会可持续发展、经济可持续发展、资源的合理利用与环境保护 4 个方面，为之后 2000 年提出的"千年发展目标"（Millennium Development Goals, MDGs）以及 2015 年《变革我们的世界：2030 年可持续发展议程》中提出的 17 个可持续发展目标（Sustainable Development Goals, SDGs）奠定了基础。而通过目标设定来实现可持续发展已成为全球治理的新手段[3]。（2）可持续发展的内容从侧重经济和社会的可持续发展，向促进经济、社会可持续发展与环境可持续发展融合的方向转变。联合国 2000 年提出的"千

年发展目标"从本质上来看仍然是侧重经济和社会方面的可持续发展，而2015年"可持续发展目标"涵盖的17个方面的(共169个)具体目标已经努力将经济、社会与环境的可持续发展相融合。(3)可持续发展具体目标的设定由定性发展到定量[4]，但总体上仍以定性目标的设定为主。同时，虽然联合国文件在多个可持续发展方面提出了具体的数量目标，但对各成员国并不具有法律约束力，各成员国在制订本国可持续发展目标时仍具有一定的自由裁量空间[3]。(4)从一开始侧重关注发展中国家的可持续发展问题到关注全球范围(包括发达国家在内)的可持续发展进程。在《21世纪议程》、联合国"千年发展目标"、《可持续发展问题世界首脑会议执行计划》等文件中，主要关注的是发展中国家以及(最)不发达国家的可持续发展问题。而在2015年《变革我们的世界：2030年可持续发展议程》导言中，已经明确指出议程提出的17个方面的可持续发展目标顾及各国不同的国情、能力和发展程度，因而可以适用于所有国家。

以上特征也反映在有关山区可持续发展的议题上。综合上述国际文件，山区可持续发展的基本内容及国际框架，依其提出时间大体包括：(1)最早在国际社会引起关注的是作为全球环境和气候变化重要参与者和影响者的山区生态系统。比如在《21世纪议程》第13章"管理脆弱的生态系统：可持续的山区发展"(Managing Fragile Ecosystems：Sustainable Mountain Development)中，主要关注的就是山区生态系统的可持续发展与(山区)流域的综合开发两个领域[5]。(2)2002年《约翰内斯堡执行计划》第42段阐述了处理山区可持续发展问题所需的行动，同《21世纪议程》第13章一起成为山区可持续发展的总体政策框架[6]。除了山区(山脉)生态系统问题外，该文件还提及了山区性别平等、山地经济发展、山地社区参与以及山地社区的贫困等方面所需的行动。这些可以看作是促进山区可持续发展的一系列具体目标，而且都是定性目标。(3)2012年《我们期望的未来》中(第五部分"行动框架和后续行动"A项"主题领域和跨部门问题")专门对山区问题，包括山区生态系统，山区贫穷、粮食保障和营养，山区社会排斥和环境退化问题做了规定。更重要的是，该文件倡导各国政府将山区政策纳入国家可持续发展战略。这也成为部分国家及地区，包括下文重点讨论的欧盟地区促进山区可持续发展的基本方略。(4)2015年《变革我们的世界：2030年可持续发展议程》采取了整合经济、社会与环境三个层面的可持续发展框架，包括对山地在内的地球自然资源的可持续管理被视作经济和社会发展的必备条件(第33段)。尽管该文件主要关注的是山地的生态价值(目标6.6是对与水资源有关的山地等生态系统的保护和恢复、目标15.4是对包括生物多样性在内的山地生态系统的保护)，但毫无疑问，这份文件涉及山区经济、社会与环境三个方面的可持续发展政策。此后，各国(包括发展中国家和发达国家)或者地区的整体可持续发展战略都应将山区经济、社会与环境融合的可持续发展作为题中应有之义。

二、城乡统一发展战略下欧洲山区的可持续发展政策

在山区可持续发展的国际框架之下，需要的是经济、社会与环境三个方面融合的可持续发展。这早在2002年欧洲委员会的部长委员会(the Committee of Ministers of the Council of Europe)通过的《欧洲大陆可持续空间开发的指导原则》(Guiding principles for sustainable spatial development of the European Continent)中就得以体现。在其第五部分

关于不同类型欧洲地区的空间开发措施下第四点关于山区部分,特别提到要平衡山区的经济、社会发展与山区环境保护之间的关系[7]。诚然,欧洲地区对山区发展问题的重视与该地区山区面积广袤密不可分。如果只算 28 个欧盟国家的山区面积,该面积占全部欧盟国土面积的 30%,同时山区人口占欧盟国家总人口的 17%。如果从整个欧洲地区看(包括欧盟28 国、挪威、瑞士、巴尔干半岛中国家和土耳其),山区面积占欧洲地区总面积的 41%,人口占比接近 26%[8,9]。同时,由于山区多位于乡村地区,所以这也离不开欧盟长期以来坚持的城乡统一发展的空间开发战略。

从 20 世纪 90 年代开始,随着欧盟规模不断扩大,能够促进欧洲整体经济平衡发展和区域空间协调统一开发的欧洲一体化空间规划体系的建立逐步提上日程。在前期一系列政策措施,如欧洲结构发展基金和凝聚力基金的基础上,欧洲委员会首先编制了《欧洲空间开发展望——实现欧盟领土的平衡和可持续发展》(European Spatial Development Perspective:Towards Balanced and Sustainable Development of the Territory of the EU,ESDP),作为欧盟各成员国空间发展规划的指导框架[10]。为了充分利用欧盟各区域的经济发展潜力,避免形成主要(经济)活动集中于少数核心或者大城市地区的局面,ESDP 首先提出要建立发展均衡的多中心(Polycentric)城镇体系,以及新型的城乡关系。在新形势下,城市和乡村地区发展的相互依存性增强,城乡统一、合作发展的需求日益明显。如果农村地区的社会经济功能能够得到长期的稳定和保障,将会极大地推动形成多中心的城乡均衡发展结构[11]。2007 年负责空间规划和开发的欧盟成员国部长非正式会议通过的《欧盟的地区议程:迈向一个更具有竞争力和可持续发展能力的多样化的欧洲地区》(Territorial Agenda of the European Union:Towards a More Competitive and Sustainable Europe of Diverse Regions)再次强调要建立发展均衡的多中心城镇体系,以及新型的城乡合作伙伴关系。作为相互依赖的合作伙伴,城市和农村地区各自的主管部门应该确定它们共同的资产,制定联合的区域发展战略,以此共同为使区域具有吸引力并促进私人和公共部门的投资奠定基础,此即所谓的城乡伙伴关系[12]。在 2011 年欧盟最新颁布的《欧盟 2020 地区议程:迈向一个包容、智慧、可持续的多样化的欧洲地区》(Territorial Agenda of the European Union 2020:Towards an Inclusive,Smart and Sustainable Europe of Diverse Regions)中,提出要推动城市、农村和特定地区(如边缘地区和人口稀少地区)的综合发展;要通过基于广泛伙伴关系的综合治理和规划来确认城乡之间的相互依存关系[13]。可以说,欧盟的城乡统一发展战略为作为乡村地区重要组成部分的山区可持续发展政策的制定奠定了良好的基础。

综上所述,欧盟以及大多数欧洲国家重视其山区发展有其客观原因和现实需要[5]。在欧洲理事会(the European Council)2010 年通过的(最新的)欧盟整体发展战略"欧盟 2020战略"(EU 2020 strategy)中,提出了智能增长、可持续增长和包容增长三个优先发展目标和 11 个优先发展事项,奠定了欧洲地区接下来 10 年的经济和社会发展方向。而作为欧洲地区最大的山区国际组织,欧洲山区协会(European Association of Mountain Areas,简称Euromontana)顺势提出了一项"山地计划 2020"("Toward Mountains 2020"),力图将山区发展与欧盟 2020 战略相融合。进一步而言,该山地计划对欧洲山区将如何能够促进欧盟的智能增长、可持续增长和包容增长目标,以及各项经济、社会和环境指标的实现做了细致的分析。可以说,该计划的制订不但推动了欧洲山区可持续发展内容的完善,也提升了整个欧盟地区及其成员国内的山区可持续发展问题在整体的地区或者国家可持续发展战略中的重要性，提高了山区相关利益主体的福祉。

尽管如此，也很难说该山地计划的制订就意味着在欧盟层面已经形成了一个统一的山区发展战略。根据 Gløersen 等人的研究，由于在有关山区的政策制定中缺乏适当的证据支持，在欧盟层面尚不存在统一的山区发展战略[14]①。进一步说，在欧盟（及其部分成员国）已普遍采用循证决策（evidence-based policy-making）方法来提高其相关公共政策制定的准确性和可执行性的情况下，有关山区可持续发展政策的制定方面却没有相关的证据支持。

三、欧洲山区可持续发展政策制定方法与模式

（一）循证决策方法

循证决策的概念起源于 20 世纪 60 年代美国在涉及国防、城市再开发和预算等领域的大型计划的制订过程中。在近代，则主要应用于医学行业，表现在 20 世纪 90 年代初开始的循证医疗（evidence-based medicine）的衍生和发展[15,16]。在欧洲，循证决策的理念可以追溯到 20 世纪末英国的布莱尔政府[17]。当时，为了加强决策的科学性和可执行性，英国政府开始逐步强调科学研究，即相关证据在政府决策中的重要作用。除了先后颁布《现代化政府白皮书》和《21 世纪专业的政策制定》（1999 年 3 月和 9 月）等政策法规外，还建立了相关机构，如管理与政策研究中心（The Center for Management and Policy Studies）来强化循证决策实践[18]。

至于循证决策的具体含义，根据李乐和周志忍对国外主要学者有关研究的总结，可以将其定义为：在决策过程中，通过系统严格的方法及理性分析，增强经过严格验证的专业知识（即证据）的运用，以确保（政府）决策的有效性和合理性[18]。换句话说，它是一种以解决实际问题为目标，（政府）基于翔实的证据而不是暂时的压力而制定公共政策的前瞻性决策方法[19]。在循证决策方法的启示下，有关山区可持续发展政策的制定也应注重相关证据资料的收集和利用。

为了在制定欧洲山区可持续发展政策中推动循证决策方式的运用，Gløersen 等提出了可以产生制定此类政策所依赖证据的两项工具，即关系模型（the Nexus Model）和可持续发展概况矩阵（the Sustainability Profile Matrix，SPM）。关系模型是一个建立某一区域的地理特征与其发展机遇和挑战之间联系的结构化展示工具；而可持续发展概况矩阵是对该关系模型的补充。具体来说，作为一个参与式规划工具，该矩阵是一个反映了当地价值，并可以对其当前挑战和未来机遇进行全面了解的可持续性评估和利益相关者学习的工具[16]。

（二）关系模型

关系模型（the Nexus Model）缘起于欧洲领土开发与凝聚力观察网络计划（European Observation Network for Territorial Development and Cohesion，简称 ESPON）赞助的欧洲地理特征与发展潜力项目（Geographic Specificities and Development Potentials in Europe，

---

① 当然，这也并不是说有了足够的事实依据后就一定会在欧盟层面形成统一的山区发展战略。其他的障碍因素还包括在欧盟整体及其成员国内部存在的部门高度分散化的政策制定体系。

简称 GEOSPECS）。该项目主要考查了不同地貌类型，比如山区、岛屿和其他人口分散居住区域等如何成为在欧洲层面政策制定的对象。基于一系列的案例研究和文献综述，该项目对山区的独有特征做了界定，同时提供了欧洲山区的通用关系模型（见图1）。

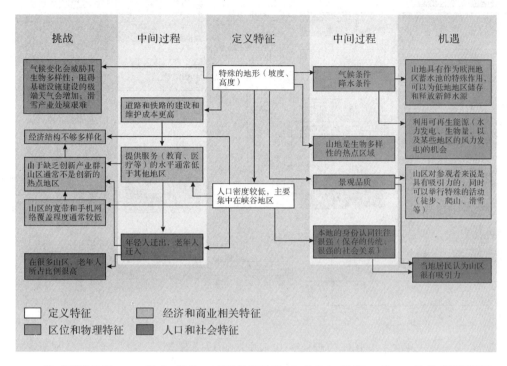

注：本模型是 Gløersen，Mader 和 Ruoss（2016）基于 Martin F. Price 和 Diana Borowski 在 GEOSPECS 项目 ESPON 计划中初步建立的模型而创建的。

图1　欧洲山区的通用关系模型

　　该通用关系模型的构建不仅总结了欧洲层面山区的各项特征，而且为欧洲各国或者区域层面制定有关的山区发展政策和战略提供了前提。以瑞士为例，根据2011年瑞士议会通过的马森动议（Maissen Motion），瑞士联邦委员会（the Swiss Federal Council）有义务为农村和山区制定一项连贯的联邦战略。随后，在（瑞士）国家经济事务秘书处（the State Secretariat for Economic Affairs，SECO）委托来自伯尔尼大学（Universitaät Bern）的专家所做的对制定瑞士山区和农村地区连贯联邦战略的理论依据的研究报告中，在欧盟之外，首先采纳了关系模型来对本国山区和农村地区的共同特征以及如何推动当地经济发展的理论模型进行了分析和总结。具体来说，该报告将瑞士的山区和农村地区（合称"非核心"区域，"non-core"regions）分为四种类型：近郊农村地区、农村周边地区、高山旅游中心，以及中小型城镇和农村中心。同时，在应用关系模型的基础上，对四类山区和农村地区各自的定义特征，及其面临的不同机遇和挑战做了归纳和总结[20]。其中，对高山旅游中心建立的关系模型如图2所示。可以说，瑞士政府已经尝试运用关系模型来总结不同类型地区的定义特征及其面临的机遇和挑战，并以此作为制定全国层面统一的农村和山区发展战略的实证依据（或者说是证据）。

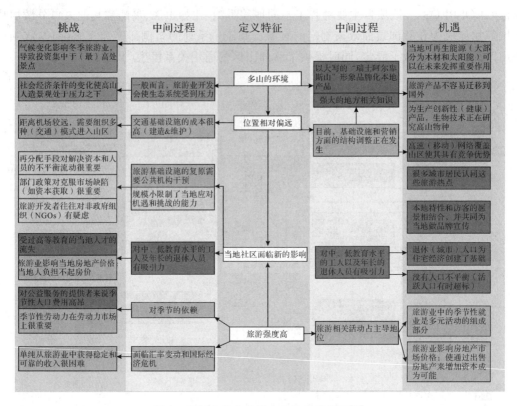

图 2　（瑞士）高山旅游中心的关系模型[20]

对其他国家和地区来说，在利用关系模型制定（比如山区）可持续发展的政策时，首先可以对某一地区地理特征的具体感知以及它们如何影响对当地发展的看法进行总结归纳。这主要是通过对当地以及利益相关者的调研和问询获得的。其次，可以对在当地获得的特征信息的启示与国家或者地区（如欧洲）层面的通用模型进行比较，以逐步建立起当地自己的关系模型。最后，这些在地方上建立的关系模型构成了相邻地区间以及在制定不同层级的政策时进行讨论的基础，从而也为运用下面即将论述的可持续发展概况矩阵对不同层级地区的可持续发展程度进行深入分析奠定了基础[14]。

（三）可持续发展概况矩阵

关系模型主要是对某一区域的地理特征，及其在未来发展中面临的挑战和机遇进行描述；而可持续发展概况矩阵是在此基础上对当地在可持续发展方面所具有的价值进行评价。基于利益相关者的参与，在可持续发展概况矩阵中形成了有关评价地区可持续发展程度，以及现行和未来目标发展状况三个方面的一系列指标。具体来说，包括经济因素、社会方面、环境方面、文化方面、地区影响、健康、合作和开发价值、透明度和可追责性、合作和交流，以及可持续发展导向共 10 类可以全面反映地方可持续发展程度的指标。除此之外，对每一类指标，可持续发展概况矩阵还设置了从 0（坏）到 2（好）范围之间的评价标准（见图 3）。其中，评价的第一个方面"认知概况（values profile）"是利益相关者对当地的发展经验、价值观、潜力、弱点和历史等将如何（积极或者消极地）影响其在每个领域（如图 3 中的10 个）发展能力的观点的整合。这在某些方面相当于关系模型中对具体地区的"定义特征"

一栏的内容。评价的第二个方面"当前状态"是基于当前和过去对当地发展产生影响的举措的评估,目的是对当地的现状进行评价;而"目标状态"则展示了利益相关者的雄心和目标,评价的结果主要基于他们对当地可持续发展前景的整体分析①。

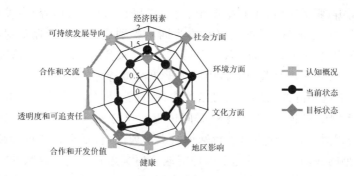

注:该图是基于 Gløersen,Mader 和 Ruoss 在 2016 年的研究中第 10 页的图表整理而得。

图 3　地区可持续发展概况矩阵

值得注意的是,这些可以反映地方可持续发展程度的指标是当地利益相关者通过参与,准确来说是他们对当地发展的经验、知识和看法进行交流的结果。在对指标进行评价和选择的过程中,需要各类相关数据和诸如研究报告、图片等涵盖定性和定量性质的参考依据。同时,在当地一位来自克雷姆斯万邦大学(University of Applied Studies IMC Krems)应用科学的研究人员的支持下,该可持续发展概况矩阵已经在奥地利(下奥地利州)的瓦尔德威尔特尔地区(Waldviertel)得到运用(2014—2015 年)。当地的利益相关者通过指明可持续发展的相关区域指标,并按照现在和期望的未来发展状态对这些指标进行评估,据此共同创建了当地的可持续发展概况,对这些指标的分析也反映出农业和手工业对促进当地经济发展的重要性[14]。其他(国家和)地区在运用该矩阵模型创建自己的可持续发展概况时应根据当地具体的地理地貌特征选择不同的评价指标。

(四)两种模式之间的比较

可以看出,上述两种可以产生制定山区和乡村可持续发展政策所依赖证据的工具/模型可以相互补充。在阐述可持续发展概况矩阵过程中,利益相关者交换了他们对当地当前可持续发展状况的理解以及对当地未来发展的期许,这进一步充实了关系模型中的内容。而从关系模型中获得的证据为可持续发展概况矩阵中的相关分析提供了前提和基础,同时在将具体地区作为一个整体进行考虑的基础上,考察了当地可持续发展的多个维度(自然、经济和社会方面等)。两者的互补有助于更好地理解地方的(可持续)发展过程,及其遇到的挑战和机遇。但两者的侧重点又有明显不同。具体说来,两者都可以促进不同地区和国家间在某一具体公共政策制定方面的比较,但关系模型侧重于平行的过程,以及对会促使变化的方法的识别。而可持续发展概况矩阵侧重于识别相关的指标和目标,并强调了每一

---

① 根据图 3 展现的情况,利益相关者总体上认为在可持续发展导向、合作和交流、透明度和可追责性,以及合作和开发价值方面会受当地发展经验、价值观、潜力、弱点和历史等的影响较大,其次是在健康、地区影响、经济和文化方面;而在有关当地可持续发展的社会和环境方面所受影响较小。值得注意的是,在对"目标状态"的评价中,与"当前状态"相比,利益相关者可能会希望当地在某一领域/方面朝反方向发展,比如在图 2 中所示的环境方面。这很可能是由于当地是一个被大量"未经开发的荒野"包围的社区,而利益相关者认为对这些资源的合理开发有利于当地的可持续发展。

具体指标对当地(发展)的独特意义和影响[14]。两者的具体区别如表 1 所示。

正是由于两种模型之间的互补性和差异性，才为欧洲统一连贯的山区和乡村可持续发展政策的制定提供了参考依据，即所需要的"证据"。但不可否认的是，由于欧洲各山区(主要包括阿尔卑斯山、亚平宁山、比利牛斯山、喀尔巴阡山、高加索山等)在发展水平、面临的具体挑战和机遇方面差异很大，不能将其作为同一类别成为政策规制的对象。同时，由于各山区在农业现代化、工业化发展，以及向第三产业(服务业)主导的经济转型方面进程不一，决定了在特定时间段内对获得的各山区数据单纯进行比较不具有重大意义。而关系模型和可持续发展概况矩阵的共同适用可以排除各山区不同发展进度的影响。进一步来说，两者协同作用产生的"证据"可以在这些时间进程差异之外揭示出不同山区在发展过程和所面临问题中的相似之处。而在有关特殊地域类型地区，包括山区的可持续发展政策制定中，上述两种模型的适用摆脱了只能根据特定地区的实际制定当地政策的"个案解决方式"(case-by-case approach)的窠臼；同时，在两种模型基础上总结出的不同山区的相似特征为制定国家以及欧盟层面的山区可持续发展政策奠定了基础。

表 1　关系模型与可持续发展概况矩阵的比较[14]

(比较的)标准	关系模型	可持续发展概况矩阵
模型的目的	通过对选择的当地地理、社会、经济和环境特征的分析，总结当地的发展挑战和机遇	对专门与当地的价值观、文化和环境相适应的评价指标进行界定
适用区域的地貌特征	具有特殊地理特征或其他形式的"定义特征"的地区	适用于任何地理/区域背景，或者制度环境
目标群体	决策者、地区/区域发展的公共和私人利益相关者、与不同领土类别相关的国家和欧盟机构	区域/地方利益相关者、政策制订者、(部门性的和主题性的)网络
发展过程的刺激因素	促进发展的需要，以及诸如国土资源等地方特色	利益相关者群体基于当地(自然、文化、经济、人力等)资源条件对可持续发展的兴趣
方法论	桌面研究和案例研究，其次是利益相关者的参与和适应地方特色的有针对性的过程	对地方和区域可持续发展的制度措施进行价值导向的评估；适应当地情况的学习工具；在目标和指标界定的参与过程中制订标准化清单；定期监督
参与者之间的关系	促进对区域/地方定义特征、面临的机遇和挑战形成共同理解；在跨地区层面上对不同地域类型(例如山区、"不断缩小地区")进行细致和批判性讨论	使同行学习成为可能
侧重的程序	规划程序；对区域/地区发展战略的阐述	监督；支持朝向可持续发展的转型过程

（比较的）标准	关系模型	可持续发展概况矩阵
推动者和过程修正者	当地社区/区域组织成员和/或地域关系模型的外部顾问；描述了给定地域类型的关系模型的国家和欧盟机构和/或外部顾问	当地社区/区域组织成员和/或外部顾问
时间安排	短期至中期，重点关注如何立即改进政策；不断更新模型	中期至长期，支持转型过程
讨论框架	什么地域类型（例如山区、旅游区、工业区、落后地区）与具体区域/地区相关？在这个基础上可以确定哪些类型的发展机会和挑战	可持续发展对该地区意味着什么？区域发展对该地区内、外可持续发展的贡献是什么
建立共识的重点	对定义特征、中间过程、机会和挑战达成一致意见	就符合区域价值观和期望的一系列指标达成一致意见
达到的结果	政策框架；政策杠杆的确定；细化不同地域类型内部的定位	有针对性的可持续发展与学习过程；变革型领导（层）
预期影响	决策和有针对性的行动的实施	决策支持；长期的可持续发展进程
实施成本	作内部流程使用时成本低，当系统使用时成本高	作内部流程使用时成本低，当系统使用时成本高
实施的时间框架和周期	规定时间范围内的永久性规划过程	目标和指标界定，以及随后的定期监测

四、对制定我国山区可持续发展政策的启示

（一）我国山区可持续发展政策制定现状

首先，在我国，如果把山地、丘陵分布地区和高原都叫山区①，那么，"我国山区面积为663.6 万平方千米，占全国国土总面积的 69.1％；以山区为主的县共 1564 个，山区人口6.74 亿，占全国总人口的 55.7％左右"[21]。另有专家估算，中国"以山区为主的县（计1481个），超过总县市数 60％，人口约占总人口数的 40％"[22]。我国最大的水资源、矿产资源、林草资源、土地后备资源（大面积的荒山荒坡）均在山区。"从大农业用地讲，全国约 100 亿亩，农区 20 亿亩，山区和牧区 80 亿亩"[23]。山区分量如此之重，可以说，山区兴衰影响着中国的命运。

---

① 各国对"山区"的界定主要依托于对"山地"的定义。而山地的认定一般是以其高度和坡度作为衡量标准。在现代，除了从高度、坡度、气候等自然因素对山地和山区进行界定，有的国家还将当地的人文特点纳入山区的界定标准。比如，在意大利，高度作为山区的认定标准已被抛弃，而主要是依据社会因素对山区进行界定。

从历史上看，特别是在中国共产党近百年的发展历程中，在不同的历史时期，依托对山区革命、开发和建设的特别情怀，我国在山区开发和建设方面积累了很多的经验和教训。具体来说，在新民主主义革命时期，"我们曾经依托山区打天下，山区是革命根据地，当年是先进地区，威风凛凛精神焕发。革命胜利了，山区却落后了，成了建设包袱……"[22]。社会主义革命和建设时期，我们曾经依靠山区（三线建设）构筑西部战备基地和平衡全国工业布局。"三线建设这根'扁担'，确实挑起了国防战备和发展西部这两个战略要求的重担"，"使西南荒塞地区整整进步了50年"（费孝通1991年语）[24]。改革开放和社会主义现代化建设时期，我们部署西部大开发。"中国西部绝大部分是山区，西部大开发说到底就是山区的开发"[25]。自2000年党中央、国务院做出实施西部大开发战略重大决策部署以来，国务院已先后批复实施了3个西部大开发五年规（计）划。

2017年1月5日，国务院正式发函通过了发改委报送的《西部大开发"十三五"规划》（国函〔2017〕1号），即第4个西部大开发五年规划。在该规划中，直接涉及山区的政策措施包括：①加大生态环境保护力度；②实施易地搬迁脱贫，主要针对居住在地质灾害频发、环境恶劣、生态脆弱、不具备基本生产发展条件、"一方水土养不起一方人"的深山区、石山区、荒漠区、高寒区、地方病多发区的贫困人口；③在完善农业基础设施方面，支持山区因地制宜建设"五小水利"工程；④在优化特色农业结构布局方面，林区山区以及农林、农牧交错区着力发展生态友好型农业，推行"种养结合"等模式，加快发展粮果复合、果茶复合、林下经济等立体高效农业。与前三个规划相比，该规划无疑提供了一个更为综合的山区开发和发展框架，但并未形成一个统一的山区发展政策或者战略。

从现实情况看，我国山区下一步发展还存在一系列制约因素，表现在：①在发展的自然基础方面，存在生态环境脆弱，以及由于山区地形复杂导致的边缘性和相对封闭性。②农村贫困集中于山区的问题依然突出。列入《国家八七扶贫攻坚计划》的国家级贫困县592个，其中496个在山区，占总数的83.8%[23]。当前我国扶贫开发工作重点县有832个，山区县合计626县，占总数的75.24%。③由于多数山区经济社会资源基础薄弱，特别是人才资源匮乏，导致后天发展能力不足。④如上所述，长期以来，我国有关山区发展的目标主要通过农业政策和扶贫政策实现。虽然最新的山区政策已经开始从单一补贴的扶贫政策向包括经济、农业、教育、基础设施和社会保障等综合开发和区域发展方向转变，但各类政策的制定和实施多是由单一部门进行，尚未实现跨部门联合，在国家层面上也并未形成针对山区发展的战略性引导政策[26]。⑤除缺乏统一性、战略性的山区综合发展政策外，作为具有世界上最大山区面积的我国并没有一部专门的山区法，也很少有相关立法讨论。有关山区的内容散见于《矿产资源法》《森林法》《水土保持法》等法律法规中。在山区立法方面，我国较为滞后[5]。

（二）欧盟经验对我国的启示

综合国际上对山区可持续发展的界定和理解，我们需要的是推动山区的经济、社会与环境三方面融合的可持续发展；同时，应将有关的山区政策纳入国家整体的可持续发展战略之中。这在欧盟制定的最新的统一发展战略"欧盟2020战略"中有明显的体现。可以说，在制定地区性的统一山区可持续发展战略的努力中，欧洲地区/欧盟提供了很好的范例和标本。但由于所处的具体政治/政府层级以及面临的制度环境不同，两者在下一步的政策制定过程中遇到的问题也会有差异。具体来说,欧盟在制定山区发展政策时面对的是具体的成员国。虽然各国具体的发展水平不同,但在山区发展方面多数国家都制定了国家或者地区层面的政策和法律法规[5]。在我国,尤其是在山区/多山省份或者自治区,具体的发展水平也不同;但相似的一点是,都尚未制定综合性的山区开发政策和法律法规①。比较而言,在我国制定全国统一的山区可持续发展政策的基础更为薄弱。从整体上看,我国可以从现行欧盟制定欧洲统一的山区可持续发展战略的尝试中得到以下三点启示。

第一,转变观念,充分认识山区县域经济发展对于国家经济社会可持续发展的重要意义和价值。我国在山区政策制定上,都是从山区作为贫困、落后地区的视角出发,主要目标是实现山区(人口)脱贫。而在欧洲,关系模型和可持续发展概况矩阵的采用有助于欧洲层面对山区发展政策干预方式的转变,即山区发展问题理应作为政策重点,不再是将山区视作落后、欠发达地区而一味地给予补偿,而是要认识到山区本身存在的价值。实际上,在欧洲山区协会制定的"山地计划2020"中就已经列明山区在推进整个欧洲地区的智慧增长、可持续增长和包容性增长中所具有的价值和能够发挥的作用。中共十九大报告首次提出实施乡村振兴战略和建立健全城乡融合发展体制机制和政策体系。可以预测,随着乡村振兴和城乡融合的新农村政策的提出,乡村(包括山区乡村)的地位会得到重新定位,其本身存在的价值(而不仅仅是服务于城市)会得到进一步重视[27]。这为我国下一步山区可持续发展政策和战略的制定奠定了理论基础。

第二,山区可持续发展政策和战略的制定要纳入国家整体可持续发展战略之中。可以借鉴循证决策方法,同时运用关系模型和可持续发展概况矩阵来获取制定我国山区可持续发展战略的政策依据。由于我国山区面积广袤,各地发展水平不一,且地方(多山省份)层面尚未制定统一的山区(可持续)发展政策和法律,所以,以上两种模型的推广和适用范围可以考虑从地方政府开始。在获取充分的有关各地山区在可持续发展方面面临的机遇和挑战的信息基础上,制定地方性山区可持续发展的综合性政策和法律。当然,在中央政府层面,也应考虑在汇总各地有关山区可持续发展信息基础上,及时制定我国统一的山区可持续发展政策和法律法规。

---

① 根据在北大法宝数据库检索框内输入"山区"得到的中央法规司法解释以及地方法规规章,有关山区发展的专门法律文件主要是地方政府规章和地方规范性文件,中央层面综合性的山区法律法规并不存在。同时,法律效力级别较高的几个地方政府规章发布年代也较为久远,比如1987年11月20日发布的《中共吉林省委、吉林省人民政府关于加快山区建设全面发展农村商品经济的若干政策规定》、1995年9月11日发布的《云南省山区农田水利基本建设项目管理办法》,以及2000年7月12日发布的《广西壮族自治区贫困山区移民安置用地暂行规定》(2010年修正)。在地方政府规章之外,还存在数量较多的关于山区开发和发展的地方规范性文件。这些规范性文件涉及山区的经济发展、贫困人口移民搬迁、农业综合开发、森林资源开发和利用、生态环境保护、公路和小水电等基础设施建设、教育,以及人才扶持政策等。较为综合性的规定包括1994年6月10日发布的《中共安徽省委、安徽省人民政府关于进一步加快山区经济发展的意见》、1998年2月28日发布的《辽宁省人民政府关于加强山区建设若干政策的通知》、1998年11月1日发布的《中共福建省委关于进一步加快山区发展的决定》,以及2002年10月发布的《中共广东省委、广东省人民政府关于加快山区发展的决定》。近期的有关规定一般只涉及山区开发和发展的一个方面,比如2015年2月25日发布的《安徽省人民政府办公厅关于进一步加强我省大别山区生态环境保护工作的通知》、2012年5月21日发布的《张家口市中心城区浅山区域建设管理规定》、2011年8月3日发布的《中共湖南省委办公厅、湖南省人民政府办公厅关于解决少数民族地区高寒山区贫困农民生产生活困难的意见》,等等。除以上地方政府规章和规范性文件外,一些地方政府部门还制定了专门针对山区问题的地方政府工作文件,典型的如2016年1月7日发布的《河北省扶贫开发领导小组关于加快山区综合开发推进脱贫攻坚的实施方案》。

第三,山区可持续发展战略和政策制定,在借鉴运用关系模型和可持续发展概况矩阵的过程中,首先,要注重山区县域各利益群体及其相关者的参与,重点是当地社区居民/农民,以及政策制定者和决策者,研究政府、企业、农民集体及合作经济组织、农户和农民个体等各方,参与发展的组织形式(尤其是产业组织形式)、利益分配和激励机制。其次,两种模型相互补充。关系模型是在总结当地山区面临的挑战和机遇基础上,如何改进和更新相关政策,是在短期内可以实现的目标;而利用可持续发展概况矩阵模型的最终目标是实现地区发展向可持续发展方向的转型。实践中,两者可以结合使用。

当前,在中共十九大报告提出的乡村振兴战略和城乡融合发展体制机制和政策的指导下,乡村(包括山区乡村)本身存在的价值会受到重视。这为制定我国山区统一的可持续发展战略奠定了良好的外部条件。借鉴欧盟在制定统一连贯的山区可持续发展战略方面的经验,特别是在循证决策启示下设计的关系模型和可持续发展概况矩阵的使用,我国也应及时制定统一的山区可持续发展战略。这也意味着在实践中需要在各主要山区进行大量的实证调研,同时也需要地方上的利益相关者,包括当地社区居民/农民,以及政策制定者和决策者的积极参与。

参考文献

[1] World Commission on Environment and Development. Our Common Future[M]. Oxford: Oxford University Press,1987:16.

[2] Nagan W P,Hammer C,Akhmetkaliyeva M. Towards a Theory of Sustainable Development: Drawing on Insights from Developments in Modern Legal Theory[J]. Cadmus Journal,2017,3(2):45-57.

[3] Biermann F,Kanie N,Kim R E. Global governance by goal-setting: the novel approach of the UN Sustainable Development Goals [J]. Current Opinion in Environmental Sustainability,2017,26:26-31.

[4] 王光辉,刘怡君,王红兵. 过去30年世界可持续发展目标的演替[J]. 中国科学院院刊,2015,30(5):586-592.

[5] 李林林. 国际山区研究进展及其发展趋势[M]//吴次芳(主编). 全球土地2016:热点与前沿. 浙江:浙江大学出版社,2018:96-114.

[6] 联合国大会. 山区可持续发展——秘书长的报告[R]. 2005,http://undocs.org/zh/A/60/309.

[7] The Committee of Ministers. Recommendation Rec (2002) 1 of the Committee of Ministers to member states on the Guiding principles for sustainable spatial development of the European Continent[R]. 30 January 2002. http://www.bbsr.bund.de/BBSR/EN/Publications/IzR/2003/7Appendix5.pdf? blob =publicationFile&v=3.

[8] PRICE M F. Mountains: A Very Short Introduction [M]. Oxford: Oxford University Press,2015:376.

[9] GUTIE' RREZ J. Toward Mountains 2020: Capitalising our knowledge to inspire programming [BE/OL][2013-06-06] http://www.pyrenees-pireneus.com/Pastoralisme/Syndicats-Agricoles/Euromontana/2013-02-00-Montagne-2020-Capitaliser-travail-Euromontana-et-de-ses-membres-01-V1.PDF.

[10] 景娟,钱云,黄哲姣. 欧洲一体化的空间规划:发展历程及其对我国的借鉴[J]. 城市发展研究,2011(6):1-6.

[11] European Commission. European Spatial Development Perspective: Towards Balanced and Sustainable

Development of the Territory of the EU, 1999〔R〕. http://ec. europa. eu/regional_policy/sources/docoffic/official/reports/pdf/sum_en. pdf.

［12］Bundesministerium für Umwelt, Naturschutz, Bau und Reaktorsicherheit (BMUB). Territorial Agenda of the European Union：Towards a More Competitive and Sustainable Europe of Diverse Regions, 2007〔R〕. http://ec. europa. eu/regional_policy/sources/policy/what/territorial-cohesion/territorial_agenda_leipzig2007. pdf.

［13］European Union. Territorial Agenda of the European Union 2020：Towards an Inclusive, Smart and Sustainable Europe of Diverse Regions, 2011〔R〕. http://ec. europa. eu/regional_policy/sources/policy/what/territorial-cohesion/territorial_agenda_2020. pdf.

［14］Gløersen E, Mader C, Ruoss E. What Policy Evidence for a European Strategy of Sustainable Development in Mountain Regions? 〔J〕. Revue De Géographie Alpine, 2016, 104(3)：1-20.

［15］Howlett, M. Policy analytical capacity and evidence-based policy-making：Lessons from Canada 〔J〕. Canadian Public Administration-Administration Publique DuCanada, 2009, 52 (2)：153-175.

［16］Bartlett W. Obstacles to Evidence-based Policy-making in the EU Enlargement Countries：The Case of Skills Policies〔J〕. Social Policy & Administration, 2013, 47(4)：451-467.

［17］周志忍,李乐. 循证决策：国际实践、理论渊源与学术定位〔J〕. 中国行政管理, 2013：23-27, 43。

［18］李乐,周志忍. 英国社会政策循证决策的理论与实践：对中国的启示〔J〕. 中国公共政策评论, 2016, 11(2)：117-131.

［19］Majcen Š. Evidence based policy making in the European Union：the role of the scientific community 〔J〕. Environmental Science & Pollution Research International, 2016, 24(9)：1-3.

［20］MAYER, Heike, et al. & Secrétariat d'Etat à l'économie SECO. Theoretical basis for a coherent federal strategy for mountain and rural areas in Switzerland〔J〕. Berne：Secrétariat déEtat à l'économie SECO, 2014, 47.

［21］马文余,黄光锦. 全面推进山区开发研究〔J〕. 前线, 2007：61-63.

［22］石山. 中国山区开发与建设〔M〕. 北京：中国林业出版社, 2011.

［23］石山. 大农业战略的思考〔M〕. 北京：中国农业出版社, 2008.

［24］陈晋. 三线建设战略与西部梦想〔J〕. 党的文献, 2015(4)：96-102.

［25］严瑞珍,王征国,罗丹. 山区的综合发展——理论分析和太行山区经验证据〔M〕. 北京：中国人民大学出版社, 2004.

［26］邓伟,方一平,唐伟. 我国山区城镇化的战略影响及其发展导向〔J〕. 中国科学院院刊, 2013, 28(1)：66-73.

［27］刘守英. 乡村振兴与城乡融合——城乡中国阶段的两个关键词〔BE/OL〕. 财新网, 2017-10-20.

城市地下空间土地权利问题分析

——以上海为例

张洪武[1,2,3]　唐杭[1,2]　廖远琴[1,2]

（1. 上海市地质调查研究院，上海，200072；2. 上海市国土资源调查研究院，
上海，200072；3. 浙江大学公共管理学院，杭州，310029）

摘　要：本文通过梳理比对国内外地下空间土地权利立法情况，对我国城市地下空间土地权利内涵进行了研究。以上海为例，分析了城市地下空间利用现状、权利设置与管理情况。从地下建设用地使用权范围界定、地下工程维护支撑结构与地表附属设施的土地权利设定、地下空间相邻关系调处以及深层地下空间开发与预留保护等方面，系统地分析了当前城市地下空间开发利用面临的土地权利问题。最后，针对性地提出了地下空间相关政策建议。

关键词：地下空间；土地权利；建设用地使用权；地下深层；相邻关系

Analysis of Urban Underground Space Land Rights-Taking Shanghai as an Example

ZHANG Hongwu　TAN Hang　LIAO Yuanqin

（1. Shanghai Institute of Geological Survey，Shanghai 200072，China；

2. Shanghai Institute of Land Resources Survey，Shanghai 200072，China；

3. College of public administration，Zhejiang University，Zhejiang 310029，China）

Abstract：In this article the connotation and scope of land rights of urban underground space in China is studied through the comparison of the legislation of land rights of underground space in China and abroad. Taking Shanghai as an example，the utilization，rights setting and management of urban underground space are analyzed. Then the land rights problems encountered in the development and utilization of urban underground space are systematically analyzed from the aspects of the determination of the scope of underground construction land rights，the definition and establishment of land rights of the support structure，maintenance structure and surface affiliated facilities of underground construction works，the mediation of adjacent relations among different spaces involving underground space，and the development and preservation of deep underground space，etc. In the end policy suggestions on underground space are correspondingly put forward.

Key words：underground space；land rights；construction land use right；deep underground；adjacency

　　"上海2035"总体规划提出资源利用实现广域空间统筹，将充分利用地下空间视作破解

土地资源紧缺约束瓶颈的重要途径。今后的一定时期内,更加科学合理开发利用地下空间将是上海城市建设的重要内容。地下空间的开发利用,已成为上海提高土地利用效率、缓解城市中心密度、实现人车立体分流、扩充基础设施容量、改善城市生态的有效途径。然而,随着地下空间利用的不断深入,相邻地下、地上空间的土地权利问题日益突出。特别是在地下轨道交通设施、市政管线设施、道路下穿通道、公园绿地地下空间开发建设方面,产生了较为复杂的土地权利界定与相邻关系调处问题。涉及存量划拨用地的情形,与相关管理部门的协调较为困难。为此,笔者以上海为例,从地下空间土地权利内涵、权利范围与相邻关系等角度,对当前城市地下空间开发利用面临的土地权利问题进行了分析与研究,并提出了相应的政策建议。

一、国内外地下空间权利立法与管理情况

(一)国外地下空间权利立法综述

纵观世界各国有关地下空间权利的立法情况,对于地下空间权利内涵的界定主要分为空间权和区分地上权两类。其中,采用空间权的国家多为英美法系国家,以美国为典型代表;采用区分地上权的多为大陆法系国家,包括德国、日本、瑞士、意大利等。空间权与区分地上权的区别在于,前者将地表上下一定范围内的空间视作权利客体,强调空间的可分割性;后者则是基于土地所有权限制原则,把利用地上、地下空间的权利归入地上权的体系中。

1.美国

美国作为英美法系国家的典型代表,最早确立了空间权(Air Space Rights),即以地表上下一定范围内可以让与、租赁的空间为客体而成立的不动产权利。1927年,伊利诺伊州制定了美国历史上第一部关于空间权的成文法——《关于铁道上空空间让与与租赁的法律》。美国最早确定空间可以用于租赁及让渡的判例,可追溯至19世纪50年代。1958年,美国议会做出州际高速公路的地上、地下空间可以作为停车场使用的决定,空间权概念由此在美国广泛传播。1973年俄克拉荷马州率先制定了著名的《俄克拉荷马州空间法》。按照该法,空间系一种不动产,与一般不动产一样,可以成为所有、让渡、租赁、担保、继承之标的,并且在课税与公用征收管理上与一般不动产相同。

2.日本

(1)关于土地所有权

日本《民法典》在第207条中规定:"土地所有权于法令限制的范围内,及于土地的上下。"

(2)关于区分地上权

1966年,日本修正了《民法典》,附加了第269条之二,对地上权进行了限制。该条中规定如下:"地下或空间,因定上下范围及有工作物,或以之作为地上权的标的。于此情形,为行使地上权,可以以设定行为对土地的使用加以限制。"

(3)关于深层地下空间使用权

日本国会2000年颁布了《大深度地下空间公共使用特别措施法》(以下简称《大深度

法》）。同年又颁布了该法的施行令。《大深度法》是关于地下空间开发利用的综合性法律。

《大深度法》是为保证因公共利益而需要使用地下深层空间的需求所制定的(法律第 1 条)，它的适用区域仅限于东京圈、名古屋圈和大阪圈这三大都市圈(法律第 3 条，施行令第 3 条)。而该法对于"地下深层"规定如下：将建造地下室通常达不到的深度(地面 40m 以下)与设置建筑物基础通常达不到的深度(支撑层上沿起算 10m 以下)相比较，取其相对深者作为该地区"地下深层"的上限基准(法律第 2 条)。根据该法，土地所有人能自由使用的地下空间，是在被认定为"地下深层"以上的空间，其具体深度由每块土地的地基调查结果所决定。

根据《大深度法》，"地下深层"以上的地下空间可以为私人所有。如必须在私有土地的地下空间建造隧道等构筑物的，应当由基建单位同该土地所有人签订民事合同并支付赔偿金。相应地，民法上的权利有租赁权、地上权等，通常做法是划出地下空间的范围来设定区分地上权(《民法》第 269 条之二)。当然，也可以通过收购直接取得土地所有权。

日本对于大深度地下空间地上权的设立执行事业认可程序(行政审批程序)，由事业者(相当于国内的用地单位或个人)向国土交通大臣或都道府县知事提交使用认可申请，申请建设项目必须是《大深度法》所列的公共事业。申请使用认可通过后，在相应的政府公报上予以公布。同时，日本对大深度地下空间地上权的设立实行公示制度，而非一般不动产的登记制度。在执行事业认可程序的全过程中，由项目区域所在的市町村同步将项目事业概要书、使用认可申请书、使用认可通过后的项目图纸等内容供公众阅览。可见，日本尽管实行土地私有制，但大深度地下空间地上权却被视作公用使用权。

(4)关于地上权范围界定

为了明确并限制地上权的范围，日本《不动产登记法》第 111 条第二项规定了设定区分地上权的登记程序："就《民法典》第 269 条之二第(1)款的地上权申请前款登记时，于申请书中除应记载前款所载事项外，还应记载作为地上权标的地下空间或空间的上下范围。"关于空间权利范围的具体记载方法，原则上是采用经纬度或平面坐标表示平面范围，采用起止高程表示上、下界限。

2.德国

(1)关于土地所有权

1900 年德国《民法典》第 905 条(所有权的限度)规定，"土地所有权人的权利扩及于地面上的空间和地面下的地层"，同时也规定"所有权人不得禁止他人在排除干涉与所有权人无利害关系的高空和地层中所进行的干涉"。

(2)关于区分地上权

1919 年德国通过《地上权条例》。根据该条例第 1 条规定，所谓地上权，是指"在受负担土地的上方或下方以拥有建筑物为内容的可以转让并可继承的权利"。也就是说，获取地上权的目的是在他人的土地上为自己建筑，从这一点看，地上权就是建筑权。而从土地所有人的角度看，地上权为其土地上所负担的一项限制物权。地上权可以支配的土地地表及其上下一定范围内的空间，应以建筑需要确定。

3.瑞士

(1)关于土地所有权

瑞士《民法典》对土地所有权的标的物、内容范围及限制作了规定。瑞士《民法典》第

655条(土地所有权标的物)规定:"土地所有权的标的物为土地;本法所指土地为:不动产、不动产登记簿上已登记的独立且持续的权利"。第667条(土地所有权内容范围)规定:"只要行使权利有利益可言,土地所有权及于地面上方空间及地面下方之地身。除法律保留的限制外,土地所有权及于全部建筑物、植物及泉水。"

(2)关于区分地上权

瑞士《民法典》中第675条、第691条、第692条对土地所有权有关的上述条款进行了限制。第675条(建筑权)规定:"在他人土地的地面上下以挖掘、垒作或以其他方式长期与该土地连接的建筑物和其他设施,只要其役用以地役权在不动产登记簿上登记的,得有一特别所有人。"第691条(允许他人安设管道的义务)规定:"土地所有人在已取得全部损害赔偿时,有许可水道、疏水管等类似管道及地上、地下电缆在其土地上安设的义务。但以非经其土地不能安设,或需过大费用方能安设为限。"第692条(维护义务人的利益)规定:"负有前条义务土地所有人,有请求以公正合理方法维护其利益的权利。"从上述规定看,瑞士将空间权规定在"建筑权"项下。根据规定,权利人可以在他人土地的地上或地下行使"建筑权",即建造并拥有、维持建筑物。

4. 意大利

(1)关于土地所有权

意大利《民法典》对土地所有权及地上权进行了充分的规定。意大利《民法典》第840条(土地的地下和上空)规定:"土地的所有权及于该土地的地下和上空的所有财产,在不损害邻人的情况下,土地的所有人可以从事任何挖掘和建筑活动";"土地的所有人不得以不感兴趣为由禁止第三人在自己土地的某一深度或者某一高度进行活动"。

(2)关于地上权以及土地、建筑所有权分离

意大利《民法典》第934条(地上或者地下工作物)规定:"地上或者地下的植物、建筑或者工作物属于土地所有人";"根据权利证书(参阅第952条)或者法律得出不同结论的情况除外"。第952条(地上权的设立)规定:"土地所有人可以允许他人在自己的土地上建造、保留建筑物并且取得建筑物的所有权。同样,土地的所有人可以将建筑物的所有权与土地的所有权相分离,只转让土地上已经存在的建筑物所有权。"第955条(地下建筑)规定:"以上各条(指第952条、第953条、第954条)的规定准用于被允许在他人土地的地下建造、保留建筑物。"由此可见,意大利通过将土地所有权、建筑权相分离,以实现其他权利人在土地所有权人土地的地下空间建造、保留建筑物的权利。

5. 对中国的启示

美国作为英美法系国家的典型代表,在土地所有权制度的基础上,以空间作为不动产,建立了空间权制度。当前,我国《物权法》仅明确了建设用地使用权在地上、地表或者地下分别设立,土地权利范围空间化的概念在法理层面仍比较模糊。美国的空间权管理制度,对于我国建设用地使用权得以在土地上、下一定空间范围内分层、分区设立,具有一定的启示作用。

德国、瑞士、意大利、法国、日本等大陆法系国家,在土地所有权制度的基础上建立了区分地上权制度。我国土地权利体系中的建设用地使用权与大陆法系中的区分地上权,从权利类型上同属用益物权范畴,从权能上亦大抵相似。法律层面上,大陆法系中关于设立区分地上权的前述规定,对于我国在地表及相应地上、地下空间分别设立建设用地使用权,促

进地下空间开发利用,具有一定的参考价值。

此外,日本明确限制了都市圈内土地所有权人(土地私有者)对地下深层空间的开发利用,确保了国家对深层地下空间开展公益性建设的需求,这对于我国经济发达城市的深层地下空间开发利用,具有一定的借鉴意义。

(二)我国土地权利体系下的地下空间权利

1.国家层面地下空间土地权利的概念与内涵

在我国,学界关于地下空间权利内涵的界定,历来有用益物权说、不动产物权说以及不动产财产说三种观点。其争论的焦点为:地下空间的权利类型,究竟是仅限于特定的用益物权,还是各种物权甚至债权的总和。2007年颁布的《中华人民共和国物权法》(以下简称为《物权法》),是我国规范土地空间权利最大的民事法律依据。《物权法》中第136条规定:"建设用地使用权可以在土地的地上、地表或者地下分别设立。新设立的建设用地使用权,不得损害已设立的用益物权。"由此可见,类似于大陆法系传统的地上权立法模式,我国将地下空间土地权利通过建设用地上使用权这一用益物权进行规定,纳入了现行的建设用地使用权制度。同地表建设用地使用权相仿,地下空间建设用地使用权的设立也应当以建造、保有建构筑物为目的。地下空间建设用地使用权的客体即为宗地。2007年,国土资源部颁布的《土地登记办法》规定:"宗地是指土地权属界线封闭的地块或者空间。"同时,明确了作为土地权属基本单元的宗地,其范围可以由二维地表延展至三维空间。

2.上海与其他城市地下空间权利管理实践

在承接国家上位法确定的土地权利体系的基础上,上海、深圳、杭州等市亦对地下空间权利设置与管理进行了程度不一的探索实践,出台了数部地下空间相关的地方性法规。

2006年,上海出台了《上海市城市地下空间建设用地审批和房地产登记试行规定》,将地下空间建设用地使用权范围确定为"地下建(构)筑物的外围实际所及的地下空间范围"。2014年,上海出台了《上海市地下空间规划建设条例》,规定"地下建设用地使用权的权属范围,按照土地审批文件中载明的地下空间建设用地使用权范围确定"。同年,上海又出台了《上海市地下建设用地使用权出让规定》,规定经营性地下空间实行有偿使用制度。相应地,在上海市最新国有土地出让合同示范文本中,增加了出让宗地的地下竖向界线等描述建设用地使用权空间范围的具体内容。

2005年,杭州市出台了《杭州市土地登记划宗及分摊方法若干规定》,规定地下空间土地使用权的范围为地下建筑物的垂直投影,其中地下空间层高必须不低于2.2m,按照地下建筑物的外墙壁划分宗地(墙壁厚度具体以施工图为准)。上述规定在2009年出台的《杭州市区地下空间建设用地管理和土地登记暂行规定》中得以继承。

2008年,深圳市出台了《深圳市地下空间开发利用暂行办法》,规定开发利用地下空间应当取得地下建设用地使用权。类似于上海,将地下建设用地使用权范围确定为"地下建(构)筑物外围实际所及空间范围",并规定:地下建设用地使用权登记以宗地为基本单位,并通过水平投影坐标、竖向高程和水平投影最大面积确定其权属范围。以此为法律依据,对新建地下空间实现了三维地籍管理。

尽管各地对于地下空间权利内涵的理解略有偏差,并采用了"地下建设用地使用权""地下空间使用权"等不同权利名称对地下空间土地权利进行表述,但是在管理制度设计层面,各地均未突破我国当前以建设用地使用权为核心的国有土地权利体系框架。此外,各地对于地下建设用地使用权范围的界定,通常都区分了单建与结建两种建设形式,并且一般规定结建地下工程,可随地表工程一并取得建设用地使用权;单建地下工程的土地权利范围,多采用实际所及空间或外接直棱柱空间两种形式予以界定,具体因权属证明材料的记载内容、地下空间建设年份而异。

二、上海地下空间利用现状与主要问题

(一)上海地下空间利用类型与基本情况

1.普通地下空间[①]

上海地下空间已经达到了较大的规模。截至 2016 年底,上海已建成普通地下空间(不含轨道交通、越江隧道、市政管线)约 3.5 万个,总建筑面积约 $73.4km^2$。其中,在使用的地下空间约 3.3 万个,建筑面积约 $62.7km^2$,闲置、废弃地下空间 0.2 万个,建筑面积约 $10.7km^2$。

(1)工程形态

上海地下空间根据工程形态分为单建、结建两种类型。其中单建工程约 0.6 万个,建筑面积约 $15.0km^2$;结建工程约 2.9 万个,建筑面积约 $58.4km^2$。

(2)埋置深度

上海大部分地下空间分布于地下 5m 以浅,分布于地下 10m 以深的地下空间相对较少。其中,埋置深度在地下 5m 以浅的地下空间约 3.0 万个,建筑面积约 $40.9km^2$;在地下 $5\sim10m$ 的地下空间约 0.4 万个,建筑面积约 $24.4km^2$;在地下 10m 以下的地下空间约 0.05万个,建筑面积约 $8.1km^2$。

(3)功能用途

上海地下空间主要为汽车或自行车库;次为地下连接通道、旅馆、商场、餐饮娱乐场所、会议办公场所、设备管理用房;此外有部分地下生产车间、仓库、下沉式广场等。

2.轨道交通地下空间

截至 2016 年底,上海共开通 14 条轨道交通线路,全网运营总长约 617km,车站 366 座,位居世界第一,并在近期有 5 条线路延伸规划、4 条线路新建计划。

3.越江(河)隧道地下空间

截至 2016 年底,上海共建成越江(河)轨道交通有 12 条,全长约 29km。

4.综合管廊[②]

截至 2016 年底,上海已建成电力隧道 45km、供能管沟 7.3km,加上浦东新区世博园区 6.4km 综合管廊、嘉定区安亭新镇 5.7km 综合管廊,全市已建成综合管廊总长约 76km。

(二)上海地下空间利用问题

目前,上海地下空间利用存在的主要问题包括:

---

① 数据来源:自上海市民防办公室政务网站公布信息。
② 数据来源:上海市地下空间专项规划中期工作报告。

①开发利用模式方面,中心城内外地下空间开发利用规模和形式存在一定差距,尤其是建成区地下空间改造难度较大。

②开发利用深度方面,现状地下空间以浅层为主,中层地下空间利用率有待提高,深层地下空间开发刚刚起步。

③整体开发与联通建设方面,地下空间多呈错置、分散布局,集中开发区域"整体设计、统一建设"的模式有待进一步推广实践。重点地区存量地下空间多呈"孤岛状"分布,相邻地下空间连接通道建设有待加强。规划通道下穿存量城市道路、公路用地的,相关管理部门需要加强沟通协调。

④安全防护与风险控制方面,随着地下空间开发强度、深度的增加,地下空间安全使用风险逐渐提高,安全保障体系需进一步完善,隧道、地下轨道交通等安全保护区管理工作需进一步强化落实。

随着上海地下空间规模的高速增长,以及地下空间竖向规划、整体开发、连通建设、安全管控的加强,新建地下空间与相邻存量地表、地下空间不可避免地会产生复杂的权利义务关系,甚至引发权利纠纷。因此,政府部门应在今后工作中,统筹考虑地下空间开发建设合理需要以及相关权利人的权益保护诉求,进一步完善地下空间权利体系与相应管理机制。

三、上海市地下空间权利设置与管理

(一)地下空间权利设置与确权登记情况

1.地下空间土地权利体系

绝大多数情况下,地下空间开发利用位于国有土地范围内。对于是否可以在集体土地之地下设立土地使用权,目前尚缺乏国家上位法支持。因此,本文仅对国有土地的地下空间相关权利进行讨论。毋庸置疑,国有土地范围内的地下空间所有权归国家所有。基于物权基本理论与"物权法定"原则,可以明确我国的地下空间物权种类包括:①用益物权,含建设用地使用权(地下)和地役权(地下)两种基本权利。②担保物权,主要指抵押权。此外,与地表土地使用权相同,地下空间建设用地使用权相应的债权应当包括:租赁权和借贷权。若以建造、保有建(构)筑物对其进行开发利用,应设立建设用地使用权。

(1)地下建设用地使用权

①法律依据:《物权法》规定,建设用地使用权可以在土地的地表、地上或者地下分别设立。根据"物权法定"原则,地下空间可以设立建设用地使用权。

②设立条件:地下空间是土地在空间范围内的竖向延伸。若以建造、保有建(构)筑物对其进行开发利用,应设立建设用地使用权。

③权利主体:地下空间的建设用地使用权人与地表土地相同,可以是用地(建设)单位或者个人。

④权利客体:根据物权排他性与"一物一权"原则,需要对地下空间设立的建设用地使用权与相邻地表、地下空间进行区分界定,具体而言,即需要明确权利客体——地下空间的立体范围,包括水平投影范围与竖向起止高程。

（2）地下空间地役权

①法律依据：根据《物权法》规定，地役权人有权按照合同约定，利用他人的不动产，以提高自己的不动产的效益。据此我们可以得出地役权的概念，即按设定的目的，利用他人土地以便利自己土地使用的权利。

②设立条件：地役权对应的供役地是为需役地提供便利的土地，需役地则是享受供役地所提供便利的土地，如果供役地不能为需役地提供便利，则不必设定地役权。"便利"的内容，泛指开发利用需役地的各种需要，一般包括供、需役地合理使用与收益，限制供役地的特定使用以及避免相邻关系的任意性规范的适用等各种权利。它不仅局限于有形的利益（如取水权），还包括无形的利益（如通行地役权）。因此，地下空间地役权的设定须有明确的目的，并按照设定的目的正确行使地役权，以防止地役权人借地役权之名滥用或超越权利范畴利用供役地。

③权利主体：类似于地表建设用地使用权，地下空间建设用地使用权人即供役地权利人，地下空间地役权人即需役地权利人。

④权利客体：地下空间的地役权应当在地下空间建设用地使用权的基础上设立，权利客体即作为供役地的地下空间。

（3）地下空间抵押权

结合我国《物权法》规定的土地权利类型，在此仅对地下空间建设用地使用权的抵押权进行讨论。

①法律依据：《物权法》第一百八十条规定："债务人或者第三人有权处分的下列财产可以抵押：（一）建筑物和其他土地附着物；（二）建设用地使用权；……"由此可见，地下空间建设用地使用权，以及地下空间内的建筑物和其他土地附着物的所有权，可以作为抵押的客体。

②设立条件：《物权法》第一百八十二条规定："以建筑物抵押的，该建筑物占用范围内的建设用地使用权一并抵押。以建设用地使用权抵押的，该土地上的建筑物一并抵押。"对地下空间设立抵押权时，同样应当遵守"地随房走、房随地走"的原则，将地下空间建设用地使用权及其范围内的建构筑物所有权一并抵押。设立抵押权，当事人应当采取书面形式订立抵押合同。需要注意的是，地下空间已申请建设用地初始登记但尚未完成建设的，在当前法律制度与管理实践中，可以参照地表建设用地，对地下空间建设用地使用权单独进行抵押。

③权利主体：地下空间抵押权的权利主体即债权人，如银行。

④权利客体：地下空间抵押权的权利客体即作为被担保债权的地下空间建设用地使用权，以及地下空间范围内的建（构）筑物所有权。

（4）地下空间租赁权

地下空间租赁权是指以某一特定的地下空间为标的所设定的租赁权。在依租赁关系取得地下空间使用权时，出租人与租赁人之间的权利义务，由当事人双方依据协议约定，空间利用范围应当在协议中予以明确。地下空间租赁权的法律地位比地下建设用地使用权要弱，因此，若在租赁的地下空间内进行开发建设，申请土地登记的权利人只能是地下建设用地使用权人，但存在租赁关系的地下空间应当予以注记。

（5）地下空间借贷权

地下空间借贷权是指以某一特定的地下空间为借贷物所设定的租赁权。贷方（通常为银行）通过借贷给地下建设用地权利人，而获得借贷权。借贷权的法律地位比租赁权更为薄弱，不能主张申请地下建设用地权利登记，但可以在土地登记时注记为借贷关系。

2.上海地下空间确权登记情况

目前，上海地下空间土地权利的确权登记主要聚焦于地下空间的建设用地使用权，在地下空间设立地役权（不含地下空间地表附属设施用地）则鲜有实际案例。这是由当前城市土地空间开发利用现状与确权需求共同决定的。上海地下空间确权登记相关要求如下。

（1）地下空间权利范围界定

建设单位应当在经批准的建设用地范围内依法实施建设；竣工后，该地下建（构）筑物的外围实际所及的地下空间范围为其地下土地使用权范围。具体在办理地下建（构）筑物的土地使用权初始登记时，应当按照建设工程规划许可证明确的地下建（构）筑物的水平投影最大占地范围和起止深度进行记载，并注明"地下建（构）筑物的土地使用权范围为该地下建（构）筑物建成后外围实际所及的地下空间范围"。

（2）地下空间登记类型与要求

①结建地下工程登记：结建地下工程的土地使用权和房屋所有权初始登记应当随地面建筑一并办理；地上建筑物已经办理房地产初始登记的，可以申请补办地下建筑物房地产初始登记。

②单建地下工程登记：为单建地下工程申请地下建设用地使用权、房屋所有权初始登记，应当同时办理出入口、通风口等地面附属设施的土地使用权、房屋所有权初始登记。2006年9月1日前批准立项的，建设用地使用权、房屋所有权登记应当一并办理。

③他项权利登记：使用他人土地建造地面附属设施的，应当向房地产登记机构申请房地产他项权利登记。

④民防工程登记：地下工程属于民防工程的，房地产登记申请人提交的竣工验收证明应当为民防管理部门出具的民防建设竣工验收备案表或民防建设工程质量核验证明书。2003年4月1日以前竣工的民防工程，申请人还应当提交民防管理部门出具的该民防工程属非公用民防工程的证明。

（二）地下空间管理情况

1.地下空间规划审批

根据《上海市建设工程行政审批管理程序改革方案》，上海建设项目规划土地审批实行"一书两证"审批程序。

在规划条件核定环节，重点核定建设项目选址、规模等是否符合上级规划（新市镇总体规划、控制性详细规划等）的控制条件、参数。规划条件核定通过后，方可核发项目选址意见书、建设用地规划许可证、建设用地批准文件或出让合同。

在设计文件审查环节，重点核定项目设计方案是否符合规划控制条件、参数。在设计方案审查通过后，方可核发《建设工程规划许可证》。根据《建筑工程设计文件编制深度规定（2016年版）》，设计文件中与地下空间相关的内容包含：平面图（反映地下空间平面位置）、建筑地下层数与各层屋面、地面标高、地基设计方案等。相应地，根据《上海市城市地下空间建设用地审批和房地产登记试行规定》(以下简称《试行规定》)的要求,在核发建设用地工程规划许可证时,应当明确地下建(构)筑物水平投影最大占地范围、起止深度和建筑面积。

2. 地下空间土地审批

在《试行规定》的基础上,上海在 2013 年实行的《上海市地下建设用地使用权出让规定》(以下简称《出让规定》)中,对于地下空间的出让范围、出让方式、出让年期、价款等内容做了详细规定。

上海地下空间土地审批管理具体情况如下:

(1)审批(供地)方式

参照地表建设用地,区分经营性用途和公益性用途,分别按照划拨或出让的方式办理用地审批手续。

(2)出让要求

出让方式方面,上海对于经营性地下建设项目,规定应当采用招标、拍卖、挂牌的方式,但符合以下情形之一的可以采用协议出让的方式:附着地下交通设施等公益性项目且不具备独立开发条件的经营性地下工程;地上建设用地使用权人在其建设用地范围内开发建设的地下经营性工程;存量建设用地补办有偿使用手续;其他符合协议出让条件的地下经营性工程。

出让年期方面,根据《出让规定》,上海对于地下建设项目出让年期,遵循国家和本市建设用地使用权出让的有关规定,参照地表建设项目管理,并在出让合同中约定。

出让价款方面,上海地下空间出让价格,以地下建设用地使用权基本价格(以下简称"基本价格")为依据。根据《出让规定》,基本价格是指在某一估价期日、法定最高年期的地下建设用地使用权区域平均价格。具体以基准地价为依据,区分不同用途和相应级别,按照与基准地价的比例关系(表 1)确定。地下二层按照地下一层的 60% 确定,地下三层及以下按照上一层的 70% 确定。地下一层基本价格与基准地价比例关系具体如下。

表 1 地下一层基本价格与基准地价比例关系

城镇基准地价级别	1	2	3	4	5	6	7	8	9	10
商业用途	50%	50%	50%	50%	40%	40%	20%	20%	20%	20%
办公用途	20%	20%	20%	15%	15%	15%	10%	10%	10%	10%
工业仓储用途	15%	15%	15%	15%	10%	10%	6%	6%	6%	6%

地下经营性建筑范围内的民防工程部分,其地下建设用地使用权基本价格,按照上述规定的 50% 确定。对于具体宗地的地下建设用地使用权评估,主要在基本价格的基础上,参照地上建设用地使用权的评估方法进行。地下建设用地使用权采用招标、拍卖、挂牌方式出让的,应当根据评估结果,经出让人集体决策,确定标底或底价。采用协议出让的,应当根据评估结果,经出让人集体决策确定出让价款。协议出让最低价不得低于基本价格的 70%。

3. 地下空间民防管理

为规范民防工程建设,加强地下空间安全监管,上海于 2003 年修订了《上海市民防条例》。2003 年 4 月 1 日起,上海正式施行《上海市民防工程建设和使用管理办法》(以下简称《民防管理办法》)。

在《民防管理办法》中,上海对民防工程的出入口部用地及连通要求,新、改、拆、补建与质量监督、使用备案、维护管理等内容进行了全面规定。2009年,上海为健全本市地下空间安全管理制度,协调相关部门共同履行地下空间安全监管职责,发布了《上海市地下空间安全使用管理办法》,明确由市人民政府建立地下空间管理联席会议制度,民防办作为综合协调部门,具体负责联席会议组织工作。2010年,上海发布《上海市地下空间安全使用监督检查管理规定》,在联席会议制度基础上,进一步明确了地下空间安全使用监督检查的具体内容,以及市、区县相关管理部门、乡镇街道的职责分工等要求。

上海对于民防工程的相关管理口径与要求如下:

(1)所有权主体

民防工程平时由投资者使用管理,收益归投资者所有;按照"谁投资、谁所有"的原则,民防工程的投资者取得民防工程所有权,登记按照上海市房地产登记的有关规定执行。

(2)管理方式

民防工程按照管理方式划分,可分为两种:公用民防工程和其他民防工程。公用民防工程由市或区县民防办建设、维护和管理;其他民防工程由其他投资者建设、维护和管理,并接受民防办的监督。

(3)用地要求

民防工程和与其配套的进出道路、出入口、孔口、口部管理房等设施的地面用地,规划、土地等管理部门应当依法予以保障。

(4)使用限制

在不影响其防护效能的情况下,所有权人可以以多种形式使用(包括经营性)民防工程,同时还应符合消防、治安、卫生、房地、工商、税收、物价等方面的规定。

(5)连通要求

新建的民防工程应当与其他地下工程连接或者预留连通口;已建的民防工程由市、区民防办牵头,会同有关部门逐步修建连接通道。

4.特定地下空间管理

根据国家和上海地方有关法律、法规和政府规章,地下轨道交通、越江(河)隧道、市政管线、城市道路下穿通道、公共绿地地下空间等特定地下空间,在规划土地管理方面总体上适用上海对于一般地下建设项目的管理要求。在建设、市政、交通、绿化等相关领域,从规划建设、工程设计、安全维护与风险控制等角度出发,对该类地下空间的规划要求与设计标准进行了专门规定。

(1)地下轨道交通

①轨道交通规划控制区:根据《上海市轨道交通管理条例》,市规划国土资源行政管理部门应当会同市发展改革、建设、交通等相关行政管理部门和轨道交通企业组织编制网络系统规划、选线专项规划,并划定轨道交通规划控制区。轨道交通规划控制区内不得擅自新建、改建、扩建建(构)筑物。确需新建、改建、扩建建(构)筑物的,市和区、县规划国土资源行政管理部门应当书面征得市交通行政管理部门同意后,依法做出审批。

②安全保护区:根据《上海市轨道交通管理条例》,轨道交通应当设置安全保护区。安全保护区的范围如下:1)地下车站与隧道外边线外侧50m内;2)地面车站和高架车站以及线路轨道外边线外侧30m内;3)出入口、通风亭、变电站等建(构)筑物外边线外侧10m内。

在轨道交通安全保护区内进行下列作业的单位,其作业方案应当经过市交通行政管理部门同意,并采取相应的安全防护措施:建造或者拆除建筑物、构筑物;从事打桩、基坑施工、挖掘、地下顶进、爆破、架设、降水、钻探、河道疏浚、地基加固等工程施工作业;其他大面积增加或者减少载荷的活动。

③建筑限界:建筑限界指为保证各种交通的正常运行与安全,而规定的与交通线路中心线垂直的极限横断面轮廓,具体根据行车车辆、道路附属设备以及其他服务系统所需的空间制定。地下轨道交通建筑限界的设计要求应当满足国家《地铁设计规范》以及上海《城市轨道交通设计规范》等技术标准要求。

④建筑离界间距:根据《上海市城市轨道交通设施及周边地区项目规划管理规定(暂行)》,关于地下轨道交通线路、车站与周边建筑离界间距控制要求如下:1)已建和在建地下车站与线路外边线外侧50m以内,地面和高架轨道交通线路和车站外边线外侧30m以内,进行建造或拆除建筑物等作业活动的,应按有关规定征得轨道交通主管部门同意。2)规划的地下车站与线路外边线外侧一般10m范围内,特殊困难条件下6m范围内,不得进行新建、改建、扩建建筑物。3)轨道交通线路及车站与周边地块的建筑物结合建设的,间距可按批准的详细规划执行。

(2)地下市政管线

上海现行的地下市政管线管理法规政策主要有《上海市城市道路与地下管线施工管理暂行办法》及其补充规定、《上海市道路地下管线保护若干规定》等。地下市政管线作为典型线性工程,其安全保护空间远大于其实际占用空间(共同沟、综合管廊除外)。市政管线的安全保护范围主要由埋设(覆土)深度以及工程管线之间及其与建(构)筑物的水平间距确定。

①埋设(覆土)深度:根据管线类型与埋设方式的不同,其最小埋设深度要求在0.15～1m不等。

②水平间距:根据管线(含建(构)筑物)类型的不同,工程管线之间及其与建(构)筑物之间的最小水平间距要求在0.5～5m不等。

(3)城市道路下穿通道

根据《上海市地下空间规划建设条例》,地下建设工程与相邻建筑的衔接段需要穿越城市道路、公路用地的,规划国土资源行政管理部门应当征询建设行政管理部门的意见,并在土地划拨决定书或者出让合同中明确建设单位建设地下通道的义务、地下通道建成后的使用方式和维修养护义务。

①通道宽度、净空高:根据《上海市城市规划管理技术规定(土地使用 建筑管理)》,相邻新建高层商业办公建筑地下室按规划应设置连接通道的,通道宽度不小于4m,净高度不小于2.8m,并由相关建设单位负责实施各自基地的通道部分。连接通道宽度、净空高的设计标准,具体应执行国家《公路隧道设计规范》《城市人行天桥与人行地道技术规范》以及上海《道路隧道设计规范》等技术规范要求。

②荷载标准(埋深要求):荷载标准在很大程度上决定了具体地下通道项目的埋深要求。城市道路下穿人行、车行通道的设计方案应当满足国家和本市有关地表道路、地下通道的荷载标准。具体应当根据工程地质条件、隧道设计参数等进行计算。具体参照国家《城市道路设计规范》《公路隧道设计规范》《城市人行天桥与人行地道技术规范》,以及上海《城市道路设计规程》《道路隧道设计规范》等技术规范。以道路隧道(车行通道)为例,上海

规定主体结构安全等级为一级,设计使用年限为 100 年。

(4)公共绿地地下空间

上海公共绿地地下空间的开发利用执行市绿化市容管理部门的相关规定。根据《上海市新建公园绿地地下空间开发相关控制指标规定》,新建公园绿地面积小于 0.3 公顷(含 0.3 公顷)的,禁止开发地下空间;新建公园绿地面积超过 0.3 公顷的,可开发地下空间占地面积不得大于绿地总面积的 30%,原则上用于建设公共停车场等项目。新建公园绿地地下空间用作公共停车场时,公共停车场占地面积按照 0.8 倍计入地下空间开发指标。

①埋深(覆土)要求:绿化种植的地下空间顶板上标高应当低于地块周边道路地坪最低点标高 1.0m 以下。地下空间顶板上覆土厚度应当不低于 1.5m。

②顶板设计要求:地下空间顶板设计符合顶部植物健康生长的排水要求,应设计合理的排水系统,在排水口应设置过滤结构。地下空间建设单位应当考虑地下空间顶板设计的防水安全。如因维修需要迁移、占用绿化等的,应当按照《上海市绿化条例》的有关规定执行。

③地面附属设施要求:地下空间露出地面的建(构)筑物与公园绿地其他建(构)筑物占地面积之和,应符合国家《公园设计规范》及上海相关规定要求。

四、上海城市地下空间土地权利主要问题与对策

在明晰地下空间土地权利内涵的基础上,笔者基于国家土地权利体系的顶层设计,通过分析上海市城市地下空间管理实际情况,提出地下空间土地权利相关问题如下。

(一)关于地下建设用地使用权范围界定

目前,上海城市地下空间的建设用地使用权范围的界定主要面临以下两方面问题:

①相邻存量地表建设用地多未明确下至深度,仅有规划层面的模糊限度。在 2006 年《上海市城市地下空间建设用地审批和房地产登记试行规定》实施之前,上海地区建设用地使用权通常在土地地表设立,且一般未在土地审批环节明确竖向界限,仅在规划层面设定了模糊的竖向约束。例如,在控制性详细规划中,仅对建筑密度、容积率、城市道路两侧建筑控制高度等地上高度相关规划参数进行了约定,地下深度则鲜有涉及。在详细规划附加图则中,对重点地区地下空间引入了建设范围、开发深度与分层等指标,但在规划审批阶段,并不会对具体项目进行细化设定。因此,规划层面的模糊限度很难适用于相邻地表、地下空间土地权属界面的有效切分。

②相当一部分新建地下工程在土地审批阶段并未明确建设用地使用权的竖向界限。在 2007 年《物权法》实施之后,上海及时调整了建设用地使用权出让合同的示范文本,增加了约定建设用地使用权起止高程的内容。但是,仍有相当一部分的地下建设项目,在土地出让阶段并未对建设用地使用权的竖向界限进行约定,主要原因如下:

一是,一般情况下项目建设以规划为先导,建筑方案设计则在土地出让之后。因此,在土地出让阶段往往难以准确界定建筑起止高程。二是,结建地下工程一般随其地上部分一并取得建设用地使用权,相邻地下、地表空间较少存在权利相侵的问题。因此,在土地出让阶段对建设用地使用权的起止高程进行刚性约定,并非规划、土地管理部门的迫切需求,且

较难为用地单位所接受。而单建地下工程,一般独立取得地下建设用地使用权。在规划审批环节,根据建筑设计方案审查结果,仅在规划审批文件中明确了地下工程的最大深度,并未明确其高程上界。三是,在确权登记环节,结建地下工程一般随地上部分一并办理登记,权属问题尚不突出。而多数单建地下工程为基础性、公益性设施,建设管理单位权利保护诉求不强。

针对以上问题,建议从立足地下空间开发利用管理长远需要的角度出发,建立健全的地下空间立体化审批程序。针对地表、地下建设项目,尤其是经营性单建地下工程,根据规划设计条件,在土地审批(出让)环节明确界定建设用地使用权宗地的竖向界限。

(二)关于维护和支撑结构占用空间

目前,上海地下空间审批与确权登记通常没有将地下工程的维护墙、桩基基础利用的地下空间考虑在内。尽管该类地下空间在当前土地权利制度下,多为建设单位无偿取得,且受到建筑形态的限制,不能对该类地下空间行使建设用地使用权的完整权能。但是,该类地下空间是建筑结构安全的重要保障,不能另作他用,且通常具备较大的规模,理应成为地下空间建设用地使用权的附属内容。

针对以上问题,建议可以在土地出让阶段,采用土地出让合同附加条款的形式,对该类地下空间的利用要求予以约定;在确权登记阶段,通过附加或备注信息的形式,对该类地下空间涉及的权利义务予以记载。

(三)关于单建地下工程地表附属设施占用空间

目前,上海规定单建地下工程申请地下建设用地使用权初始登记时,应当一并办理出入口、通风口等地面附属设施的土地使用权初始登记。这是由于单建地下工程的出入口、通风口等地面附属设施,通常为永固性建筑形态。一经建成,往往形成了占用地表空间的实际现状。如果相应地表空间的使用权益无法得到充分保障,将直接影响地下工程的日常使用。但是,上海并未对该类地表空间土地权利的设立条件进行规定。

针对以上问题,建议在土地审批(出让)环节,优先考虑对单建地下工程地表附属设施占用空间设立地表建设用地使用权,并由相应的地下建设用地使用权人通过划拨或协议出让的方式取得。在地表建设用地使用权已由其他权利主体取得的情况下,方可通过签订地役权合同或协议的方式设立地役权,并依法办理登记以对抗第三人。

(四)关于新建地下工程占用空间与相邻空间的权利关系

根据《物权法》规定,不动产用益物权人和占有人可以适用相邻关系。我国《民法通则》《物权法》明确的相邻关系包括:因用水、排水、通行、建造或修缮建筑物、架(铺)设各类管线等利用相邻土地,相邻建筑物的通风、采光和日照等。上海在2014年起实施的《上海市地下空间规划建设条例》中,同样对地下空间相邻关系问题进行了一般性规定,并明确:"地下建设工程之间的距离,应当符合相邻地下设施安全保护的要求"。在确保地下空间产权范围其互不相侵的前提下,相邻空间的权益问题通常可纳入相邻关系调处的范畴。

实际上,相邻地下空间权益问题的焦点为:在明晰地下空间产权范围的前提下,如何进一步确定各类地下空间的安全保护范围。如前所述,上海在建设、交通、市政、绿化等领域,从工程建设、安全维护与风险控制等角度出发,对特定类型地下空间的安全保护范围及相关的规划设计标准进行了专门规定。

尽管可以从上海相关行业领域的管理规定中，找到特定类型地下空间安全保护范围界定的具体依据，但是，从土地管理的角度出发，并未对地下空间的安全保护范围的权利内涵进行具体解释或一般性解释。

针对以上问题，建议在综合考虑地下空间统一规划建设、多部门联合管理的需求的基础上，加快地下空间综合性法规的制修订工作，明确将地下空间安全保护范围的权利内涵界定为相邻关系的范畴，并对地下空间安全保护范围的定义、设立条件、管理要求与使用限制条件等分别予以规定。

（五）关于深层地下空间开发与预留保护

上海早在 2005 年的《上海市地下空间概念规划》中，即对地下空间进行了竖向分层，具体分为：浅层、中层、深层。其中，地下深层是指地表 40m 以下的地下空间。在"上海 2035"总体规划中，上海明确将深层地下空间用于快速交通、物流调配、雨水调蓄、能源输送等公益性设施建设，并作为远期战略储备空间，在控制和预留的基础上逐步开发。目前，上海地下深层空间主要利用形式为超高层建筑桩基基础，以及越江隧道和地下轨道交通等公益性设施。例如，上海长江隧桥工程隧道底部埋深最大达江底 55m；在建的北横通道工程深度已达 48m，其深度大于 40m 的路段长达 2.6km。

相关研究表明，上海深层地下空间开发涉及的 100m 以浅工程地质层，主要为软弱土层，地下 40m 以下范围内地质适宜性整体较好。基于分层分类开发地下空间的规划导向，从保障深层地下空间公益性设施建设需求的角度出发，笔者建议上海可以考虑将"地下深层"的上界设置于地下 40m 以下一定深度区间，并确保避开普通高层建筑桩基、轨道交通与维护墙等地下工程密集分布区域。具体上界深度如何设定，可以进一步深入研究。若要通过法规政策的形式将深层空间明确为公用空间，限制用于安排公益性设施，则需要进一步取得国家立法与政策支持。

五、相关政策建议

在地下空间持续开发建设的过程中，土地权利问题无疑是焦点问题之一。政府既要为好存量地表、地下空间土地权利提供有效保护，又要为新增地下空间的合理开发利用奠定制度保障。笔者结合前文，总结并提出以下几点政策建议：

（1）完善地下空间土地权利法律依据。采用立法的形式，规范、完善地下空间土地权利制度：一是，基于"新设权利不妨碍既有"的原则，明确地下工程维护、支撑结构与地表附属设施占用空间的权利类型、设立条件、界限范围、保护要求等。二是，将地下工程的安全保护范围定义为地下建设用地使用权的附属空间。同时，结合相关行业法规与管理规定，明确安全保护范围的设立条件、使用限制。三是，在科学评价地质环境的基础上，借鉴日本等国经验，将一定深度以下的地下空间作为城市建设预留保护空间，限定于公益性用途。

（2）建立健全地下空间立体化审批、出让与地籍管理制度。一是，进一步完善地下空间土地审批程序，在土地出让合同中明确约定建设用地使用权的竖向界限。建立健全规划土地并联审批制度，推广和优化上海在世博园区、吴中路地下综合体等大型地下空间建设项目实践中的"带设计方案出让"模式。二是,进一步完善当前地籍管理程序,在规划用地审批、竣工验收、土地登记等环节,结合项目规划用地审批材料、建筑设计方案、竣工测绘与土地权属调查材料,对地下空间的界限、权属、用途等地籍要素进行全面采集、及时更新与有效管理,将地下空间地籍管理融入项目全生命周期管理流程。开展地下空间三维地籍调查、确权登记、数据管理与应用输出相关研究,为实现地籍管理由二维向三维的平稳过渡奠定基础。

(3)加强地下空间开发中相邻关系的调处管理。在明晰界定地下空间建设用地使用权范围的基础上,将地下空间安全保护范围的划定,以及地下空间权利人对相邻地表、地下空间的合理利用需求,纳入相邻关系调处的范畴。开展地下空间相邻关系调处的法理研究,并完善相关行业领域的法规政策,以破解地下空间开发利用面临的多部门协调管理、产权纠纷等难题。

(4)优化地下空间开发利用管理机制。基于城市总体规划及地下空间专项规划中明确的地下空间主导功能用途以及分层、分类开发原则,通过制定、完善配套用地政策,健全地下空间用地管理机制,促进地下空间利用方式优化。一是,区别经营性用途与非经营性用途,严格地下空间用途管制,制定、完善差别化的供地政策,引导地下空间优先安排市政基础设施、民防工程、应急防灾设施。二是,建立健全地下空间"基准地价"体系,基于"分层利用、区分用途、鼓励开发"的原则,完善"深层低价"的地下空间分层基础价格体系,促进浅、中层地下空间开发利用。三是,鼓励、规范地下空间复合利用。借鉴地表土地复合利用相关管理政策,探索、实践地下空间复合利用模式。研究功能复合型地下空间的供地方式、开发模式,优化、完善地下空间经营性面积、出让价款等计算配套标准;研究公益性地下建设项目配建商业设施(如轨道交通场站地下空间综合开发)的限制条件、供地方式,制定相应的激励性政策。四是,鼓励地上、地下空间整体开发。对于大型建设项目,鼓励支持地上、地下工程整体设计与统一建设。在用地管理上,制定、完善建设用地使用权分层设立的配套政策,探索地上、地下空间分别(分层)出让方式。五是,完善地下空间规划建筑管理要求。在相关法规政策与技术规定中,研究细化重点地区有关地上、地下空间整体开发与联通建设的具体要求,探索制定不同用地性质、建筑类型相应的地下空间开发体量、深度的规划设计标准。

六、小结

为响应国家"向地球深部进军"的号召,国内包括上海在内的很多城市都提出了建设海绵城市、韧性城市的愿景。不同层次地下空间的合理有序开发,无疑将成为城市建设的重要内容。本文在分析上海市地下空间利用、权利设置与管理现状的基础上,全面分析了地下空间使用权范围界定、维护支撑结构与地面附属设施权利设立、相邻关系调处,以及深层地下空间开发与预留保护等方面的土地权利问题,并提出了相应的对策与建议。根据本文上述研究,总结主要结论与提出建议如下:

(1)为了加强地下空间权利管理,需要建立健全地下空间立体化审批程序,明确地下建设用地使用权宗地的平面范围、竖向界限。同时,按照规划审批文件与地下空间实际所及范围,通过权属调查测绘,逐步解决存量地下空间竖向边界确定的问题。

（2）对于单建地下工程地表附属设施，属于永久性建（构）筑物并构成实际空间占用的，应当优先设立地表建设用地使用权，避免地役权滥设。考虑管理实际情况与技术实现难度，现阶段可暂不将地下工程的维护和支撑结构占用空间纳入地下建设用地使用权范围。

（3）地下建设用地使用权的设立，前提是因建造、保有建筑物而占用地下空间，依据特定地下空间规划建设管理规定设置的各类安全保护范围，不应作为建设用地使用权、地役权等权利空间范围，而应纳入相邻关系调处范畴。

（4）对于上海等经济发达城市，可以探索将深层地下空间作为城市建设预留保护空间，用于快速交通、物流调配、雨水调蓄、能源输送等公益性开发建设需要。具体界线的竖向位置，应当结合规划功能导向、地质环境安全、开发适宜性等方面进行综合研究，并争取国家立法与政策支持。

随着上海地下空间规模的高速增长，以及地下空间竖向规划、整体开发、连通建设、安全管控的加强，新建地下空间与相邻存量地表、地下空间不可避免地会产生复杂的权利义务关系，甚至引发权利纠纷。因此，政府部门应在今后工作中，必须统筹考虑地下空间开发建设合理需要以及相关权利人的权益保护诉求，加快建立完善地下空间权利体系与相应管理机制。本研究对国内经济发达城市的地下空间土地权利管理具有一定的借鉴意义。

参考文献

[1] 贾建伟,彭芳乐.日本大深度地下空间利用状况及对我国的启示[J].地下空间与工程学报,2012,8(S1):1339-1343.

[2] 季峰.地上权制度对我国不动产登记的借鉴作用[J].中国房地产,2016(4):38-41.

[3] 殷秀云,张占录.论中国地下空间权利登记制度的建立[J].中国土地科学,2010,24(6):14-19.

[4] 刘明皓,杨蒙,田水松,等.城市地下空间产权建设综述[J].地下空间与工程学报,2016,12(4):859-869.

[5] 徐生钰,朱宪辰.中国城市地下空间立法现状研究[J].中国土地科学,2012,26(9):54-59.

[6] 郑美珍,朱国华.中国土地地下空间权利立法研究[J].中国土地科学,2012,26(4):66-71.

[7] 陈振,欧名豪,姜仁荣,等.土地立体化利用过程中建设用地使用权分层设立研究[J].城市发展研究,2017,24(1):89-93.

[8] 陈祥健.关于空间权的性质与立法体例的探讨[J].中国法学,2002,(5):102-108.

[9] 陈学辉.论空间地上权[D].厦门:华侨大学,2006:2.

[10] 刘燕,刘安然,梁亚荣.城市地下空间物品属性及权利结构[J].中国土地科学,2007,21(5):11-14,48.

[11] 孙建宏,王卫真,于林竹.地上地下空间土地利用及确权思考[J].中国土地,2014,(5):30-32.

[12] 赵松,李超,林瑞瑞.地下空间利用与管理分析[J].中国土地,2013,(3):13-15.

[13] 王建秀,刘月圆,刘笑天,等.上海市地下空间地质结构及其开发适应性[J].上海国土资源,2017,38(2):39-42,53.

[14] 王超领,孙庆华,顾卫锋,等.城市地下空间地籍管理研究[J].上海国土资源,2011,32(1):54-58.

[15] 顾龙友.土地"三维"空间开发利用的法律制度建设[J].中国土地,2017(4):18-21.

多规合一视角下的乡村规划编制模式认识与反思

张　群[1,2,3]，汪燕衍[2]，张洪武[1,2,3]

（1. 上海市地质调查研究院，上海，200072；2. 上海市国土资源调查研究院，
上海，200072；3. 浙江大学公共管理学院，杭州，310029）

摘　要：党的十八大以来，"多规合一"被列为中央全面深化改革的重要任务。从中央到地方大力推动了"一张蓝图干到底"的实践。同时，十九大报告把乡村振兴战略放到非常突出的位置，而乡村规划是我国乡村振兴和"三农"发展的重要基础蓝图，也是解决好当下"发展不平衡不充分"问题的发力点。当前，我国的规划编制体系也正在经历一场历史性的变化格局，特别是十九大后，中央深化机制体制改革，从自然资源的高度深度整合空间规划管理机构，新组建的自然资源部的机构职能，已经将各部委空间规划职能进行有机合并。正值新机构有关规划体系重构研究之际，本文通过对对现阶段我国正在开展的村庄规划和村土地利用规划两种主要编制模式进行实践案例对比，并对现有模式的特点进行认识与反思，研究发现由于长期以来各种规划体系编制模式和管理手段的差异，导致各体系之间的规划衔接和融合效率存在问题。最后研究从多规合一的视角出发，以期对现有的乡村规划编制体系从编制思路、方法和内容三个层面进行政策建议与策略融合探索。

关键词：多规合一，乡村规划，乡村振兴

Understanding and Reflection of Rural Planning Compilation Mode from the Perspective of Multiple Planning Integration

Zhang Qun [1,2]，Wang Yanyan [1]，Zhang Hongwu [1,2]

（1 Shanghai Institute of Geological Survey，Shanghai，200072；

2. Shanghai Institute of Land Resources Survey，Shanghai，200072；

3. School of Public Administration，Zhejiang University，Hangzhou，310029）

Abstract：Since the 18th CPC national congress，multiple planning integration has been listed as an important task for the central government to comprehensively deepen reform. From the central to local governments，the practice of "one blueprint to the end" has been vigorously promoted. At the same time，the report of the 19th national congress put rural revitalization strategy in a very prominent position. Rural planning is an important basic blueprint for rural revitalization and the development of agriculture，rural areas and farmers. It is also the starting point for addressing the problem of unbalanced and inadequate development. At present，China's planning system is also undergoing a historic change pattern，especially after the 19th national congress，the central government deepened institutional reform，from the height of natural resources，depth integration of spatial planning management institutions. The new ministry of natural resources has merged the spatial planning functions of various ministries. Under the background of the reconstruction of the planning system, this paper compares the two main compilation modes in our country. The characteristics of the existing model are recognized and reflected. It is found that there are some problems in the efficiency of planning convergence and integration among various planning systems due to the differences in the compilation mode and management means of various planning systems for a long time. Finally, from the perspective of the integration of multiple plans, the research aims to explore the policy of the existing rural planning system from the perspectives of compilation ideas, methods and contents.

Key words：multiple planning integration；rural planning；rural revitalization

一、乡村规划工作背景

(一)政策背景

1.乡村振兴：城市时代，再识乡村

十九大报告重新定义了我国现代化发展的方位，提出新时代"两个一百年"的现代建设目标和发展方略。整个框架中，把乡村振兴战略放到非常突出的位置，明确指出乡村振兴在国家现代化经济体系中的重要位置(李国祥，2017)。中国城镇化快速发展的40年也是乡村与城市格局此消彼长的40年，这一过程中累积产生的社会问题不再局限于农村本身，而是波及城市乃至全社会。现如今，城乡关系已经发生质的变化，乡村对于经济增长的贡献虽大大减小，但对于文明和文化的价值却愈发凸显——与自然亲近的人类聚落，中华文明的重要载体，"乡愁"和"寻根"的寄托。对于城市时代的中国，这些乡村独特的文明价值面临被城市文明异化的危险，而乡村聚落形态的瓦解和消失，传统农业生产生活空间的异化，是各类城乡统筹规划、乡村规划都需要面对的重要问题。

2.乡村治理：政策落地，规划先行

十八届三中全会提出要深化农村改革，提出赋予农民更多权力和利益，建立城乡统一的建设用地市场、实现城乡统筹发展等重大战略。2016年《关于农村土地征收、集体经营性建设用地入市、宅基地制度改革试点工作的意见》由中共中央办公厅和国务院办公厅联合印发，这标志着我国农村土地制度改革即将进入深层阶段，长期以来，乡村土地在利用中存在居民点布局混乱、基础设施匮乏、高质量基本农田保护不到位等问题，国土资源部将涉及农民承包地、农民宅基地和集体经营性建设用地等重大利益的农村土地进行制度改革，编制乡村规划，才能将上述决策落到位，解决存在的问题。

(二)现实背景

1.横向不足：规划编制与管理体系混乱

目前，我国不同部门组织编制的不同类型、不同行业的规划相互之间存在着不衔接、不协调，甚至冲突、矛盾的地方，如土地利用规划与村镇规划之间在规划时限、空间范围、数据分类等方面就存在不一致(陈荣蓉，2009)。另外，在各级村镇规划之间存在内涵界定不清晰、规划内容相互重叠、规划体系结构不健全等问题，以致给规划的编制、审批和实施管理都带来一定障碍，难以有效指导乡村建设发展。及时开展"多规合一"背景下的乡村规划协同研究，对完善我国村镇规划层次结构体系至关重要。

2.自身要求：新形势倒逼规划编制模式转型

当前,我国乡村土地管理不断加强,各地通过编制实施土地利用总体规划,加强土地用途管制,不断提高节约集约用地水平,夯实了农业发展基础,维护了农民权益,促进了农村经济发展和社会稳定。同时,农村土地利用和管理仍然面临建设布局散乱、用地粗放低效、公共设施缺乏、乡村风貌退化等问题(杜伟和黄敏,2018)。正在开展的农村土地征收、集体经营性建设用地入市、宅基地制度改革试点,推进农村一、二、三产业融合发展以及社会主义新农村建设等工作,也对规划工作提出新的更高要求,迫切需要通过编制乡村地区规划,细化乡(镇)总体规划安排,既要合理安排农村各项土地利用活动,也要统筹调整乡村各项"三生"建设,以适应新时期农业农村发展要求。

(三)研究背景

乡村规划在新中国成立后走过了一条曲折发展道路,规划的目的性被牢牢地锁定在某阶段的城乡建设重点方向上,初期主要借鉴苏联模式,以经济建设为中心建立城市规划体系;在计划经济的背景下,政府作为城市规划实施的主体,对各建筑项目用地设定相关标准要求,所有建筑项目在建设过程中要严格执行相关标准,达到管控目的。总的来说,该阶段的规划的作用仅仅起到对相关项目进行一个空间布局,而非在实际建设中起指导作用。从乡土中国的农业生产规划,城市中国阶段的乡村规划"忽视",再到如今城乡规划体系的建立,乡村的"受重视程度"也跟国家发展战略与城镇化进程密切相关。综观我国如此巨大的地区发展差异,"一刀切"的规划战略导向势必不符合全国各区域的"村情",编制技术选择与协调重点方向应当结合各区域发展阶段进行合理化布置。从规划技术角度分析,我国的规划编制体系也经历了或者正在经历一场"统—分—统"的历史性格局,特别是十九大后,中央深化机制体制改革,从自然资源的高度深度整合空间规划管理机构,从新组建的自然资源部的机构职能看,已经将发改委、住建部和国土部的规划职能进行有机合并,本文落地之时,也正是新机构有关规划体系重构研究之时。可以预见从最初短暂的土地统一管理体制下规划建设的"一条线模式"到计划经济时代多头分散的用地管理机制,过渡到城市与乡村经济部门二元独立后的规划与土地"两张皮模式",再到城乡协调机制下的"多规划融合""一张蓝图"。实践证明,多视角考量乡村问题,做到乡村建设与资源保护,超前规划与落地政策谋求共存的规划模式才是乡村振兴的规划之道。基于上述背景,本文将从现阶段分条线的乡村地区典型规划模式入手,探索各自的编制认识与反思,以期为未来乡村规划政策建议与策略优化服务。

三、现阶段我国乡村规划编制体系

(一)住建部门的村庄规划

随着我国城镇化水平快速发展,国家针对土地使用和投资体制进行了一系列的改革。原有的城乡规划体系在实施过程中逐渐与城乡发展相矛盾,产生了不适应性,总体规划受到了各领域的质疑。与此同时,国家越来越重视农村的发展,解决"三农"问题、实现城乡一体化等要求的提出,使得原有城市规划体系突显出不合理性,已经不适应当时的社会发展。在这一系列的背景下,国务院开始对《中华人民共和国城市规划法》进行修改。2008年1月

1 日，国务院颁布《中华人民共和国城乡规划法》（以下简称《城乡规范法》），在该部规划法中，对城乡规划体系内容进行更新，内容中增加了乡规划和村庄规划，建立了由城规、镇规、乡规、村规组成的规划体系。《城乡规划法》的实施，标志着我国乡村建设受法律法规的管理，使我国乡村拥有了与城市同等的发展机会与管理，让乡村建设有章可循、有法可依。2014 年 6 月 5 日，住建部下发《住房城乡建设部关于做好 2014 年村庄规划、镇规划和县域村镇体系规划试点工作的通知》，确定在全国范围内开展县域村镇体系规划、镇规划和村庄规划的试点工作。《住房城乡建设部关于改革创新、全面有效推进乡村规划工作的指导意见》（建村〔2015〕187 号）明确了县（市）域乡村建设规划先行及主导地位。县域乡村建设规划成为引领村庄规划编制的基础与前提，但同时可以看出，"一刀切，全覆盖"的规划编制要求对规划的实施效果造成极大损耗。

（二）国土部门的村土地利用规划

国土部门组织编制的规划称为土地利用总体规划。2008 年 8 月国务院常务会议审议并原则通过了《全国土地利用总体规划纲要（2006—2020 年）》，截至 2013 年年底，全国、省、市、县、乡五级土地利用总体规划的编制和审批工作全面完成。在规划体系建设上，持续完善了土地利用总体规划—专项规划—详细规划的规划编制体系框架，其中土地利用总体规划实现五级全覆盖。自 2017 年以来，为适应新时代新要求，着手探索村级土地利用规划编制，支撑其编制的相关法律法规文件依据较为充足，《土地管理法》《土地利用总体规划编制审查办法》为规划编制工作奠定了理论基础（刘国臻，2005）。《土地管理法》中明确指出，要切实合理使用土地，实行土地管制，保护耕地，严控建设用地总量。由此可见，对编制其最主要的目的是保护农用耕地，保证耕地总量，并对建设用地的数量、布局进行严控。《土地利用总体规划编制审查办法》第十六条指出进行土地利用总体规划必须包括实施情况评估、规划的背景和土地供需分析、规划目标、优化方案、差别化政策、实施责任和保障措施等内容；第二十条指出要突出落实基本农田，确定地块分区、布局、用途、边界，安排土地整理（李寿廷，2010）。从制度设计层面，传统的土地利用规划体系是比较重纵向轻横向的规划特色，其在乡镇层面的土地利用总体规划表现得尤为明显，在这个层次上强调的是对上位规划的落实和用地边界的确认和落地，而对如何结合农村经济发展提高土地特别是农用地的开发利用效益则涉及不多。同时传统的土地利用总体规划重宏观轻微观的编制风格也没有从产业导向、村居建设、生态环境保护角度提出改善农村发展"灵魂"的措施。

（三）认识与反思

有关乡村地区的空间规划主要包含以上两种，这些规划有着各自的特点，均对乡村地区的发展具有指导意义，但各自的学科体系、生产工艺、标准尺度上的差异为对规划统合力和有效性提出挑战（张强，2018）。

1. 体系规划关注重点侧重

在土地利用总体规划和农业区划划定规划中，比较注重生态用地和建设用地的规模，并将其中一些要素指标，如基本农田保有量、建设用地总量等作为主要的规划指标。在城乡总体规划和片区控制性详细规划中，城乡统筹和地块管控，空间联系、产业发展、城镇建设用地布局和开发强度管控是其关注重点，但往往对乡村地区关注不足。在村庄规划中，往往以建设规划为侧重点，注重基础设施落实和环境改善，强调乡村地区的产业发展、环境改善及公共服务水平的提升,以发展诉求为主。同时,村庄建设是比较独立的规划体系,指导期原则上为15年,而村土地利用规划作为乡镇级土地利用规划的细化,注重近期建设安排,指导期原则上为5年,两者在衔接中容易造成规划目标和阶段性任务的冲突。由于各规划的导向和侧重点的不同,往往会造成各个规划间的矛盾,导致规划管理者在实施规划中难以抉择。

2. 编制标准磨合有待考验

由于目前乡村地区规划设施的标准还在研究或试运行当中,面对完善乡村公共服务基础设施、改善乡村人居环境的重要任务,往往会直接将比较成熟的城市规划设施乃至用地标准应用到乡村地区,但乡村地区相较城镇地区存在土地利用差别、生活方式差别、产业结构差别、可投入财力差别和生态环境差别等诸多不同,导致本身的意愿很好,但难以落实的情况出现(赵之枫和郑一军,2014),另一方面,《住房城乡建设部关于改革创新、全面有效推进乡村规划工作的指导意见》(建村〔2015〕187号)明确要求全域全覆盖的编制方式,而村土地利用规划由于开展时间比较晚,还是采取有条件试点推开的阶段,这样全要素全覆盖的推进模式也容易造成规划操之过急,流于形式风险,也容易造成乡村建设与现有的土地征收和用地管制政策发生矛盾。

3. 实施管控抓手有待落实

乡村地区的各类规划是村庄建设和管理的依据,也是政府引导农村建设的重要公共政策和手段。当前编制的乡村规划,特别是住建系统的规划往往缺乏像控制性详细规划一样明确的强制性指标,只是在宏观意向和空间概念上做文章,导致规划管理者在具体实施中缺乏明确的指导依据(贺勇等,2012)。国土条线的规划还是跟行政管理相符合的5级管控模式,用地指标与用途管制在乡镇层面进行了落实,缺乏对下位各村庄的约束性指标分解。同样在镇域层面,两个规划模式还是注重大区域的建设要素和耕地要素的管控,但由于行政体制与空间治理机制的限制,管控措施缺少山、水、田、林、湖全域全要素的管控抓手制度设计。

四、现阶段我国村庄规划地方实践

(一)规划实践

1. 广州市村庄规划编制历程

从编制时期来看,广州市共进行了三轮村庄规划的编制工作。

(1)第一阶段为1993—2004年。1993年,国务院公布施行《村庄和集镇规划建设管理条例》,目的是为了村庄规划建设按照既定标准规范的要求进行操作。此时,作为中国南部核心城市的广州,加快推进工业化、城市化的发展,在城市发展格局上主要表现在建设用地规模不断增加并呈射线状分散发展,大量的农用地转变成为集体建设用地,虽然出租住宅及厂房为当地村民带来了经济效益,但也为城市管理者带来了难题。为解决这一系列问题,广州市提出了加快中心镇规划建设的方针,开始着手编制中心村规划。

(2)第二阶段为2006—2012年。2006年,在建设社会主义新农村的背景下,为解决人民切身利益等问题,广州要求完成全市所有行政村的村庄规划,并明确编制时间等要求。

鉴于在2008年颁布的《城市规划法》提出,村庄规划与控规具有相同的地位及意义,广州市决定将村庄规划纳入到城乡规划体系中,以实现城乡规划一体化。该轮村庄规划工作主要是为了对村庄环境整体进行全方位的整顿与治理。但在相关规划实施时却发现难以对村庄建设进行指导,主要表现在:由于编制单位没有全面深入了解村内的土地、房屋、物品的现状,村庄规划编制过于理论化,现实中无法从技术方面进行指导,难以实施,在相关建设项目中,由于缺少政策操作的顶层设计,规划远景与土地政策无法衔接,现实资金缺乏,而且项目建设用地无法得到满足。

(3)第三阶段为2013年至今。2013年,广州市延续第二轮村庄规划编制工作,对全市1142条村进行全覆盖的规划编制工作。在不超出各地建设用地总数的基础上,村庄布点规划对村庄的各种建设用地起到实施的作用。而村庄规划是根据村庄自身现实状况,以及各方面可利用发展资源,对发展村庄经济指明方向,落实村庄建设规模,同时根据村庄实际条件对房屋基础设施等项目进行布局。为改善各地村民生活、生产环境,改变村庄的景观容貌,制定了相关整治措施,并将其落到实处。根据各村庄的实际情况和需求,将涉及卫生保健、污水废弃物处理、路网等公服基础设施安排建设,并落实相关配套设施所需的用地规模,完善相关公共服务基础配套设施,使村民在农村也能享受到城市里的配套服务。

2.浙江省村庄规划编制历程

从编制时期来看,浙江省村庄规划大体经历了四个阶段。

(1)第一阶段为2003—2007年。本阶段浙江省开展了千村示范/万村整治活动,从整治村庄环境脏乱差问题入手,着力改善农村生产生活条件,农村局部面貌发生了大的变化。

(2)第二阶段为2008—2010年。美丽乡村试点中心村培育。2008年浙江省安吉县率先开展了"美丽乡村"创建行动;城乡基本公共服务均等化,加强基础设施配套;中心村培育,"人口集中、产业集聚、要素集约、功能集成"农村土地综合整治;农村局部面貌发生了整体的变化。

(3)第三阶段为2010—2015年。美丽乡村行动建设计划。生态人居、生态环境、生态经济、生态文化;从内涵提升上推进"四个美"和"四个宜"的建设;连线整片推进村庄整治、农房改造和农村生态环境建设;精品村、特色村培育;农村面貌逐步发生质的变化。

(4)第四阶段为2005年至今。目前,浙江省美丽乡村的建设经历点的美化—线的串联—面的整体提升;以点带面、连线成片,推动美丽乡村从"一处美"迈向"一片美"。全省402个美丽乡村精品村特色村、108条美丽乡村风景线、46个美丽乡村先进县把浙江的诸多村庄变作一个个"盆景",串出一道道"风景",画出一片片"风光"。乡村精品线已成为新一阶段美丽乡村建设的重要载体。各条休闲农业与乡村旅游精品线在彼此竞合关系中,抓住时机,树立优质品牌、走向共同繁荣、打造成为浙江"金名片"。

3.上海市村庄规划编制历程

从编制时期来看,上海市村庄规划大体经历了四个阶段。

(1)第一阶段为2006年以前。主要目标为近郊农民安置,建设农民新村。本阶段村庄规划针对近郊农民安置问题,基本完成实施。此阶段的规划完善了市政基础设施、配置了公共服务设施,改善了村民的生活,节约了大量的土地,为城市快速发展提供了空间。但是缺乏整体规划衔接,与城市社区融合度不足,同时低层的建筑形式不利于土地节约,对建筑传统风貌保持不够重视。

（2）第二阶段为2006—2011年。主要目标为落实"1966"城镇体系,建设社会主义新农村。本阶段规划强调中心村建设,提出了邻镇型中心村、独立型中心村（近镇）、独立型中心村（远镇）等三类村庄分类方法,开展了全市中心村布局规划。但由于缺乏实施机制研究,基本未得到实施。

（3）第三阶段为2011—2014年。主要目标为纯农地区土地整治和宅基置换试点,注重操作,建设农民新村。本阶段村庄规划针对纯农地区土地整治和宅基置换试点,侧重于整村归并。存在问题是资金投入过大,节地效果不明显。

（4）第四阶段为2014年至今。在住建部全国村庄规划试点要求下,主要目标为创新和探索完整的村庄规划方法,形成有示范意义的优秀村庄规划范例,规划方法面向实施,内容较为全面。另外,于2014年全市层面启动编制工作的郊野单元规划,作为完善上海"两规合一"体系的一项创新型规划,以空间规划为引领,以城乡建设用地增减挂钩等政策为工具,以土地综合整治为平台,推进产业升级和环境保护,引导城镇内涵式发展,强化规划的政策性和实施性,有序推进郊野地区网格化精细管理。

（二）认识与反思

1.规划目标上:村庄规划走过了"满足本村居住的基本要求""产业导入下村庄强""宜居宜游村庄美"的规划目标递进过程,不同时期规划关注的重点也不尽相同,规划的形式也是在自我摸索中不断完善,但"以人为本""资源导入"的村庄"升级"才是乡村规划的"灵魂"。而由于规划的早期的突发性,由于跟上位规划的严重脱节,造成了规划实施的困难,这种自下而上的规划编制模式对地区政府的前瞻性和规划弹性提出了更高要求。

2.规划体系上:从临时性工作到规划体系中重要一环,村庄规划以其自身的独特性成就了自己的重要体系地位。而在具体编制过程中,村庄布点规划很好地弥补了规划本身上下衔接和镇域村镇体系研究不足的缺点。村庄布点规划主要工作对象是相关镇的整个范围的村民居住范围。做好该方面的布点规划工作,有利于做好村庄规划编制工作,为相关工作提出可供参考的意见以及资料。

3.规划编制上:公众参与一直是住建部门规划编制的特色,实践也证明有村民充分参与的规划对规划实施的重要性。但同时必须看到在地方实践中,由于土地政策的接轨不明确,特别是以城市规划的技术指标和艺术追求对村庄规划进行大刀阔斧的"改造",造成了规划实施上的巨大难度。

五、现阶段我国村土地利用规划地方实践

（一）规划实践

2017年初,国土资源部下发了《关于有序开展村土地利用规划编制工作的指导意见》（国土资规〔2017〕2号）,鼓励全国有条件地区开展村级土地利用规划编制工作,强调村级土地利用规划是乡（镇）土地利用总体规划在村域内的进一步细化和落实。

1.天津村土地利用规划编制

作为全国首个在村土地利用规划编制方面完成审批的地区,天津村土地利用规划编制方面的经验受到国土资源部肯定,认为天津村的做法为全国提供了可推广可复制的模式,

起到示范引领作用。天津市蓟州区被确定为全国农村宅基地制度改革试点地区后,结合蓟州区实际,制定了《天津市村土地利用规划编制技术导则》,合理安排农村生产、生活、生态"三生"用地,对田、水、路、林、村实施综合整治,实现农村发展"一本规划、一张蓝图",打造记得住乡愁的新农村。同时,天津市从北部山区、半山区、工业园区周边、平原地区4种类型中,选取了具有代表性的团山子村、小穿芳峪村、程家庄村、西太河村等4个村庄,进行村土地利用规划编制。根据蓟州区宅基地制度改革安排部署,共有781个村庄需编制村土地利用规划。在这4个典型村庄基础上,蓟州区首批32个村的规划目前均已编制完成,其余745个村的规划将与宅基地改革同步推进,将于今年底完成审批。按照国土资源部的部署,目前天津市全面启动了全市村土地利用规划编制工作(吴佳丽,2017)。

2. 成都村土地利用规划编制

成都市农村市场主体作为市场经济的微观基础还比较薄弱,新型经营主体培育发展滞后,农村不动产权流转较为分散,规模效益释放不够充分,按照"产业兴旺"的要求,村土地利用规划着力发展多种形式适度规模经营,推动一、二、三产业融合发展。针对村组数量偏多、面积偏小,土地破碎严重,环境风貌不佳,教育、医疗、卫生等公共服务供给不足,按照"生态宜居""生活富裕"的要求,在规划中结合美丽乡村建设和传统林盘保护,力求重塑空间格局,改造生活空间、提升生产空间,修复生态空间(美山、理水、亮田、梳林),努力让农民分享更多二、三产业增值收益。针对离乡、离土现象不同程度存在,农村留守人口呈现老龄、幼龄特征,邻里交往空间缺乏,基层治理能力有待提高的现状,按照"乡风文明、治理有效"的要求,规划传承院落(林盘)文化,保留和修复邻里关系,强化乡村邻里自治机制,壮大集体经济组织,提高村民参与积极性(汪越等,2018)。

3. 浙江村土地利用规划编制

2003年浙江省委、省政府做出实施"千村示范万村整治"工程的重大战略决策,2010年,创造性地谋划实施了"美丽乡村"建设,对2.6万个村的环境进行综合整治。农村百分百通上等级公路,城乡拥有同样的自来水网、公共卫生服务网、垃圾处理系统、超市和网络,农村面貌发生深刻变化,"美丽乡村"成为一张金名片。伴随着浙江"美丽乡村"建设的深入推进,2015年,国土与城乡建设管理部门联合在全省选取包括嘉善县大云镇缪家村在内的16个村开展村级土地利用规划编制试点。由浙江省土地勘测规划院牵头,联合浙江省城乡规划设计研究院共同承担了缪家村村规划编制工作,成为全省首个将"村级土地利用规划"和"村庄建设规划"融合编制的典型和示范。在省内开创了村级规划融合编制新思路,是一种全新村级规划编制的探索。在编制过程中,我们共同梳理出一个规划编制技术大纲,实现基础数据融合"四统一",即编制做到统一社会经济数据、统一用地分类、统一用地基数、统一数据库。编制成果最终形成一个指导村全域发展建设的村规划,是村级层面的"一本规划"和"一张蓝图"(童菊儿,2017)。

(二)认识与反思

1. 规划创新:从三地开展的村土地利用规划编制实践来看,规划特点中既有共性也有异性。其中,(1)综合组织,多方协作。此点是本次规划组织中的共同特点,事实也说明多规的战略目标对现阶段传统土地利用规划编制的技术要求提出了新的挑战。加强协调创新调查方法,特别是前期的摸排调研和规划基数的统一是土地利用规划走向微观和详细化的必经之路,三地在此阶段的工作都比较扎实,天津市将村庄集体建设用地确权登记成果向农村居民点用地适度打开。采用《村庄规划用地分类指南》的分类标准,进一步整合村庄内部建设用地;浙江省根据本省村庄地区发展要求,结合城乡规划用地分类标准,对村庄用地进行了分类系统再梳理。(2)实现"三级两规"相衔接。如天津蓟州区村土地利用规划编制,结合蓟州区土地利用总体规划修改、城乡总体规划修编等区级规划的制定,统筹协调规划期限、规划目标、规划任务、空间布局、协调机制等,在区级层面实现了多规有效衔接。同时以乡(镇)土地利用总体规划为依据,确保耕保约束性指标不突破。发挥土地规划底盘作用,以土地利用变更调查1∶2000大比例尺现状数据为基础,以土地利用总体规划确定的各项控制指标为目标,同步编制村庄建设规划,注重规划基础数据的统一。(3)借鉴国标,立足地方。地方编制技术导则的出台是在之前住建部门的村庄规划"千村一面"的经验教训中采取的必然选择,作为全国试点的天津,将四种典型地形的村庄分别进行了规则指导。成都市更加是从村庄发展阶段的差异出发将村庄分成五种村庄发展类型,进行了顶层设计,分类指导。(4)规划技术设计与土地政策制度衔接。一是强化耕地保护,优先保障基本农田规模、布局和提升改造,对村域内各类农用地的灌排水系统、电力设施和农田林网进行统一设计,对村域内田间道、生产路进行统一安排,提高农田水利设施配套水平。二是在建设用地总规模不增加的前提下,通过腾退宅基地复垦,优化布局,合理安排新增宅基地。三是通过功能区域划分和改造提升,严格保护生态用地,整合生态用地空间,合理确定生态用地布局,确保生态系统逐步完善,居住环境质量逐步提高。(5)创新调查方法,掌握现势证据。运用卫星正射影像、数字高程模型、三维空间地形展示、平板现场信息采集等新技术,提高现状信息实时采集水平,规划设计现状数据基础夯实,规划成果直观有效。成都在村规划过程中应用Mars/VR虚拟空间设计方法,采用全球领先的PC/VR双模编辑方式,使"互联网+征求村民意见"的交流方式得以实现。

2.规划反思:(1)规划法律定位有待明确。按照技术导则要求,村土地利用规划编制工作应按照"多规合一"的有关要求,在村域空间内形成"一张蓝图、一本规划"。但在实际编制过程中,现实中各部门规划法律依据不统一,村级土地利用规划地位有待法律上认可,导致规划协调的平台建设缺乏统一法律依据,给地方的工作开发带来不少机制制约。(2)规划编制技术标准有待统一。来源于建筑、国土、水利、生态、农业等学科背景的设计单位给村土地规划的编制带来了多维视角,但由于目前在村级尺度上还没有比较成熟的协调机制研究,对规划技术设计造成了一定困难,如各规划用地分类标准不统一,规划编制所依据的基础资料不一致,规划编制的基础统计口径不一致等方面,如《技术导则》中对林地进行细分,其中林地(商品林)归为农业用地,林地(生态林)归为生态用地,均采用林业部门的分类标准,国土部门的工作人员在地类认定时会出现错误。特别是由于比例尺扩大等原因,虽然在村级尺度实现了基础地类的对照衔接工作,但村级规划内部建设用地认定标准与现有的国土系统用地分类存在村镇两级上下对照的困难,给后续的指标分配和用地管理造成难度。(3)用途管制规则设计操作性不强。由于国家下发的编制技术导则中对用途管制规则设计着墨不多,但规划要求对各类用地进行空间安排,并提出管制规则。由于不同的行政村发展战略不同,发展阶段差异,相应的用地需求不同,因此用地管制规则也应该不同,虽然地方实践中已经对各类型村庄的用地编制导则进行了分类指导,但村庄规划文本中的用途管制规则缺少差异,规则的操作性有待加强。(4)规划后续实施问题。首先是规划实施的资金问题,单纯依靠政府财政规划实施的可持续性有待鉴定,探索现有耕地保护基金制度扩展到自然资源生态空间,耕地和生态用地区域补偿机制是欠发达地区,特别是农用地整治为主的村庄进行规划实施的必由之路;其次是基本农田整备区制度与现有基本农田管制机制接轨问题有待解决;由于我国自上而下的土地管理模式,势必要求村土地利用规划编制过程中镇级、区县级规划的同步修改,只有实现"三级两规"相衔接,统筹配置乡镇域土地资源,才能给村庄发展弹性空间预留和调整开辟合法化的通道。

六、多规合一背景下乡村规划编制优化

(一)编制优化主要思路

1.因地制宜,明确定位

乡村规划不宜"一刀切",需要以实现农村地区生产、生活、生态协调发展为目标,各区县要结合实际情况,因地制宜根据村庄的区位条件、现状资源、产业特点、发展需求等,科学规划、分类指导,合理确定村庄发展定位和发展模式,在借鉴住建部门传统的村庄规划细致操作指导与全域全覆盖的高要求编制模式的同时,还需参考国土部门在天津和成都地区现在进行的分阶段分类型土地利用规划编制经验,针对不同地区的发展阶段有不同规划模式,例如:根据土地利用重点类型可以划分为郊野农用地整治型村规划、近郊村建设优化型村规划、城中村聚落更新型规划,规划编制重点也应该根据模式进行变化,不求均衡发力但求重点突破为民解忧。最重要的是要对各村庄进行深入了解,根据村庄实际情况,确定村庄发展目标、产业布局等重要内容,对村庄发展战略和编制重点任务要进行前置论证研究,要对找到该村庄可持续发展的"灵魂"和"内核"。在这些前提下,对村民的生活环境条件进行改善,安排落实各类公共服务配套设施,确定各项项目开展的时间和顺序,使得各村庄的发展有序进行。

2.政策合力,城乡统筹

乡村规划必须是土地、交通、生态、文化、历史、产业等要素的多规融合,需要强化技术研究使得乡村规划既能继承原来土地利用规划既定的内容,又能承担乡村规划新的历史使命,能够优化村域生产、生活和生态的"三生"空间。在发展乡村的前提下,新的乡村规划体系应结合城乡统筹规划,协调乡村规划用地布局上落实土地利用总体规划主要内容,在进行乡村规划建设时,要充分对接现有的土地利用规划实施平台,特别是土地整治与城市更新规划实施措施,充分借鉴各地区已经开展的"土地整治""城乡统筹增减挂钩""郊野单元"等规划实施创新措施,切实将乡村发展、土地利用、建设各方面的关系处理好,尽量减少冲突和矛盾。在对土地进行分类布局时,涉及对非建设用地布局的,应尽可能将用地布局在耕地和基本农田的范围外。一方面,对耕地以及基本农田起到保护作用,另一方面,使得乡村在未来的发展,可适当地对建设用地进行扩展,以满足未来乡村发展的需要。

3.面向近期,强化管控

在严守城市发展边界、保护基本农田、保护城乡生态、保护历史文化的前提下,加强对村庄现状调研评估工作,以"依法合规、面向实施"为原则,乡村规划整合和统筹各部门政策

和资金,作为乡镇规划的细化方案,需要面向近期建设,重点对农民住宅、农业生产、生活服务设施等各项建设用地布局和建设要求,以及对耕地等自然资源、历史文化遗产保护及乡村风貌塑造等内容做出具体安排,指导项目实施。在编制过程中应切实注重问题导向,在规划编制过程中可以进行跨村界编制村级规划,以便在更大的范围内统筹规划实施与管控,有条件的地区可以研究出台乡村规划用地审批手册和办事指南,提高镇村规划管理效率。

4.现状调研,注重实操

乡村规划的主要对象是农民,要从传统的土地管理者的思维转化为主体对象服务者的思维。在进行规划时,强化现状调研,力求多元立体,扩大覆盖面,特别要以人为最重要的调查对象,以问卷发放、实地踏勘、入户调查、座谈会等方式,深入了解村庄建设发展中遇到的困难及亟待解决的问题,充分听取区相关部门、镇、村的意见,规划编制单位驻村调研时间必须有保障。调研内容包含农村人口、外来人口情况、产业经济发展情况、现状土地实际使用用途、宅基地现状和使用情况、公共服务设施配套情况、农村风貌、市政设施、道路交通、环境整治、河道水系现状等情况。同时要积极鼓励农民参与到规划编制的全过程,征询农民意见意愿,相关规划成果要遵照"简明扼要、通俗易懂"的原则,保证农民看得懂规划成果,从而保证规划的实施(王静,2018)。

(二)引入新技术、新方法

1.重视基础数据平台搭建

"多规合一"的基础在于数据合一,由于乡村规划在数据精度和单元尺度的要求比以往其他层次的规划更加高,类型更加复杂,这就要求做好乡村规划工作,建立一个统一的基础数据平台。在上述案例中可以看到,统一数据基础、格式、坐标、口径、分类的数据平台的建立给浙江省的地方村土地利用规划编制实践带来的一定的帮助。同时,鉴于大数据平台的出现,使得信息资源共享的方式发生了变化。信息资源共享模式的实现,一方面节约了时间,不用浪费过多的时间在协调部门上;另一方面保证了乡村规划所需数据的权威性、一致性。

2.强化量化分析辅助决策

当今是一个技术手段、思维方式在不断发生变化、呈发展趋势、不断改革的时代,数据分析客观性对规划编制的科学性起到关键作用。在这样的背景下,乡村规划的编制工作需要更先进的技术、数据进行支持。大数据时代,给乡村规划带来了机遇,同时也带来了挑战。在上文中所列举的成都市在村土地利用规划编制中就应用 Mars/VR 虚拟空间设计方法,采用全球领先的 PC/VR 双模编辑方式,使"互联网+征求村民意见"的交流方式得以实现。

3.通过公众参与实现公共治理

乡村规划要在操作实施过程中具有可操作性,就必须"取之于民,用之于民",传统规划,公众参与往往流于形式。因此,如何将公众参与落到实处,村民对规划成果能读能用,实现对村庄的公共治理,是未来规划需要破解的难题。规划师在编制乡村规划时,应该积极与相关村民进行沟通,了解他们改造生活、生产的意愿,利用自身的专业知识向村民解释规划的重要性,利用新技术、新方法拓展公众参与的方式,运用社会学原理设计科学调研表格和调查线路图。运用数字化的展示方式展现规划成果鼓励他们积极参与到规划编制过程中。

(三)主要编制内容的优化

1. 规划编制基础协调统一

利用第三次土地变更调查的工作机会,优化土地利用调查、土地利用现状分类、土地利用规划分类口径对接体系。针对乡村地区特点适当合并和打开村级用地分类类型。保留现行土地利用现状分类中农用地细致化分类特点的同时,适当合并城镇用地类别下的三级分类,如市政用地、商服用地,同时增加农村经营性用地,农村产业用地和农业设施用地的认定标准和分类研究。而在生态用地与农业农地分类交叉的问题上,应根据人类活动频率和人地互动效益两原则进行适度区分,如《技术导则》将林地(商品林)归为农业用地,林地(生态林)归为生态用地。

2. 用地指标落实分解落实

在第三次全国土地利用规划编制标准与数据库建设标准中,目前,我国的土地利用指标中建设用地分解只明确到乡镇一级,村一级的强制性控制指标只能参考数据库落图和乡镇统筹情况。而对于建设用地内部指标的约束控制更加是没有细化,不符合土地利用精细化管理趋势,也与乡村振兴背景下乡村自我发展用地需求的现实相矛盾。建议在上述土地利用分类口径对接的基础上,细化村庄集体经营性用地分类与用地标准指标设计,而在总体管控层面,宜对村庄内部建设管控采用大类控制小类别放开原则,兼顾底线控制与弹性调整原则。

3. 空间用途管制规则优化

现有的技术导则中管制规则的设计没有得到足够的重视。如管制规则还是采用"红黄蓝"对应的"三生"空间管制原则,对乡村地区精细化的土地利用现状不太适应。同时,不同的行政村发展战略不同,相应的用地需求不同,因此用地管制规则也应该不相同。但村庄规划文本中的用途管制规则缺少差异,而且具体的管制条目也较为笼统,可操作性不强,建议在底线管制的基础上增加面向功能的用途管制规则设计,从一般农用地、基本农田、产业用地、农居点、交通、公共服务、生态红线、一般生态休闲用地等人居功能出发进行用途区管制。特别是导则中对于基本农田整备区和村庄发展备用的功能设计需要在此层面进行安排。

4. 面上控制与点上特色引导

目前村土地利用规划还是处于试点阶段,而村庄规划是要求全域全覆盖的推进。由于我国土地利用规划与管理自上而下的传统并没有改变,同时土地利用开发的不可逆性,也要求我们审慎对待规划编制步骤,乡村规划的法律地位和编制体系没有完善之前,建议改变现行乡村规划点状开花的编制体系,对于规划地区必须启动相应的上位控制型规划的编制,从乡镇尺度明确村庄发展的底线目标。该层次规划内容中必须包含镇、村体系规划中村庄发展规模、主要交通发展轴线与生态廊道的预留控制指标。同时兼顾村庄布点规划中的人口规模与村庄发展类型预控。针对新形式下农村发展特点,有条件的地区必须在上位规划中对村庄建筑的整体格局和形象设计进行引导。

参考文献

[1] 李国祥.乡村振兴战略:"村镇化"与"城镇化"双轮驱动[J].农家参谋,2017(10):19-20.

[2] 陈荣蓉,叶公强,杨朝现,等.村级土地利用规划编制[J].中国土地科学,2009,23(3):32-36.

[3] 杜伟,黄敏.关于乡村振兴战略背景下农村土地制度改革的思考[J].四川师范大学学报(社会科学版),2018(1):12-16.

[4] 费孝通.江村经济——中国农民的生活[M].北京:商务印书馆,2001.

[5] 韩青,顾朝林,袁晓辉.城市总体规划与主体功能区规划管制空间研究[J].城市规划,2011(10):44-50.

[6] 李寿廷.土地征收法律制度研究[D].西南政法大学,2010.

[7] 刘国臻.论我国土地利用管理制度改革[M].北京:人民法院出版社,2005.

[8] 张强.村庄规划设计中存在的问题及对策[J].建材与装饰,2018(7):64-65.

[9] 王成艳,靳相木.土地用途管制实施机制市场取向改革初探[J].国土资源情报,2009(2):48-51,31.

[10] 赵之枫,郑一军.农村土地特征对乡村规划的影响与应对[J].规划师,2014(2):31-34.

[11] 贺勇,孙佩文,柴舟跃.基于"产、村、景"一体化的乡村规划实践[J].城市规划,2012,36(10):58-62.

[12] 杨振之.论"原乡规划"及其乡村规划思想[J].城市发展研究,2011,18(10):14-18.

[13] 邵一希.多规合一背景下上海国土空间用途管制的思考与实践[J].上海国土资源,2016(4):10-13,17.

[14] 王万茂.土地用途管制的实施及其效益的理性分析[J].中国土地科学,1999(3):10-13.

[15] 吴次芳,叶艳妹.20世纪国际土地利用规划的发展及其新世纪展望[J].中国土地科学,2000(1):15-20,33.

[16] 吴佳丽,李红军.村土地利用规划的技术与方法——以天津市蓟州区为例[J].中国土地,2017(9):12-15.

[17] 汪越,刘健,薛昊天,等.基于土地产权创新的乡村规划实施探究——以成都市青杠树村为例[J].小城镇建设,2018(1).

[18] 童菊儿,李倩,王倩.村土地利用规划编制思路与实践——以浙江省安吉县南北湖村为例[J].中国土地,2017(9):4-7.

[19] 王静.从公众参与视角谈村庄规划问题解析[J].建材与装饰,2018(6):106-107.

全球城市边缘区可持续发展的规划实施与研究进展

傅婷婷　吴次芳

摘　要：城市边缘区的可持续发展在 21 世纪以来成为规划研究的热点。本文通过分析经典和前沿的相关文献，梳理出这项研究的发展阶段、主要研究议题以及面临的挑战。首先，学者对城市边缘区的认识在空间层面可以归纳为三个维度：空间位置、土地功能和社会关系。相应地，城市边缘区的可持续发展规划实施与研究也可以分为三个阶段：土地利用管制主导阶段（1950—1980 年）、土地混合利用规划主导阶段（1980—2000 年）、空间治理主导阶段（2000 年起）。通过分析与比较各个阶段的主要规划实施与研究议题，本文发现：1. 当前的以空间治理为主导的城市边缘区可持续发展规划，致力于同时解决空间位置、土地功能和社会关系这三个维度的问题。它的前沿性在于，认识到了城市边缘区的可持续性在于形成灵活性的多功能空间，并用建立短期的共识与长期的合作机制来维持这种灵活性。2. 但是，目前的城市边缘区可持续发展规划有三个问题尚待解决：1）空间治理基本只关注由空间位置弱势而形成边缘性空间的位置、功能与社会关系问题，忽视了在社会关系中处于弱势而形成的其他类型的边缘性空间与相应的问题；2）当前针对空间治理中规划工具的研究，更多围绕社会关系解决决策效率的问题，而缺少对与空间位置、土地功能维度相关的科学性工具的探索；3）空间治理跨地区应用的普适性问题尚未得到充分研究。这些问题在未来需要被进一步研究与解决。

关键词：城市边缘区；可持续发展；规划；空间治理

Global Planning Practice and Research Advance on Sustainable Development of Urban Peripheries

FU Tingting　WU Cifang

Abstract：The sustainable development of urban peripheries has become an important issue in planning research since the 21st century. The aim of this paper is to figure out the research stages, the main research topics and the challenges related to the application of sustainable planning to urban peripheries. Based on literature review, this paper summarizes scholars' understanding of urban peripheries into three spatial dimensions：spatial location, land function, and social relations. Following these three dimensions, the paper recognizes three main stages of the development of sustainable planning approaches for urban peripheries：land use control （1950—1980s）, land mixed use planning （1980—2000s）, and spatial governance （since 2000s）. Through the analysis and comparison of planning practice and research at each stage, the paper finds that：1. Current sustainable planning to urban peripheries, dominated by spatial governance, is dedicated to simultaneously solving three spatial dimensions of urban peripheries：spatial location, land function, and social relations. Its superiority lies in realizing that making flexible urban peripheries and multifunctional is the nature of its sustainability, and stressing on establishing short-term consensus and long-term cooperation mechanisms to maintain this flexibility. 2. However, there are three problems that have not been solved by current research: 1) Spatial governance only focuses on the marginal space formed by weak spatial position, but neglects the other kind of marginal space caused by week social relations; 2) Planning tools applied and researched in spatial governance lay more emphasis on the efficiency of decision-making, but lack the exploration of the scientific planning; 3) The universality of spatial governance has not been fully studied. These issues should be further studied and resolved in the future.

Key words: urban periphery; sustainable development; planning; spatial governance

一、引言

城市边缘区的概念最早由德国地理学家 Harbert Louis 在 1936 年提出,他用"城市边缘带"(德语为 stadtrandzone,传到英国后译为 fringe belt)这一新名词,描述柏林原先的乡村地区逐步被城市建设区替代而成为城市土地的区域(Thomas,1990)。随后,西方城市的大规模发展带来了对城市边缘区关注程度的上升,也导致了其概念发生了演化。

20 世纪 50 年代,英美的城市边缘区开始出现大规模的城市蔓延问题(Webster,2002)。为了应对这一问题,发达国家先后在城市边缘区采取了多种规划措施:绿化隔离带建设、边缘城市建设、城市增长边界划定、郊区的新城市主义运动与精明增长等。20 世纪 90 年代起,在经济全球化和政府权力分配地方化的驱动下,城市边缘区开始成为全球人口增长的重要区域(Ekers 等,2012;Friedmann,2015)。在这一时期,发达国家城市边缘区的问题逐渐转变为流动性、经济表现、景观完整性和环境质量方面的低层次性等。发展中国家的城市边缘区则面临着严重的城市蔓延、非正规居住、贫困、碎片化的土地利用等多种问题(Wandl & Magoni,2017)。为了应对这些多元的问题,城市边缘区可持续发展的规划实施与研究在 21 世纪得到进一步发展。2016 年联合国人居会议通过了《新城市议程》(New Urban Agenda),倡导用更好和更协调的交通与土地利用规划来加强城市、城市边缘区和农村地区之间的联通,防止和控制城市的无序扩张,推动城乡连续体的公平与可持续发展。*Land Use Policy* 自 2010 年起出现越来越多与城市边缘区的可持续发展有关的文章,*Cities* 在 2016 年及 *Landscape and Urban Planning* 在 2017 年都开设了专刊(special issues),讨论全球范围内城市边缘区的现状与可持续规划方法。

在当前的规划实践环境与学术氛围下,梳理和分析当前城市边缘区可持续发展规划的实施与研究所面临的挑战的必要性和迫切性就非常重要。本文旨在归纳全球城市边缘区可持续发展规划的发展阶段,据此分析该领域目前所面临的挑战,为进一步的研究做出贡献。

二、城市边缘区的认识

(一)城市边缘区的概念范围

需要指出的是,并非所有关于城市边缘区的研究都是用"城市边缘区(urban periphery

或者 fringe)"这一术语的。在文献中,学者也常用"半城市化地区(peri-urban area)"(Webster,2002;Friedmann,2015)、"城乡接合部(urban-rural interface,urban-rural fringe,rural-urban interface,或者 rural-urban fringe)"(Gallent,2006)、"郊区(suburban)"(Ekers 等,2012;Roy,2015)等概念,或有时使用"中间区域(intermediate zone)"(OECD,2011)、"城市村庄(desakota)"(McGee,1991)等概念研究城市边缘区。

这些概念的差异源于学者所研究区域的城市发展的文脉与规划语境的不同,并非是研究对象的本质不同而导致的。例如,有学者认为"郊区"和"半城市化地区"之间的差异是语境差异,"郊区"是发达国家的术语,而"半城市化地区"是发展中国家的术语,但是这两个概念都是指在原有城市边界外被城市蔓延所改变的区域(Wu & Shen,2015;Leaf,2016)。Geneletti 等(2017)通过回顾 124 篇相关文献的研究,指出"郊区""远郊区(outer suburbs)""内环郊区(inner-ring suburbs)""高密度郊区(high-density suburbs)""半城市化地区""城乡接合部"等概念所描述的空间基本都在描述城市边缘区。

(二)城市边缘区的认识维度

基于对相关文献的归纳,本文提出,可以用三个维度划分城市边缘区的认识:空间位置、土地利用和社会关系。空间位置的维度关注城市边缘区在城市整体结构中的位置属性;土地利用的维度关注城市边缘区的土地利用的功能与服务;社会关系的维度关注主导城市边缘区的形成与转变的社会关系。从空间位置、土地功能到社会关系的认识维度的发展,存在着先后顺序:空间位置维度最早产生(20 世纪 30 年代),土地功能维度次之(20 世纪 80 年代),社会关系维度最晚出现(20 世纪 90 年代)。

1.空间位置的维度

学者最初对城市边缘区的定义,主要关注城市边缘区在城市整体形态中的空间位置。1936 年德国地理学家 Harbert Louis 在最早提出"城市边缘带"的概念时,他实际所指的是柏林原先的乡村地区逐步被城市建设区替代而成为城市土地的区域(Thomas,1990)。在这一时期,欧洲城市在工业革命的驱动下开始大规模增长,所以早期欧洲的学者认为对城市边缘区进行规划的目的在于控制城市地区的扩张。在北美,受到同心圆城市模型(Ernest W. Burgess,1924)的启发,T. L. Smith(1937)在北美率先提出"城市边缘区(urban penphery)"这个词语,指代位于城市边界之外的建成区(Pryor,1968;Thomas,1990)。学者在进一步研究城市边缘区后,认为城市边缘区与农村之间也存在联系。Wahrwein(1942)提出城市边缘区是城市与农村地区之间的用地转变地域。在研究发展中国家的城市边缘区时,McGee(1991)首次使用"desakota"(城市村庄或城乡的印尼语)这一术语,用它来形容东南亚国家在城市化进程中,城市边界和城乡分界日益模糊不清的情况。

这些早期的研究与实践,从空间位置的边缘性视角认识城市边缘区。城市边缘区是不完全属于城市或者乡村的第三空间。而由于城市边缘区的空间位置是明晰的,因此国家、地区的政府机构多以边缘区与现有城市的距离、人口密度等城市整体的土地利用结构的维度,来定义城市边缘区。2003 年,英国的副首相办公室(the Office of the Deputy Prime Minister,ODPM)在其公布的土地发展指导的文件中,确定"城市边缘区"是大都市区(和较小的建成区)周围 500m 宽的区域(ODPM,2003)。类似的,经济合作与发展组织(the Organization for Economic Cooperation and Development,OECD)(2011)基于人口密度和规模的标准,将城市边缘区归类为"中间区域(intermediate zone)",位于"城市主导区域(predominantly urban region)"和"农村主导区域(predominantly rural region)"之间(OECD,2011)。

2.土地功能的维度

20世纪80年代以来,随着内城的扩大,城市边缘区需要承载越来越多的从城市中心转移出来的活动。这引发学者发现原有定义的问题,即空间位置的视角忽视了城市边缘区内部的土地利用问题,也没有注意到城市边缘区与城市之间的功能联系。

这引发了学者对城市边缘区内部的土地利用活动的研究。许多英美城市边缘区的研究表明,城市边缘区拥有从城市中心区转移出来的各种服务功能,同时也是一些危险的、无吸引力的、不受城市和乡村欢迎的活动的承载地,这些导致了城市边缘区出现碎片化和低质量的土地利用问题(Bryant,1982;Gallent,2006;刘玉,2014)。在这类研究中,学者用"城乡接合部(Urban-rural interplay)",来描述城市边缘区特有的农业和非农业活动之间更密切地共存,导致土地低效土地利用的现象(Allen,2003;Mattingly,1999;Simon等,2004)。Gallent(2006)认为,城市边缘区有其自身的空间特点,并不只是城乡之间的一个灰色地带。

在研究城市边缘区内部的土地利用问题的基础上,学者进一步发展出了"城市嫁妆(urban dowry)"的视角,认为城市边缘区是承载城市溢出功能的地区(Kaika& Swyngedouw,2000)。除了承载城市的溢出功能,许多学者认为,边缘区的土地利用还存在着满足城市中心需求,为城市中心服务的功能特点。基于北美早期的郊区发展经验,Garreau(1991)认为郊区是以单户住宅为主,为大都市提供"卧室(bedroom areas)"的地区。近年来,随着欧洲紧凑城市的建设,城市边缘区进一步被视为城市的生态系统服务、农产品的重要供给者(Hedblom等,2017;Perrin等,2018)。这表明了城市边缘区概念的再次发展——城市边缘区是农村,城市和自然子系统的复杂镶嵌体,这些子系统体现了城市边缘区土地利用的多功能潜力。

3.社会关系的维度

自20世纪90年代以来,许多学者认为用中心-边缘的区位关系与功能上相互依赖的关系定义城市边缘区还不够准确(Sassen,1991;Hoggarth,2005)。空间层面的边缘性是社会和政治关系层面边缘性的表现,这些产生边缘性空间的社会关系需要被进一步研究。同时,随着许多发达国家城市的后工业化转型以及发展中国家的大规模城市化,越来越多的学者通过研究发现,20世纪针对城市边缘区的空间与功能特征的研究,并不能涵盖和准确描述21世纪的城市边缘区的特征与形成机制。Sassen(1991)认为,在全球资本主义的新阶段,全球的城市边缘区呈现出"去中心化"的特点,这与经典的北美城市发展模式并不相同。城市边缘区的人员,货物和通信流量直接相互关联,并且很容易绕过传统的市中心作为其交汇点。城市边缘区可能被视为新的中心节点,而不是"边缘地区"(Fishman,2000)。因此,许多学者主张从社会关系的维度定义城市边缘区,并关注以下两类问题。

第一类关注问题由空间位置弱势而形成的边缘性空间背后的社会、政治、经济的交互过程。例如,Ekers等(2012)认为,全球的郊区可以总结为由自发式(self-built),政府主导(state-led)和私人主导(private-led)这三种形式所推动而成的"非中心的人口、经济增长与城市空间扩张相结合"的区域。在每个城市特定的历史时期和空间背景下，这三种形式可能由某一种占主导，或者相互补充，从而形成了全球多元化的城市边缘区的空间形态。Ghertner(2011)和 Roy(2015)认为，印度大城市边缘区存在的贫民窟、高档住宅小区、科技园等性质迥异的景观，并非是国家权力的局限或失控的结果，反而是国家通过美学规范和差异化的空间策略，来创造社会认同的表现。冷方兴和孙施文(2017)认为，中国的城市边缘区空间形态演变的历史是国家、集体与市场争夺土地发展权即争地的历史，国家、集体与市场之间基于空间权威的运作过程决定了争地的胜负，并导致了空间形态演变过程及相应的空间特征。

在对第一类问题的研究中，城市边缘区被视为一个相关的、流动的复杂体系，它的发展总是嵌入在更广大的经济、社会或政治关系中。

第二类关注问题由在社会关系中处于弱势而形成的边缘性空间。例如，Mehta & Karpouzoglou(2015)以及 Narain & Vij(2016)认为城市边缘地区是在土地和自然资源权利获取方式上受到歧视的贫困或者低端人口的聚集区。Kleemann 等人(2017)认为，非洲地区城市边缘区即是非正规居住的聚集区，它是被城市规划和政府治理所忽视的空间。Schrijnen(2000)认为，城市边缘区是存在于多中心城市网络的内部和周围的空间空隙和未被完全开发的土地。类似的，Bourne(2000)认为，发达国家城市的后工业化转型，带来许多城市内部的原居住或工业用地的废弃，这些在经济关系中处于弱势的空间碎片，也属于城市边缘区。

在对第二类问题的研究中，城市边缘区被视为社会关系中弱势地位的空间表现，这些空间是脆弱的、受剥削的、依赖的。

三、城市边缘区可持续发展的规划实施与研究的发展阶段

本章依据地理学家、规划学者对城市边缘区的认识维度的差异，将城市边缘区可持续发展的规划实施与研究，分为三个阶段：以土地利用管制为主导的阶段、以土地混合利用规划为主导的阶段和以空间治理为主导的阶段。

(一)阶段划分

相比于其他社会科学类的学科，规划的特殊性在于从土地和空间的角度对社会发展进行良性干预(张庭伟，2016)。规划师对城市边缘区的认识，会极大地影响其对城市边缘区可持续发展的规划方法的选择，后者也会随着前者的变化而发生相应的转变。因此，本文依据空间认识维度的差异，将城市边缘区的可持续发展的规划实施分为三个阶段(如图1所示)：土地利用管制(1950—1980 年占主导地位)、土地混合利用规划(1980—2000 年占主导地位)、空间治理(自 2000 年起占主导地位)。需要指出的是，本文所描述的某一阶段占据"主导"地位的规划方法，表示的是在某一阶段被倾向于使用的、被研究更多的规划方法。

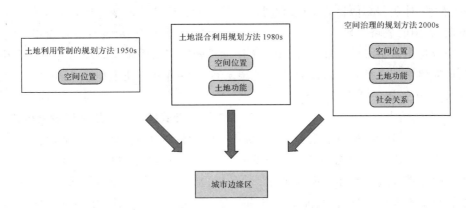

图1　对城市边缘区的认识及其可持续发展的规划实践

（二）以土地利用管制为主的阶段

1.对城市边缘区可持续发展的认识

以土地利用管制为主要方式的规划实践，以管制城市边缘区在城市整体形态中的空间位置为主要方式。在这一方式中，城市边缘区自身空间的可持续发展并没有得到很大的重视，城市边缘区的可持续发展意味着利用边缘区控制城市增长，以实现城市和乡村各自的可持续发展。

这一阶段城市边缘区的可持续发展规划以绿带规划为代表。Gallent（2006）认为，绿带不是为边缘区设计的机制，它是转移建成区边缘的发展压力的一种手段，主要目的在于促进城市更新和保护"开放"的农村免于蔓延。绿带指环绕城市建成区或者城镇建成区之间的乡村开敞地带，包括农田、林地、小村镇、国家公园、公墓及其他开敞用地。以英国自1944年起正式实施的伦敦绿带建设为例，国家设置绿带的主要目的在于：限制大范围的建成区无限制蔓延；防止邻近的城镇合并为一体；保护乡村地区免受侵吞；保护历史城镇的肌理和特征；通过鼓励重复利用城市土地和废弃的城市土地来促进城市更新（张险峰，2006；张媛明等，2013；张衔春等，2014）。

2.规划实施

二战后，英国逐步在城乡边缘带寻求控制城市规模和容量的具体措施。1944年，在霍华德的田园城市理论基础上，大伦敦区域规划委员会确定了其空间模式为"中心城—绿化隔离带—卫星城"的结构，主张通过严格的土地使用分区来限制城市向外扩张。卫星城散布于绿带周边，以满足新增城市空间的需求（Swaffield，2014）。自20世纪50年代起，中央要求地方政府规划绿带界限，交由中央政府批准，并予以严格执行，绿带政策由此在英国全面实施（Gallent，2006）。

虽然早在20世纪70年代末，英国的许多机构就开始呼吁并推动绿带的多功能发展，但英国全国范围内的绿带实施，还是以限制城市增长为主要目的。例如，1977年，英国乡村审查委员会（Commission for Rural Communities，CRC）基于城市边缘区的发展问题，认为该区域土地利用的改善可以带来更多社会价值，提升视觉环境。但是，1988年英国政府颁布的《绿带规划政策指引》（Planning Policy Guidance Note 2：Green Belts，PPG2）依旧主要关注：通过保持绿带的永久开敞性，阻止城市的蔓延；限制和调整城市开发的空间尺度和模式；保护农村、林业和其他相关用途；促进城市的更新和可持续发展。1994年，英国政府《可持续发展：英国的战略》(Sustainable Development：The UK Strategy)报告指出，在城市周边设置绿带是建设稠密型城市、限制城市无限度扩张的有效手段。2011年7月，英国《国家规划政策框架修订草案》指出，设置绿带的根本目的是通过保证土地永久开放性来防止城市蔓延，并为市民提供活动开敞空间。

在20世纪的大部分时期，许多发达国家都采用绿带式的城市边缘地区发展模式——无论是同心环型、半环型、楔型或扇型，这些城市边缘地区的土地利用政策都旨在防止、监管或减缓这些土地向城市功能的转换(Swaffield，2014)。德国在柏林及勃兰登堡计划中，将柏林附近的绿带改造为具有一定宽度的带状公园；加拿大多伦多建设的大金马蹄绿带通过国家控制及土地管理策略，有效抑制了城市蔓延；荷兰兰斯塔德的"绿心"虽然位于多个城市的交接地带，但是与绿带具有相同的发展控制、生态维护等基本功能(黄雨薇，2012；张衔春等，2014)。

3.实践反思

规划界对绿带规划的批评，主要存在以下两个方面：

(1)绿带规划没有关注城市边缘区内部的土地质量低下的问题

尽管绿化隔离带被赞誉为"规划中最伟大的成就之一(one of the greatest achievements of planning)"(CPRE，2012)，但越来越多的学者发现，土地利用管制的方式忽视了城市边缘区内部的土地管理问题，这就导致绿化隔离带通常由"低景观质量和公众难以接近的低价值农业用地(Barker，2006)"组成。2010年，根据英格兰乡村保护委员会(Council for the Preservation of Rural England，CPRE)的调查，英国绿带总面积的66%被归类为农田，但只有12%的农田是1级和2级农地(CPRE，2010)，还有一些土地存在非法入侵、破坏等行为(Gallent et al.，2006)，只有提高绿化隔离带内部的土地质量，才能发挥它的环境与社会价值。因此，有很多学者呼吁更积极、综合和战略性的土地利用方式，提出绿带应该被更好地管理，以最大限度地发挥其绿色效益，增加它们的访问权限并开发它们的多功能潜力(CPRE，2010；Helm，2015；CPRE，2017)。

(2)绿带规划带来了城市发展的社会性问题

许多学者认为，严格限制的绿带规划，带来了城市土地价格高涨与住房短缺的问题。2002年，英国皇家城市规划研究所(Royal Town Planning Institute，RTPI)指出，绿带的核心力量不是来自其"永久性"，而在于其本身作为一种规划工具的角色。因此，绿带需要积极灵活地去应对城市空间发展的需求，而不是消极控制。其在2016年的报告"我们应该在哪里建造新房子"(RTPI，2016)中，提出"绿带边界可能需要改变"的观点。在此观点下，Neate(2014)建议解决所有绿带土地都是神圣不可侵犯的错误观念，绿带应将一部分的土地用于住房建设，以满足城市中心的需要。呼吁彻底废除绿色带政策的人提出了一个接近但更激进的观点：所需要的是通过土地使用限制取代绿带，这种限制可以更好地反映环境标志并在继续保护环境的同时腾出土地用于住房(Gurria，2011；Papworth，2015)。

(三)以土地混合利用规划为主的阶段

1.对城市边缘区可持续发展的认识

以土地混合利用为主要方式的规划实践，除了认识到城市边缘区在城市空间结构中的位置对于控制城市增长具有重要意义,还认识到合理利用城市边缘区空间内部的土地也能促进其空间本身以及城市整体的可持续发展。它主要通过设计和改善城市边缘区的内部空间,来改变城市空间扩张的方式,以实现其自身和城市整体的可持续发展。

在20世纪80年代前,美国对城市边缘区的规划管理深受英国绿带规划的控制或者管理城市发展的思路的影响,分别在20世纪20年代实践分区管制、20世纪60年代进行规划单元开发、20世纪70年代划定城市增长边界等。20世纪80年代中期开始,美国的一部分建筑师和规划师开始倡导新城市主义运动(宋彦,2013)。相比于绿带规划,新城市主义运动的规划师们更加关注城市边缘区内部的空间设计,即通过设计紧凑、多用途混合的位于城市边缘区的社区,来延缓城市蔓延的速度,同时创造多元社会群体融合的社区环境。

2.规划实施

随着人口增长、收入增加和通勤费用的下降,美国早在20世纪20年代就开始出现了城市边缘区的人口增长倍速于城市中心的现象(Gillham,2007)。城市蔓延的概念最早就是由美国规划师Draper(1937)提出,用于形容住宅低密度地在城镇边缘地区发展的现象。它的出现给美国带来非常严重的资源浪费:一方面,中心城里原有的市政服务设施空置而未能充分利用;另一方面,城市功能在空间上的粗放扩散也带来自然环境被破坏、城市基础设施投资额激增等环境与社会问题(宋彦和张纯,2013;张景奇等,2015)。为应对城市蔓延,美国在城市边缘区采用了多种措施,新城市主义运动是美国对世界影响最大的城市边缘区的规划实践之一。

新城市主义运动包含两方面的内容:一是通过规划土地利用模式、交通道路布局等内容,来塑造良好的社区物质空间环境,以实现城市紧凑集约增长;二是通过改变邻里交往和住房选择,来创造良好的社区社会环境,以实现社会融合(宋彦和张纯,2013)。具体而言,新城市主义以二战前美国传统小城镇和邻里社区发展的设计理念为基础,希望通过这些传统物质形态要素在社区规划设计中的运用,鼓励步行,提供更多的邻里交往机会,减少对机动交通的依赖,并且提升城市的宜居性和可持续性(邹兵,2000;宋彦和张纯,2013;张景奇等,2015)。同时从城市和区域尺度来看,新城市主义社区也强调在城市中的区位选择,使居民更接近就业岗位和日常活动主要目的地,以此减少交通发生量(Frank & Engelke,2001;宋彦和张纯,2013)。

3.实践反思

规划界对新城市主义的批评,主要存在以下两个方面:

(1)新城市主义过分注重小尺度的物质空间的设计

新城市主义没有充分建立其与中心城市之间的结构与功能上的联系。尽管社区的物质空间是“规划良好”的,但社区区位仍然与城市主要就业、商业中心脱节,缺乏大尺度的区域交通规划来配合。除此之外,许多学者还发现,由可持续发展原则驱动的地方规划决策,但未能预见区域层面创造的外部性,可能会促进更广泛的不可持续行为(Webber & Hanna,2014)。规划城市的可持续发展,应该从城市整体,甚至是区域整体的视角入手(Chapple,2015)。

(2)新城市主义的规划方式过分注重物质空间的改善

新城市主义没有改变影响空间形成背后的城市整体的经济、社会和政治的因素。新城市主义运动过分依赖规划手段而忽视了遵循市场规律来引导市场。例如,强调社区土地混合利用而忽略了城市企业和商家选址需要集聚经济的市场规律,也难以扭转居民多年来到大型购物中心一站式购物的习惯(宋彦和张纯,2013)。在美国,城市边缘增长是城市的住房政策、基础设施投资和税收政策等因素综合影响的结果(Wu & Shen,2015)。空间是城市社会的载体,城市边缘区出现的城市蔓延实质是城市内部的经济与社会出现了问题。因此,新城市主义忽视了影响城市可持续发展的社会关系层面的因素。

(四)以空间治理为主的阶段

随着规划师对城市边缘区的认识不断深入,以及西方国家政治经济环境的变化、城市发展阶段变化、主导规划理论的变迁等环境因素的变化,自 2000 年以来,越来越多的城市边缘区规划开始出现向空间治理转型的趋势。

通过对规划实践和学者研究视角的归纳,可以发现,当前的以空间治理为主导的城市边缘区可持续发展规划,同时解决了空间位置、土地功能和社会关系这三个维度的城市边缘区问题。它的前沿性在于,认识到了城市边缘区的可持续性在于形成灵活性的多功能空间,并倡导用建立短期的共识与长期的合作机制来维持这种灵活性。

1. 对城市边缘区可持续发展的认识

以空间治理为主要方式的规划实践,开始注重城市边缘区与城市其他空间之间的功能性联系,以及城市边缘区空间形成背后的社会关系。这一规划方式倾向于认为,城市边缘区对其自身以及城市整体可持续发展的贡献无法得到充分发挥的原因在于缺乏合适的管理主体与管理机制。

许多学者认为,城市边缘区应该被看作是承载城市延伸功能的地带,而不是由空间距离或者人口密度决定的边缘地带。这是因为,城市边缘区对可持续发展的重要性,在于它能应对城市在追求可持续发展的过程中产生的不断变化的需求(Hedblom et al.,2017)。与城市地区的具体而持久的建成环境以及传统农村地区持续的农业生产相比,城市边缘区的土地功能并不是一成不变的。城市边缘区景观的灵活性将它们与更为明确和固定的城市景观区别开来。因此,城市边缘区的可持续发展规划,应该以实现城市边缘区内部的土地用途与调整生态系统服务的灵活多变为目标。例如,瑞典城市的城郊森林最初由市政府购买,以确保未来城市扩张的空间,后来部分用于木材生产,如今主要用于保护生物多样性和发展户外娱乐(Hedblom & Bo,2008)。瑞典和西欧国家的位于城市边缘区的农业区和半自然牧场,许多用途都转换成了马场或高尔夫球场(Hedblom et al.,2017)。

由于多功能性和灵活性意味着城市边缘区复杂的土地利用以及多元的利益主体,不同利益集团的协调和城市边缘区整合就变得极其重要(Hoggart,2005)。当前,城市边缘区的土地存在三种权属类型:个体所有、公司/集体所有和国家所有。但是这些所有权所对应的土地管理方式,在发挥城市边缘区的多功能潜力上都存在着各自的不足。城市边缘区的土地归个体所有时,其相对于农村地区更加多元的土地使用者导致利益冲突的风险就会大大增加。城市边缘区的土地归公司/集体所有时,公司只关注业绩的提升而往往没有兴趣与其他的土地所有者进行沟通(Lidestav et al.,2015)。国家所有的土地则存在部门之间相互合作的障碍。在波兰,城市边缘区的森林建设由于各个行业和部门各行其是,导致其对城市可持续发展的潜在贡献并没有完全被发挥出来。例如,林业、农业或自然保护等负责部门,往往从农村的角度出发,优先考虑部门利益(并且通常有责任这样做),缺乏部门之间的对话与合作(Lidestav et al.,2015)。

基于以上观点,空间治理成为当前实现西方发达国家在推动城市边缘区的可持续发展时更倾向于使用的规划方式。因为"治理"能识别影响空间产生背后的不同制度、实践、话语、意识形态,建立一个不同层次的利益主体相互合作的平台,从而有效解决多元主体之间的利益矛盾(Jessop,1998;Keil,1998;Swyngedouw,2005)。

2.规划实施类型

(1)紧凑城市背景下的城市边缘区可持续发展规划

随着可持续发展城市形式(包括紧凑型城市或生态城市)在全球的实践,城市边缘区可持续发展规划实践也发生了变化。作为一种高密度、功能混用的可持续发展城市形态,紧凑城市旨在抵消城市扩张和蔓延的负面影响(OECD,2012)。但是,紧凑城市的建设是以牺牲城市内部居民的人均绿色和开放空间面积为代价的。因此,当城市密集化并且对城市边缘区的功能和服务的需求增加时,许多学者预计城市边缘区将是补充城市发展所舍弃的越来越多功能的潜在来源。除了多功能的表现外,城市边缘区还需要有极快的改变土地利用的能力来适应城市发展情况的变化。通过这种方式,城市、城郊和农村居民可以更好地保护和管理城市边缘区的可持续发展,并在更大范围内与生态、社会和经济利益发生多重联系。

以瑞典斯德哥尔摩市的绿楔(green wedges)规划转型为例。不同于传统的城市扩张方式,斯德哥尔摩市的发展并没有从中心向外扩展,而是在原来的农业森林和耕地区域之间留下了宽阔、长长的楔子,作为连续的绿地。20 世纪 90 年代,这些绿楔地区被诟病为主要为其周边的居民而非整个城市提供娱乐和生态系统服务,并且日益受到城市化的侵蚀。新世纪以来,随着紧凑城市成为斯德哥尔摩市发展的主要战略,越来越多的群体开始认识到绿色楔子的重要特性。由于这些绿色楔块大小不一并且受到城市发展的直接压力,土地利用的灵活性和变化速度比传统农村地区要快。这使得绿色的楔子由多种多样的土地使用组成,这些土地使用也属于不同的管辖范围:国家遗产保护区和自然保护区,娱乐区,私人庄园以及用于各种农业、林业和休闲农业目的的土地。这些多功能土地、多元化利益集团在绿楔内部的存在,以及绿楔缺失的正式保护或者规划,让许多人开始意识到绿楔的潜力与脆弱性。为了保护绿楔的可持续发展,非政府组织、市政当局和区域规划者之间,首先针对一个楔子的可持续发展问题开始进行对话,后来,与绿楔相关的各个层面的主要行为者也加入了对话,并形成正式的伙伴关系。伙伴关系平台的逐步发展导致绿色楔子内的地方挑战和需求得到了市政府的认可,并被纳入区域景观规划。有关区域规划对话的文件强调,要使区域一级的决定成为可能,就需要与地方一级进行谈判与沟通。最初的对话与合作伙伴关系最后衍生出了地方层面正式的社会治理结构,以期发挥出绿楔的多功能性和灵活性(Oliveira,2017;Hedblom et al.,2017)。

(2)空间规划背景下地方层面对绿带规划转型的尝试

许多学者和机构认为,空间规划的出台,为英国绿带规划的转型和城市边缘区的可持续发展提供了机会。因此,自英国的规划体系发生变革以来,英国的许多机构和学者都在致力于推动绿带所在的城市边缘区可持续发展的规划转型。

例如,英国乡村署认为,城市边缘区在实现社会(娱乐和教育)、环境(景观提升和生物多样性促进)和经济(绿色商业主导的再生)目标的巨大潜力仍然未被开发。这是由于旧有规划体系未能认识到这种潜力，旨在更有效利用边缘区域的本土倡议往往是"独立"（针对经济发展或景观改善）的，非整体性的，从而导致这些倡议无法在地方和战略层面被更有效地联合起来（Gallent，2007）。但是，英国规划体系在根本层面和分支层面的改革，即将规划纳入到可持续社区战略中，有望在更广泛的绿带和城乡边缘区域内带来积极的变化（Gallent，2007；Lyons，2007）。因为可持续社区战略的新兴空间规划框架，考虑到了社区发展的社会，经济和环境特征（即其社区地方特色），这给城市边缘区的发展带来了更多的机会空间（Baker，2006）。

2004 年，英国颁布《规划与强制收购法》（Planning and Compulsory Purchase Act 2004）引入新的两层次发展规划体系：区域空间战略（Regional Spatial Strategy，RSS）和（地方）发展规划文件（Development Plan Documents，DPDs）。2004 年 9 月，《规划政策陈述 12：地方发展框架》（Planning Policy Statements 12：Local Development Frameworks）发布，该文件指出地方发展框架由程序性文件和地方发展文件两部分组成。其中，地方发展文件包括发展规划文件（DPDs）和补充规划文件（Supplementary Planning Documents，SPDs）两种类型。发展规划文件是一系列空间文件的集合，由场地用途配置政策（Site Specific Allocations，SSA）、批准（规划与政策）建议地图（Adopted Proposals Map，APM）、地区行动规划（Area Action Plans，AAP）及补充规划文件（SPDs）构成。其中，地区行动规划（AAP）用于面临重大发展转折的地区或需要保护的地区要编制地区行动规划，以明确地区规划框架。地区行动规划最为显著的特征是以实施为焦点（Gallent，2007；刘洋，2013；刘玉，2014）。

2004 年，英国乡村署（Countryside Agency）为了充分发挥新的规划体系在协调、整合城市边缘区不同空间发展和利益诉求方面的能力，与英国基础组织（Groundwork UK）联合发布了《城市边缘行动规划》（Urban Fringe Action Plan）。这一文件强调了城市边缘区在协助创造更加可持续的社区方面所具有 10 个潜在的不同功能（刘洋，2013）：①通向乡村的桥梁；②通向城市的门户；③健康的中心；④教室；⑤循环和可再生能源的中心；⑥多产的景观；⑦文化遗存；⑧可持续生活的场所；⑨城市复兴的动力来源；⑩自然保护区。基于这份文件，英国乡村署呼吁中央政府和地方政府对绿带规划进行改革，用一种综合而包容的方法规划城市边缘区（Gallent，2006；刘玉，2014）。

2010 年，英国政府的地方主义议程（Localism Agenda），即中央向地方，政府向市场、社会的分权，重组了次一级区域治理方式。中央政府把经济和社会责任下放到城市和地方的社区，建立企业家联合的地方权威机构（Local Enterprise Partnership，LEP）进行区域规划与管理。地方主义议程的实施，使得城市边缘区的多功能潜力被企业家团体进一步认可。这为地方层面推动城市边缘区的绿带规划从土地利用管制向空间治理方式的转型提供了可能（Lazzarini，2018）。

3. 实践反思

学者主要从两个方面对城市边缘区的空间治理的规划方式提出质疑。

（1）空间治理的可行性问题

虽然许多文章强调了协作性规划和合作机制的建立对城市边缘区的可持续发展非常重要，但许多学者结合具体的案例，对这种治理型规划方式的有效性进行了评估。Geneletti 等（2017）认为，空间治理的倡导者没有考虑利益主体的实际代表性。合作伙伴关系的长期建立需要大量的财政资源的投入,同时也对参与者的时间、能力提出了非常高的要求。这些前提条件如果得不到满足,空间治理的有效性将无法得到发挥。这还可能导致空间决策被有权力的个体或集团控制(Shkaruba et al.,2017),如英国地方层面的企业家团体在规划决策过程中没有坚持将某些土地利用的代表包括在内,这导致了城市边缘区的可持续发展以经济增长为主,而没有发挥城市边缘区在农产品生产、生态安全等方面的可持续性(Lazzarini,2018)。

(2)空间使用层面的公平与经济问题的科学测度

学者主要从可达性、经济性角度来评价空间治理的规划效果。不考虑社会环境因素以及人们的偏好和行为的"硬基础设施"规划可能会产生不想要的和不受控制的结果。例如,重建项目通过大规模绿化(Goodling et al.,2015)产生的财产价值增加,导致高档化和隔离,以及改善公共交通设施,增加乘客人数,从而扩大社会距离和经济领土(Lebeau,2013)。Žlender & Thompson(2017)对卢布尔雅那的绿色坡地和爱丁堡的绿化带的绿色空间的可达性进行了比较,发现不同的绿色空间规划策略决定了城市居民如何进入和使用城市边缘区的绿色空间。从调查问卷和焦点小组中收集到的信息显示,卢布尔雅那的公民经常使用绿色的楔子,因为这些空间可以方便地进入市中心,而爱丁堡的绿化带被用于休闲目的的频率比其他绿色空间少得多。为此,作者建议将绿色走廊作为更广阔的绿色空间战略的一部分,并通过整合可持续交通工具(如步行,骑自行车或使用公共交通工具)使这些地区更加便利。

四、"空间治理"所面临的挑战

通过对城市边缘区可持续发展的规划实施与研究的发展阶段的分析,可以发现,比起土地利用管制、土地混合利用规划,空间治理的方式对城市边缘区的认识更加深刻,注重同时解决空间位置、土地功能和社会关系这三个维度的可持续发展问题。

但是,当前空间治理的规划方式,在认识论、方法论,以及这一模式的可复制性方面,都存在没有解决的挑战。认识论方面的挑战在于,忽视了对由于在社会关系中处于弱势而形成的多种类型的边缘性空间的可持续发展规划。方法论方面的挑战在于,空间治理更关注决策效率,不能确保规划决策的科学性和专业性。空间治理模式普适性方面的挑战在于,空间治理的出现与所解决的问题,都具有时空的特殊性。它的可复制性还有待研究。

(一)忽视由社会关系中处于弱势而形成的边缘性空间

当前,从社会关系的视角定义城市边缘区,存在两种类型:一种是解释空间位置维度的城市边缘区背后的社会、政治、经济的交互过程(Ekers et al.,2012;冷方兴和孙施文,2017)。另一种是关注社会关系中的边缘性空间。例如,城市边缘地区是在土地和自然资源权利获取方式上受到歧视的贫困或者低端人口的聚集区(Roy,2015;Kleemann et al.,2017)。但是,当前以空间治理为主导的城市边缘区的可持续发展规划,基本只关注由空间位置弱势而形成的边缘性空间的位置、功能与社会关系问题,忽视了在社会关系中处于弱势而形成的其他类型的边缘性空间与相应的问题。

1. 缺少对非正规聚集的城市边缘区的关注

Wandl 和 Magoni（2017）认为，发达国家的城市边缘区具有与发展中国家的城市边缘区迥异的特征：前者一般表现为流动性、经济表现、景观完整性和环境质量方面的低层次性；后者通常包含土地和水道（waterways）的污染、贫困和非正式的居民点。非正规居住作为印度等国家的大城市边缘区的问题，学者以解释其空间形成的机理为主，而缺少对这类边缘区如何实现可持续发展的研究。这可能是由于，空间治理的方法所关注的主要是发达国家的城市边缘区的可持续发展的挑战与问题，而缺少对发展中国家当前城市边缘区的可持续发展的问题的解决。Inostroza（2017）建议城市规划应更多关注非正规性及其与城市发展和城市边缘出现相关的特定空间模式。为此，需要有效的方法来理解和衡量非正式的城市发展，以确定能够通过考虑权属因素来重新审视现有规划决策的规划解决方案。

但其实，由于在土地和自然资源权利获取方式上受到歧视的贫困或者低端人口的聚集所形成的边缘性空间，并不只是在发展中国家出现。一个明显的事实是，日益加剧的贫富差距导致发达国家城市的底层社区自发的非正式活动（informal activities）也开始扩展，其影响涵盖就业方式、居住形态、交通方式等领域（Chapple，2015；张庭伟，2016）。在美国，由于地方政府财政困难，不得不减少公共投资，从而影响城市建设和公共服务，迫使一些贫困城市及社区更多地进入非正式活动领域（张庭伟，2016）。因此，发达国家和发展中国家的城市边缘区的可持续发展共同面临着如何管治或者如何适应这些非正式活动的挑战。

2. 缺少对多中心城市网络下的城市边缘区的关注

除了非正规聚集区外，空间治理也没有对多中心城市网络下的城市边缘区可持续发展进行足够的关注。社会学家 Manuel Castells 于 1989 年提出的信息城市的理论（The informational city）强调，发达国家进入后工业化时代，形成了新的产业空间和劳动分工，使得区域和城市发展也发生重大转变（Castells，1989），硅谷等地区的崛起，意味着边缘城市都有可能成为新的中心节点。这种区域的多中心网络发展方式改变了单中心城市发展的假设，这不仅导致很多原城市边缘地区的土地正在变成城市内部的一部分，还带来许多城市内部的原居住或工业用地的废弃成为边缘区。同时，多中心城市-区域网络，还意味着在这些网络的内部和周围，存在着大量的空隙和未被完全开发的土地。在这些边缘地带，城乡混合的景观可能不再是其主要的特点。

这种碎片式的、镶嵌式的城市边缘区，是当前空间治理在规划城市边缘区的可持续发展时，还没有关注到的。

（二）缺乏对空间治理的科学性探索

在城市边缘区实施空间治理的规划方法，当前主要从社会关系的维度出发，以如何建构治理机制，解决不同利益群体之间的矛盾为主要关注点，缺少对与空间位置、土地功能维度相关的规划决策的科学性与专业性的足够关注。科学性对于城市边缘区的可持续发展也有重要意义。本节主要以规划工具的科学性与体系性为例，来讨论空间治理的科学性问题。

当前，也有一些学者开始研究城市边缘区的空间治理规划的支持和促进决策过程的新工具和方法。例如，Grêt-Regamey 等（2017）提出了用空间决策支持工具选定城市边缘区内部的发展地块。该方法融合了从基于集成到基于网络平台的多标准决策分析，并允许利益相关者和规划者之间进行有效的交互。在具体的案例研究中,Grêt-Regamey 等人的模型(2017)通过可视化工具和场景生成来吸引利益相关方和其他参与者,为自下而上的参与提供了足够的信息支持。瑞典城市边缘区的示范森林建设,也强调了需要根据利益相关者的背景,以合适的地理尺度来识别地貌,同时也为所有相关人员提供多个尺度成像的方式,促进参与者的相互理解与决策的快速达成(Lidestav et al.,2015)。随着遥感、地理信息等技术方法在社会科学中越来越多地应用,治理理论有了更大的实践舞台(Fan et al.,2017;Grêt-Regamey et al.,2017)。

但是,这些方法工具的研究,更多以决策的效率为目标(如促进共识和决策的快速建立),而缺少对城市边缘区空间改造的科学性工具的探索。许多学者认为,当前基于农村视角、区域视角和城市视角的规划工具,难以应用于城市周边地区,并且无法有效实现可持续性(Allen,2003;Scott et al.,2013)。城市边缘区的规划和管理不能简单地加总城市的环境规划和农村的生态系统规划的方法与工具(Allen,2003)。相反,它需要建立一种能回应城市边缘区的具体环境,社会,经济和体制方面的规划工具系统。而这种讨论,在城市边缘区的空间治理规划中,并没有得到很多的重视。

(三)空间治理方法的普适性问题

从空间治理忽略了发展中国家大规模存在的非正规居住形式的城市边缘区的可持续发展,可以发现,针对城市边缘区可持续发展而提出的空间治理规划方法主要关注的是发达国家的问题。对该模式进一步分析,可以发现空间治理的方法,在出现的背景和解决的问题上都存在特殊性。

1. 空间治理的出现具有特定的时空背景

空间治理的出现,除了是规划师对空间的认识不断发展的结果,也是西方国家特定的社会发展阶段以及规划理论环境下的产物。大多数的规划创新,以改革而非完全取代旧有规划为主要的方式。这意味着,城市边缘地区可持续发展的规划模式,是在复杂的制度、意识等语境下形成的。这些语境需要被认真和严谨地分析和阐释。

空间治理的核心在于建立合作机制。但是合作机制在规划界的兴起,是西方城市发展到特定阶段的结果(Qvistrom &Cadieux,2012;Swaffield,2014)。近年来随着美国资本在世界各地日益增加的投资转移,美国州政府、城市政府的公共财政普遍出现困难,依靠政府财政作为支持的城市规划项目也面临挑战。为了追求最大利益而进行的资本全球化流动,使地方政府管治当地经济、社会的能力下降。美国地方政府公共财政减少,使以社区为主的自主性规划成为规划实施的新途径。20 世纪 90 年代后得到广泛接受的"沟通式规划"(communicative planning)提供了在现有居民中建立共识的基本理念及方法,成为美国规划界的主流,也打下了社区主导规划的基础(张庭伟,2016)。

在英国,空间规划的产生,是对中央政府把经济和社会责任下放到城市和地方的社区的政府关系改革的适应。《2011 地方主义法案》在废除了区域空间战略后,引入了"合作责任"机制,旨在通过地方层面的互动,提高地方政府间跨行政区合作的效率。在地方"合作责任"引入的同时,为了提高市场参与度,进一步推动自下而上的区域合作发展。随着政府权力分配的地方化,英国引入了企业家联合的地方权威机构(Local Enterprise Partnership,LEP)进行区域规划与管理,这推动了英国城市重新塑造与农村腹地的关系(Gallent et al.,

2006),并且为城市边缘区的空间治理形式的产生与引入提供了条件。

产生于西方社会发展的特定历史背景的空间治理,可能如其他的规划方法一样,并不适用于其他国家。例如,Shkaruba 等(2017)分析了在东欧社会主义转型国家的城市边缘区实践空间治理的挑战,发现,城市边缘区的可持续规划方法从功能区划的城市规划(典型的苏联规划体系)转向更灵活和包容的规划,主要受到经济转型之前运作的机构和事后建立的机构的阻碍。宋彦和张纯(2013)在反思美国的新城市主义运动时也认为,虽然中国的规划师也尝试在一些规划实践中应用新城市主义原则,但美国的新城市主义强调的一些具体规划措施在中国城市背景下并不一定适用,例如,中国城市密度已经不低,土地功能已较混合,且并不存在严重的社会空间分异。除此之外,在城乡二元化仍占据主要地位的中国,城市边缘区不是城市和农村的过渡地带,城市边缘区的土地规划也并不存在被忽视的问题,因为它被归为城市或农村的某一类而进行规划。空间治理解决的主要是城市边缘区发展的灵活性与多功能潜力发挥问题。这也是西方城市发展当前要解决的重要问题。如果不同国家当前所面临的城市发展问题并不相同,那么是否能应用以及如何应用空间治理的方式?

2.空间治理的有效性依赖一定的社会条件

联合国人居署(UN-Habitat,2015)将城市空间的治理定义为:"个人和机构,公共和私人,计划和管理城市共同事务的多种方式的总和。这是一个持续的过程,可以通过这个过程来解决冲突或多样的利益,并采取合作行动。它包括正式的机构以及非正式的安排和公民的社会资本。"从这一定义中,可以发现,空间治理是西方公民社会(civil society)在城市管理领域的变体。公民社会是指围绕共同利益、目标和价值的,非强制的行动团体。它的特点在于,公民通过建立社会资本、信任和共同价值观,从而转化出政治气氛,使社会结合为一体,促进社会中的相互了解和关联,提升共同利益(Putnam et al.,1994;LSE,2004)。由此可见,空间治理的有效性,依赖于公民社会的成熟程度和利益相关者的公共精神。

Hedblom 等(2017)在研究了瑞典城市边缘区的绿楔规划和国际模式森林建设的成功经验后总结道,空间治理模式在规划城市边缘区实现可持续发展时,非常重要的初步步骤在于创建不同利益群体之间的对话平台,这一平台最好由城市居民发起,并在有关当局的支持下,持续地管理城市边缘区以满足城市发展的需求。本地平台的建立,可以有效促进影响城市边缘区可持续发展的多个行为者之间的伙伴关系,以确保对城市边缘区管理的长期灵活性。但是,如果在公民社会发展并不是很成熟的地区应用 Hedblom 所提倡的这一模式,很可能会造成空间治理的参与主体积极性不足,公共性不足,决策能力不够等问题。

除此之外,空间治理对城市边缘区的可持续发展问题解决的有效性,还在于它所解决的问题以西方发达国家城市边缘区所面临的问题为主。由此,用当前的空间治理来解决发展中国家城市边缘区的可持续发展问题,或解决由社会关系中处于弱势而形成的边缘性空间的可持续发展问题,可能并不是那么有效。

五、结语

依据地理学家、规划学者对城市边缘区的认识维度的差异,本文将城市边缘区可持续发展的规划实施与研究,分为三个阶段:土地利用管制(1950—1980 年占主导地位)、土地混合利用规划(1980—2000 年占主导地位)、空间治理(自 2000 年起占主导地位)。通过分析与比较这三个阶段的规划实施与主要的研究议题,本文认为,当前以空间治理为主导的城市边缘区的可持续发展规划,相比于前两个阶段,对城市边缘区的空间与可持续性的认识更加深刻,也能解决更多的问题。具体而言,它致力于同时解决由空间位置、土地功能和社会关系这三个维度所导致的城市边缘区的问题,它认识到了城市边缘区的可持续性在于形成灵活性的多功能空间,并用建立短期的共识与长期的合作机制来维持这种灵活性。

但空间治理的规划方法在城市边缘区的应用,也存在一些不足:对城市边缘区的认识、规划的科学性以及规划方法的普适性的研究,还很不够。具体而言,空间治理面临着三个方面的挑战:①空间治理基本只关注由空间位置弱势而形成的边缘性空间的位置、功能与社会关系问题,忽视了在社会关系中处于弱势而形成的其他类型边缘性空间与相应的问题。例如,缺乏对充满非正规居住、贫困的城市边缘区,以及对多中心城市网络内部的城市边缘区的可持续发展的研究。②不能确保规划的科学性。当前针对空间治理中规划工具的研究,更多围绕社会关系解决决策效率的问题(如促进共识和决策的快速建立),而缺少对与空间位置、土地功能维度相关的科学性工具的探索。③规划方法的普适性问题。空间治理方法的产生和解决问题的效果,依赖于发达国家特定的时空背景。

空间治理的进一步发展,以及其他国家应用空间治理解决城市边缘区可持续发展的问题,需要重视并加以解决。

参考文献

[1] Allen A. Environmental Planning and Management of the Peri-urban Interface: Perspectives on an Emerging Field[J]. Environment and Urbanization,2003,15(1):135-148.

[2] Barker K. Barker Review of Land Use Planning: Final Report-Recommendations[R]. HMTreasury, London,2006.

[3] Bourne L S. Living on the Edge: Conditions of Marginality in the Canadian Urban System. In Lithwick H,Gradus Y, eds. Developing Frontier Cities: Global Perspectives-Regional Contexts[M]. Kluwer Academic Publishers,2000:77-97.

[4] Bryant C,Russwurm L,Mclellan A. The City's Countryside[M]. London:Longman,1982.

[5] Castells M. The informational city[M]. Oxford:Blackwell Publishers,1989.

[6] Centre For Civil Society, London School of Economics. What is civil society? [J/OL], https://web. archive. org/web/20061030173954/http://www. lse. ac. uk/collections/CCS/what_is_civil_society. htm,2004-03-01.

[7] Council For The Preservation Of Rural England (CPRE). Green Belts: A Greener Future[R]. CPRE,2010.

[8] Council For The Preservation Of Rural England (CPRE). Green Belts Under Renewed Threat? [R]. CPRE,2012.

[9] Council For The Preservation Of Rural England (CPRE). Landlines: Why We Need a Strategic Approach to Land[R]. CPRE,2017.

[10] Chapple K. Planning Sustainable Cities and Regions:Towards More Equitable Development[M]. New York:Routledge,2015.

[11] Ekers M,Hamel P,Keil R. Governing Suburbia:Modalities and Mechanisms of Suburban Governance [J]. Regional Studies,2012,46(3):405-422.

[12] Fan P,Xu L,Yue W,et al. Accessibility of Public Urban Green Space in an Urban Periphery:The Case of Shanghai[J]. Landscape & Urban Planning,2016,165:177-192.

[13] Fishman R. The American Metropolis at Century's End:Past and Future Influences[J]. Housing Policy Debate,2000,11(1):199-213.

[14] Frank L D,Engelke P O. The Built Environment and Human Activity Patterns:Exploring the Impacts of Urban Form on Public Health[J]. Journal of Planning Literature,2001,16(2):202-218.

[15] Friedmann J. The Future of Periurban Research[J]. Cities,2016,53:163-165.

[16] Gallent N,Shaw D. Spatial Planning,Area Action Plans and the Rural-urban Fringe[J]. Journal of Environmental Planning & Management,2007,50(5):617-638.

[17] Gallent N,Andersson J,Bianconi M. Planning on the Edge[M]. New York:Routledge,2006.

[18] Gallent N. The Rural-Urban fringe:A New Priority for Planning Policy? [J]. Planning Practice & Research,2006,21(3):383-393.

[19] Garreau J. Edge City:Life on the New Frontier[M]. Doubleday,1991.

[20] Geneletti D,Rosa D L,Spyra M, et al. A Review of Approaches and Challenges for Sustainable Planning in Urban Peripheries[J]. Landscape & Urban Planning,2017:231-242.

[21] Ghertner D A. Gentrifying the State,Gentrifying Participation:Elite Governance Programs in Delhi [J]. International Journal of Urban & Regional Research,2011,35(3):504-532.

[22] Goodling E,Green J,Mcclintock N. Uneven Development of the Sustainable City:Shifting Capital in Portland,Oregon[J]. Urban Geography,2015,36(4):504-527.

[23] GrêT-Regamey A,Altwegg J,Sirén E A,et al. Integrating Ecosystem Services into Spatial Planning— A Spatial Decision Support Tool[J]. Landscape & Urban Planning,2017,165:206-219.

[24] Gurria A. Overview of the Economic Survey of the United Kingdom 2011[R]. OECD,2011.

[25] Hedblom M,Bo S. Woodlands Across Swedish Urban Gradients:Status,Structure and Management Implications[J]. Landscape & Urban Planning,2008,84(1):62-73.

[26] Hedblom M,Andersson E,Borgström S. Flexible Land-use and Undefined Governance:From Threats to Potentials in Peri-urban Landscape Planning[J]. Land Use Policy,2017,63:523-527.

[27] Helm D. In Defence of Green Belt. Paper Presented at the Seminar 'Green Beltof the Future'[C]. GLA building,London,2017.

[28] Hoggart K. The City's Hinterland:Dynamism and Divergence in Europe's Peri-urban Territories[M]. Ashgate,2005.

[29] Inostroza L. Informal Urban Development in Latin American Urban Peripheries. Spatial Assessment in Bogotá,Lima and Santiago de Chile[J]. Landscape & Urban Planning,2017,165:267-279.

[30] Jessop B. The Rise of Governance and the Risks of Failure:the Case of Economic Development[J]. International Social Science Journal,1998,50(155):29-45.

[31] Kaika M,Swyngedouw E. Fetishizing the Modern City:the Phantasmagoria of Urban Technological Networks [J]. International Journal of Urban andRegional Research,2000,24(1):120-138.

[32] Keil R. Globalization Makes States:Perspectives of Local Governance in the Age of the World City[J]. Review of International Political Economy,1998,5(4):616-646.

[33] Kleemann J,Inkoom J N,Thiel M,et al. Peri-urban Land Use Pattern and its Relation to Land Use

Planning in Ghana,West Africa[J]. Landscape & Urban Planning,2017,165:280-294.

[34] Lazzarini L. The Role of Planning in Shaping Better Urban-Rural Relationships in Bristol City Region [J]. Land Use Policy,2018,71:311-319.

[35] Leaf M. The Politics of Periurbanization in Asia[J]. Cities,2016,53:130-133.

[36] Lebeaub. From Industrial City to Sustainable City the Northern Suburbs ofParis Yesterday and Today [J]. European Spatial Research and Policy,2013,20(2):27-40.

[37] Lidestav G,Svensson J,Hedblom M. Innovative Tools to Support Cooperation Among Stakeholders in Baltic Landscapes-a Handbook[M]. Publikationsfonden,Faculty of ForestScience,SLU,2015.

[38] Lyons M. Place Shaping:A Shared Ambition for the Future of Local Government[R]. The Stationery Office,London,2007.

[39] Mattingly M. Institutional Structures and Processes for Environmental Planning and Management of the Peri-urban Interface[R]. Development PlanningUnit,University CollegeLondon,1999.

[40] Mcgee T G. The Emergence of Desakota Region in Asia:Expanding a Hypothesis. In Extended Metropolis Settlement Transition in Asia[M]. Honolulu:University of Hawaii Press,1991:3-25.

[41] Mehta L,Karpouzoglou T. Limits of Policy and Planning in Peri-urban Waterscapes:The Case of Ghaziabad,Delhi,India[J]. Habitat International,2015,48:159-168.

[42] Neate S. Ministers Must Review Green Belts[J]. Planning,2014 (1988):12.

[43] Office Of The Deputy Prime Minister (ODPM). Previously Developed Land That may be Availablefor Development:Brownfield Sites[R]. ODPM,2003.

[44] Oliveira Fld. Green Wedge Urbanism:History,Theory and Contemporary Practice[M]. New York: Bloomsbury Academic,2017.

[45] Organization For Economic Cooperation And Development (OECD). OECD Regional Typology[R]. OECD Directorate for Public Governance andTerritorial Development,2011.

[46] Papworth T. The Green Noose. An Analysis of Green Belts and Proposals forReform[R]. Adam Smith Institute,London,2015.

[47] Perrin C,Nougarèdes B,SINI L,et al. Governance Changes in Peri-urban Farmland Protection Following Decentralisation:A Comparison Between Montpellier (France) and Rome (Italy)[J]. Land Use Policy,2018(70):535-546.

[48] Pryor R J. Defining the Rural-Urban Fringe[J]. Social Forces,1968,47(2):202.

[49] Putnam R D,Leonardi R,Nonetti R Y. Making Democracy Work:Civic Traditions in Modern Italy [M]. Princeton:Princeton University Press,1994.

[50] Qviström M,Cadieux K V. Spatial Order,Scenic Landscapes and Sprawl:Peri-urban Studies at the Interface between Landscape and Planning History[J]. Landscape Research,2012,37(4):395-398.

[51] Royal Town Planning Institute(RTPI). Where Should We Build More Homes? [R] RTPI,2016.

[52] Roy A. Governing the Postcolonial Suburbs. In Hamel P,Keil R,eds. Suburban Governance "A Global View"[M]. Toronto:University of Toronto Press,2015:337-348.

[53] Sassen S. The Global City:New York,London,Tokyo[M]. Princeton:Princeton University Press,1991.

[54] Scott A J,Carter C,Reed M R,et al. Disintegrated Development at the Rural-urban Fringe:Reconnecting Spatial Planning Theory and Practice[J]. Progress in Planning,2013,83(6):1-52.

[55] Schrijnen P M. Infrastructure Networks and Red-green patterns in City regions[J]. Landscape & Urban Planning,2000,48(3-4):191-204.

[56] Shkaruba A,Kireyeu V,Likhacheva O. Rural-urban Peripheries under Socioeconomic Transitions: Changing Planning Contexts,Lasting Legacies,and Growing Pressure [J]. Landscape & Urban

Planning,2017,165:244-255.

[57] Simon D, Mcgregor D, Nsiah-Gyabaah K. The Changing Urban — rural Interface of African cities: Definitional Issues and an Application to Kumasi, Ghana[J]. Environment & Urbanization,2004,16 (2):235-248.

[58] Swyngedouw E. Governance Innovation and the Citizen: The Janus Face of Governance-beyond-the-State[J]. Urban Studies,2016,42(11):1991-2006.

[59] Thomas D. The Edge of the City[J]. Transactions of the Institute of British Geographers,1990,15(2): 131-138.

[60] Vij S, Narain V. Land, Water & Power: The Demise of Common Property Resources in Periurban Gurgaon, India[J]. Land Use Policy,2016,50:59-66.

[61] Wandl A, Magoni M. Sustainable Planning of Peri-Urban Areas: Introduction to the Special Issue[J]. Planning Practice & Research,2017,32(1):1-3.

[62] Webster D. On the edge: Shaping the Future of Peri-urban East Asia [R]. Asia/Pacific Research Center,2002.

[63] Webber S, Hanna K. Sustainability and Suburban Housing in the Toronto region: the case of the Oak Ridges Moraine Conservation Plan[J]. Journal of Urbanism International Research on Placemaking & Urban Sustainability,2014,7(3):245-260.

[64] Wehrwein G S. The Rural-Urban Fringe[J]. Economic Geography,1942,18(3):217-228.

[65] Wu F, Shen J. Suburban Development and Governance in China. In Hamel P, Keil R, eds. Suburban Governance: A Global View. Toronto: University of Toronto Press,2015:303-324.

[66] Žlender V, Thompson C W. Accessibility and Use of Peri-urban Green Space for Inner-city Dwellers: A Comparative Study[J]. Landscape & Urban Planning,2017,165:193-205.

[67] 奥利弗·吉勒姆(GILLHAM O). 无边的城市:论战城市蔓延[M]. 叶齐茂,倪晓晖,译. 北京:中国建筑工业出版社,2007.

[68] 程哲,蔡建明,杨振山,等. 半城市化地区混合用地空间重构及规划调控——基于成都的案例[J]. 城市规划,2017,41(10):53-59.

[69] 黄雨薇. 英国绿带政策形成、发展及其启示[D]. 华中科技大学,2012.

[70] 冷方兴,孙施文. 争地与空间权威运作——一个土地政策视角大城市边缘区空间形态演变机制的解释框架[J]. 城市规划,2017,41(3):67-76.

[71] 刘洋. 作为协同手段的英国城市边缘行动规划及启示[C]. 2013 中国城市规划年会,2013.

[72] 刘玉,郑国楠. 城乡结合部功能定位与规划管理国际经验[J]. 国际城市规划,2014,29(4):33-38.

[73] 宋彦,张纯. 美国新城市主义规划运动再审视[J]. 国际城市规划,2013,28(1):58-58.

[74] 西蒙·斯沃菲尔德(SWAFFIELD S). 由内而外还是由外而内?——对城市边缘地区景观管理的反思[J]. 孙一鹤,译. 景观设计学,2014,2(5):38-55.

[75] 邹兵. "新城市主义"与美国社区设计的新动向[J]. 国际城市规划,2000(2):36-38.

[76] 张景奇,孙萍,孙蕊. 从"蔓延控制"到"蔓延治理"——美国城市蔓延应对策略转变及内因剖析[J]. 城市规划,2015,39(3):74-80.

[77] 张庭伟. 告别宏大叙事:当前美国规划界的若干动态[J]. 国际城市规划,2016,31(2):1-5.

[78] 张险峰. 英国国家规划政策指南——引导可持续发展的规划调控手段[J]. 城市规划,2006,30(6): 48-53.

[79] 张衔春,单卓然,贺欢欢,等. 英国"绿带"政策对城乡边缘带的影响机制研究[J]. 国际城市规划,2014, 29(5):42-50.

[80] 张媛明,罗海明,黎智辉. 英国绿带政策最新进展及其借鉴研究[J]. 现代城市研究,2013(10):50-53.

国际土地社会学研究的若干理路

谷　玮　吴次芳

摘　要：土地社会学是一门土地科学与社会学的交叉学科，但该学科在中国的发展仍处于起步阶段。本文主要选取四篇发挥"社会学想象力"思考土地问题的文献，介绍国际土地社会学研究的若干理论思路。第一篇文章引入社会资本的概念，探讨土地剥夺对个人社会资本及就业机会所产生的影响；第二篇文章研究了"棕色地带"对于英国健康区域不平等的作用；第三篇文章将关注点集中在了组织层面，探索社会组织的产生和重要人口事件对土地利用的影响；第四篇文章以种族居住隔离的视角切入，观察了美国居住不平等的现象。不同切入点的文章展示了土地社会学框架下的各种理论思路，也为中国土地科学发展提供了一些借鉴。为推动土地社会学这一新兴学科的发展，一方面需要更多学者发挥社会学的想象力思考问题，另一方面需要加强土地科学与社会学之间理论的融合与创新。

关键词：土地社会学；社会学想象力；社会资本；空间健康不平等；社会组织；居住隔离

An Review of the International Theories of Land Sociology

GU Wei　WU Cifang

Abstract：Land sociology is an interdiscipline identified as the coupling of land science and sociology. However, this subject is still in the initial stage in China. The article introduces four papers which applied the sociological imagination on land science, and aims to present several international theoretical path of land sociology. Based on the land acquisition case of Rajarhat and Singur, the first paper sought to look into the nature of transformation of social capital and its implications for transition of the rural livelihoods. The second paper was an empirical examination of the association between brownfield land and spatial inequalities in health. The third paper identified social organization as an independent affecting factor, and put forward that social organization as well as specific population events would shape the change of land use. By developing a brand new sequence measurement, the last paper captured a more subtle "backyard" pattern of residential segregation, where white families dominated front streets but blacks were relegated to alleys. Diverse opinions demonstrate several theories of land sociology, which may benefit the development of Chinese land science. In order to promote the development of this subject, sociological imagination should be applied more in land science. In addition, the blend of each theory is essential.

Key words：land sociology; sociological imagination; social capital; spatial inequalities in health; social organization; residential segregation

社会学（Sociology）一词最早出现在孔德 1838 年出版的《实证哲学教程》一书中。经过近两个世纪的发展，社会学已成为一门百家争鸣的社会科学。费孝通等认为，社会学是从变动着的社会系统的整体出发，通过人们的社会关系和社会行为来研究社会的结构、功能、发生、发展规律的一门综合性的社会科学；郑杭生认为，社会学是关于社会运行和发展，特别是关于社会良性运行和协调发展的条件和机制的综合性具体科学。当然，这只是中国社会学界较为主流的对社会学的定义，国内外许多学派和学者都对此有不同的理解。

西方社会学经历了跌宕的发展历程。以孔德、涂尔干和斯宾塞为代表的实证主义，主张用自然科学的模式研究社会现象；而韦伯及芝加哥学派则提出了与之不同的社会学研究范式。20世纪中叶，西方社会学的中心由欧洲转向了美国，各种思潮此起彼伏，其中的主要代表人物有：主张结构功能主义的帕森斯、默顿；主张冲突论的科赛、达伦多夫；主张社会交换论的霍曼斯、布劳以及主张符号互动论的戈夫曼；等。20世纪中后期，以吉登斯为代表的结构化理论试图超越传统理论中若干范畴的二元对立，形成了新的理论流派。无论是实证主义与非实证主义之间的争议，还是结构功能主义、社会冲突论、符号互动论、结构二重性等理论的百花齐放，人们对社会学的定义及相关理论从未达成一致。但这也正是"社会学想象力"的魅力所在。

在中国，社会学与土地科学的耦合度并不算高。尽管由"乡土中国"发散开的部分社会学研究确实与"土"相关，如土地制度变迁所带来的社会学影响、社会学视角下的土地意识等，但大部分研究选题囿于农村土地和土地制度的大框架之下，所涉及的范畴十分有限。在土地管理、土地规划、土壤学、土地工程等与土地相关的学科之中，鲜有学者发挥"社会学的想象力"思考问题。伴随着经济学的大行其道、城市的盲目扩张以及人们对环境问题的愈加重视，土地科学在学科建设与科研中越来越深刻地认识到，土地与经济、城市发展及环境都有极为密切的关系。参考马斯洛的需求理论，我们有理由认为，人们对土地及土地科学的关注也必然将从基础的经济、发展需求，转向更为高层次的生态需求、社会需求。当前，无论是在学术上还是在现实操作层面上，对土地的社会学思考都仍处于基本空白的状态。

我们暂且用"土地社会学"这一名称来指代尚未成熟的土地科学与社会学的交叉学科。吴次芳（2013）将土地社会学定义如下：土地社会学是以研究土地的社会属性和社会功能为基础，以土地开发利用的社会组织制度、土地资源配置的社会方式和土地收益分配的社会机制为主线，探索缓解各种土地矛盾并促进社会发展的一门学科，是社会学在土地科学中的延伸和交叉。他认为，探索人与土地的和谐共处是土地社会学研究的核心问题和价值取向。

具体来看，土地不仅拥有经济、生态、工程属性和功能，更具有社会属性和功能。土地的利用与土地权利分配涉及社会公平与正义的范畴，对土地资源的争夺是引起社会不稳定的一大诱因，人们对人与土地之间的关系认识也逐渐从经济关系扩展至生态关系、社会关系。社会学并不收敛于某一得到共识的概念体系和基本规律之下，社会学研究更多的是基于某些视角而进行发散的研究。结合社会学各学派的一些主流理论观点，土地社会学的理论视角可以大致划分为"土地的结构功能理论""土地的冲突理论""土地交换论"等。

本文通过选取部分将土地科学与"社会学想象力"进行交叉融合的文章，旨在为对土地社会学感兴趣的读者提供一些国际学术经验。由于符合主题的文献数量极少，因而权衡之下,笔者选取了若干不同主题、不同理论流派的文章,在梳理其理论思路的基础上加入一些思考,以期能够抛砖引玉。第一篇文章从社会资本的角度探讨了土地剥夺对印度农民社会资本与就业机会所带来的影响;第二篇文章将关注点放在了对英国南北部的健康不平等的社会学思考之上;第三篇文章提出社会组织的产生与特殊人口事件对土地利用的影响;第四篇文章探究了美国基于历史因素和地理情况的第三代种族居住隔离。

一、土地剥夺对社会资本与就业机会的影响

(一)理论引入

世界各国都面临着与土地所有权有关的用地矛盾。印度学者 Chinmoyee Mallik[①] 引入了"社会资本"的概念,对印度加尔各答周边的半城市化地区进行了观察,研究转型过渡期失去土地的农民其社会资本与就业之间的关系。

印度的快速发展,使得很大一部分的人口从其原有的经济基础和文化价值中剥离出来,从农业社会走向了城市社会。而这样的一个转型过渡期,不仅给印度带来了机遇,伴随出现的还有诸多挑战。如何妥善安排因土地征用而失去土地的农民,是其中一个值得关注与思考的问题。

在研究这一问题时,笔者引入了"社会资本"的概念进行思考。"社会资本"这一概念在近年的社会学研究中越来越热门,笔者认为,虽然学界对于社会资本概念的确定还未给出一个标准的界定方案,但综合来看,研究者们主要将注意力集中在展开社会资本与获取资源能力的关系上,对其与经济发展及就业之间的关系并没有进行深入研究。实际上,根据笔者的学习经验来看,研究社会资本与就业之间关系的学者并不在少数,边燕杰等就对此有深刻的研究与见解。当然,这与本篇文章的立意并无直接关系,不作展开讨论。大多数人认为,社会资本对于经济的发展以及国家、社会的协调具有正向的作用,但这样的观点在转型社会中却需要被打上一个问号。

(二)文献剖析

该篇文章采用布迪厄关于社会资本的理论,认为社会资本是个人的财产,人民通过获取社会资本以期获得其他的资源。文章主要关注两个问题:①在获取土地的模式发生改变的情况下,社会资本是如何发挥作用的? ②在社会经济环境剧变的背景下,社会资本的转变对农村居民生计的影响。研究的具体关注点在于,农民在失去土地后,社会资源(特别是社会网络和组织行为)会发生怎样的改变以及剥夺土地的过程与社会结构变化之间的联系。文章还检验了是否农业社会因经济阶层所造成的不平等的社会权力分布状况会在获取土地方式的改变下有所变化——毕竟大多数文献认为,随着经济的快速发展,社会资本是一项能够产生"集体行动共同利益"的因素(Krishna&uphoff,1999)。

该研究选取印度加尔各答地区周边的 Rajarhat 和 Singur 两个区域作为研究地点。为了缓解加尔各答的人口压力,20 世纪 90 年代,Rajarhat 新城建造计划启动。如今,Rajarhat

---

① Mallik C. Sociology of land dispossession:Social capital and livelihoods in transition in Peri-urban Kolkata,India [J]. World Development Perspectives,2016,4:38-47.

拥有越来越多的住宅区和崭新的 CBD。Ghosh 等（2000）的研究表明，Rajarhat 地区所有的 3075 公顷土地都是通过征用农地获得。1991 年的一项调查显示，超过三分之二的土地是农用地（尽管只有其中的 13％拥有灌溉条件）。HIDCO（2010）的调查报告显示，这块地的肥力低于全国平均水平。从土地拥有情况的性质看，大部分的土地拥有者是小的散户，仅有不到 1％的人拥有超过 3 英亩土地，因此该区域的土地征收工作量将非常之大。有趣的是，在拥有少于 3 英亩土地的所有者之中，仅有不超过一半的人实际耕种了土地；而拥有土地份额较大的地主数量虽然在绝对值上非常小，但实际耕种土地的比例却更大。Rajarhat 新城区的土地征用方式比较特殊，为了克服以市场价格作为补偿基准的问题，（政府）采取直接与农民协商谈判的方式。

Singur 小型汽车厂位于距离加尔各答 40 千米的地方，两地之间有铁路等交通线路连接。2007 年，西孟加拉政府在 Singur 地区获取了 1000 公顷的土地，用于 TATA 小型汽车项目。在这 1000 公顷土地中，约有 84％的土地原先是耕种作物的农地，而这些农地中的 92％都是有灌溉条件的，是西孟加拉重要的粮食与农作物生产区。

Rajarhat 和 Singur 两地在征地之前都是较为依赖农业的地区。但这两地在征地之前的社会构成有非常明显的区别。Singur 地区形成了一种农业发展驱动式的乡村转型，农民根据农业中资本的差异而产生差别（Mohanty，2007）。虽然很大一部分农民已经脱离了农地，但他们仍然在与农业相关的企业或农场中工作。而在 Rajarhat 地区，农业并不是主导的产业，因此其拥有更多与农业较不相关的居民。

文章利用 2010—2011 年在 Rajarhat 和 Singur 地区所做的田野调查，作为获取分析数据的来源。数据的收集采用了多种方法：①采用分层随机抽样抽取 192 户土地被征用的家庭，并另选取 60 户未被征收土地的家庭作为对照组；②通过半结构式访谈、非正式沟通等方式获得定性数据；③开展连续两年的追踪调查（2010—2012 年），获得可以进行比较的时间序列。

研究的结果能够清晰得展示被研究对象转型过渡期社会资本的变化以及农民就业情况的改变。

1. 转型过渡期的社会资本

（1）社会纽带的转变

失去土地的家庭，其社会网络会发生一定的变化，他们更倾向于去发展能够保证其利益的社会纽带。

（2）群体成员的变化

Grootaert（1998）观察到，本地群体能够对社会的稳定起重要的作用，而群体本身也是社会资本的一种形式。文章从两个角度来观察群体的变化情况：其一，从家庭户层面考虑参与社团的成员数量；其二，从个人角度考虑其在社团中的参与度及所参与社团的类型。表 1 显示了在土地被征用前后四种不同类型群体种类的变化情况。可以看出，在土地被征用前，本地的社团总量仅为 71 个，其中以政治群体和娱乐群体居多。而在土地被征用之后，群体的种类增长至 168 个，政治群体、专业性群体和低息小额贷款自助群体的种类都有了大幅度的增长。

表 1　土地被征用前后群体种类的变化

时间	指标	政治群体	专业性群体	当地娱乐群体	低息小额贷款自助群体	其他	总计
土地被征用前	数量/个	34	3	19	1	14	71
	百分比/%	47.9	4.2	26.8	1.4	19.7	100.0
土地被征用后	数量/个	64	27	23	36	18	168
	百分比/%	38.1	16.1	13.7	21.4	10.7	100.0

(3)参与群体活动的转变

从一定程度上看,参与当地群体生活的意愿可以通过参与乡村节庆等集体活动的意愿得以反映,这也是检验社区内社会资本稳健性的一个重要参数。从表2可以清楚地看到,在失去土地后,对乡村集体活动感兴趣的人变得越来越少。通过访谈发现,有两个主要原因导致了这种变化:首先,一些土地所有者在失去了土地后,逐渐对社会系统产生了怀疑和不信任感,也让乡村的社会环境遭到了极大的退化;其次,突如其来的对农业经济的货币补偿行为推动了通过金钱来确定阶级的阶级意识形成。失去土地对社会环境所带来的影响远不止经济和社会群体上的,妇女和儿童的利益也因此受到了一定程度的损害。由于失去了经济来源,妇女们的社会地位变得更低,一些儿童也不得不走向了偷窃等犯罪的道路。

表 2　参与乡村节庆等集体活动的意愿

指标	失去土地之前				失去土地之后			
	不想参与	有些想参与	非常想参与	总计	不想参与	有些想参与	非常想参与	总计
数量	177	217	85	479	223	214	43	480
百分比/%	37	45.3	17.7	100	46.4	44.6	9	100

2.社会资本和就业的转变

研究社会资本对就业渠道所产生的影响,有助于更好地理解社会资本如何促进或抑制其他资源的获取。通过表3和表4的数据可以看出农民职业变化情况、社会资源变化与就业情况的变化。其中有两点非常值得我们关注:其一,超过三分之二的佃户和小农群体仍然被排除在组织的决策角色之外。虽然加入各种群体的小农、佃户比例有所增加,但仍没有达到足以撼动阶层状况的地步。其二,通过观察失去土地后农民的职业情况可以发现,资产分配的不平等已经根植于先前就存在的农业结构中,小农和佃户大多转业成为基层劳动者,消费水平也相对较低。

在失去土地的家庭中,妇女的地位变得更低了,她们不得不做一些低端的兼职劳务工作,如在工厂中做包、钉纽扣等。这种工作每个月的报酬仅有50～100卢比(译者注:根据2018年3月20日的汇率情况,1卢比=0.097人民币)。妇女们是从周围同样也失去土地的其他妇女口中获得这些工作信息的。在失去土地后,女性在家庭中的经济参与度大幅降低。虽然她们通过社会关系获得了一些操作简单的工作,但家庭纽带在其中所起的效果已大打折扣。

在研究区域中,政治纽带被视为可以同时获得物质/非物质资源以及可持续工作机会的一种纽带。但是,这种社会资本与政治权力之间有非常大的关系。没有什么权力的组织和个人,在应对失去土地这个问题上就显得十分缺乏安全感且比较被动。

总的来说,在征用土地的进程中,横向的社会网络(包括黏合纽带和桥梁纽带)变得薄弱。这一变化使得较为贫穷的家庭更加贫困,而富有的家庭加固了其在社会组织中的地位,马太效应显著。

表3 群体和职业的成员变化

土地拥有者的阶层	在群体中的角色	职业	职业群体的每月平均资本消费支出
佃户及小农	少于1/3的人为群体中的执行委员会成员、秘书或领导人	约有70%为农业/非农业劳动工人、本地蔬菜小贩、小卖铺店员、司机、企业内非正式员工等	945卢比
		约有20%为裁缝、木匠等手工艺人	1121卢比
		约有10%为当地店主、供应商	1500卢比
中农及次大农户	超过2/3人为群体中的执行委员会成员、秘书或领导人	超过80%为项目发起人、土地中介、贸易商、企业代理人等	2105卢比

表4 社会资本的变化与就业情况变化

失去土地的农民的阶层	纽带类型	社会资本定性和定量的变化		就业变化	国家/政府的角色
		土地被征用前	土地被征用后		
中农及次大农户	横向纽带/黏合纽带	较强、稳健的黏合	被削弱	■ 在群体中担任提升社会网络的领导角色 ■ 能够有更多机会获得高回报的商业/就业机会	■ 强制的、不合理的目标与过程 ■ 与资本家联盟,将农业用地转移至开发商手中 ■ 统治阶级内部有所分裂,并与拥有相似偏好的群体联盟,以期以纵向纽带代替横向纽带
	纵向纽带/连接纽带	适度	有所增加,成为获得机会的杠杆		
佃户及小农	横向纽带/黏合纽带	非常强,且是十分有效和安全的纽带	几乎被摧毁,因此无法再提供支持;只能够提供一些无关紧要的信息	■ 因为失去了来自家庭和朋友的支持,就业的保障减小 ■ 来自两种纽带的与工作有关的信息大多为低端职业 ■ 缺乏途径获得自主就业或商业机会	
	纵向纽带/连接纽带	几乎没有	显著增加,但并不能够提供足够的机会		

该研究结果已证明,社会关系以及社会大环境是如何通过《土地征收法(1984)》大幅度地改变穷人及经济压力较大的群体的劣势地位的。失去土地的农民能够通过加入正式及非正式的群体,并通过增加与政党之间的隶属关系,来寻求安全感和保护。然而,尽管在失去土地的同时,农民们似乎获得了大量的社会资本,但其还不足以打破原有的阶层结构。

传统的家庭(血缘)纽带关系和邻居(地缘)纽带关系已经在很大程度上被瓦解了,取而代之的是纵向的纽带。焦虑和不安全感抑制了乡村的群体生活。虽然在某些情况下,阶级关系以及阶级形成的基本情况得到了重组,但传统的农村阶层结构仍然被保留,不平等的情况也依然存在。因此,本研究揭示了经济、社会以及政治的边界在面临危机时刻是如何变得模糊的。

(三)学科及社会思考

该研究的一个重要特征在于思考了在社会变革中国家(政府)所发挥的作用。印度在新自由主义影响下对资本的狂热,导致农民群体变得不稳定,加剧了不平等的状况,甚至使其分裂为对立的帮派。社会关系被政治化,一个为了政治行动而产生的阶层空间形成。中国同样也是一个正在经历全方位转型的社会,以"高额房价"为典型代表的土地问题成为全民关注的焦点。在一些城市化进程快速的地区,土地被征收的郊区居民通常能够获得不菲的货币或安置房补偿。针对失地农民的保障制度正在得到进一步的完善,失地农民的经济权益得到了保护的同时,对社会权益的关注却迟迟未能跟上。"失去土地,获得赔偿"的经济学认知模式已经被广泛研究和接受,却几乎没人进一步思考失去土地的城乡接合部居民将会何去何从。他们的社会网络与社会资本是否有了量的提升和质的转变?他们是否能够借此契机获得更好的就业机会?大批拆迁户的产生能否洗牌当地现有的社会结构?这些问题亟待得到更多的关注。

二、"棕色地带"与健康不平等

(一)理论引入

土地的社会功能除了最为基本的生产生活功能和财富增值功能之外,还有容易让人忽视的生命健康功能。土地可以通过物理、化学、生物的方式降低土地中污染物的浓度,但若不合理地开发利用土地,将引起土壤污染、土地退化等严重后果,从而反噬人类健康。一篇以研究"棕色地带"土地与健康空间不平等之间为主题的实证研究[①],通过比较英国不同区域之间"棕色地带"与个人健康之间的分布关系,以一种全新的切入点探索土地利用与人类之间的关联。

(二)文献剖析

在欧洲,英国是区域健康不平等现象最为严重的国家之一,英国北部地区(西北、东北、约克郡地区)与南部地区(特别是伦敦和东南部)之间的差异巨大。英国公共健康部门调查的数据显示,在 2009 至 2011 年期间,曼彻斯特的居民比沃金汉姆的居民提前死亡的概率高一倍。究其一生,出生于曼彻斯特的男婴与女婴也比出生于伦敦的婴儿分别少健康生活 17 年和 15 年。此外,区域间的健康不平等也与社会经济状况有关,贫穷区和富人区之间民众健康的差异十分显著。这种由社会经济造成的区域内健康不平等情况比南北差异更为严峻。Marmot Indicators 的数据显示,同样在英国北部的斯托克顿,最富有的人能够比最贫

---

① Bambra C,Caims J M,Kasim A,et al. This divided land:An examination of regional inequalities in exposure to brownfield land and the association with morbidity and mortality in England[J]. Health & Peace,2015,34(5):257-269.

穷的人多享受 16 年的健康生活。

从传统上看，大多数研究健康-空间关系的文章将关注点放在了对区域不平等的社会经济解释之上，特别是个人与区域社会经济情况的交互之上。但如今，需要更多的人能够跳脱原先的思维思考问题，将原先局限于社会经济情况的目光放宽至限制工业化所带来的环境影响及其如何重塑地理和健康的关系——尤其是英国的南北部。

检验环境剥夺和健康之间的关系，是一种新的研究问题的思路。环境剥夺意味着无论是对身体健康有益抑或是有害，人们暴露于物理环境主要因素中的程度。其中的物理环境因素有：空气污染、大气温度、太阳紫外线辐射、靠近工程、靠近垃圾场、靠近绿色地带等。该文作者认为，"棕色地带"也应当纳入环境剥夺的要素之中，因为"棕色地带"和死亡率之间有显著的强相关关系：生活在"棕色地带"周边的人身体健康状况较差的可能性更为显著。"棕色地带"（brownfield land）是一个与限制工业化相关的环境剥夺范畴。区域内重工业的清退（如煤炭、钢铁、造船业等）不仅导致当地高失业率以及社会经济的衰退，还留下了一批受污染的废弃工厂——"棕色地带"。

在这篇文章中，作者将"棕色地带"定义为"被之前利用所影响的土地，其多（部分）位于城市化地区，或被遗弃或仍在使用中，需要人为介入才能恢复至正常状态。部分土地面临着污染问题"。据估计，英国有 30 万公顷土地曾用于工业用途，其中 22％ 已经或可能面临污染问题（此处的"污染问题"是指化学污染和辐射污染）。

虽然缺乏相关实验来证明"棕色地带"影响健康的潜在病因学路径，但"棕色地带"造成区域健康不平等的可能机制有两个：第一，通过污染物中的有毒物质影响健康；第二，废弃场地导致空气污染或粉尘污染，从而造成神经紧张（甚至相关的身体疾病）或产生某种心理上的羞耻感。

该篇文章主要关注三个问题。首先，在英国，"棕色地带"是否存在一定的区域模式？其次，"棕色地带"与健康之间的关系是否存在南北部的区域间差异以及区域内部是否存在差异？最后，"棕色地带"对英国南北部健康不平等所产生的影响究竟有多大？

笔者利用 2009 年英国国家土地利用数据库的数据对上述问题进行了探究。数据库涵盖了英国 72％ 的已开发土地信息。关于区域内"棕色地带"的描述性数据参见表 5。下文将分别阐述与分析研究的具体结果。

表 5　各地区"棕色地带"土地情况

区域	土地面积（公顷）	"棕色地带"面积（公顷）	"棕色地带"百分比（%）	与东南部平均"棕色地带"的对比（平均差，95%置信区间）	"棕色地带"地块数量情况		
					少量（<28）	中等（28<X<250）	大量（>250）
东南部	1188592.7	7089.5	0.60	—	383(42.6)	395(43.9)	122(13.5)
西南部	1501446.7	4041	0.27	−2.089(−4.77,0.61)	233(33.7)	387(55.9)	72(10.4)
东北部	527152.2	3385.4	0.64	3.37(−0.17,6.91)	116(38.5)	120(39.8)	65(21.6)
西北部	719760.7	8851.9	1.23	4.43(1.77,7.09)*	327(45.4)	197(27.4)	196(27.2)
约克郡	1067889.0	5126.4	0.48	6.52(3.19,9.85)*	160(44.9)	145(40.7)	51(14.3)

区域	土地面积（公顷）	"棕色地带"面积（公顷）	"棕色地带"百分比（％）	与东南部平均"棕色地带"的对比（平均差，95％置信区间）	"棕色地带"地块数量情况		
					少量（<28）	中等（28<X<250）	大量（>250）
中东部	955592.7	4265.6	0.40	−0.54（−3.37,2.30）	217（37.3）	283（48.7）	81（13.9）
中西部	691961.1	3787.1	0.54	0.03（−2.98,3.04）	201（42.0）	191（39.9）	87（18.1）
东部	965592.7	4401.2	0.40	−1.39（4.09,1.32）	250（36.9）	363（53.5）	65（9.6）
伦敦	118143.0	3047.9	2.58	−0.59（−3.74,2.56）	193（46.2）	93（22.2）	132（31.6）

1. 不同区域的"棕色地带"分布不平等

数据库中的土地总面积为7869686公顷,其中0.559％（43977.83公顷）为"棕色地带"。表5根据区域划分展现了各区域的"棕色地带"分布情况。总的来看,英国北部的"棕色地带"更为集中（其中位于南部的伦敦是例外,其拥有最高的"棕色地带"密度）。根据区域内拥有地块数量的差异,"棕色地带"被区分为少量、中等和大量。

2. 区域内和区域间的"棕色地带"与健康

（1）过早死亡

数据结果显示,在英国西北部,生活在拥有大量"棕色地带"区域的居民比生活在少量区域的居民过早死亡的概率高9.4％。在东北部,这一数据为8.9％（$P<0.05$）,而在东南部,该数字仅为4.5％。

通过对比区域之间的状况可以发现,西北部的过早死亡率最高。以东南部地区为参考,西北部地区拥有少量、中等及大量"棕色地带"地块的过早死亡率分别比东南部高7.6％、10％和12.5％;而伦敦拥有少量、中等及大量"棕色地带"地块的过早死亡率却分别比东南部低11.1％、13.6％和15.8％。

（2）自称不健康

数据结果显示,唯一显著的两个数据结果为西北部（6.7％）和西南部（2.9％）居住在拥有少量"棕色地带"区域的居民有更多的处在不健康状态之中的感觉。

区域间的差异也十分明显。除了东部地区和伦敦之外,以东南部的情况作为参考,其他所有地区居民声称不健康的比例都非常高。其中,西北部的数据是最高的,在拥有少量、中等及大量"棕色地带"地块生活的居民声称不健康的概率分别比东南部高20.2％、23％和7.5％。

（3）受限的慢性疾病

在英国西北部,生活在拥有大量"棕色地带"区域的居民比生活在少量区域的居民患慢性疾病的概率高3.3％,而在东南部,该数字仅为1.9％。

与上文"自称不健康"的情况相似,除了东部地区和伦敦之外,以东南部的情况作为参考,其他所有地区居民患慢性疾病的比例都非常高。西北部尤甚,在拥有少量、中等及大量"棕色地带"地块生活的居民患慢性疾病的概率分别比东南部高15.1％、15.6％和18.2％。

3."棕色地带"及其南北差异

当仅考虑南北部内部差异时可以发现,少量及大量"棕色地带"地块之间的差异还是比较显著的,无论在南部还是北部都是如此。在北部,生活在拥有大量"棕色地带"区域的居民比生活在少量区域的居民过早死亡的概率高出 8.4%,感觉不健康的概率高出 3.7%;而在南部,生活在拥有大量"棕色地带"区域的居民比生活在少量区域的居民过早死亡的概率高出 2.4%,患慢性疾病的概率高出 1.6%。

不仅南北部内部存在较大不同,而且南北之间的差异也十分显著。北部地区拥有少量、中等及大量"棕色地带"地块的过早死亡率分别比南部高 4.7%、7.4% 和 10.7%;而这一数字在自称不健康和患慢性疾病两方面上则更为夸张,分别为 15.9%、17%、18%(自称不健康)以及 11.2%、11.5%、12.3%(患慢性疾病)。

值得关注的是,暴露于"棕色地带"的比例对于英国南北部健康不平等的总体解释力非常小,仅能解释 0.25% 的过早死亡差异,0.1% 的感觉不健康差异和 0.1% 的患慢性疾病差异。

总结一下,文章通过模型的建立与分析,研究得出了四个结论:第一,英国"棕色地带"的分布存在显著的地域差异,北部地区较南部地区更多;第二,在区域内,"棕色地带"的多寡与健康的不平等有关(特别是在西北部);第三,"棕色地带"与区域间的健康不平等有关(尤其是在西北部与东南部);第四,对于英国南北部的健康差异而言,"棕色地带"仅起非常小的独立作用。

英国西北部地区的"棕色地带"数量多,其居民的患病风险也更大,这说明,退工业化所带来的环境(以及社会经济)效应对于区域健康不平等而言是十分重要的。由于历史上产业布局的差异,西北部地区产业以纺织业、造船业和机械业为主,东北部以煤矿业、造船业和冶铁业为主。这种产业的分布造成了英国南北部土地利用的情况的不同,也使得从事不同职业的个人其健康史的迥异——而这些都与"棕色地带"有关。

然而,前文所讨论出的规律似乎在伦敦并不适用。或许是因为用地情况的不同,抑或是人口流动性较大,总之"棕色地带"对伦敦的影响有一套特殊的"伦敦模式"。

(三)学科及社会思考

近年来,中国社会对生态的重视度有了质的飞跃。且不论由奥尔多·利奥波德所提出的土地伦理的概念是否已经普及,国内外学界及社会对生态的高度关注,已将蕴含着土地伦理的思想推向了不可忽视的高度。值得肯定的是,国内许多学者已经关注到了土地与个人健康之间的关系问题,开始研究土壤中重金属对人体健康带来的影响。从中国知网上以"土壤、健康"等为关键词进行搜索,能够获得百余篇相关的文献。但该课题的研究思路仍然过于局限,大多选择定点研究土壤中重金属所造成的影响,未能将思路扩展至社会层面,探索更多可能产生影响的因素,诸如土地利用方式、相关土地制度、社会结构、社会变迁等。因此,在研究土地问题时,我们还需要丰富的"社会学的想象力",探索更多土地与社会之间的规律。

三、社会组织及人口事件对土地利用的影响

（一）理论引入

环境退化的问题引起了各领域的广泛重视。但社会科学对此关注较少，很少有学者从社会组织及社会活动对环境所造成的影响方面进行研究。本研究[①]的关注点在于社会组织、人口更替、消费行为对土地利用变化所带来的影响。由于该文章的研究时间距离现在较久远，许多结论与结果并无太大的参考意义，故笔者将着重介绍相关理论和研究方法。

（二）文献剖析

从理论上看，研究环境问题需要考虑五个原则。其中最为重要的是将微观层面与宏观层面相结合，利用微观现象来解释宏观的变化趋势。研究将关注点落在了一个特殊的环境质量维度——土地利用上。虽然其他环境质量维度也很重要，但土地利用的变化会对全球生物的多样性产生巨大的影响。尽管已有大量文献关注全世界土地利用模式的相关课题，但本研究的特殊之处在于着眼于人类与土地利用的微观关系上，特别是社会组织和人口进程所带来的影响。

文章建立了一个全新的研究土地利用变化的框架。首先，作者认为，特殊的人口事件将会独立于人口规模、科技等因素，对消费行为产生影响。例如，人口的出生，将会改变家长的消费行为，这对农村土地的利用情况将产生重大的影响。其次，除了能够改变消费量之外，社会组织的改变能够在社区层面（特别是农村社会）改变消费的性质。

研究选取尼泊尔某地作为研究地点。研究主要测量了两个层次变量的变化情况：当地社区层面的社会组织、土地利用及人口变化；家庭层面的人口和消费模式变化。

1. 土地利用变化的理论模型

（1）具体的土地利用变化

在微观层面的土地利用研究中，土地利用的变化受到许多因素的影响。研究选取自给自足的农业生产区作为研究区域。由于对土地的依赖性较强，与市场导向型的社会相比，自给自足的农业生产区生态多样性更为显著。

（2）作为土地利用决定性因素的消费行为

人类通过各种行为来影响土地的利用。与土地利用关系最为密切的行为包括生产、娱乐和消费。例如，当人类的生产系统从狩猎、采摘果实变为农业生产、工业生产后，人们对土地的利用以及土地自身的风貌会发生相应的改变。按照这一观点来看，消费土地的模式是人类行为和土地利用之间的基础纽带。

在自给自足的农业社会，有两个重要因素可能会影响土地上植被的覆盖率：①对农作物的消耗；②建筑及基础设施的建设。虽然这两种因素都会影响植被的覆盖率，但我们需要清楚地区分这两种过程。例如，人口的增加导致建设的需求增大，给定土地的植被覆盖率就会相应减少。但印度的一项研究表明，由于更多家庭倾向于选择使用木头之外的能

---

① William G A，Dirgha J G. Social organization，population，and land use[J]. American Journal of Sociology，2011，117(1)：209-258.

源,因此,随着人口的增长,植被的覆盖率实际上是并未减少的(Foster,Rosenzweig,and Behrman,2000;Rosenzweig,2001)。一方面,人口的增加可能会导致植被的减少,另一方面,能源消耗模式的改变有助于遏制植被减少的现象。因此,土地上覆盖植被的情况与这两股力量的大小密切相关。和能源类似,科技也是这样一股双刃力量。电气化一方面会加快植被破坏的速率,另一方面却也能够减少对植被的破坏。

(3)人口变化及当地土地利用

许多理论观点认为,人口规模的变化对土地利用的影响巨大。但大多数研究仅关注到了宏观层面的影响,过分关注人口数量的大小,却忽视了其他一些结构性因素。近期的相关研究将着眼点转移至了微观层面。实际上,家庭户是植被消耗的主要单位(尤其是木材和饲料)。因此家庭户数量可能比人口数量更为重要。

人口规模(包括人口数量和家庭户数量)不是唯一的能够影响土地利用的人口因素。年龄结构以及结婚、生育、死亡、移民等进程也可能会影响植被和建筑物的消费。以生育为例,在一特定的区域之内,生育是一个能够通过影响消费行为进而改变土地利用的事件。首先,在一个自给自足的农业社会,生育孩子需要消耗更多植被,也需要更多的建筑与基础设施。孩子的成长需要牛奶和肉类,这就需要饲养更多牲畜。此外,人口的增加还意味着需要更多的能源支持,因此,植被的消耗量将变得更大。人口的自然增长还需要诸如学校、医院等设施的支持,此举会导致建设用地需求增加,植被的覆盖相应减少。其次,即使是在那些有意保护当地自然资源的地区,新生人口的增加也不得不对环境资源的保护产生影响。就算是在美国,这样的现象也是难以避免的。根据 Hamilton(1985),Teal、Loomis(2002),Dupont(2004),Haustein、Hunecke(2007)等的研究,家长比非家长更加具有环保意识。许多新手父母在孩子出生时倾向于用旧衣物作尿布。然而随着时间的推移,工作、生活等多方面的压力迫使他们放弃了这一生活方式,转而选择用工厂生产的尿布。

还有一些其他的人口事件将会影响土地消费,但本文并不打算详尽阐述所有事件,只是以生育事件为例,来提供一种多维度的思路。

(4)社会组织与土地利用

经济学和人口学对环境及土地利用的研究认为,富裕程度、人口规模等因素是影响环境的决定性因素。而该篇文章也提出,人口事件是其中一个重要的环节。可以看出,总体消费水平对环境退化和土地利用情况的影响重大。然而,Foster(1999)关于环境社会学的研究却发现,消费的性质也是不可忽视的重要变量。日常生活中的社会组织会影响消费的性质以及环境质量。

许多经典社会学理论(如涂尔干、马克思等人的)把对社会组织的关注点着重放在了"生产"之上。而该文选择关注宏观层面的组织和一系列微观社会活动之间的关系,包括消费、居住、娱乐、安保、社会化及生产等。传统的社会活动以家庭为核心,而随着经济社会的发展,越来越多的职能被宏观层面的社会组织所代替。这种变化会对土地消费产生重大影响。

非家庭组织(或者说是科尔曼所声称的公司实体)能够促进家庭之外消费的产生。在自给自足的农业社会中,非家庭组织的产生能够将更多的消费从本地扩散至更远的地带,因而人们能够消费到更多自己所无法生产的物品。学校、医疗机构、市场、交通服务等也会使得非直接消费的比例增加。在传统农业地区,人们也因此会倾向于开发更多用于建设的土地。土地消费总量并无太大变化,这种变化反映的是消费性质/结构的改变。

(5)社会组织与人口

如果忽视社会组织的作用而仅考虑人口对土地利用的影响,是有失偏颇的。人口与土地利用之间的关系嵌入于社会组织之中,需要清楚认识社会组织特征对人口及土地利用的影响。

(6)人口与土地利用之间的相互作用关系

微观层面的研究必须关注人口与土地利用之间的相互作用。例如:观念会影响随之相伴的行为,而行为又会反作用于个人观念;教育水平将影响收入状况,而收入状况也会反过来影响受教育的情况。人口和土地利用之间的辩证关系亦是如此,已有大量经验研究证明,环境质量会对出生率、死亡率、人口迁移等一系列人口事件造成影响。

2. 数据与分析方法

本研究选取尼泊尔中南部的奇特旺峡谷作为研究地点。在 20 世纪 50 年代之前,奇特旺地区基本为原始森林所覆盖,生态系统复杂多样。之后,伴随着开发的深入,当地居民的生活水平逐渐提高的同时,原始植被也开始遭到破坏。

(1)土地利用测定

研究的具体数据来源于分散在奇特旺峡谷的 136 个居民群。根据地理分布情况,每 5～15 个家庭户为一个居民群。居民群的选取过程完全随机,能够较好地反映整体状况。研究将 17 个类型的土地分为两大类:植被覆盖的土地及未被植被覆盖的土地。具体数据详见表 6。

表 6　三种分类土地利用情况变化

土地利用	1995 年	2005 年	显著性水平
绿地面积(%)	77.83	75.08	＋ ***
公共设施面积(%)	9.71	10.49	— *
私人建筑面积(%)	12.33	14.30	— **

(2)人口变化测定

研究通过每个月对 136 个居民群进行的人口调查来获取人口变化信息,主要信息包括:人口迁移、结婚、生育、死亡等。

(3)当地社会组织测定

本研究利用社区内可以到达社会组织及服务的便利度来测定当地社会组织的发展程度。具体测量方法采用"邻里历史行事历"(NHC)方法。通过测量从家里到最近的非家庭服务场所所需要的时间,可以发现社会组织的可获得性与便利程度。

3. 控制变量

由于文章主要想探求社会组织和人口参数对土地利用的影响,因此需要对经济及科技变量进行控制。如果某户家庭通电了,则"是否电气化"变量取值为 1,反之为 0。通过长期记录每户家庭的经济状况,获得出租土地的家庭户比例、富裕程度(如是否拥有土地、房屋质量、屋内设备等)以及收入情况(根据收入高低分为 1～8 个定序数据)的相关数据。将科技和经济变量作为控制变量,能够更科学、准确地反映研究数据的真实情况。

社会组织、人口变化及控制变量的统计性描述详见表7。

表7 研究各变量的描述性统计

变量	平均值	标准差	最小值	最大值
社会组织				
1950—1995年期间社区环境变化（步行至最近的非家庭服务场所[a]时间（分钟））	681.61	10.80	647.50	698.17
1995—2005年期间社区环境变化（步行至最近的非家庭服务场所时间（分钟））	5.61	9.11	−13.33	41.17
人口变化				
人口数量变化	6.38	16.07	−27.00	70.00
家庭户数量变化	2.53	3.76	−6.00	18.00
出生人口数量	11.31	6.77	0.00	31.00
其他控制变量				
是否电气化（1＝是）	0.37	0.49	0.00	1.00
家庭户出租土地的比例	0.11	0.13	0.00	0.66
居民群富裕程度	21.80	7.28	3.73	41.05
居民群收入水平	2.22	0.51	0.83	3.33
人口数量	50.30	20.89	9.00	103.00
家庭户数量	10.49	4.15	2.00	20.00
总面积（单位：100000平方尺）	8.28	6.64	0.47	32.23
与Narayanghat的距离	8.60	3.58	0.82	17.57

注：$N＝136$；

[a] 非家庭服务场所包括学校、医疗机构、巴士站、就业中心、市场及企业。

（三）学科及社会思考

在土地的开发利用过程中，城市化及工业化、社会消费的变动、社会权利因素、社会分层和家庭结构、公众参与等因素均会对土地开发利用的过程与结果产生影响。由于该文成文的时间较早，因此许多结果与结论的参考意义并不大，故将省略文章的结果与讨论部分内容。但文章从社会学的视角切入对土地利用情况变化的动态进行研究，具有较大的借鉴价值。笔者考虑到了较为微观层面的组织与小规模人口事件，这与吉登斯的结构二重性理论的精髓是一致的。土地利用情况的改变固然会受到经济因素的强大制约与影响，然而社会因素的作用也逐渐开始显现。该篇文章主要关注特殊人口事件和社会组织（此处的社会组织更多指的是现在意义上的公共机构及服务）对土地利用所带来的影响，虽然这方面要素被越来越多的学者所重视，但其他一些诸如社会财富分配、老龄化现象、价值观变迁等重要因素却仍未纳入土地利用情况变化的研究之中。更进一步来看，社会因素对土地的利用也并非单向的，而是相互作用的关系。结构并不"外在于"个人，而是具体体现在各种社会实践之中,"内在于"人的活动。行动者和结构之间的构成过程并不是彼此独立的两套既定现象,而是体现着一种二重性。土地利用的方式、性质反过来也会对社会公平、个人价值取向等产生影响。这在变迁中的中国社会尤其集中,但相关的研究却较为匮乏。

四、居住不平等——种族居住隔离

(一)理论引入

在社会的分层与分化中,土地起了举足轻重的催化作用。土地资源的差异性和不平等引起社会的分层,而社会分层的固化反过来加剧了土地资源的不平等。其中表现最为明显的要数土地财富的不均、住房不平等现象。《种族隔离的历史人口学》[①]一文从方法论上对居住隔离的研究进行了延伸,通过隔离序列指数方法发现,美国城市中的居住隔离现象较为普遍。南北战争后,居住隔离的形式也有了很大的分化,北部城市主要呈现种族间隔离的状况,而南部城市呈现得更多的是微观的第三代隔离状况(如后院模式等)。黑人群体的职业结构是影响形成第三代隔离的主要因素。

(二)文献剖析

从人类生态学模型来看城市种族的构成情况可以发现,居民的隔离情况呈现出一种地理上的亲密,也就是说,住得近的人比住得远的人之间更加亲密。大多数关于居住隔离的定量研究表明,不同种族中的个体之间潜在的交往亲密度是相等的(也就是说并不存在规模性的种族隔离情况)。然而,这一观点受到了许多民族志学者和人口学家的质疑。他们认为,空间上的距离并不能充分解释相互隔离的生活水平与阅历。用街道网络和其他邻里特征来解释种族群体的居住模式比基于行政地理空间的亲密程度来解释,更为科学合理。

将空间距离等同于社会距离所展现出的问题,在种族隔离的研究中更为突出。大量关于美国种族隔离的定量研究得出了一种与直觉认知相悖的结论,在城市区域,那些原先被认为种族歧视较为严重的地区,反而极端种族不平等的现象较少。

该文在关于种族居住隔离的理论基础上,通过理论以及经验检验"后院"模式的结构基础是如何在隔离的不同维度中发挥作用的。Agresti(1980)提出了一种测量街面隔离的方法。通过详细的调查程序,该方法能够在不依赖房子地址或地图的前提下,将房屋单元和具体空间相联系。此外,该方法与传统的"后院"调查模式不同,既不采用直线空间距离,也不采用行政或地块的边界。因此本文将借鉴 Agresti 的方法进行研究。

该文选取华盛顿和其他 171 个美国城市作为研究对象。与以往研究相比,本研究有以下三个主要的不同之处:第一,先前的研究多为定性研究,且研究对象囿于个别南部城市。而该研究采用了定量方法,研究对象也扩展至更多的美国中心城市;第二,研究发现在南北战争后,种族隔离的情况有了很大的改变;第三,该研究发现,解释居住隔离的理论实际上是多样的,美国南部和北部城市之间的种族隔离的起源和形式是截然不同的。

---

① Angelina G,Martin R. The historical demography of racial segregation[J]. American Sociology Review,2015,80(4):814-842.

1.历史隔离的维度

对历史居住隔离的传统研究多采用的是非空间的方法,通过疏离度指标、独立指标和基尼系数等进行研究。虽然非空间隔离指标在方法论上饱受非议,但由于空间指标相关参数较难获得,因此以空间指标进行的研究也受到了阻碍。

更为重要的是,无论是空间指标还是非空间指标,大多是从街区或步行网络上来获取居住隔离的模式,认为行人的路线和个体间碰面的情况会因为社会群体的不同而改变。Grannis(1998,2009)发现,小型的居住街区是现代城市中邻里互动的基础。通过检验芝加哥、洛杉矶和纽约的街区网络后发现,在控制不同街区的空间距离变量之后,存在潜在性的种族同质性(也就是种族聚居现象)。

在南北战争之后,"后院"模式是一种经典的种族隔离模式。在一些南部城市,许多黑奴居住在富有的白人住宅的后院。随后,社会历史学家们发现南部其他城市中心出现了不同类型的种族隔离。例如,在南北战争之后,新奥尔良黑人居民的居住情况变得更为分散了。

19世纪后期,随着新南方城市的出现,城市中的各个黑人群体变得规模更小,也更为分散。诸如列克星敦市、北卡罗来纳等地区已不再出现"后院"模式的种族隔离。尽管如此,黑人的居住情况还是非常不乐观,其生活条件较差,居住空间拥挤,地价也是十分便宜的。虽然白人的住宅区离黑人并不远,但他们的居住区地势较高,也不会靠近一些影响居住的公共设施(如铁路干线、工厂等)。地势和土地价格将黑人与白人隔离开来。

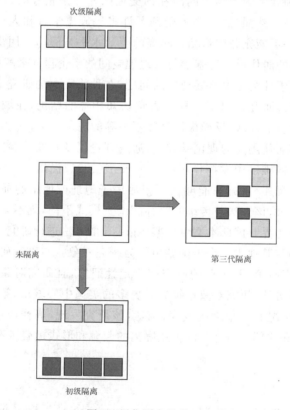

图1 居住隔离的类型

通过各种空间指标和非空间指标的测量,我们可以将居住隔离区分为以下几个类型(见图1)。传统的非空间指标通过行政、政治边界的方法来划分社会群体的隔离,这种隔离被称为"初级隔离"。这种纯粹以物理边界为分界的隔离模式较为粗糙,一些学者利用空间指标进行划分,以物理空间中的直线路径为划分标准,界定了"次级隔离"。次级隔离可以很好地运用普查数据,但却没有关注到路径是可以被人为设计的,且其他一些邻里因素也会影响个人步行的路径。

第三种隔离类型我们称之为"第三代隔离"。在第三代隔离中,不同种族的人居住在同一区域,"后院"模式和南部城市的黑人聚居就是这样的情况。黑人和白人之间居住的距离并不远,但居住条件的差异导致了种族人群之间经历着微观的隔离。

2.隔离的结构基础

现代和历史学对种族隔离的研究显示,第三代隔离不仅在概念上与初级、次级隔离不同,而且解释机制也有所差异。因此,搞清楚第三代隔离的结构基础及其与其他两种隔离之间的区别,是历史人口学的核心任务之一。

就业机会的分布对黑人住所的分布存在较大的制约。某些城市中黑人人口的剧增也影响了其人口的隔离状况。在城市中,诸多因素将黑人的人口规模与第三代隔离的出现联系了起来。其中一个重要因素是,黑奴们留下了一些逼仄、破旧的住宅,这些住宅大多分布在白人富人区周围。由于房屋供应的紧张以及租金的昂贵,许多黑人选择居住在前人留下的房屋中。此外,对直接身体接触的排斥也导致了第三代隔离的产生。Myrdal(1944)发现,"仪式距离"而非空间距离,是导致种族隔离的因素。仪式距离迄今仍然存在,黑人们居住在不为大众关注的后街和小巷之中。对于一些白人来说,第三代隔离减小了黑人所带来的威胁,能够与黑人群体保持一定的社会距离。

Schnore和Evenson(1966)认为,城市年龄是种族隔离的历史性预测指标。在较为古老的城市中(尤其是在南部),拥有更多黑奴历史的城市更有可能保持黑人与白人住宅之间的亲近。因此,该文假设随着城市的发展,初级和次级的隔离将逐渐减弱,但这种趋势可能会呈现出一定的时间滞后性。

总的来说,上述因素都表明了初级、次级隔离和第三代隔离之间的差异。初级、次级的种族隔离替代了黑奴在地位上的不平等,但也重新制造了与种族不平等类似的居住不平等。

3.华盛顿的种族隔离分析

在前文提及的Agresti研究的基础上,该文章提出"隔离序列指数(SIS)",以通过人口普查数据确定第三代隔离的情况。为了检验SIS的信度与效度,研究选取华盛顿1880年的数据进行了检验。

通过数据分析发现,华盛顿的隔离序列指数为0.68。也就是说,相邻的家庭户是同一种族的概率要比随机种族组合高68%。当SIS的值为1时,那么意味着完全的种族隔离。例如,在某一街区,黑人全部居住在街区的中部,而白人全部居住在街区周围,就是完全的种族隔离情况。当SIS的值接近0时,那么意味着随机的种族组合。例如,在某一街区内,各个街道都有白人也有黑人,而且他们的住宅是随机分布的。

4.美国各城市的种族隔离分析

为了检验南北战争之后美国的第三代隔离情况,并确定其结构性决定因素,本文将隔离序列指数与非空间疏离指标进行了对比。具体的描述性结果详见表8。

表8　回归模型中各变量的统计描述性结果

指标		东北部		南部		西部与中西部		总计	
		平均值	标准差	平均值	标准差	平均值	标准差	平均值	标准差
隔离序列指数（SIS）		0.426	0.149	0.540	0.098	0.317	0.141	0.409	0.158
非空间疏离指标		0.470	0.144	0.253	0.113	0.368	0.150	0.386	0.163
城市层面变量									
城市人口（单位：万人）		7.623	18.293	5.227	8.173	4.121	7.611	5.835	13.311
黑人人口比例		0.022	0.018	0.350	0.174	0.040	0.049	0.096	0.152
黑奴解放至今的年数		58.805	24.778	15.162	0.687	75.887	25.644	55.555	31.667
城市年龄		68.750	65.610	59.945	27.302	36.645	16.710	55.204	47.582
白人－黑人社会经济指数差		4.190	1.155	6.225	1.292	4.509	1.600	4.746	1.567
黑人劳动力的就业结构	专业人员/白领比例	0.108	0.069	0.054	0.016	0.157	0.091	0.114	0.080
	服务业人员比例	0.756	0.100	0.797	0.074	0.704	0.122	0.746	0.109
	制造业人员比例	0.097	0.064	0.113	0.054	0.106	0.053	0.104	0.058
	零售业/批发业人员比例	0.014	0.013	0.009	0.003	0.015	0.018	0.013	0.014
	其他劳动人员比例	0.023	0.029	0.024	0.026	0.015	0.016	0.021	0.024
	城市数量	72	37	62	171				

数据来源：1880年人口普查数据。

注：所有的城市至少选择了5000位居民和20户黑人家庭户进行调查。

通过建立简单线性回归模型，本文对初级隔离和第三代隔离进行了检验与比较。最初的模型仅建立在区域差异之上，之后的修正模型不断加入了城市层面的变量以及黑人劳动力就业结构变量。表9显示了建立简单线性回归模型之后的情况，其中隔离序列指数与非空间梳理指标是相互独立的变量。

表9　简单线性回归模型的标准化系数（1880年美国城市种族居住隔离模型）

指标	隔离序列指数（SIS）				非空间疏离指标			
	（1）	（2）	（3）	（4）	（5）	（6）	（7）	（8）
地区								
东北部								
南部	0.577***	0.114	0.064	0.117	−1.221***	−0.408	−0.464	−0.542*
西部及中西部	−0.580***	−0.479***	−0.425***	−0.317*	−0.573***	−0.682***	−0.617***	−0.637***
城市层面变量								

指标	隔离序列指数（SIS）				非空间疏离指标			
	(1)	(2)	(3)	(4)	(5)	(6)	(7)	(8)
人口		0.279***	0.248***	0.231***		0.428***	0.403***	0.392***
黑人比例		0.297**	0.339***	0.225*		−0.227*	−0.105	−0.103
黑奴解放至今的年数		−0.007	0.149	0.110		0.273**	0.219*	0.200*
城市年龄		0.117	0.103	0.070		−0.167*	−0.153*	−0.162*
白人－黑人社会经济指数差			0.029	0.013			−0.211*	−0.211*
黑人劳动力就业结构								
专业人员/白领比例								
服务业人员比			0.376***	0.654***			0.024	0.065
制造业人员比例				0.267**				0.105
零售业/批发业人员比例				0.165**				−0.018
其他劳动人员比例				0.128*				−0.080
调整后 R^2	0.254	0.368	0.488	0.530	0.254	0.454	0.471	0.475

注：N＝171 城市。

从模型 1 和模型 5 可以看出，区域间的居住隔离类型和水平差异较为显著。平均来看，东北部地区的非空间疏离指标标准差比南部地区高 1.22。而按照隔离序列指标看，南部地区的标准差比东北部地区高 0.58。在南北战争结束之后，东北部地区的初级隔离水平更高，黑人与白人之间的行政边界十分明显。相反，南部地区的第三代隔离水平更高。在北部城市，黑人的聚集区与白人相隔甚远；而在南部城市，不同种族的人生活在同一街区之中的不同街道。

研究结果支持了关于种族隔离的"后院"模式理论。通过比较隔离序列指数发现，南部地区正在发展一种不同于北方地区的更为深入、空间范围更小的隔离模式。

大部分区域间的居住隔离差异能够被城市层面的变量所解释（模型 2 与模型 6）。虽然城市规模的扩张与种族隔离的模式有很大的正相关关系，但黑人人口比重对初级隔离和第三代隔离的影响是负面的。也就是说，随着黑人人口的增加，黑人群体更加有可能分散于城市之中，并且在一定程度上会呈现与白人群体的隔离。

此外，研究结果还突出了不同隔离的程度与类型差异。在发展历史较短的城市，黑人群体更有可能因初级隔离而被孤立。在东北部地区，这样的隔离还催生了黑奴和白人之间的地位不平等。

最后，城市中黑人群体的职业结构似乎对第三代隔离有重要的影响，而所有的职业变量对于解释初级隔离而言均不显著（模型4）。"后院"模式的产生源于黑人需要住得离白人较近，以便服务于白人；而白人需要设置一定的居住边界，以明确其阶级与身份的差异。在那些较多黑人从事制造业、零售业、批发业的城市，也呈现出了明显的第三代隔离特征。

种族的居住隔离给我们带来了更进一步的思考。对于种族居住隔离的历史进程研究，能够更全面地了解黑人社会经济流动性以及20世纪以来种族间关系的演变。黑人的加入改变了美国城市的内部结构，也对黑人群体社会经济发展有着重要的影响。隔离是一种社会控制和从属的形式，包括监禁、身体暴力等。但是，不同形式的隔离会以不同的方式影响社会经济阶层的流动性。例如，在20世纪二三十年代，种族隔离成为北部城市形成黑人企业家精神的催化剂。

（三）学科及社会思考

与美国"移民国家"的背景不同，中国社会长期以来的人种构成较为单一，种族问题并不严峻。但改革开放后的四十年来，社会、经济的巨大变迁导致中国社会呈现出显著的阶级分化，其中以经济水平、居住水平分化最为明显。在政府不进行干预调控的情况下，拥有经济优势的人群能够购买价格昂贵的住宅，并且获得与住房相关联的诸如社会地位、教育资源、基础设施配套等一系列的优势资源。虽然中国不存在行政区划分明显的阶级居住隔离，但以住房不平等为核心的众多问题已经成为导致社会不稳定、发展不健康的社会隐患。如果仅以经济学的范式考虑这种隐性的居住隔离问题，那么势必会牺牲很大一部分的社会公平正义与和谐稳定。另一方面，居住隔离也并非完全无益。朱鹏宇等人（2016）以中国社会的"城中村"为切入点，探讨中国式居住隔离对于就业机会、薪酬等方面的影响。根据研究显示，虽然受制度政策、经济条件的限制，众多外来务工人员只能选择居住在城中村之中，居住环境差，管理也较为困难。但其溢出效应也十分显著，除了经济上的可负担之外，居住在城中村的外地人可以利用其社会网络来分享就业信息，获得文化认同感和归属感。因此，我们无法对居住隔离等一系列由土地引发的现象所产生的影响一概而论。如何更加科学地认识涉及社会阶层、社会公平的居住隔离问题，仍需上下而求索。

五、小结

为介绍土地社会学的部分理论思路，本文选取了四篇文献进行着重剖析，分别引入"土地剥夺对社会资本与就业机会的影响""土地（土壤）环境与人类健康""社会组织、人口事件等社会因素对土地利用的影响"以及"社会分层与居住不平等之间的关系"四个角度展开。社会学的学科特点决定了其思考方式与研究范式是较为"洒脱"的。没有局限于某一领域的研究问题、没有一个确定的研究方法来帮助课题的展开，也没有一派理论能够占绝对主导地位。虽然这种"洒脱"会让人略觉得缺少章法，但也正是这一特点，让社会学能够与土地学科发生奇妙的化学反应。土地社会学的建立是一个复杂的系统，笔者认为，两个学科的融合需要把握住几个关键。

首先，在思考土地相关问题时，可以更多地发挥"社会学的想象力"，将问题意识进行延伸与深入。自然科学及经济学思维的盛行,不可避免地将学者们及社会各界人士的意识带向看似精准而科学的方向,却缺乏了对人的社会属性与审美追求的考量。土地不是简单的商品,在思考土地资源利用等问题时,可能会对问题产生影响的组织、价值观、社会资本等因素以及问题或许会产生对于社会公平、性别平等、社会流动等方面的影响,值得引起更多人的关注。这也是两学科交叉过程中最为重要且最具有学术价值的环节。

其次,土地学科与社会学之间的衔接需要更多的理论融合与创新。迄今为止,社会学学科中细化出了经典社会学理论、社会网络、社会群体、组织社会学、城市社会学、文化社会学等众多研究领域及子学科。每个分支又有其独特的理论体系与学术主张。土地科学与社会学的融合,既不能脱离核心的土地问题,也不能不重视学科之间范式与理论的有机结合。需要更多的学者关注、投入研究诸如土地的结构功能理论、土地结构二重性、土地冲突理论、土地交换理论等兼容包并的视角与理论。

诚然,由于缺少更多深入、广泛的文献支持,本文仅能以蜻蜓点水、走马观花的形式浅析部分土地社会学的思路,而无法对某一角度进行深入探讨,这是本文的一大缺憾。期盼土地社会学能够获得更多学者的重视并得到不断发展与完善。

参考文献

［1］ Agresti B. Measuring residential segregation in nineteenth-century American cities［J］. Sociological Methods and Research,1980,8(4):389-399.

［2］ Angelina G, Martin R. The historical demography of racial segregation［J］. American Sociological Review,2015,80(4):814-842.

［3］ Chinmoyee M. Sociology of land dispossession:Social capital and livelihoods in transition in Peri-urban Kolkata,India［J］. World Development Perspectives,2016,4:38-47.

［4］ Clare B,Joanne M C,Adetayo K,et al. This divided land:An examination of regional inequalities in exposure to brownfield land and the association with morbidity and mortality in England［J］. Health & Peace,2015,34:257-269.

［5］ Dupont,Diane P. Do children matter? An examination of gender differences in environmental valuation ［J］. Ecological Economics,2004,49(3):273-286.

［6］ Foster,Andrew D,Mark R,et al. Population,income and forest growth:Management of village common land in India［M］. Manuscript:Brown University,2000.

［7］ Foster,John B. Marx's theory of metabolic rift:Classical foundation for environmental sociology［J］. American Journal of Sociology,1999,105(2):366-405.

［8］ Ghosh B, Associates. New town Calcutta:Comprehensive Environmental impact assessment and environmental management plan report［C］. Kolkata,2000.

［9］ Grannis R. From the ground up:Translating geography into community through neighbor net works ［M］. Princeton:Princeton University Press,2009.

［10］ Grannis R. The importance of trivial streets:Residential streets and residential segregation［J］. American Journal of Sociology,1998,103(6):1530-1563.

［11］ Grootaert C. Social capital:The missing link? ［C］. Social capital initiative,Working Paper No. 3,The

World Bank.

[12] Hamilton, Lawrence C. Who cares about water pollution? Opinions in a small-town crisis[J]. Sociological Inquiry, 1985, 55(2): 170-181.

[13] Haustein, Sonfa, Marcel H. Reduced use of environmentally friendly modes of transportation caused by perceived mobility necessities[J]. Journal of Applied Social Psychology, 2007, 37(8): 1856-1883.

[14] Krishna A, Uphoff, N. Mapping and measuring social capital: A conceptual and empirical study of collective action for conserving and developing watersheds in Rajasthan, India, Social Capital Initiative Working Paper 13[R]. Washington, D. C.: World Bank, 1999.

[15] Mohanty M. Political economy of agrarian tranformation: Another view of Singurs[J]. Economic and Political Weekly, 2007, 3: 737-741.

[16] MarmotIndicators[EB/OL] http://www. lho. org. uk/LHO_Topics/national_lead_areas/marmot/marmotindicators. aspx.

[17] Myrdal G. An American dilemma: The Negro problem and modern democracy[M]. New York: Harper and Row, 1944.

[18] Pengyu Z. Residential segregation and employment outcomes of rural migrant workers in China [J]. Urban Study, 2016, 53(8): 1635-1656

[19] Rosenzweig, Mark. Population growth, economic change and forest degradation in India [R]. Washington, D. C., 2001.

[20] Schnore L, Philip E. Segregation in southern cities[J]. American Journal of Sociology, 1966, 72(1): 58-67.

[21] Teal, Gretchen A, John B. Loomis, Effects of gender and parental status on the economic valuation of increasing wetlands, reducing wildlife contamination and increasing salmon populations[J]. Society and Natural Resources, 2000, 13(1): 11-14.

[22] William G A, Dirgha J G. Social organization, population, and land use[J]. American Journal of Sociology, 2011, 117(1): 209-258.

[23] [英]安东尼·吉登斯. 社会的构成——结构化理论纲要[M]. 李康, 李猛, 译. 北京: 中国人民大学出版社, 2016.

[24] 社会学概论编写组. 社会学概论[M]. 北京: 人民出版社, 2011.

[25] 吴次芳, 吴丽. 土地社会学[M]. 杭州: 浙江人民出版社, 2013.